Verbot privater Jugendpornographie

Europäische Hochschulschriften Recht

European University Studies in Law

Publications Universitaires Européennes de Droit

Band/Volume **6122**

Christopher Czimek

Verbot privater Jugendpornographie

Untersuchung zu § 184c StGB unter besonderer Berücksichtigung von privaten Schriften

PETER LANG

Bibliografische Information der Deutschen Nationalbibliothek
Die Deutsche Nationalbibliothek verzeichnet diese Publikation in der Deutschen Nationalbibliografie; detaillierte bibliografische Daten sind im Internet über http://dnb.d-nb.de abrufbar.

Zugl.: Bonn, Univ., Diss., 2019

D5
ISSN 0531-7312
ISBN 978-3-631-79481-4 (Print)
E-ISBN 978-3-631-80362-2 (E-PDF)
E-ISBN 978-3-631-80363-9 (EPUB)
E-ISBN 978-3-631-80364-6 (MOBI)
DOI 10.3726/b16451

Peter Lang – Berlin · Bern · Bruxelles · New York · Oxford · Warszawa · Wien

Diese Publikation wurde begutachtet.

www.peterlang.com

Vorwort und Danksagung

Jeder, der sich entscheidet, sein berufliches Leben der Rechtswissenschaft zu widmen, wird zwangsläufig mit der Aussage: „Jura, das ist aber trocken." konfrontiert. Eine von mir gerne erwiderte Floskel, die das sprachliche Mittel der Humidität aufgreift, lautet: „Ist das so? Ich persönlich kenne nichts Nasseres." Zugegebenermaßen stellt dies eine eher plumpe Antwort dar, die in erster Linie darauf abzielt, auf eine wenig originelle Aussage möglichst ebenso zu reagieren. Wenn mir die Zeit der Auseinandersetzung mit den Sexual- und insbesondere den Pornographiedelikten aber eines gelehrt hat, dann, dass die Aussage bei einem genaueren Blick doch einen größeren Wahrheitsgehalt in sich trägt, als man zunächst meinen könnte: Während meiner Zeit als Doktorand entbrannten, angesprochen auf meine aktuelle berufliche Tätigkeit hin, regelmäßig äußerst lebhafte Diskussionen rund um die Thematik. In besonderer Erinnerung wird mir auch stets ein Vorfall aus der Bonner U-Bahn bleiben: Ich habe mit einem Kon-Stipendiaten ein Gespräch über meine Arbeit geführt, in der ich die – im Grunde genommen nur wenig spektakuläre – Begründungsbedürftigkeit der Bestrafung von Pornographie Minderjähriger dargelegt habe. Ich habe ihm hierbei erklärt, dass Ausgangspunkt einer sachlichen Auseinandersetzung die Unterscheidung zwischen dem sexuellen Missbrauch selbst, dessen medialer Fixierung sowie des Umgangs mit diesem Medium ist. Dies ist einer, einige Plätze weiter sitzenden, Dame scheinbar so übel aufgestoßen, dass sie es für nötig befunden hat aufzustehen und uns lauthals und unaufhörlich zu beschimpfen. Die Thematik mag vieles sein, jedenfalls aber ist sie alles andere als trocken – was gerade auch den Reiz der Auseinandersetzung ausmacht.

Nicht versäumen möchte ich es auch, Worte des Dankes loszuwerden: Ein besonderer Dank gilt an erster Stelle meinem Doktorvater Professor Kindhäuser, der es bereits in meinem ersten Studiensemester schaffte, mich für das Strafrecht zu begeistern und mir später die Möglichkeit der Promotion verbunden mit einer Anstellung als wissenschaftlicher Mitarbeiter an seinem Lehrstuhl bot. Nachdem mit seiner Emeritierung im Sommer 2017 (leider) auch die Schließung des Lehrstuhls für Strafrecht der RFW Universität Bonn einherging, bin ich dankbar am Lehrstuhl von Professor Altenhain an der HHU Düsseldorf als wissenschaftlicher Mitarbeiter aufgenommen worden zu sein. Ein besonderer Dank gilt aber auch meinem Zweitgutachter PD Schumann, der im Schwerpunktbereich Kriminalwissenschaften der Bonner Fakultät im Wintersemester 2015/16 erstmalig eine Vorlesung zum Sexualstrafrecht anbot – wie ich immer wieder feststellen musste, ein Angebot, für das die Bonner Fakultät oft beneidet wird – und es schaffte, mich für die rechtlich, aber auch sozialpolitisch höchstumstrittene Materie zu begeistern. In bester Erinnerung halte ich auch einige gemeinsam betreute Seminare zum Sexualstrafrecht.

In privater Hinsicht möchte ich an erster Stelle meiner Frau Regina danken, die mich stets und in jedweder Hinsicht unterstützt hat. Ein Dank geht aber auch an meine ehemalige Kollegin Eva-Maria Marxen, die zeitgleich mit mir zu promovieren begonnen hat und mit der ich mich oft und gewinnbringend austauschen konnte.

Ein großer Dank gilt an dieser Stelle auch der Konrad-Adenauer-Stiftung, die mich bei der Anfertigung der Arbeit in ideeller wie auch finanzieller Hinsicht unterstützt hat. Insbesondere das gebotene Studium universale durch zahlreiche Seminare hat mir immer wieder gezeigt, dass es auch außerhalb des juristischen Tellerrands zahlreiche interessante und wesentliche Fragestellungen auf dieser Welt gibt.

Die vorliegende Arbeit wurde im Sommersemester 2018 als Dissertation eingereicht und befindet sich dementsprechend betreffend Einarbeitung von Literatur und Rechtsprechung auf diesem Stand.

Christopher Czimek, Mönchengladbach im Juni 2019

Inhaltsverzeichnis

3. Kapitel – Internationale Vorgaben

Abkürzungsverzeichnis

aA	andere Ansicht
ABl	Amtsblatt
Abs	Absatz
aE	am Ende
AEMR	Allgemeine Erklärung der Menschenrechte
AEUV	Vertrag über die Arbeitsweise der europäischen Union
aF	alte Fassung
AG	Amtsgericht
AJP	Aktuelle Juristische Praxis
AnwK	AnwaltKommentar
AöR	Archiv des öffentlichen Rechts
Arch Sex Behav	Archive of sexual behavior: an interdisciplinary research journal
Art	Artikel
Aufl	Auflage
ausf	ausführlich
Beschl	Beschluss
BGH	Bundesgerichtshof
BGHSt	Entscheidungen des Bundesgerichtshofs in Strafsachen
BGHZ	Entscheidungen des Bundesgerichtshofs in Zivilsachen
BPJM-Aktuell	Amtliches Mitteilungsblatt der Bundesprüfstelle für jugendgefährdende Medien
BR-Drucks	Bundesrat-Drucksache
BT-Drucks	Bundestag-Drucksache
BverfG	Bundesverfassungsgericht
BverwG	Bundesverwaltungsgericht
BzgA	Bundeszentrale für gesundheitliche Aufklärung
CR	Computer und Recht
ders.	derselbe
dies.	dieselbe
EMRK	Europäische Konvention für Menschenrechte
EU-GrRCh	Grundrechte-Charta der Europäischen Union
f	folgend
ff	folgende
FamRZ	Zeitschrift für das gesamte Familienrecht
FAZ	Frankfurter Allgemeine Zeitung
FD-StrafR	Fachdienst Strafrecht

Fn	Fußnote
FÜR	Familie Partnerschaft Recht
FS	Festschrift
FSK	Freiwillige Selbstkontrolle
GA	Goltdammers Archiv
hM	Herrschende Meinung
HRLR	Human Rights Law Review
HRRS	Höchstrichterliche Rechtsprechung im Strafrecht
Hrsg	Herausgeber
Hs	Halbsatz
ILR	Israel Law Review
insb	insbesondere
JR	Juristische Rundschau
JuS	Juritische Schulung
JZ	JuristenZeitung
Kjug	Kinder- und Jugendschutz in Wissenschaft und Praxis
KG	Kammergericht
krit	Kritisch
KritV	Die Kritische Vierteljahresschrift für Gesetzgebung und Rechtswissenschaft
LG	Landgericht
lit.	littera
LK	Leipziger Kommentar zum StGB
m. Anm.	mit Anmerkungen
MMR	MultiMedia und Recht
MüKo	Münchener Kommentar
mwN	Mit weiteren Nachweisen/mit weiterem Nachweis
MschKrim	Monatsschrift für Kriminologie und Strafrechtsreform
nF	Neue Fassung
NJW	Neue juristische Wochenschrift
NK	Zeitschrift Neue Kriminalpolitik
NK-	Nomos Kommentar
NStZ	Neue Zeitschrift für Strafrecht
NStZ-RR	Neue Zeitschrift für Strafrecht Rechtsprechungsreport
NVwZ	Neue Zeitschrift für Verwaltungsrecht
OLG	Oberlandesgericht
PD	Privatdozent
PKS	Polizeiliche Kriminalstatistik
RdJB	Recht der Jugend und des Bildungswesens
RGBl	Reichsgesetzblatt

Rn	Randnummer
RW	Rechtswissenschaft Zeitschrift für rechtswissenschaftliche Forschung
S.	Seite
SK	Systematischer Kommentar zum Strafgesetzbuch
StGB	Strafgesetzbuch
StraFo	Strafverteidiger Forum
SZ	Süddeutsche Zeitung
TKMR	Telekommunikations- und Medienrecht
u.a.	unter anderem
UFITA	Archiv für Urheber- und Medienrecht
UN	Vereinte Nationen
Urt	Urteil
v	vom
VG	Verwaltungsgericht
Vgl	Vergleiche
WVK	Wiener Übereinkommens über das Recht der Verträge
ZfSf	Zeitschrift für Sexualforschung
ZIS	Zeitschrift für internationale Strafrechtsdogmatik
ZJJ	Zeitschrift für Jugendkriminalrecht und Jugendhilfe
ZJS	Zeitschrift für das Juristische Studium
ZRP	Zeitschrift für Rechtspolitik
ZUM	Zeitschrift für Urheber- und Medienrecht
ZStR	Schweizerische Zeitschrift für Strafrecht
ZStW	Zeitschrift für die gesamte Strafrechtswissenschaft

I. Einleitung

Partnerschaften und sexuelle Aktivität bilden heutzutage auch in jungen Jahren nicht mehr die Ausnahme, sondern die Regel. Das Verständnis von Intimität und Partnerschaft unterlag in den vergangenen 50 Jahren einem grundlegenden Wandel. Mit der sexuellen Revolution der späten 60er Jahre hat sich die Einstellung der Gesellschaft und des öffentlichen Lebens zu Sexualität vollständig gedreht.[1] Dies zeigt sich exemplarisch daran, dass viele Paare bereits vor der Eheschließung gemeinsam wohnen und auch miteinander schlafen.[2] War dies vor einigen Jahrzehnten noch undenkbar,[3] so wird ein entsprechendes Verhalten inzwischen von weiten Teilen der Gesellschaft akzeptiert und in gewissem Maße sogar gewünscht und gefördert.[4] Der enttabuisierte Umgang mit Sexualität führt dazu, dass sie inzwischen verstärkt auch unseren Alltag begleitet. Jede vierte Suchanfrage im Internet ist beispielsweise eine solche sexuellen Inhalts.[5]

Ein hiervon zunächst unabhängig auftretendes Phänomen ist das der fortschreitenden Digitalisierung. Das Internet ermöglicht eine ständige weltweite Vernetzung. Smartphones bieten dem Nutzer als tragbare Computer stets verfügbare technische Möglichkeiten, die auch die Aufnahme von Videos und Fotos umfassen.[6]

Diese zwei Entwicklungen führen in Kombination dazu, dass die Anfertigung und Weitergabe von privaten sexualbezogenen Aufnahmen zu einem nicht unüblichen, gar anerkannten Teil des sexuellen Repertoires geworden sind.[7] Für den Bereich der digitalen privaten Kommunikation hat sich hierfür gar der eigene Begriff des *Sexting* gebildet. Es handelt sich hierbei um ein Kofferwort aus den Begriffen Sex und Texting. Es beschreibt zunächst allgemein und in einem

---

1 *Starke* S. 47.

2 Vgl *Weller* pro familia magazin 2009, 9 ff zu dem Alter, in dem Jugendliche ihre ersten sexuellen Erfahrungen machen.

3 Bis Mitte des 20. Jahrhunderts machten sich Eltern noch strafbar, die dem Geschlechtsverkehr ihrer bereits verlobten Kinder dadurch Vorschub leisteten, dass sie ihnen nicht verboten in der gemeinsamen Wohnung zu übernachten, vgl BGHSt 6, 46.

4 *Kudlich* Sexting S. 99; *Schmidt* Das große Der Die Das S. 47; *ders.* BZgA Forum 01/2009 S. 30 spricht von „sexueller Zivilisierung".

5 *Röttgerkamp* – Internet Pornografie – Zahlen, Statistiken, Fakten.

6 *Bergmann/Krieg/Baier* ZJJ 2016, 139; *Döring* ZfSf 2012, 4 (5 f); JIM-Studie 2015 S. 50; *Sommer* Quarks&Caspers „Die Wissenschaft der Pornografie" ab Minute 28:40.

7 *Döring* ZfSf 2011, 1 f; *Gillespie* HRLR 2013, 623 (624).

weiten Begriffsverständnis, dass Personen per Fernkommunikationsmittel zur gegenseitigen Erregung über sexuelle Dinge miteinander kommunizieren. Hierunter fällt auch der Austausch von Bildern und Videos, die den Versendenden zeigen. Insbesondere dieser zweite Aspekt steht bei Beschäftigung mit dem Thema zumeist im Fokus der Aufmerksamkeit.[8] Auch im Rahmen dieser Arbeit ist das Versenden von Fotos und Videos gemeint, wenn der Begriff verwendet wird – so genanntes Sexting im engeren Sinne.[9] Der Begriff *Sext* bezeichnet demgegenüber das konkrete Foto oder Video.

Dieses generell auftretende Phänomen hat auch – aber bei weitem nicht nur – die Jugend erfasst.[10] Die Angaben über die Häufigkeit der praktischen Verbreitung variieren hingegen stark. Dennoch können sie in ihrer Gesamtheit nicht darüber hinwegtäuschen, dass es sich hierbei jedenfalls nicht um eine Ausnahmeerscheinung handelt. So wird beispielsweise angegeben,[11] jedes fünfte Mädchen habe bereits einmal erotische Filme und Fotos von sich produziert und verschickt,[12] 31 % der Jugendlichen empfänden es als „normal", dem Partner Nacktaufnahmen von sich zu schicken, ein Drittel der Jugendlichen habe schon einmal Sexts erhalten[13] und 28 % der Befragten haben im Jugendalter selbst bereits mindestens einmal fotografische Sexts versendet[14].[15]

Die zu Sexting führenden Gründe sind vielfältig. Denkbare Motive für die Erstellung und Weitergabe der Aufnahmen können die gewollte sexuelle Stimulation des Gegenübers,[16] aber auch bloßer Spaß, Selbstdarstellung, ein Liebesbeweis, die Hoffnung den anderen dadurch für sich zu gewinnen, die Neugier sich selbst aus der Außenperspektive zu sehen und seinen eigenen Körper zu erkunden, Sehnsucht nach Anerkennung, die Beantwortung eines erhaltenen

---

8 Vgl die Definition von *saferinternet.at* Aktuelle Studie.

9 *Hüneke* ZJJ 2016, 135; vgl auch *Bergmann/Krieg/Baier* ZJJ 2016, 139.

10 *Döring* Warum Sexting unter Jugendlichen (k)ein Problem ist; 61MinutenSex/*Chanel* nennt für die Verbreitung von Sexting im weiteren Sinne unter Erwachsenen bei Minute 0:21 einen Wert von 80 %.

11 Die folgende Auflistung und Auswahl ist im Hinblick ihre einleitende Funktion zusammengestellt. Vgl zu der Häufigkeit ausführlicher S. 226 ff.

12 Vgl *Brendsen* FAZ vom 17.02.2014 mwN.

13 Vgl *saferinternet.at* Aktuelle Studie; *Döring* ZfSf 2012, 4 (6) nennt einen Wert von 15-20% der Jugendlichen, die sich bereits einmal aktiv an Sexting beteiligt haben.

14 *McKechnie* Majority of minors Engage in Sexting.

15 Vgl aber auch die Ergebnisse der Untersuchung bei *Bergmann/Krieg/Baier* ZJJ 2016, 139 ff mit den Einschränkungen der Stichprobe, die auf S. 145 angedeutet werden.

16 *Stephanie* BRAVO Dr Sommer schätzt die Häufigkeit dieses Motives hingegen als selten ein.

Sexts oder der Vergleich der körperlichen Entwicklung, um nicht als Zurückgebliebener dazustehen, sein.[17] Die angeführten Motive sind exemplarisch zu verstehen und keinesfalls abschließend oder umfassend. Sie bilden einen Verhaltensausschnitt ab, der auf den ersten Blick eine harmlose Erprobung von Sexualität im Rahmen der Entwicklung im Jugendalter darstellt und zunächst einmal wohl kein Bedürfnis nach Strafe hervorruft. Hierbei ist stets auch zu bedenken, dass ein Aspekt des Phänomens die Erlernung und Nachahmung eines auch von Erwachsenen praktizierten Verhaltens[18] in sexuellen Beziehungen darstellt.

Jedoch ist dem Verhalten durch die problemlosen und sekundenschnellen Verbreitungsmöglichkeiten die stete Gefahr immanent, dass entsprechendes Material in die falschen Hände gerät und unkontrolliert verbreitet wird. Ist dies einmal geschehen, ist ein endgültiges Löschen der Schrift nicht mehr effektiv möglich.[19] Die damit einhergehenden Folgen sind für den dargestellten Jugendlichen oft mit immensen Einschränkungen und Konfrontationen im sozialen Nahfeld verbunden. Regelmäßig tauchen in der Presse Meldungen über Fälle auf, in denen eine unkontrollierte Verbreitung und Streuwirkung stattgefunden und für die Betroffenen erhebliche Konsequenzen mit sich gebracht hat. *Pars pro toto* sei hier auf einen Fall hingewiesen, der Anfang 2018 publik wurde, als gegen 1004 junge Menschen in Dänemark – die meisten von ihnen im Alter zwischen 15 und 20 Jahren – ein Strafverfahren eingeleitet wurde, nachdem diese zwei Videos und ein Foto, das zwei 15-Jährige beim Geschlechtsverkehr zeigt, teils mehrere hundert Male weitergesendet hatten.[20]

---

17 *Vogelsang* S. 277 f; siehe auch die Auflistung bei *Bergmann/Krieg/Baier* ZJJ 2016, 139; *Dekker/Koops/Briken* S. 51; *saferinternet.at* Aktuelle Studie; vgl auch *Döring* ZfSf 2012, 4 (8 ff) mit belegenden Zitaten aus Online-Foren für Jugendliche.

18 *Döring* Mobilität und mobiler Mediengebrauch S. 61 f; *Gillespie* HRLR 2013, 623 (624).

19 *Saferinternet.at* Elternratgeber Sexualität und Internet S. 16 und 17; *dies.* Aktiv gegen Nacktaufnahmen S. 2.

20 Vgl die Presseberichte (jeweils zuletzt abgerufen am 14. Mai 2018) bei:
– *20 Minuten* http://www.20min.ch/panorama/news/story/1000-Jugendliche-wegen-Kinderpornos-angeklagt-31705441;
– *FAZ* http://www.faz.net/aktuell/gesellschaft/kriminalitaet/wegen-der-verbreitung-von-kinderpornografie-muessen-sich-in-daenemark-tausend-jugendliche-verantworten-15401607.html;
– *SZ* http://www.sueddeutsche.de/panorama/kriminalitaet-hunderte-jugendliche-in-daenemark-wegen-verbreitung-von-sex-videos-angeklagt-1.3827240;
– *Stern* https://www.stern.de/neon/wilde-welt/sexvideos-auf-facebook--daenische-polizei-ermittelt-gegen-tausend-jugendliche-7826198.html.

1. Minderjährige und Sexualität im Gesetz

Das Strafgesetzbuch kennt zunächst kein Verbot der Vornahme sexueller Handlungen durch Jugendliche. Unter Jugendlichen sind Menschen im Alter von 14 bis einschließlich 17 Jahren zu verstehen. Von rechtlicher Seite aus steht es Jugendlichen im Grunde frei ihre Sexualität auszuleben, zu erkunden und zu erproben. Die angenommene Akzeptanz und Angemessenheit sexueller Kontakte in der Entwicklung von jungen Menschen findet ihre Bestätigung daher auch in der grundsätzlichen Straffreiheit des Gesetzes. Lediglich in Situationen, deren äußere Umstände regelmäßig noch keine besonnene Selbstbehauptung und freie Ausübung des Rechtsguts der sexuellen Selbstbestimmung erwarten lassen, schützt das Gesetz den Jugendlichen. Dies geschieht durch ein strafbewährtes Verbot der Vornahme entsprechender Handlungen für den beteiligten Partner. Dies gilt beispielsweise in Autoritätsverhältnissen, in denen der Jugendliche dem Gegenüber untergeordnet ist, § 174 StGB.[21] Kindern hingegen – hierunter versteht das Strafgesetzbuch Personen bis zu einem Alter von 14 Jahren – sind sexuelle Kontakte vollständig verwehrt, § 176 untersagt derartiges Verhalten umfassend.[22]

2. Kinderpornographieverbot versus Jugendpornographieverbot

§ 184b verbietet pornographische Schriften, an denen Kinder beteiligt sind, grundlegend. Hierfür gibt es im Wesentlichen zwei zentrale Legitimationsansätze:

- Zum einen basiert das Verbot auf der **Wirkung beim Betrachter**, der durch den Konsum bewegt werden könnte, selbst ein Kind zu missbrauchen.[23] Dem liegt das Phänomen der *Pädophilie* zugrunde: Pädophilie bezeichnet das primäre sexuelle Interesse an Kindern, die das Stadium der Pubertät noch nicht

---

21 Paragraphen ohne Gesetzesbezeichnung sind solche des StGB.

22 Vgl zu abweichenden Konzepten im internationalen Vergleich *Sieber* ZUM 2000, 89 (95). Bei einigen Staaten liegt die starre Altersgrenze bei 16 Jahren, bei anderen bei 18 Jahren. Wiederum andere haben flexible Altersgrenzen und nehmen Rücksicht auf den individuellen Abschluss der Pubertät. Das Festhalten an Altersgrenzen schafft demgegenüber Rechtssicherheit, auch wenn dadurch der individuelle Entwicklungsstand vernachlässigt werden muss. Dies stellt ein generelles, nicht sexualspezifisches, Problem bei Altersgrenzen dar, wenngleich es hier besonders stark zum Vorschein tritt.

23 *Hüneke* FPR 2012, 427 (428) sieht diesen Ansatz als den zentralen an.

erreicht haben. Je nach Dauerhaftigkeit und Ausprägung dieses Interesses erreicht es die Schwelle zur psychischen Störung.[24]
- Zum anderen soll der Missbrauch von Kindern durch die **Verhinderung eines Marktes für Kinderpornographie** eingedämmt werden.[25]

§ 184c stellt die Verbreitung, den Erwerb und den Besitz jugendpornographischer Schriften unter Strafe. Hierunter sind pornographische Schriften zu verstehen, bei denen Personen im Alter von 14 bis einschließlich 17 Jahren beteiligt sind. Bis 2008 bestand ein solches Verbot in Deutschland nicht. Infolge der Umsetzung eines EU-Rahmenbeschlusses musste die Bundesrepublik ein Verbot über das Kindesalter hinaus auch für Jugendliche einführen. Hierbei hat sich der Gesetzgeber in der Ausgestaltung am Verbot für Kinderpornographie orientiert.[26] Ein der Pädophilie entsprechendes Phänomen existiert auch in Bezug auf Jugendliche: *Hebephilie* ist das primäre sexuelle Interesse für pubertierende Jungen oder Mädchen. Auch hier handelt es sich um eine anerkannte psychische Persönlichkeitsstörung.[27]

Auch äußerlich weist das tatsächliche Verhalten offensichtliche Parallelen zwischen den Normen auf, so dass die strikte Orientierung am Aufbau des § 184b auf den ersten Blick überzeugend wirkt: Es geht jeweils um Pornographie, an der Minderjährige als Darsteller beteiligt sind. Deren Schutz dient auch die Norm. Bereits ein erster genauerer Blick zeigt aber, dass die Legitimationsansätze für Kinderpornographie nicht ohne weiteres auf das Verbot Pornographie Jugendlicher übertragen werden können:

- Zum einen ist gegen ein beim Betrachter ausgelöstes Verlangen nach sexuellen Handlungen mit Minderjährigen aus rechtlicher Sicht nichts einzuwenden, da derartige sexuelle Verhaltensweisen grundsätzlich erlaubt sind.
- Zum anderen stehen Jugendlichen und deren Sexualpartnern sexuelle Handlungen innerhalb der Grenzen des § 182 offen. Ein bestehender Markt für jugendpornographische Produkte muss daher nicht notwendig durch die Vornahme sexuellen Missbrauchs bedient werden.

---

24 *Palm* S. 13.

25 Vgl hierzu *Gropp* FS Kühne S. 684; aus rechtsvergleichender Sicht *Sieber* ZUM 2000, 89 (90 f).

26 Siehe die Darstellung bei *Kudlich* Sexting S. 91.

27 *Palm* S. 13.

Die oft nur pauschale Übernahme der Begründungen und Erwägungen zu § 184b für § 184c[28] führt dazu, dass eine Auseinandersetzung mit der Norm oft nur ungenau ausfällt. Ein Grund hierfür ist unter anderem in der Akzeptanz der völkerrechtlichen Verpflichtung zur Pönalisierung zu sehen. Die Legitimation des Tatbestands wird als Folge dieser internationalen Vorgaben nur selten hinterfragt.[29] Die Erfahrungen des Bearbeiters aus Gesprächen über das Thema der Monographie gehen gar dahin, dass vielen der Unterschied zwischen Kinder- und Jugendpornographie gar unbekannt ist. Ein Großteil der Auslegungs- und Legitimationsschwierigkeiten nimmt an dieser Stelle seinen Ursprung. Daher wird es immer wieder Aufgabe der Ausarbeitung sein, Ausführungen zu § 184b auf den Prüfstand zu stellen und zu untersuchen, inwieweit diese auch für § 184c Geltung beanspruchen können.

3. Häufigkeit und Relevanz

Das Verbot der Jugendpornographie fristet neben dem der Kinderpornographie ein Schattendasein. Mit der Aufzeichnung und Verbreitung von pornographischem Material Minderjähriger befasste Autoren stürzen sich regelmäßig auf das aufsehenerregendere und stärker emotional belastete Thema der Kinderpornographie. Dies wird häufig auch eine größere Reichweite eines Beitrags oder der Forschung versprechen. Hierin ist mutmaßlich auch eine weitere Ursache für die oft nur pauschalen Verweise auf die Kinderpornographie zu finden. Dies ist wohl auch nicht völlig unberechtigt, denn im Vergleich zur Jugendpornographie ist Kinderpornographie[30] ein vor deutschen Strafgerichten häufiger auftretendes und für die Opfer einschneidenderes Erlebnis[31] – ohne die möglichen Verletzungen durch die Verbote der Jugendpornographie verharmlosen zu wollen. Auch die Polizeiliche Kriminalstatistik kann als Indiz hierfür herangezogen werden: So waren beispielsweise im Jahr 2015 die Fallzahlen für die Kinderpornographie im Vergleich zu denen der Jugendpornographie knapp sechsmal so hoch.[32] Von den 164 im Jahr 2015 Verurteilten und Abgeurteilten war etwa jeder

---

28 Vgl *Kühl* in Lackner/Kühl § 184c Rn 1; Spindler/Schuster-*Gercke* § 184c Rn 1; AnwK-*Ziethen/Ziemann* § 184c Rn 2; *Mitsch* Medienstrafrecht § 3 Rn 37; für bestimmte Teile BeckOK-*Ziegler* § 184c Rn 12.

29 Matt/Renzikowski-*Eschelbach* § 184c Rn 2; NK-*Frommel* § 184e Rn 3; SK-*Wolters/Greco* § 184c Rn 3.

30 BT-Drucks. 16/9646, S. 17 f; MüKo-*Hörnle* § 184c Rn 4.

31 *Thiee* NK 2006, 131 (132).

32 Die Anzahl der aufgeführten Delikte nach § 184b lag addiert bei 6560, die nach § 184c bei 1157.

dritte Täter jugendlich, was zeigt, dass es sich auch in der Praxis keinesfalls um ein bloßes Erwachsenendelikt handelt.[33]

4. Untersuchungsgegenstand

Die hiesige Untersuchung des Tatbestands der Jugendpornographie soll insbesondere vor dem Hintergrund des eingangs erwähnten tatsächlichen Verhaltens der Jugendlichen vorgenommen werden. Ein besonderes Augenmerk ist daher innerhalb der Begründungsansätze darauf zu legen, inwieweit diese auch für solche privaten, nicht kommerziellen Schriften gelten. Es ist zu untersuchen, ob sich Jugendliche durch derartige anerkannte und akzeptierte Verhaltensweisen der Gefahr einer Strafbarkeit aussetzen.

a. Besitz

Eine besondere Rolle kommt dabei der Ausgestaltung als Besitzdelikt zu. Auch wer eine jugendpornographische Schrift nicht verbreitet oder erwirbt, sondern bloß besitzt, wird gemäß § 184c Abs. 3 bestraft. Hierbei handelt es sich um die klassische Tathandlung zur Bestrafung eines bloßen Konsumenten. Vor dem Hintergrund des strafrechtlichen Handlungsbegriffs und der Geeignetheit zur Förderung des Zwecks ist dies einer kritischen Betrachtung zu unterziehen.

b. Tatbestandsausschluss

Ein besonderes Augenmerk wird auf den Tatbestandsausschluss des § 184c Abs. 4 zu werfen sein. Hiernach sind Handlungen von Personen in Bezug auf solche jugendpornographischen Schriften von der Strafbarkeit ausgenommen, die sie selbst ausschließlich zum persönlichen Gebrauch mit Einwilligung der dargestellten Personen hergestellt haben. Ein möglicher Begünstigter eines Sexts wird jedoch in aller Regel nicht Hersteller sein, so dass zumindest dem Wortlaut nach die Ausnahme für ihn nicht gilt und er eine Strafbarkeit zu befürchten hat.[34]

Kommt man zur Anwendung des Tatbestandsausschlusses, bleibt fraglich, für wie lange dies der Fall ist. Ergibt sich aus einem zulässigen Erwerb zugleich ein lebenslanges Besitzrecht? Für den Fall, dass diese Frage verneint wird, bleibt zu

---

33 Die Strafverfolgungsstatistik des Statistischen Bundesamts weist 164 Verurteilungen und Aburteilungen für das Jahr 2015 aus, hiervon waren 52 Täter Jugendliche; auch der angeführte Fall aus Dänemark (Fn 20) weist als Täter zu einem großen Teil Jugendliche aus.

34 Vgl zu weiteren problematischen Beispielen auch *Wüstenberg* UFITA 2009, 497 (515 f).

fragen, ab welchem Zeitpunkt ein solches nicht mehr vorliegt: Dem Ende einer Beziehung? Dem Volljährig-Werden? Dem Kontaktabbruch zu der abgebildeten Person? Soll eine Strafbarkeit tatsächlich allein durch das Älter-Werden begründet werden?[35]

c. Konkrete Beispielsfälle

Damit die Ausführungen nicht abstrakt bleiben und in der Luft hängen, sind im Folgenden drei Fälle zu bilden, die verschiedenste Aspekte der Problematik aufgreifen und auf die im Rahmen der Auseinandersetzung immer wieder zurückzukommen ist. Die Ausarbeitung soll dennoch keinesfalls eine bloße Falllösung darstellen. Anhand der Fälle sollen lediglich die an- und ausgeführten Grundproblematiken veranschaulicht werden. Abstrakt gefundene Erkenntnisse werden durch diese konkret auf problematische Konstellationen heruntergebrochen.

- *Fall A:* M und J sind beide 16 Jahre alt und chatten regelmäßig miteinander. Hierbei wird immer wieder deutlich, dass sie gegenseitiges sexuelles Interesse aneinander haben. Ein Liebespaar sind die zwei nicht. Als beide wieder miteinander chatten, fertigt M eine Aufnahme von sich an, auf der sie nackt dabei zu sehen ist, wie sie mit den Fingern an ihrer Scheide masturbiert. Hierauf liegt auch der Fokus des Bildes. Dieses sendet sie dem J, um ihn zu stimulieren, ihr sexuelles Interesse noch stärker als bisher zu bekunden und ihn so für sich zu gewinnen.
- *Fall B:* Der 17-Jährige X und die 16-Jährige Y sind seit zwei Jahren ein Liebespaar. Sie haben bereits erste gemeinsame sexuelle Erfahrungen gesammelt. Auf Vorschlag des X, kommen beide dahingehend überein, dass es aufregend wäre, sich selbst beim Sexualakt zu filmen und sich das Video im Nachhinein gemeinsam anzusehen. X baut daher in seinem Schlafzimmer beim nächsten Besuch der Y seine Kamera auf und zeichnet den einvernehmlichen Sexualakt auf. Den so hergestellten Film kopiert er der Y auf deren Wunsch hin später auch auf einen USB-Stick und übergibt ihn ihr.
- *Fall C:* Die 16-Jährige S und der 15-Jährige T sind seit kurzer Zeit ein Liebespaar. Zu seinem 16. Geburtstag will die S dem T ein besonderes Geschenk machen. Sie bittet daher ihre Freundin R, die eine Koryphäe auf dem Gebiet der Fotografie ist, mit ihr ein erotisches Fotoshooting durchzuführen. Diese

35 Vgl zu einer solchen Konstellation bei Beschränkung der Ausnahme auf Minderjährige *Scheidegger* ZStR 2014, 318 (324).

erklärt sich dazu bereit und fotografiert die S teils vollständig entkleidet, teils in Reizwäsche, in sexuell anbietenden Positionen. Der Fokus zahlreicher Bilder liegt auf den Geschlechtsorganen der S. R lässt die Bilder anschließend für S entwickeln, die diese dann am Tag des Geburtstags dem T als Geschenk überreicht.

5. Erfassung durch den Tatbestand

Subsumiert man die angeführten Situationen der Ausgangsfälle ohne nähere Befassung mit dem Thema unter den Wortlaut des Jugendpornographieverbots, so zeigt sich, dass eine Strafbarkeit gleich aufgrund mehrerer Tatvarianten zumindest nicht ausgeschlossen werden kann. Darüber hinaus kommen weitere Tatvarianten der Pornographieverbote in Betracht.

a. Täter

In einem ersten Schritt stellt der Tatbestand keine besonderen Anforderungen an die Qualität des Täters. Es kommt hierfür jedermann in Betracht, unabhängig davon, ob er noch minder- oder bereits volljährig ist. Wurde festgestellt, dass der Tatbestand einschlägig ist, nimmt das Gesetz einige Täter für bestimmte Tatvarianten von einer Strafbarkeit wieder aus. Hierfür kommen drei Personen in Betracht: der Darsteller und der Beschenkte sowie ein Hersteller, der als Vertrauensperson des Darstellers die Aufnahme anfertigt.

b. Tathandlung

Es wird im Folgenden die noch zu verifizierende Annahme zu Grunde gelegt, dass die Schriften jugendpornographisch sind. Für die Fälle kommen jeweils die folgenden Tatbestände zumindest in Betracht:

Fall A

M	Herstellung	§ 184c Abs. 1 Nr. 3
	Fremdbesitzverschaffung, (Zugänglich-Machen)	§ 184c Abs. 1 Nr. 2 (iVm § 184d Abs. 1 S. 1)
	Besitz und Eigenbesitzverschaffung	§ 184c Abs. 3 Var. 2 und 1
	Allgemeines Pornographieverbot	§ 184 Abs. 1 Nr. 1 und 6
J	Besitz, (Unternehmen des Abrufs per Telemedien)	§ 184c Abs. 3 Var. 2 (iVm § 184d Abs. 2 S. 2)

Fall B

X	Herstellung	§ 184c Abs. 1 Nr. 3
	Besitz	§ 184c Abs. 3
	Fremdbesitzverschaffung, (Zugänglich-Machen)	§ 184c Abs. 1 Nr. 2 (iVm § 184d Abs. 1 S. 1)
	Allgemeines Pornographieverbot	§ 184 Abs. 1 Nr. 1
Y	Besitz	§ 184c Abs. 3 Var. 2
	Unternehmen der Besitzverschaffung	§ 184c Abs. 3 Var. 1

Fall C

R	Herstellung	§ 184c Abs. 1 Nr. 3
	Fremdbesitzverschaffung, (Zugänglich-Machen)	§ 184c Abs. 1 Nr. 2 (iVm § 184d Abs. 1 S. 1)
	Allgemeines Pornographieverbot	§ 184 Abs. 1 Nr. 1
S	Besitz und Eigenbesitzverschaffung	§ 184c Abs. 3 Var. 1 und 2
	Fremdbesitzverschaffung	§ 184c Abs. 1 Nr. 2
	Allgemeines Pornographieverbot	§ 184 Abs. 1 Nr. 1 und 6
T	Besitz	§ 184c Abs. 3 Var. 2

c. Tatbestandsausschluss

Das Herstellungsverbot, das Besitzverschaffungsverbot sowie das Besitzverbot gelten gemäß § 184c Abs. 4 nicht für Handlungen von Personen in Bezug auf solche jugendpornographischen Schriften, die sie ausschließlich zum persönlichen Gebrauch mit Einwilligung der dargestellten Person hergestellt haben. Die tatobjektsbezogene Voraussetzung liegt in sämtlichen Beispielsfällen vor. Es handelt sich stets um ausschließlich zum privaten Gebrauch hergestellte Schriften. Dies gilt auch, wenn, wie in Fall C, eine Weiterleitung an die abgebildete Person oder den Partner geplant ist.[36]

In Fall A ist M selbst Herstellerin der Schrift. Dennoch ist die Anwendung des Tatbestandsausschlusses auf sie nicht so eindeutig, wie es zunächst den Anschein

36 MüKo-*Hörnle* § 184c Rn 19.

haben mag. Der Gesetzgeber verstand diesen nur in Bezug auf Hersteller, die personenverschieden vom Darsteller sind.[37] Daher ist ein Verständnis der Norm nicht ausgeschlossen, nach dem diese Konstellation nicht vom Tatbestandsausschluss umfasst ist.[38] Dies unterstellt, ist der herstellende Darsteller nicht bereits auf dieser Ebene von einer Strafbarkeit nach § 184c Abs. 1 Nr. 3 und § 184c Abs. 3 auszunehmen. Die Gesetzesbegründung[39] stellt zwar pauschal und ohne nähere Auseinandersetzung fest, dass der Darsteller ohnehin von einer Besitzstrafbarkeit nicht umfasst sei. Hierin ist auch der Grund dafür zu sehen, dass der Tatbestandsausschluss nur für Fälle vorgesehen war, in denen der jugendliche Darsteller vom Hersteller personenverschieden ist. Nimmt man aber – nicht fernliegend – an, dass die Schutzrichtung des Verbots darin besteht, einen Markt für Jugendpornographie zu verhindern und die Involvierung *aller* Jugendlicher in die Pornographie Industrie zu verhindern, so muss man zu dem Schluss kommen, dass nicht ausschließlich ein Rechtsgut des Darstellers geschützt ist, sondern das sexuelle Selbstbestimmungsrecht aller Jugendlichen. Daher verletzt der Jugendliche durch seine Handlungen auch das sexuelle Selbstbestimmungsrecht Dritter. Aus dieser Überlegung heraus könnte der Jugendliche mangels Dispositivität des Rechtsguts entgegen der Formulierung des Gesetzgebers selbst auch nicht automatisch aus dem Tatbestand ausgeschlossen werden.[40] Diese Annahmen gilt es in der Ausarbeitung noch genauer zu untersuchen. Ein offensichtlicher Tatbestandsausschluss ergibt sich keinesfalls zwingend, so dass an dieser Stelle zumindest von der Gefahr einer Strafbarkeit gesprochen werden muss.

An den oben für M genannten, möglicherweise einschlägigen Tatbeständen ändert sich zunächst also nichts. Für J greift der Tatbestandsausschluss keinesfalls, da er nicht Hersteller der Schrift ist.[41]

---

37 BT-Drucks. 16/9646, S. 18.

38 MüKo-*Hörnle* § 184c Rn 19.

39 BT-Drucks. 16/3439, S. 9.

40 *Reinbacher/Wincierz* ZRP 2007, 195 (197); in diese Richtung auch *Böse* FS Schroeder S. 758.

41 *Kudlich* StV 2012, 560 (563) weist auf die Konstellation hin, dass der Fall des Beschenkten vom Wortlaut nicht umfasst ist.

Fall A

M	Herstellung	§ 184c Abs. 1 Nr. 3
	Fremdbesitzverschaffung, (Zugänglich Machen)	§ 184c Abs. 1 Nr. 2 (iVm § 184d Abs. 1 S. 1)
	Besitz und Eigenbesitzverschaffung	§ 184c Abs. 3 Var. 2 und 1
	Allgemeines Pornographieverbot	§ 184 Abs. 1 Nr. 1 und 6
J	Besitz, (Unternehmen des Abrufs per Telemedien)	§ 184c Abs. 3 Var. 2 (iVm § 184d Abs. 2 S. 2)

In Fall B ist X als Hersteller der Schrift anzusehen. Für ihn greift daher der Tatbestandsausschluss für die vom Gesetz erwähnten Tatvarianten. Es bleibt die Gefahr einer Strafbarkeit durch Fremdbesitzverschaffung (§ 184c Abs. 1 Nr. 2) und dem allgemeinen Pornographieverbot (§ 184 Abs. 1 Nr. 1). Für Y ändert der Tatbestandsausschluss an der Strafbarkeit nichts, da sie nicht Herstellerin der Schrift ist.

Fall B

X	~~Herstellung~~	~~§ 184c Abs. 1 Nr. 3~~
	~~Besitz~~	~~§ 184c Abs. 3~~
	Fremdbesitzverschaffung	§ 184c Abs. 1 Nr. 2
	Allgemeines Pornographieverbot	§ 184 Abs. 1 Nr. 1
Y	Besitz	§ 184c Abs. 3 Var. 2
	Unternehmen der Besitzverschaffung	§ 184c Abs. 3 Var. 1

In Fall C ist Herstellerin der Schrift die R. Für sie ist eine Strafbarkeit nach den in Absatz 4 aufgeführten Tathandlungen ausgeschlossen. Es verbleibt eine Strafbarkeit wegen Fremdbesitzverschaffung (§ 184c Abs. 1 Nr. 2). Für S und T greift der Tatbestandsausschluss nicht, da sie nicht Hersteller der Schrift sind.

Fall C

R	~~Herstellung~~	~~§ 184c Abs. 1 Nr. 3~~
	Fremdbesitzverschaffung	§ 184c Abs. 1 Nr. 2
	Allgemeines Pornographieverbot	§ 184 Abs. 1 Nr. 1

S	Besitz und Eigenbesitzverschaffung	§ 184c Abs. 3 Var. 1 und 2
	Fremdbesitzverschaffung	§ 184c Abs. 1 Nr. 2
	Allgemeines Pornographieverbot	§ 184 Abs. 1 Nr. 1 und 6
T	Besitz	§ 184c Abs. 3 Var. 2

Auf den Tatbestandsausschluss verweist auch § 184d Abs. 2 S. 2. Aus systematischen Gründen kann sich dieser nicht auf sonstige Tathandlungen nach § 184d Abs. 1 beziehen.[42]

d. Zusammenfassung

Dem Wortlaut nach bleiben in den Beispielsfällen nach erster Betrachtung Straftatbestände sowohl für den Darsteller, als auch für den Beschenkten bestehen, die tatbestandlich einschlägig sind. Aufgabe dieser Monographie ist es, herauszustellen, ob im Ergebnis eine Strafbarkeit der Beteiligten besteht und die gesetzliche Regelungssituation einer kritischen Prüfung zu unterziehen.

6. Aufbau der Monographie

Zunächst erfolgt ein Abriss über die Historie des Pornographieverbots in Deutschland mit besonderem Augenmerk auf der Erfassung Pornographie Minderjähriger (II.). Anschließend wird das Rechtsgut und die Schutzrichtung des Verbots von Kinder- und Jugendpornographie näher beleuchtet (III., IV.) sowie der Frage nachgegangen, wann überhaupt eine jugendpornographische Schrift vorliegt (V.). Nach Klärung auch technischer Grundlagen des Schriftenbegriffs wird die Ausgestaltung der Norm als Besitzdelikt auf den Prüfstand gestellt (VI.). Tathandlungen neben § 184c werden auf ihre Einschlägigkeit untersucht (VII.). Es folgt eine Auseinandersetzung mit dem Tatbestandsausschluss (VIII.). Nach einem den Tatbestand zusammenfassenden Abschnitt (IX.) soll eine mögliche Sozialadäquanz des benannten Verhaltens untersucht werden (X.). Alsdann wird untersucht, wie eine Begrenzung der Strafbarkeit mit völkerrechtlichen Verpflichtungen vereinbar wäre (XI.). Nach einer Zusammenfassung der zentralen Aussagen dieser Untersuchung (XII.) wird ein Vorschlag für eine Neugestaltung der Norm unterbreitet (XIII.), der sich vor dem Hintergrund des Erarbeiteten möglichst widerspruchsfrei in das StGB integrieren lässt.

---

42 MüKo-*Hörnle* § 184d Rn 15; aA wohl *Ziemann/Ziethen* ZRP 2012, 168 (196).

1. Kapitel – Entwicklung

II. Historie

Ein Verbot der Verbreitung unzüchtiger Schriften war zwar bereits dem gemeinen Recht bekannt[43] und stellt daher keine Erfindung erst der jüngeren Vergangenheit dar,[44] unter Kriminalstrafe stand es in Deutschland bis Mitte des 19. Jahrhunderts jedoch nicht.[45] Ein Reglementierungsbedürfnis entstand erstmalig im 15. Jahrhundert im Zuge der Erfindung des Buchdrucks, worauf primär die Kirche mit Zensurvorschriften reagierte.[46] Als Straftatbestand für Deutschland wurde ein solches Verbot erstmalig vom preußischen Strafgesetzbuch im Jahre 1851 in seinem § 151 statuiert.[47] Die Norm untersagte den Verkauf, die Verteilung, sonstige Verbreitung, öffentliche Ausstellung und Anschlagung unzüchtiger Schriften. Als Vorbild diente der französische Code pénal aus dem Jahre 1810.[48]

In der jüngeren deutschen Geschichte kann im Wesentlichen zwischen zwei Phasen des Verbots sexueller Darstellungen unterschieden werden:[49]

Phase 1 Von 1851 bis zum 4. Strafrechtsreformgesetz aus dem Jahre 1973 galt ein generelles und umfassendes Verbot der Verbreitung sämtlicher unzüchtiger Schriften.

Phase 2 Mit dem 4. Strafrechtsreformgesetz wurde die bis heute andauernde zweite Phase eingeleitet, in der einfache Pornographie für erwachsene Bürger freigegeben ist. Damit einhergehend wurden Vorschriften geschaffen, die in erster Linie der Verhinderung des Zugangs durch Kinder und Jugendliche dienen. Bestimmte Kategorien von so genannter harter Pornographie sind weiterhin umfassend verboten.

---

43 *Von Liszt* S. 391; siehe auch *Brüggemann* S. 409.

44 *Schroeder* NJW 1993, 2581.

45 Siehe hierzu und zur Geschichte allgemein *Zeising* S. 33; vgl auch *Schroeder* Pornographie, Jugendschutz und Kunstfreiheit S. 1 ff.

46 *Schroeder* Pornographie, Jugendschutz und Kunstfreiheit S. 1; *Zeising* S. 4 ff.

47 *Schroeder* Das neue Sexualstrafrecht S. 63.

48 *Goltdammer* § 151, S. 313; *Schroeder* Das neue Sexualstrafrecht S. 63;

49 MüKo-*Hörnle* § 184 Rn 11 hingegen gliedert in drei Phasen. Dem wird hier jedoch nicht gefolgt, da die drei dort angeführten Phasen nicht gleichrangig auf einer Ebene stehen. Vielmehr stellt die dritte Phase *Hörnle*s – die Konzentration auf und Verschärfung harter Pornographie insbesondere zu Lasten von Kindern – eine Entwicklung innerhalb der zweiten Phase dar. Diese ist dennoch durchaus erwähnens- und abgrenzenswert, insbesondere vor dem Hintergrund täterstrafrechtlicher Tendenzen.

Hierunter fallen das Verbot der Gewalt-, der Tier- und der Kinderpornographie sowie das seit dem Jahre 2008 bestehende – und diese Arbeit schwerpunktmäßig beschäftigende – Verbot der Jugendpornographie.

1. Erste Phase: Generelles Verbot unzüchtiger Schriften

In der ersten Phase bis 1973 waren sämtliche unzüchtige Schriften umfassend bei Strafe verboten.

a. Die Anfänge im RStGB

Das Reichsstrafgesetzbuch von 1871 stellte, anknüpfend an § 151 des Preußischen Strafgesetzbuchs, in seinem § 184 ein Verbot des Verkaufs, der Verteilung, sonstigen Verbreitung, öffentlichen Ausstellung oder Anschlagung unzüchtiger Schriften auf und drohte für den Fall der Zuwiderhandlung mit einer Geldstrafe von bis zu 100 Talern oder Gefängnisstrafe bis zu sechs Monaten. Mit Ausnahme der Rechtsfolge entspricht die Regelung damit wörtlich der des § 151 Abs. 1 des Preußischen Strafgesetzbuchs. Nicht vom Verbot umfasst waren hingegen die Herstellung, Bereithaltung oder das unzüchtige Werben, was für die damalige Zeit äußerst liberal war.[50] Die Aufnahme des Verbots in das Reichsstrafgesetzbuch in dieser Form wurde vom Gesetzgeber damit begründet, dass jene Schriften gemeinschädlich und geeignet seien, in Kreisen, in denen sich die Gefährdung der guten Sitten als besonders nachteilig erweise, Verbreitung zu finden.[51] Als unzüchtig galt eine Schrift, die geeignet war, das Scham- und Sittlichkeitsgefühl des normalen Menschen in geschlechtlicher Beziehung zu verletzen.[52] Hierin zeigt sich deutlich die soziale Dimension der sexualbezogenen Verbote der damaligen Zeit. Geschützt war die gute Sitte als unpersönliche Grundlage der bürgerlichen Gesellschaft.[53]

b. Deliberalisierung zur Jahrhundertwende

War die Norm bei ihrer Einführung noch überraschend liberal ausgestaltet und kannte keine Strafbarkeit des Bereithaltens oder Herstellens unzüchtiger Schriften, so änderte sich dies mit Wirkung zum 14. Juli 1900.[54] Der Gesetzgeber

---

50 *Brüggemann* S. 410.

51 *Brüggemann* S. 409 mwN.

52 RGSt 4, 87 (89 f); 8, 128 (130); 30, 378 (379); BGHSt 3, 295; 5, 346.

53 RGSt 68, 193.

54 Siehe RGBl 1900, S. 301 in *Vormbaum/Welp* S. 222 ff.

erweiterte den Tatbestand um die Tathandlungen des Feilhaltens und Herstellens. Unter Feilhalten war das dem kauflustigen Publikum Zugänglichmachen zu verstehen. Dies bedeutete eine Ausdehnung der Strafbarkeit, knüpfte der Tatbestand nun bereits an ein im Vorfeld der eigentlichen Verbreitung liegendes Verhalten an. Auch das Herstellen sollte weit zu verstehen sein: So konnte hiervon neben dem Verlag auch der Autor umfasst sein.[55]

c. Völkerrechtliche Verpflichtung

Am 4. Juni 1925 wurde im Reichsgesetzblatt[56] bekannt gegeben, dass das Deutsche Reich die Internationale Übereinkunft zur Bekämpfung der Verbreitung und des Vertriebs unzüchtiger Veröffentlichungen vom 12. September 1923 ratifiziert hat und diese Ratifikationsurkunde am 11. Mai 1925 im Archiv des Völkerbundsekretariats in Genf hat hinterlegen lassen. In dessen Artikel 1 verpflichteten sich die Vertragsparteien dazu, die Anfertigung und das für den Handel Vorrätig-Halten sowie die Verbreitung oder öffentliche Ausstellung unzüchtiger Veröffentlichungen unter Strafe zu stellen und effektiv zu verfolgen. Auch die Ein- oder Ausfuhr entsprechender Publikationen oder die Vermittlung entsprechender Kontakte waren hiernach unter Strafe zu stellen. Unter Veröffentlichungen im Sinne der Konvention waren Schriften, Zeichnungen, Stiche, Malereien, Druckschriften, Bilder, Anschläge, Abzeichen, Lichtbilder, Bildstreifen für Lichtspiele oder andere unzüchtige Gegenstände zu verstehen. Diese umfassende, vom Vertragstext vorgenommene Auflistung zeigt, dass es Ziel der Vereinbarung war, möglichst weitgehend alle denkbaren Medien zu erfassen und eine Verbreitung vollständig zu verhindern. Mit der Ratifizierung bestand für das Deutsche Reich eine völkerrechtliche Verpflichtung, die Verbreitung unzüchtiger Schriften unter Strafe zu stellen. Dem genügte die geltende Rechtslage bereits, so dass in der nationalen Gesetzgebung keine Änderungen vorgenommen werden mussten. Dennoch bestärkte der Vertrag die bereits bestehende Rechtslage.

d. Fanny-Hill Urteil als Todesurteil für die erste Phase

Richtungsweisend – nicht nur für den 13. Abschnitt des Strafgesetzbuchs betreffend Verbrechen und Vergehen wider die Sittlichkeit in Gänze, sondern insbesondere auch für das Verständnis des Verbots unzüchtiger Schriften – war das

55 *Heilborn* GA 1900, 277, (281 f).
56 RGBl 1925 Teil II S. 287 ff.

so genannte *Fanny-Hill Urteil* des Bundesgerichtshofs vom 22. Juli 1969.[57] In diesem war das Gericht mit der Frage befasst, ob der Roman *Die Memoiren der Fanny Hill* von John Cleland unter den Begriff der unzüchtigen Schrift zu fassen war. Hierbei handelt es sich um einen Briefroman, in dem eine Frau, retrospektiv und teils sehr detailliert, unter anderem über ihr Leben als Prostituierte und ihre dazugehörigen Beweggründe berichtet. Der BGH sprach dem Roman die Qualität als unzüchtige Schrift ab. Den Tatbestand der Verbreitung unzüchtiger Schriften könnten

> „nur solche Verstöße erfüllen, die eindeutig den Grundtatbestand gemeinsamer Anschauungen der Gesellschaft auf geschlechtlichem Gebiet antasten und dadurch zu Störungen oder Belästigungen des Gemeinschaftslebens führen".[58]

Es sei hingegen nicht Aufgabe des Strafrechts

> „auf geschlechtlichem Gebiet einen moralischen Standard des erwachsenen Bürgers durchzusetzen".[59]

Durch diese Entscheidung nahm der BGH dem über viele Jahrzehnte hinweg geltenden Verbot unzüchtiger Schriften in der bis dahin geltenden und angewandten Form seine Legitimation. Zugleich nahm er den Gesetzgeber in die Pflicht, das generelle Verbot unzüchtiger Schriften zu überdenken und neu zu regeln.[60] Damit ebnete er dem Ende der ersten Phase den Weg, das dann mit dem 4. Strafrechtsreformgesetz endgültig besiegelt werden sollte.

e. Fazit

Ein Verbot von Schriften, die einen Sexualbezug aufweisen und in diesem Zusammenhang als gefährdend eingestuft werden, hat in Deutschland Tradition und ist in verschiedenen Ausprägungen seit langem Bestandteil des Strafrechts. Bis weit in das 20. Jahrhundert hinein beschränkte sich dies auf ein umfassendes Verbot von Schriften sexuellen Inhalts, ohne dass inhaltlich zwischen der Qualität dieser Schriften differenziert wurde. In logischer Konsequenz waren von diesem allgemeinen Verbot unzüchtiger Schriften auch die unzüchtigen Darstellungen Jugendlicher erfasst. Solche wurden jedoch nicht gesondert berücksichtigt oder beachtet.

---

57 BGHSt 23, 40.

58 BGHSt 23, 40 (42).

59 BGHSt 23, 40 (43 f).

60 Vgl zur gesellschaftlichen Dimension des Wandels *Person* S. 165 f, 170 ff.

Das Strafmaß war im Vergleich zu heute geltenden Vorschriften ausgesprochen milde. Als Höchststrafe drohte das Gesetz eine Freiheitsstrafe von bis zu einem Jahr an. Dies überrascht vor dem Hintergrund, dass auch solche Fälle, die später unter dem Begriff der harten Pornographie zusammengefasst wurden und nach heutiger Gesetzeslage teils mit bis zu fünf (§ 184b Abs. 1) oder zehn (§ 184b Abs. 2) Jahren Freiheitsstrafe sanktioniert werden können, darunter zu fassen waren.[61]

Das Ende der ersten Phase wurde wesentlich durch das Fanny-Hill Urteil des BGH begünstigt. In diesem erklärte die Rechtsprechung die bis dato geltende Auffassung zum generellen Verbot unzüchtiger Schriften als nicht mit der Funktion des Strafrechts vereinbar. Der Gesetzgeber leitete kurz darauf das 4. Strafrechtsreformgesetz ein und hob das geltende umfassende Verbot unzüchtiger Schriften auf. Dadurch endete die erste Phase.

2. Zweite Phase: Freigabe einfacher Pornographie

Im Zuge des 4. Strafrechtsreformgesetzes im Jahre 1973 wurde der Begriff der *unzüchtigen* durch den der *pornographischen* Schrift ersetzt.[62] Während mit dem Verbot der Verbreitung unzüchtiger Schriften bis dahin ein umfassendes Verbot einherging, folgte mit der Reform des 13. Abschnitts von *Verbrechen und Vergehen wider die Sittlichkeit* hin zu *Straftaten gegen die sexuelle Selbstbestimmung* eine Freigabe einfacher Pornographie zum Januar 1975.[63] Ein Verbot einfach pornographischer Schriften gilt seit dem nur noch insoweit, als eine Gefährdung der Jugend in Frage steht oder der Konfrontationsschutz Erwachsener dies gebietet.[64] Dieser Teil des 4. Strafrechtsreformgesetzes konnte, anders als

---

61 MüKo-*Hörnle* § 184 Rn 11.

62 BT-Drucks. 6/1552 S. 33 geht davon aus, dass der Begriff nicht wesentlich von der Auslegung der unzüchtigen Schrift der Rechtsprechung nach BGHSt 23, 40 abweicht; auch *Schroeder* Pornographie, Jugendschutz und Kunstfreiheit S. 16 f zeigt, dass die Begriffe, wie sie der Gesetzgeber zu Grunde legt, inhaltlich nicht voneinander abweichen; so auch VG Hamburg JMS-Report 2001, 3; in der DDR wurde der Begriff der unzüchtigen Schrift bereits im Jahre 1968 mit Schaffung des StGB-DDR durch den der „pornographischen Schrift" ersetzt; siehe auch Arzt/Weber/Heinrich/*Hilgendorf* § 10 Rn 23; siehe zur parallelen Entwicklung in der Schweiz etwa 20 Jahre später *Weissenberger* AJP 1998, 311.

63 Vgl aber *Dreher* JR 1974, 45 (46 f, 54 f).

64 MüKo-*Hörnle* § 184 Rn 12; eine ausdrückliche Irrelevanz des Schutzes der Jugend durch den bisherigen § 184 benennt BGHSt 23, 40 (42); *Wahle* S. 77; krit zur Freigabe *Dreher* JR 1974, 45 (54 f).

die sonstigen Neuregelungen, erst 14 Monate nach dessen Verkündung in Kraft treten. Die Ursache für die große zeitliche Spanne zwischen Verabschiedung und Inkrafttreten des Gesetzes liegt darin, dass die Neuerungen mit der völkerrechtlichen Verpflichtung aus der internationalen Übereinkunft zur Bekämpfung der Verbreitung und des Vertriebs unzüchtiger Veröffentlichungen vom 12. September 1923 nicht zu vereinbaren waren.[65] Diese verlangte von den Vertragsstaaten nach wie vor ein generelles Verbot der Verbreitung unzüchtiger Schriften und stand damit im Widerspruch zur angestrebten Freigabe einfacher Pornographie. Demnach musste die Bundesrepublik Deutschland zunächst die Konvention kündigen,[66] was sie dann am 25. Januar 1974 mit Bekanntmachung vom 22. Mai 1974 auch tat.[67] Dies bewirkte entsprechend der Vorgaben des Art. 12 des Abkommens das Außer-Kraft-Treten der Konvention für die Bundesrepublik zum 25. Januar 1975. Somit waren völkerrechtliche Bedenken beseitigt und der Weg für eine Modernisierung und Liberalisierung des Pornographieverbots bereitet.

a. Harte Pornographie erstmalig als gesonderte Kategorie

Mit dem 4. Strafrechtsreformgesetz wurde neben der Freigabe einfacher Pornographie die Verbreitung so genannter harter Pornographie gesondert verboten und damit erstmalig aus rechtlicher Sicht eine inhaltliche Unterscheidung der Schriften vorgenommen. Gesetzestechnisch fanden sich sämtliche Verbote in einem einheitlichen Paragraphen wieder, § 184, wobei die harte Pornographie in Abs. 3 separat normiert wurde. Unter harter Pornographie waren Gewalt-, Kinder- und Tierpornographie zu verstehen:[68]

Gewaltpornographisch	Pornographische Schriften, die bei der Darstellung der Handlungen Nötigungen und Körperverletzungen zeigen.
Tierpornographisch	Darstellungen von sexuellen Handlungen mit Tieren.
Kinderpornographisch	Pornographische Schriften, die sexuelle Handlungen von, an, vor oder mit Kindern zum Gegenstand haben.[69]

---

65 *Hanack* Gutachten Rn 363; *ders.* in NJW 1974, 1 (6), die Notwendigkeit der Kündigung des Übereinkommens in Fn 77 anzweifelnd.

66 BT-Drucks. 6/1552 S. 33.

67 BGBl 1974 Teil II S. 912.

68 Von einem abweichenden Verständnis des Begriffes der harten Pornographie in der Bevölkerung geht *Brüggemann* S. 428 f aus; siehe hierzu auch *Baier* ZUM 2004, 39, Fn 1.

69 Vgl hingegen die heutige Fassung des § 184b Abs. 1 Nr. 1.

Bestraft wurde für diese Kategorien das Verbreiten, öffentliche Ausstellen, Anschlagen, Vorführen oder sonstige Zugänglichmachen sowie das Herstellen, Beziehen, Liefern, Vorrätig halten, Anbieten, Ankündigen, Anpreisen oder die Ein- oder Ausführungsunternehmung, wenn damit eine Verwendung zum Zwecke der Verbreitung oder des Zugänglichmachens der Öffentlichkeit beabsichtigt war. Es sollte so unterbunden werden, dass derartige Schriften überhaupt hergestellt oder verbreitet werden.

Die Begründung für die Einführung eines Verbots harter Pornographie fiel jedoch zurückhaltend aus.[70] Es wurde angeführt, die Wirkung derartiger Schriften auf Jugendliche sei schädlicher als die der einfachen Pornographie. Der Gesetzgeber gestand damit zugleich eine Ineffektivität des allgemeinen Pornographieverbots ein: Trotz dessen Bestehens finde tatsächlich eine breite Streuung des entsprechenden Materials statt, die Jugendlichen den Zugang faktisch ermögliche.[71] Ohne ein solches umfassendes Verbot harter Pornographie auch für Erwachsene bestehe die Gefahr, dass junge Menschen erleichterte Zugangsmöglichkeiten zu solcherlei Schriften erhalten. Dies gelte es zu vermeiden. Insoweit sei ein allgemeines Verbot für harte Pornographie zum Zwecke des Schutzes der Jugend erforderlich. Die Verleitung erwachsener Konsumenten zur Begehung von Straftaten wurde lediglich als Hilfserwägung angeführt.[72]

Diese Erwägung führt die Existenz der frisch geschaffenen Freigabe einfacher Pornographie sowie die Einführung der harten Pornographie offensichtlich *ad absurdum*.[73]

Die vorgesehene Höchststrafe in Gestalt einer Freiheitsstrafe von bis zu einem Jahr für Tathandlungen im Zusammenhang mit harter Pornographie stellt sich im Vergleich zur heutigen Regelung mit Freiheitsstrafen bis zu fünf (§ 184b Abs. 1) oder zehn (§ 184b Abs. 2) Jahren als milde dar.

b. Bekräftigung Jugendschutz

1985 reagierte der Gesetzgeber auf den auftretenden Beginn der kommerziellen Vermietung von Videofilmen[74] und beschränkte die Vermietung pornographischer Filme mit dem Gesetz zur Neuregelung des Jugendschutzes in der Öffentlichkeit vom 25. Februar 1985[75] auf solche Ladengeschäfte, die Jugendlichen

70 *Schroeder* ZRP 1990, 299 spricht von „Begründungsverlegenheit".
71 *Schroeder* Pornographie, Jugendschutz und Kunstfreiheit S. 9.
72 BT-Drucks. 6/1552 S. 35; siehe aber *Schroeder* ZIS 2007, 444 (446).
73 *Schroeder* ZRP 1990, 299 spricht von „groteske[r] Desavouierung".
74 *Greger* NStZ 1986, 8.
75 BGBl 1985 Teil I S. 425 ff.

keinen Zugang gewähren. Damit bestärkte er noch einmal die inzwischen nicht mehr neue Schutzrichtung des Jugendschutzes im Rahmen der Beschränkung einfacher Pornographie.[76]

c. Einführung der Besitzstrafbarkeit und neue Tendenz

Mit Beginn der 1990er Jahre setzte schließlich eine bis heute anhaltende neue Tendenz in der Gesetzgebung des Pornographiestrafrechts ein, die eine Verschärfung und stärkere Fokussierung auf den Bereich der harten Pornographie, insbesondere der Kinderpornographie, bedeutete.[77] Nachdem das 4. Strafrechtsreformgesetz zunächst zu einer Liberalisierung führte, ist die Entwicklung – zumindest für den Bereich der harten Pornographie – nun wieder gegenläufig.[78]

Eine Besitzstrafbarkeit kannte das Gesetz im Bereich der Pornographie bis zu diesem Zeitpunkt nicht. Eine solche fand mit dem 27. Strafrechtsänderungsgesetz erstmalig in § 184 Abs. 5 S. 2 für kinderpornographische Schriften Einzug ins Gesetz.[79] Als Begründung wurde eine festgestellte Änderung der tatsächlichen Begebenheiten in diesem Kriminalitätsfeld angeführt: Lag der tatsächliche Schwerpunkt unzüchtiger und pornographischer Schriften bis dahin bei Filmvorführungen in Lichtspielhäusern, Romanen, Fotos oder Zeitschriften, änderte sich diese Begebenheit durch das Aufkommen des Videomarktes.[80] Videokassetten wurden nun nicht mehr größtenteils herkömmlich über Videotheken oder Sexshops vertrieben, sondern zumeist über private Kontakte.[81] Gab es dennoch Händler, so entzogen sich diese einer Strafverfolgung, indem sie eine *Masterkopie* bei sich lagerten und im Falle des Kaufverlangens diese erst

76 Vgl ausführlich *Greger* NStZ 1986, 8 (11 f).

77 Vgl zu Erklärungsversuchen für diese Fokussierung *Hörnle* FS Eisenberg S. 321 ff; *Thiee* NK 2006, 131 (133); siehe auch MüKo-*Hörnle* § 184 Rn. 11, 13, die dies als eigenständige Phase bewertet; *Heinrich* ZStW 121 (2009), 94 (112 f, 121 ff) erkennt eine derartige Tendenz nicht als sexualrechtsspezifisches Phänomen, sondern als generell im Strafrecht auftretendes. Hiernach handelt es sich um Ausfluss einer Tendenz, dem Strafrecht immer mehr auch präventive Funktionen zuzuweisen und täterbezogene Aspekte stärker zu berücksichtigen; siehe zur Ausdehnung des Strafrechts *Vogler* ZStW 90 (1978), 132 ff mwN; vgl auch *Kindhäuser* Rationaler Rechtsgüterschutz S. 271 zu der Tendenz immer stärker abstrakte Gefährdungsdelikte zu normieren.

78 *Schroeder* ZRP 1990, 299.

79 *Heinrich* NStZ 2005, 361 (362); in der Schweiz wurde eine solche für Kinderpornographie erstmalig 2001 eingeführt, vgl *Scheidegger* ZStR 2014, 318 (319 f).

80 *Hörnle* KritV 2003, 299 (300).

81 *Schroeder* JZ 1999, 827 (831).

vor Ort vervielfältigten. Im Falle der Strafverfolgung schützten sie sich dann mit der Vorgabe, die Masterkopie sei lediglich eine private Schrift.[82] In erster Linie erfolgte die Erfassung des Besitzes demnach als Folge der Schließung einer erkannten Regelungslücke im Rahmen des Verbreitens zur Erfassung des Verbreitenden.[83] Erschwerend trat aber die Erwägung hinzu, dass bei bloßer Strafandrohung für den Verbreitenden eine Einziehung der kinderpornographischen Schrift im Rahmen des Strafverfahrens beim Konsumenten nicht möglich war, § 74d Abs. 2 aF.[84]

Als Strafgrund wird in der Gesetzesbegründung zudem die mittelbare Verantwortlichkeit für den sexuellen Missbrauch durch das Schaffen eines Marktes für Kinderpornographie genannt,[85] wenngleich auch hier der Gedanke der Beweiserleichterung erkennbar ist.[86] Hinzu trat die Erwägung, dass die zumindest nicht auszuschließende Wirkung auf den Betrachter darin bestünde, dass dieser zum Kindesmissbrauch angeregt werde oder die dargestellten Kinder mit den Videos erpresse.[87] Ein persönliches Kennen der dargestellten Kinder war vor dem Hintergrund der tatsächlichen Begebenheit der Amateurvideos und der privaten Verbreitung der Videos sowie der häufig innerhalb der Familien aufgenommenen Videos[88] wohl keine Seltenheit.

---

82 BT-Drucks. 12/3001 S. 4.

83 *Scheffler* FS-Herzberg S. 633; die Abgeordnete *Ursula Schmidt* hierzu in BT-Plenarprotokoll 12/47 v. 10.10.1991, S. 3953: „Der Besitz und Konsum ist in der Bundesrepublik nicht strafbar. Das macht den polizeilichen Zugriff auf die Hersteller und Vertreiber zum großen Teil unmöglich."; vgl zu diesem Ansatz in anderen Bereichen auch *Schroeder* JZ 2002, 412 (413) als Anm. zu BayOblG JZ 2002, 410; siehe auch *Greco* Strafbarer Drogenbesitz S. 75.

84 BT-Drucks. 12/3001 S. 4.

85 *Schroeder* JZ 1999, 827 (831) führt aus, dass zur Legitimation der Tatvariante ein Kleinstabnehmerkreis erforderlich sei, da bezüglich des Unrechts eine Parallele zur Beihilfe zum Kindesmissbrauch zu ziehen sei. Passend hierzu war die Rechtsfolgenseite ausgestaltet: Für die Beihilfe zum Kindesmissbrauch sah das Gesetz eine Höchststrafe von 7 Jahren und 6 Monaten vor, für die Delikte rund um die Kinderpornographie betrug die Höchststrafe bis zu fünf Jahre Freiheitsentzug.

86 BT-Drucks. 12/3001 S. 5 f; krit gegenüber einem solchen nur mittelbaren Rechtsgüterschutz *Schroeder* Straftaten gegen das Strafrecht S. 27; siehe auch *Miehe* FS Honig S. 105.

87 BT-Drucks. 12/3001 S. 6.

88 BT-Plenarprotokoll 12/47 v. 10.10.1991, S. 3953; *Bundschuh* S. 255; *Schroeder* NJW 1993, 2581 f.

Hinzu kam, dass auch die Empfehlung des Ministerkomitees des Europarates Nr. R (91) 11 vom 09. September 1991 den Mitgliedstaaten unter Gliederungspunkt B. 2. eine Prüfung der Bestrafung des bloßen Besitzes von kinderpornographischem Material vorsah. Auch die UNO-Menschenrechtskommission veröffentlichte am 05. März 1992 eine Resolution, in der sie unter Punkt 53 sämtliche Staaten, die es bis dato noch nicht getan haben, auffordert, ein Herstellungs-, Verbreitungs- und Besitzverbot von Kinderpornographie zu erlassen. Zudem beschlossen die Innen- und Justizminister der Europäischen Union am 29. November 1996 dem 27. Strafrechtsänderungesetz nachgelagert, neben der Herstellung und der Verbreitung auch den Besitz von Kinderpornographie in ihren Ländern jeweils unter Strafe zu stellen.[89]

Eine Erstreckung des Besitzverbotes auf sonstige Fälle harter Pornographie sollte nach Auffassung des Bundestags aus dem Grund nicht erfolgen, dass hier regelmäßig eine freiwillige Teilnahme der Darsteller vorliege.[90] Die Erwägungen zur Mittelbarkeit des Missbrauchs können daher im Einklang mit den Ausführungen des Gesetzgebers nicht auf das Verbot von Jugendpornographie übertragen werden, da dort vom Besitzverbot auch solche pornographischen Schriften erfasst sind, deren dargestellte sexuelle Handlungen die Jugendlichen freiwillig vornehmen.

d. Gesetzestechnische Ausgliederung der harten Pornographie

Mit dem Gesetz zur Änderung der Vorschriften über Straftaten gegen die sexuelle Selbstbestimmung und zur Änderung anderer Vorschriften vom 27. Dezember 2003[91] wurde die harte Pornographie mit Inkrafttreten zum 01. April 2004 aufgespalten und gesetzestechnisch vom Verbot der einfachen Pornographie gelöst. Hierbei handelte es sich in erster Linie um eine gesetzessystematisch bedingte Neustrukturierung der Pornographieverbote ohne wesentliche inhaltliche Änderungen, um diese übersichtlicher zu gestalten und der steigenden eigenständigen Bedeutung des Verbots der Kinderpornographie gerecht zu werden.[92] Zur Erreichung des Zwecks wurden die Strafrahmen – insbesondere für

---

89 *Weissenberger* AJP 1998, 311 (314) mwN.

90 So BT-Drucks. 12/3001 S. 4.

91 BGBl 2003 Teil I 3007 ff.

92 BT-Drucks. 15/350 S. 19; *Amelung/Funcke-Auffermann* StraFo 2004, 265 (569); *Duttge/Hörnle/Renzikowski* NJW 2004, 1065 (1069); SK-*Wolters/Greco* § 184 Rn 1; krit zur weitgehenden Beibehaltung des § 184 in der bestehenden Fassung *Hörnle* KritV 2003, 299 (304 ff).

die Besitzverschaffung zugunsten anderer – an den für die Verbreitung angepasst. Als Grund wurde die Abschottung der Beteiligten in konspirativen Benutzergruppen angeführt, in denen es – anders als in der heutigen Zeit – keine Verbreiter gab, die große Personenkreise bedienten.[93]

e. Zwischenfazit

Mit der generellen Freigabe einfacher Pornographie durch das 4. Strafrechtsreformgesetz ging erstmalig die gesonderte Schaffung eines Verbots harter Pornographie einher. Durch eine Änderung der tatsächlichen Begebenheiten des Pornographiemarktes wurde in den 90er Jahren vom Gesetzgeber ein Bedürfnis dafür gesehen, auch den Besitz unter Strafe zu stellen – jedenfalls für den kinderpornographischen Bereich. Waren die Tatbestände der harten Pornographie bis 2003 gesetzessystematisch in den Pornographietatbestand integriert, wurden sie nach der Jahrtausendwende in gesonderte Paragrafen ausgegliedert, um der steigenden praktischen Bedeutung jener Rechnung zu tragen und diese auch systematisch vom allgemeinen Pornographieverbot zu lösen.

Die bestehende Rechtslage war jedoch nicht gänzlich frei von Widersprüchen. So untersagte § 184 Abs. 1 Nr. 1, Jugendlichen Pornographie zugänglich zu machen. Ein Mitwirken an der Herstellung pornographischer Schriften als Darsteller war ihnen jedoch erlaubt.[94] Ein Erwachsener, der dem jugendlichen Darsteller im Anschluss an die Aufnahme die pornographische Schrift vorführte, machte sich hingegen strafbar.

Die drei Ausgangsfälle waren bis 2008 nur insoweit strafrechtlich relevant, als sie vom allgemeinen Pornographieverbot des § 184 erfasst wurden.

f. Erstmalige Einführung des Verbots von Jugendpornographie

Ein Bedürfnis nach einem Verbot *jugend*pornographischer Schriften wurde nach der allgemeinen Freigabe der Pornographie und der damit einhergehenden Einführung des Verbots harter Pornographie nicht gesehen, so dass pornographische Darstellungen mit Jugendlichen bis dahin keinem gesonderten Verbot unterlagen. Ein Verbot der Jugendpornographie war dem deutschen Recht bis zum Jahr 2008 somit fremd, wenngleich ein solches bereits im Jahre 1992 vom

---

93 BT-Drucks. 15/350, S. 20 f; vgl *Amelung/Funcke-Auffermann* StraFo 2004, 265 (270); krit *Duttge/Hörnle/Renzikowski* NJW 2004, 1065 (1069 f).

94 *Hörnle* NJW 2008, 3521 (3523); vgl auch SK-*Wolters/Greco* § 184c Rn 3 Fn 7; auch in anderen Rechtsordnungen waren die Altersgrenzen für die Mitwirkung und den Einwirkungsschutz nicht identisch, vgl *Sieber* ZUM 2000, 89 (102).

Bundesrat – jedenfalls für Jugendliche bis zu einem Alter von 16 Jahren – vorgeschlagen wurde.[95] Die geltende Fassung des Gesetzes stellte zwar in § 184b StGB die Herstellung, den Erwerb, die Weitergabe und den Besitz *kinder*pornographischer Schriften unter Strafe. Als Kind galten und gelten jedoch nur Personen bis zu einem Alter von 14 Jahren. Davon waren und sind Jugendliche also nicht erfasst.

aa. Rahmenbeschluss

Am 22. Dezember 2003 wurde der Europäische Rahmenbeschluss zur Bekämpfung der sexuellen Ausbeutung von Kindern und Kinderpornographie[96] gezeichnet, der die Bundesrepublik Deutschland verpflichtete, bis zum 20. Januar 2006 ein umfassendes Verbot von Kinderpornographie zu erlassen.[97] Art. 1 lit. a des Rahmenbeschlusses bezeichnete hierbei als Kind, abweichend vom nationalen Recht, jede Person unter 18 Jahren.[98] In der Folge bestand eine europarechtliche Verpflichtung, die bestehende Gesetzeslage zu ändern.

Gegen die Vorgaben des Rahmenbeschlusses wurden kompetenzrechtliche Bedenken vorgebracht:[99] Zur Zeit des Inkrafttretens des Rahmenbeschlusses galt Art. 31 EUV aF als Legitimationsgrundlage, nach dem ein gemeinsames Vorgehen der Europäischen Union betreffend die justizielle Zusammenarbeit in Strafsachen lediglich in den Bereichen der organisierten Kriminalität, des Terrorismus und illegalen Drogenhandels zulässig war. Zwar hat die Vorgabe des Rahmenbeschlusses in erster Linie die organisierte Kriminalität im Blick, wenn sie ein Kinderpornographieverbot vorschreibt. Der Rahmenbeschluss geht jedoch darüber hinaus und regelt gerade nicht nur Fälle organisierter Kriminalität, so dass es – insbesondere vor dem Hintergrund des Prinzips der begrenzten Einzelermächtigung – nahe liegt anzunehmen, er sei nicht mehr von der Kompetenz gedeckt.[100] Hiergegen wurde vorgebracht, als Ziele seien in Art. 29 EUV aF auch die Verhütung und Bekämpfung der Straftaten gegenüber Kindern genannt.

---

95 BT-Drucks. 12/3001 S. 7.

96 ABl L 13 v. 22.12.2003 S. 44.

97 Vgl allgemein zu Rahmenbeschlüssen *Geiger* S. 36 ff.

98 *Geiger* S. 78 f stellt dar, dass sich der Rat aufgrund weiterer völkerrechtlicher Verträge dazu gezwungen sah, die Altersgrenzen so festzusetzen, zieht dies jedoch zugleich inhaltlich in Zweifel.

99 Vgl hierzu ausführlich *Geiger* S. 198 ff; siehe auch *Haustein* ZIS 2014, 348 f.

100 BT-Drucks. 16/9646 S. 11; *Graupner* Stellungnahme S. 15 f.

Die gegen die Kompetenz zum Erlass eines Rahmenbeschlusses vorgebrachten Bedenken überzeugen insoweit, als gesetzte Ziele nicht umgehen dürfen, dass eine Kompetenz ausdrücklich bloß begrenzt übertragen wurde. Nur im Rahmen der übertragenen Kompetenz können die benannten Ziele verfolgt werden. Die aufgeführten Ziele beschränken die Kompetenz gerade. Dies darf nicht ins Gegenteil verkehrt werden.

Im Jahr 2009 wurde der EUV dahingehend geändert und weist seitdem in Art. 83 die Übertragung der Kompetenz im Bereich schwerer Kriminalität Straftaten und Strafen festzulegen aus. Hierunter ist unter anderem die sexuelle Ausbeutung von Kindern zu verstehen. Art. 83 EUV umfasst somit inzwischen unzweifelhaft die Kompetenz zum Erlass eines solchen Rahmenbeschlusses beziehungsweise einer solchen Richtlinie. Zudem wurde der Rahmenbeschluss durch die Richtlinie des europäischen Parlaments und des Rates vom 13. Dezember 2011 zur Bekämpfung des sexuellen Missbrauchs und der sexuellen Ausbeutung von Kindern sowie der Kinderpornografie sowie zur Ersetzung des Rahmenbeschlusses 2004/68/JI des Rates ersetzt und ist daher mittlerweile jedenfalls als legitimiert anzusehen. Trotz überzeugender Zweifel an der Kompetenzgrundlage sah sich auch der damalige Gesetzgeber zur Umsetzung des Beschlusses verpflichtet.

Bei der Umsetzung des Rahmenbeschlusses in nationales Recht wurden zwei Ansätze diskutiert:

(1) Einheitslösung

Ein Gesetzesvorschlag sah vor, § 184b in seiner bestehenden Form auf Personen von 14 bis einschließlich 17 Jahren zu erweitern und die Kinder- und Jugendpornographie einheitlich zu erfassen.[101] Danach sollte die Altersgrenze um vier Jahre angehoben und ein einheitlicher Verbotstatbestand der Pornographie Minderjähriger geschaffen werden. Dies hätte den Anforderungen des Rahmenbeschlusses genügt.

Diesem Ansatz ist – nach wie vor – entschieden entgegen zu treten: Seinen Ursprung nimmt das Verbot der Kinderpornographie im Verbot der dargestellten Handlung. Liegt eine sexuelle Handlung an oder von einer Person unter 14 Jahren vor, liegt regelmäßig auch ein Fall des sexuellen Missbrauchs von Kindern vor. Wenn § 184b ein umfassendes Verbot der Kinderpornographie beinhaltet, so dient dies im Wesentlichen dem Schutz davor, als Darsteller Opfer einer Straftat

101 BT-Drucks. 16/3439 S. 5, 9; siehe auch *Mitsch* ZStW 124 (2012), 323 (334 f), der diese Überlegung aus Irrtumskonstellationen heraus anstellt.

zu werden,[102] wenngleich der Begriff der Kinderpornographie in § 184b Abs. 1 Nr. 1 inzwischen eine Ausweitung erfahren hat.[103] Gleich wenn die dargestellte Handlung inzwischen keine Straftat mehr darstellen muss, so ist dennoch in den erfassten Aufnahmen stets ein Angriff auf das sexuelle Selbstbestimmungsrecht des Kindes zu sehen.[104] Im Übrigen wird aufgrund dessen auch erwogen, § 176 um die von § 184b erfassten Handlungen zu erweitern.[105] Eine § 176 entsprechende Norm existiert jedoch für Jugendliche nicht. Ihnen stehen sexuelle Handlungen grundsätzlich offen und stellen Ausfluss ihrer grundrechtlich gesicherten Freiheiten dar.[106] Die vorgenommenen sexuellen Handlungen stehen nur bei Hinzutreten weiterer äußerer Umstände unter Strafe – so exemplarisch in Autoritätsverhältnissen (§ 174), bei Ausnutzen einer Zwangslage (§ 182 Abs. 1) oder entgeltlicher Vornahme (§ 182 Abs. 2) –, in denen eine besonnene Selbstbehauptung noch nicht erwartet werden kann.[107] Mangels Darstellung einer Straftat kann es keinesfalls Schutzzweck des Verbots sein, Opfer einer solchen zu werden.[108] Dem Verbot muss daher zwingend ein anderer Schutzzweck zu Grunde gelegt werden.[109] Als geschütztes Rechtsgut kommt ebenfalls die sexuelle Selbstbestimmung in Betracht: Durch ein Verbot werden Jugendliche vor den Folgen bewahrt, die der Existenz eigener pornographischer Aufnahmen immanent sind. Sie können so von Verantwortlichen in der kommerziellen Pornographie-Branche nicht unter Druck gesetzt werden, was das Risiko mindert in die

---

102 BGHSt 45, 41 (43); 47, 55 (61); *Schroeder* ZRP 1990, 299; *ders.* NJW 1993, 2581; aA *Deblitz* S. 33 f.

103 Vgl BGHSt 59, 177 (182 f).

104 *Greco* RW 2011, 275 (299); vgl ausführlich zu dieser Frage *Renzikowski* FS Beulke S. 521 ff.

105 BT-Drucks. 16/3439 S. 11; *Reinbacher/Wincierz* ZRP 2007, 195 (196).

106 *Reinbacher/Wincierz* ZRP 2007, 195 (196); *Wüstenberg* UFITA 2009, 467 (513); *Böse* FS Schroeder S. 756 deutet an, dass nicht einsichtig ist, weshalb Aufnahmen eines rechtmäßigen Verhaltens verboten sein sollen. Auf S. 758 stellt er dar, dass es auch ein freiheitliches Recht der Jugendlichen darstellt; neben der grundrechtlichen Perspektive ist wohl auch Art 8 EMRK einschlägig, vgl *Gillespie* HRLR 2013, 623 (634 ff, 641 f).

107 *Reinbacher/Wincierz* ZRP 2007, 195 (196); vgl auch MüKo-*Renzikowski* § 174 Rn 1; siehe zur parallelen Situation in der Schweiz *Hochmayr* S. 34.

108 SK-*Wolters/Greco* § 184c Rn 6.

109 *Böse* FS-Schroeder S. 757 zieht als mit dem Besitz der Kinderpornographie zusammenhängenden Straftat Menschenhandel gemäß § 232 in Betracht. Selbst wenn man dies bejahte, so unterscheidet sich der Straftatbestand des § 232 von dem des § 184b doch so stark, dass eine einheitliche Regelung ebenfalls abzulehnen wäre.

Abhängigkeit dieses Gewerbes zu gelangen. Darüber hinaus werden die sonstigen Auswirkungen des Kursierens solcher Schriften im Internet[110] sowie die generell vom Bestehen eines Marktes ausgehenden Gefahren genannt.[111]

Bereits im Ursprung sind die Verbote, trotz vieler augenscheinlicher äußerlicher Gemeinsamkeiten, jedenfalls so verschieden, dass eine gemeinsame Regelung zu Miss- und Fehlverständnissen – sowohl innerhalb der Bevölkerung, als auch unter Juristen – geführt hätte.[112] Insbesondere ist auch die Stigmatisierung zu berücksichtigen, die jemandem widerführe, der eine jugendpornographische Schrift erwirbt und wegen eines einheitlichen Delikts „Kinder- und Jugendpornographie" verurteilt würde.[113] Die Einheitslösung ist daher überzeugenderweise nicht Gesetz geworden.

(2) Trennungslösung

Als weitere Umsetzungsmöglichkeit wurde vorgeschlagen eine eigenständige, neue Norm zu kreieren, deren Aufbau strukturell am Verbot der Kinderpornographie zu orientieren ist.[114] Diese Lösung ist im Vergleich zur Lösung über einen einheitlichen Tatbestand vorzugswürdig, da sie dem unterschiedlichen Unrechtsgehalt der Verbote gerecht wird und weniger Schwierigkeiten bei der Rechtsanwendung bereitet. Ob sich eine parallele Ausgestaltung des Tatbestandes als sinnvoll erweist, wird noch zu zeigen sein. Dies hat aber keinen Einfluss auf die Bewertung der Sinnhaftigkeit einer grundsätzlichen Trennung der Tatbestände.

(3) Umsetzung

Umgesetzt wurde der Rahmenbeschluss letztlich durch das Gesetz zur Umsetzung des Rahmenbeschlusses des Rats der Europäischen Union zur Bekämpfung der sexuellen Ausbeutung von Kindern und Kinderpornographie vom 31. Oktober 2008.[115] Datum des Inkrafttretens ist der 05. November 2008. Setzt man

---

110 MüKo-*Hörnle* § 184c Rn 3.

111 Eine ausführliche Auseinandersetzung mit den Schutzgütern und -zwecken erfolgt unten S. 67 ff.

112 *Hörnle* NJW 2008, 3521 (3523); *dies.* Stellungnahme S. 7 f; *Thiee* Stellungnahme S. 3; siehe auch BT Drucks. 16/9646 S. 11; vgl auch *Graupner* Stellungnahme S. 15: Deutschland hat sich bis zuletzt gegen die unterschiedslose Altersgrenze ausgesprochen; siehe *pars pro toto* Rats-Dokument 8112/01 S. 9 Fn 1.

113 *Thiee* Stellungnahme S. 5; *ders.* NK 2006, 131 (132).

114 BT-Drucks. 16/9646 S. 2, 6 f, 14 f.

115 BGBl 2008 Teil I S. 2149.

dieses Datum in Relation zur Umsetzungsfrist, die am 20. Januar 2006 endete, zeigt sich, dass die nationale Rechtslage fast drei Jahre im Widerspruch zum Rahmenbeschluss stand. Eine Umsetzung war demzufolge lange überfällig. Der Gesetzgeber hat sich insoweit für die Trennungslösung entschieden und § 184c als selbstständige Norm geschaffen. Um dem unterschiedlichen Unrechtsgehalt Rechnung zu tragen, wurde die Strafdrohung des § 184c gegenüber § 184b abgemildert.[116]

bb. Weitere völkerrechtliche Verpflichtungen

Mit dem Umsetzungsgesetz intendierte der Gesetzgeber nicht ausschließlich eine Umsetzung des Rahmenbeschlusses, sondern wollte zugleich weiteren völkerrechtlichen Verträgen genügen beziehungsweise sich für diese qualifizieren.

(1) Fakultativprotokoll Kinderrechtskonvention

Am 6. September 2000 unterzeichnete die Bundesrepublik das Fakultativprotokoll betreffend den Verkauf von Kindern, die Kinderprostitution und die Kinderpornographie vom 25. Mai 2000 zum Übereinkommen über die Rechte des Kindes vom 20. November 1989.[117] Nach dessen Artikel 3 müssen die Vertragsstaaten das Herstellen, Verbreiten, Einführen, Ausführen, Anbieten, Verkaufen oder Besitzen von Kinderpornographie unter Strafe stellen. Kinder im Sinne des Übereinkommens sind gemäß Artikel 1 alle Personen, die das achtzehnte Lebensjahr noch nicht vollendet haben und auch die Volljährigkeit noch nicht erreicht haben. Artikel 3 verpflichtet jedoch nur zu einer Bestrafung des Besitzes, wenn dieser den genannten Zwecken dient.[118] Der Ausschuss für die Rechte des Kindes hat den Ländern dennoch ein umfassendes Besitzverbot nahegelegt.[119] Ratifiziert wurde das Fakultativprotokoll durch die Bundesrepublik erst am 15. Juli 2009,[120] also nachdem der Rahmenbeschluss bereits umgesetzt war und die nationale Rechtslage den Anforderungen des Protokolls genügte. Diese Verpflichtung bestärkt also noch einmal die Existenz des neu geschaffenen Verbots jugendpornographischer Schriften. Gleichzeitig zeigt sie aber, dass es nicht

---

116 Siehe auch *Heinrich* FS Roxin S. 135.

117 BGBl 2008 Teil I S. 1222 ff.

118 UNICEF Handbuch S. 22.

119 UNICEF Handbuch S. 22 mwN in Fn 44.

120 Vgl zum Anliegen die Ratifizierungsvoraussetzungen zu schaffen auch BT-Drucks. 16/3439 S. 1, 7, 9.

ausschließlich um eine Umsetzung des Rahmenbeschlusses ging, sondern die Einführung von multiplen Gründen getragen wurde.

(2) Cybercrime-Konvention

Ähnliches gilt für das Übereinkommen über Computerkriminalität vom 23. November 2001.[121] Nach dessen Artikel 9 Abs. 1 verpflichten sich die Staaten, die erforderlichen Maßnahmen zu treffen, um die Herstellung, das Verfügbarmachen und Anbieten, das Verbreiten oder Übermitteln sowie das Beschaffen und den Besitz von Kinderpornographie über Computersysteme jeweils zu verbieten. Auch dieses Übereinkommen legt der Verpflichtung, Kinderpornographie zu verbieten, ein vom nationalen Recht abweichendes Verständnis des Begriffs des Kindes zu Grunde. Hierunter fallen alle Personen unter 18 Jahren, jedenfalls aber unter 16 Jahren. Die Bundesrepublik Deutschland hat den Vertrag am 23. November 2001 gezeichnet, also ebenfalls zu einer Zeit, in der die deutsche Rechtslage noch nicht den Anforderungen des Übereinkommens entsprach.[122] Mit Einführung des nationalen Verbots der Jugendpornographie lagen die Voraussetzungen zur Ratifizierung vor und die Bundesrepublik nahm diese am 09. März 2009 vor.

Die Einführung des § 184c fand daher auch vor dem Hintergrund dieses Vertragstextes statt. Sie ist als Teil des gesetzgeberischen Willens bei der Auslegung der Norm ebenfalls zu berücksichtigen. Das Übereinkommen bezieht sich zwar lediglich auf Straftaten im Zusammenhang mit Computersystemen, dies dürfte jedoch inzwischen den bestehenden Schwerpunkt des tatsächlichen Marktes für sämtliche Formen von Pornographie ausmachen.[123] Im nationalen Pornographiestrafrecht wird jedenfalls in den klassischen Tatbeständen weitestgehend nicht zwischen computerbasierter und nicht-computerbasierter Kinderpornographie differenziert.[124] Wird im Rahmen der Auslegung auf das Übereinkommen zur Computerkriminalität abgestellt, so kann dies dennoch zumindest unmittelbar nur für Fälle gelten, in denen es um computerbasierte Pornographie geht.

(3) Übereinkommen des Europarats

Auch das Übereinkommen des Europarats zum Schutz von Kindern vor sexueller Ausbeutung und sexuellem Missbrauch vom 25. Oktober 2007, das

121 BGBl 2008 Teil II S. 1242 ff.
122 *Baier* ZUM 2004, 39 (42).
123 *Dekker/Koops/Briken* S. 34 mwN.
124 Siehe aber § 184d.

die Bundesrepublik am 18. November 2015 ratifizierte und das für diese am 01. März 2016 in Kraft trat, sieht in seinem Art. 20 vor, dass die Vertragsparteien den Besitz von Kinderpornographie unter Strafe stellen. Auch im Sinne dieses Vertrages ist unter einem Kind jede Person unter achtzehn Jahren zu verstehen, Art 3 lit. a.

cc. Fazit

Mit Inkrafttreten des § 184c wurde Jugendpornographie in Deutschland erstmalig als Fall der harten Pornographie umfassend verboten. Dieser Tatbestand ist der diese Monographie schwerpunktmäßig beschäftigende. Die dieser Arbeit zu Grunde liegende Problematik kann sich auf strafrechtlicher Ebene daher erst seit 2008 ergeben.

3. Zusammenfassung

Die Entwicklung des Verbots unzüchtiger Schriften und Pornographie lässt sich in zwei Phasen gliedern:[125] Dem generellen Verbot der Verbreitung unzüchtiger Schriften folgt mit dem vierten Strafrechtsreformgesetz die Freigabe einfacher Pornographie für den erwachsenen Bürger. Damit gingen Einschränkungen zum Schutze der Jugend, des Konfrontationsschutzes und ein allgemeines Verbot harter Pornographie einher.

Innerhalb der zweiten Phase lässt sich ein Trend abzeichnen, harte Pornographie immer umfassender zu verbieten, insbesondere das Verbot der Kinderpornographie rückt dabei stärker in den Fokus.[126] So wurde diesbezüglich im Jahre 1993 erstmalig eine Besitzstrafbarkeit geschaffen. Im Jahre 2003 wurden die Tatbestände harter Pornographie in gesonderte Paragrafen ausgegliedert. 2008 wurde in Folge der Umsetzung eines europäischen Rahmenbeschlusses erstmalig ein Verbot der Jugendpornographie Gesetz. Daraufhin ratifizierte die Bundesrepublik mehrere völkerrechtliche Übereinkommen, die sie generell – beziehungsweise in einem Fall jedenfalls für den Bereich der Computerkriminalität – verpflichten, pornographische Schriften mit Personen bis zu einem Alter von 18 Jahren zu verbieten.

---

125 Siehe Fn 49.
126 *Schroeder* JZ 1999, 827 (828, 831, 833).

2. Kapitel – Der Tatbestand des § 184c

III. Die Schutzrichtung der Kinderpornographie und ihre Übertragbarkeit auf Jugendpornographie

Das Jugendpornographieverbot orientiert sich in seiner formalen Ausgestaltung stark an dem der Kinderpornographie. Auch der Gesetzgeber hatte dieses Verbot bei der Schaffung vor Augen. Im Folgenden ist daher zunächst die Entwicklung der Schutzrichtung der Kinderpornographie darzustellen. Anschließend sind Überlegungen dahingehend anzustellen, inwieweit diese für die Jugendpornographie fruchtbar gemacht werden kann.

1. Kinderpornographie

a. Konsumentenschutz

Bei Aufnahme des Verbots der Kinderpornographie in das Strafgesetzbuch im Jahre 1973 sollte mit diesem verhindert werden, dass sich beim Konsumenten eine pädophile Neigung entwickelt. Der Gesetzgeber hatte vor Augen, dass der Konsum expliziten Materials zu einer Senkung der Hemmschwelle führen kann, selbst ein Kind sexuell zu missbrauchen.[127] Sofern Kindesschutz in den Überlegungen eine Rolle spielte, ging es aber nicht um den Schutz des Kindes als Darsteller. Allenfalls war das später potentiell vom vorigen Konsumenten missbrauchte Kind Teil der Überlegung. Vielmehr sollte das Verbot den Konsumenten aber davor bewahren, selbst straffällig zu werden. Es ging also zuvörderst um den Schutz des Konsumenten vor sich selbst.[128]

Der Schutz des dargestellten Kindes ist traditionell durch die allgemeinen Vorschriften des dreizehnten Abschnitts des StGB hinreichend gewährleistet. Stellt die dargestellte Handlung einen Missbrauch oder eine Nötigung dar, so greifen die Vorschriften ein, die eben die Vornahme dieser sexuellen Handlung unter Strafe stellen.[129] Materiell bestand daher aus damaliger Sicht mit den

127 Diesen Ansatz unter (2) erläuternd *Grimm/Rhein/Müller* S. 15; krit *Heinrich* NStZ 2005, 361 (362).

128 *Schroeder* ZIS 2007, 444 (446).

129 Siehe hierzu auch *Neumann* FS Kargl S. 354; *Schroeder* ZRP 1990, 299 f; zur Unterscheidung zwischen Sexualdelikten und Pornographiedelikten BVerwG NVwZ 2015, 1680 (1682 f); *Hörnle* FS Streng S. 26 ff; *Meier* FS Pfeiffer S. 469; *Thiee* NK 2006, 131

bestehenden Regelungen keine Schutzlücke.[130] Das allgemeine Pornographieverbot des § 184 Abs. 1 Nr. 8 und Abs. 3 Nr. 3 aF kannte zwar ein Herstellungsverbot von Kinderpornographie und umfasste damit auch die zur Herstellung vorgenommenen Handlungen. Hierbei handelte es sich jedoch keinesfalls um ein Verbot zugunsten der an der Herstellung beteiligten Darsteller. Vielmehr hatte die Regelung im Blick, dass die Herstellung eine Vorbereitungshandlung hinsichtlich der Verbreitung darstellte.[131] Ein darüber hinausgehender Bedarf an Schutzvorschriften wurde nicht für notwendig erachtet: Ein Schreiben der Kommission des Deutschen Bundestages zur Wahrnehmung der Belange der Kinder erwiderte Hans Engelhard als Bundesminister der Justiz am 01. März 1990 damit, dass er eine Erweiterung des Straftatbestandes der Kinderpornographie um die Tathandlungen des Erwerbs und des Besitzes nicht für erforderlich halte, da den Handlungen je ein Anbieten vorausgehe.[132]

b. Wirkungsforschung

Inwieweit die zu Grunde gelegte Annahme, die Betrachtung einschlägigen Materials führe zu einer Veränderung beim Konsumenten, tatsächlich zutrifft, ist wissenschaftlich nach wie vor nur wenig zufriedenstellend geklärt.[133] Dies ist in erster Linie darauf zurückzuführen, dass entsprechendes Material umfassend verboten ist und mögliche, für die Untersuchung provozierte negative Folgen bei Probanden ethisch nicht vertretbar sind.[134] Zum anderen erschwert die fehlende Monokausalität psychischer Wirkkomplexe die Feststellung gesicherter Zusammenhänge. Im Wesentlichen wären zwei Fragen von Relevanz:[135]

Erstens: Kann der Konsum von Kinderpornographie Pädophilie überhaupt erst hervorzurufen?

Zweitens: Kann der Konsum von Kinderpornographie die Hemmschwelle sinken lassen, entsprechende Phantasien tatsächlich umzusetzen?

---

(133); für eine deutliche Unterscheidung auch im Unrechtsgehalt *Gropp* FS Kühne S. 687 f.

130 Siehe hierzu auch *Neumann* FS Kargl S. 354.

131 *Schroeder* ZRP 1990, 299; siehe zur parallelen Situation in der Schweiz *Weissenberger* AJP 1998, 311 (313).

132 Zitiert nach *Schroeder* NJW 1993, 2581 mwN.

133 *Palm* S. 24; oft wird dies jedoch pauschal bejaht, siehe exemplarisch *Sänger* KJuG 1994, 43 (44, 47).

134 *Hörnle* Grob anstößiges Verhalten S. 37; *Schroeder* Pornographie, Jugendschutz und Kunstfreiheit S. 25; *Dreher* JR 1974, 45 (55) zieht einen Vergleich zu Massenexperimenten mit unbekannten Medikamenten.

135 Siehe zu diesen Fragestellungen auch *Kuhnen* S. 166.

Bis heute sind die tatsächlichen Zusammenhänge nicht zufriedenstellend erforscht und die Untersuchungen kommen oft gar zu widersprüchlichen Ergebnissen.[136] In den 70er Jahren waren beispielsweise Forschungen zur *Katharsisthese* vorherrschend:[137] Diese besagte, dass der Konsum von Gewalt- und Kinderpornographie den gegenteiligen Effekt auf den Betrachter ausübe. Er lasse die Bereitschaft, tatsächlich einen Missbrauch zu begehen, sogar sinken. Durch das „dynamische Mitvollziehen von an fiktiven Modellen beobachteten Gewaltakten in der Phantasie werde die Bereitschaft des Rezipienten abnehmen, selbst aggressives Verhalten zu zeigen".[138] Legt man diese These zu Grunde, so wäre das Verbot der Kinderpornographie bezüglich des Schutzes des Konsumenten vor sich selbst und künftig von ihm potentiell missbrauchter Kinder ungeeignet, den Zweck zu erfüllen. Diese Auffassung gilt heute in ihrer Reinform als weitestgehend widerlegt.[139] Aber auch gegenteilige Auffassungen werden stärker und weniger stark vertreten. So gibt es Untersuchungen, die den Schluss zulassen, der Konsum entsprechenden Materials sei lediglich Manifestation eines bestehenden sexuellen Interesses und könne nicht erst durch den Konsum hervorgerufen werden.[140] Die von der Schweizer Polizei zwischen September 2002 und Mai 2004 durchgeführte Aktion *Genesis* kam zu dem Schluss, dass die in Strafverfahren ermittelten Personen, die im Besitz von Kinderpornographie waren, fast ausschließlich reine Konsumenten waren, die weder vorbestraft waren noch aktiv sexuellen Missbrauch begingen. Andererseits besteht ein auffälliger Zusammenhang so genannter *dual offenders*, die sowohl wegen Kindesmissbrauchs als auch wegen Kinderpornographie auffällig werden.[141] Ermittler gehen teils davon aus, dass 30% der wegen Kinderpornographie Verurteilten auch selbst

---

136 Siehe hierzu *Meier* FS Pfeiffer S. 471 ff, der auch Überlegungen zum Dunkelfeld anstellt; die Darstellung im Folgenden stellt lediglich einen minimalen Ausschnitt der Publikationen dar, um die Bandbreite der vertretenen Auffassungen anzudeuten und zu veranschaulichen. Sie verfolgt keinesfalls einen umfassenden, auf Vollständigkeit angelegten Anspruch.

137 Siehe aus neuerer Zeit *Diamond/Jozifkova/Weiss* Arch Sex Behav 2011, 1037 mwN, siehe dort insbesondere auch S. 1042; vgl hierzu und zum Folgenden auch *Kuhnen* S. 167.

138 *Kunczik* S. 2.

139 *Palm* S. 24; aA aber *Diamond/Jozifkova/Weiss* Arch Sex Behav 2011, 1037 (1042).

140 Siehe die Bewertungen der Studie von *Taylor* und *Quayne* bei *Kuhnen* S. 171 und *Meier* FS Pfeiffer S. 471.

141 Siehe die Darstellung bei *Meier* FS Pfeiffer S. 471.

aktiv Missbrauch begehen.[142] *Sänger*[143] stellt heraus, dass die Wirkung von Kinderpornographie primär in der sexuellen Stimulierung und Befriedigung liege. Damit einher gehe jedoch auch die Überzeugung, Kinder wünschten sexuelle Handlungen und entsprechendes Material führe dazu, dass Konsumenten die Realität in dieser Hinsicht verdrängen. Dies lasse Hemmschwellen in Bezug auf einen realen Missbrauch sinken. Zudem werde die Richtigkeit entsprechender Bedürfnisse durch die Angebote bestätigt und innerhalb der Gruppe der Sammler werde im Rahmen eines entstehenden Gemeinschaftsgefühls für die sexuelle Befreiung der Kinder gekämpft.[144]

Die knappen Ausführungen zeigen bereits, dass nach wie vor Unklarheit herrscht, ob der Konsum zum Missbrauch beiträgt oder der zu entsprechenden Taten bereite Täter nur auch besonders empfänglich zum Konsum dieser Schriften ist.[145] Als halbwegs gesichert kann lediglich angesehen werden, dass das Betrachten von Kinderpornographie das Risiko der Verstärkung vorhandener pädophiler Neigungen mit sich bringt.[146] Eine klare Erkenntnis zum Zusammenhang zwischen Konsum und Missbrauch konnte bislang nicht gefunden werden und wird wohl auch in Zukunft nicht gefunden werden können. Insbesondere Kausalitäten bleiben nach wie vor unklar.[147] Da eine derartige Wirkung jedoch nicht ausgeschlossen werden kann, ist der Gesetzgeber weiterhin berechtigt, in dieser unklaren Situation ein Verbot auf diesen Gedanken zu stützen.[148]

c. Auftretende Schwierigkeiten

Die Praxis hat ans Tageslicht befördert, dass bei der Strafverfolgung kinderpornographischer Schriften Schutzlücken bestehen, die das materielle Strafrecht

142 Siehe *Brenk* S. 3; vgl auch *Kuhnen* S. 170.

143 *Sänger* KJuG 1994, 43; dem stimmt *Schreibauer* S. 40 f zu, wenngleich er diese Aussagen relativiert.

144 Siehe hierzu *Palm* S. 24, 92 f sowie die Zusammenstellung von Zitaten aus kinderpornographischen Druckerzeugnissen bei *Schnieders/Lenzen* Der Kriminalist 1995, 322, siehe auch S. 326 des Aufsatzes.

145 *Kuhnen* S. 170 f; *Lenz* S. 330 ff.

146 *Hörnle* FS Streng S. 28; *Kuhnen* S. 169; *Gropp* FS Kühne S. 686 f mwN in Fn 35 zieht dementgegen aus dem aktuellen Stand der Forschung, dass Pädophilie nicht durch Konsum hervorgerufen werden kann.

147 AA *Gropp* FS Kühne S. 686 f, der von einem gesicherten Nullzusammenhang ausgeht.

148 BVerfGE 83, 130 (140 ff); krit *Scheidegger* ZStR 2014, 318 (327 f).

so zunächst nicht aufweist.[149] Die bis dahin angeführte Bewertung des Schutzes der Darsteller durch die allgemeinen Verbote des 13. Abschnitts als ausreichend schwand insbesondere aufgrund zweier tatsächlicher Begebenheiten:

- Zum einen gestaltet sich die Strafverfolgung des dargestellten missbrauchenden Täters oftmals als aussichtslos. Eine Identifizierung ist meist nur schwer möglich, da die Gesichter der Täter beispielsweise aufgrund von Maskierung oder Kameraführung nicht zu sehen sind.[150] Die Erfolgsaussichten eines Strafverfahrens sind daher häufig äußerst gering.[151] Illustrierend hierfür ist die Aussage eines als Sachverständigen gehörten Staatsanwaltes:

  > „[...], weil es unmöglich ist, an die unmittelbar Beteiligten heranzukommen. Versuchen Sie doch einmal, anhand eines solchen Filmes die unmittelbar Beteiligten zu ermitteln! Wir hatten neulich einen Film, da trugen die beteiligten Erwachsenen Faschingskostüme [...]“.[152]

  Zahlreiche durch Aufnahmen bekannt gewordene Fälle des sexuellen Missbrauchs von Kindern konnten daher nicht aufgeklärt werden. Für die Rechtsgutsverletzung konnten die unmittelbar das Rechtsgut Verletzenden folglich nicht zur Verantwortung gezogen werden. Dies bedeutete insbesondere, dass die Befriedungsfunktion des Strafverfahrens nicht erfüllt werden konnte.[153] Es konnte kein Strafverfahren stattfinden, an dessen Ende ein Verantwortlicher für die Verletzung im Sinne des Schuldausgleichs zur Rechenschaft gezogen wurde.
- Zum anderen erweist sich eine Verurteilung aufgrund der Internationalisierung des Pornographiemarktes zunehmend als schwierig.[154] Entsprechende Filme und Fotos werden häufig im Ausland hergestellt oder von dort aus

---

149 *Neumann* FS Kargl S. 354; *Schroeder* JZ 1999, 827 (831); siehe auch *Weissenberger* AJP 1998, 311 (317 f).

150 *Schnieders/Lenzen* Der Kriminalist 1995, 322 (325); *Weissenberger* AJP 1998, 311 (318).

151 *Hörnle* KritV 2003, 299 (310); *Schroeder* NJW 1993, 2581; *ders.* in ZIS 2007, 444 (446); *ders.* in ZRP 1990, 299 (300); siehe auch *Laschet* S. 66; *Neumann* FS Kargl S. 354.

152 Zitiert nach *Schroeder* ZRP 1990, 299 (300).

153 Siehe zum Rechtsfrieden als alleinige Funktion des Strafverfahrens *Schmidhäuser* FS Eb. Schmidt S. 515 ff; vgl zum Befriedungseffekt *Roxin* AT § 3 Rn 27, wonach sich das allgemeine Rechtsbewusstsein auf Grund der Sanktion über den Rechtsbruch beruhigt.

154 *Baier* ZUM 2004, 39; *Reinbacher/Wincierz* ZRP 2007, 195; *Sieber* ZUM 2000, 89; *Weissenberger* AJP 1998, 311 (318).

verbreitet.[155] Nationalen Behörden ist somit der Zugriff auf die Täter häufig verwehrt und die Auffindung wird zumeist durch technische Umgehung erschwert.[156] Dies ist als Entwicklung auf die Digitalisierung des Marktes und den Siegeszug des Internets zurückzuführen,[157] wie auch die Schaffung der oben dargestellten Cybercrime-Konvention in Budapest vom 23. November 2001 bestätigt. Zwar kann sich das deutsche Strafrecht materiell über § 6 Nr. 6 bezüglich der Verbreitung entsprechender Schriften oder über den Erfolgsort aus § 9 für zuständig erklären.[158] Faktisch bestehen hingegen dennoch zumeist Schwierigkeiten, sowohl hinsichtlich der Durchsetzbarkeit der Strafverfolgung als auch der damit verbundenen politischen Aussage.[159] Hierbei ist insbesondere auch das völkerrechtliche Gebot der Nicht-Einmischung in die Angelegenheiten anderer Nationen zu beachten.[160]

Dies führt zu unbefriedigenden Ergebnissen für die Strafverfolgungsbehörden sowie die Allgemeinheit. Durch das Auftauchen als Film oder Video in Deutschland ist ein nationaler Bezug hergestellt, der ein Bedürfnis nach Strafe und damit verbundenem Schuldausgleich hervorruft. Insbesondere in den Herkunftsländern ist eine Strafverfolgung häufig aber nicht effektiv gewährleistet. Ohne dass jemand für das national in Erscheinung tretende Unrecht verantwortlich gemacht werden kann, ist die Befriedungsfunktion des Strafverfahrens nicht gewährleistet.

d. Hinzutreten des Darstellerschutzes

Am 29. März 1990 hielt die frauenpolitische Sprecherin aller Bundestagsfraktionen sowie der Kinderkommission des Bundestags eine Rede, in der sie dafür eintrat, den Blickwinkel vom Schutz des Konsumenten auch auf den des

---

155 Insbesondere auch vom Nicht-EU-Ausland aus BT-Drucks. 16/12850 S. 5; *Krings* ZRP 2014, 69 nennt die USA, Russland und die Niederlande als die drei Staaten, von denen aus über Server am häufigsten Kinder- und Jugendpornographie bereitgestellt wird; auch *Schnieders/Lenzen* Der Kriminalist 1995, 322 (324) nennen die Niederlande.

156 *Baier* ZUM 2004,39; *Hörnle* KritV 2003, 299 (301 f); *dies.* NJW 2002, 1008 (1013); *Sieber* ZUM 2000, 89.

157 *Baier* ZUM 2004, 39; *Hörnle* NJW 2002, 1008 (1013); *Reinbacher/Wincierz* ZRP 2007, 195; *Sieber* ZUM 2000, 89.

158 Vgl zur Möglichkeit über den Erfolgsort *Hilgendorf* NJW 1997, 1873 (1874).

159 *Hörnle* NJW 2002, 1008 (1013) stellt dar, dass ein solches Vorgehen den Eindruck erwecken könne, als solle am deutschen Wesen (wieder) die Welt genesen.

160 MüKo-*Ambos* Vor § 3 Rn 9; *Baier* ZUM 2004, 39 (41) mwN; *Hecker* Europäisches Strafrecht 2. Kap. Rn 9.

Darstellers zu lenken. Hierbei handelt es sich einerseits um eine Reaktion auf die auftretenden Schwierigkeiten sowie andererseits auf eine zuvor durch eine Veröffentlichungsreihe des *Sterns*[161] zur Kinderpornographie entfachte gesellschaftliche Diskussion.[162] Dies hatte eine Neuorientierung des Gesetzgebers im Rahmen der Kinderpornographie zur Folge.[163] War es bisher stets um die Wirkung beim Betrachter gegangen, wurde der Blick nun erstmalig auf die Herstellung von derartigen Schriften gelenkt und der Schutz der kindlichen Darsteller fokussiert.[164] Das Verbot der Verbreitung und des Besitzes kinderpornographischer Schriften legitimiert sich seither im Wesentlichen auch aus der Überlegung heraus, dass Angebot und Nachfrage den Markt für Kinderpornographie beleben. Dennoch soll keine rückwirkende Mitverantwortlichkeit für den Missbrauch des konkret dargestellten Kindes konstruiert werden. Dieser ist vollständig abgeschlossen und das Betrachten dieser bereits vollendeten Straftat gegen die sexuelle Selbstbestimmung kann das Rechtsgut zunächst einmal nicht unmittelbar erneut verletzen.[165] Vielmehr richtet sich das Augenmerk auf die Verantwortlichkeit für zukünftig begangene Kindesmissbräuche, die zur Bedienung der Nachfrage vorgenommen werden und ohne den Anreiz des Marktes nicht stattfinden würden.[166] Es handelt sich somit bei dem Verbot der Kinderpornographie um eine Art abstraktes Gefährdungsdelikt.[167] Der Kindesmissbrauch ist in dieser Konstruktion nicht Unrechtsbestandteil, sondern objektive Bedingung der Strafbarkeit.[168]

Zusätzlich zu den allgemeinen Bedenken gegenüber der Kategorie der abstrakten Gefährdungsdelikte[169] gibt es einen weiteren entscheidenden Unterschied: Abstrakten Gefährdungsdelikten ist es typischerweise eigen, dass eine bestimmte Verhaltensweise des Täters generell gefährlich ist oder ein bestimmter Gegenstand in den Händen des Täters eine Gefahr für das geschützte Rechtsgut

---

161 Stern, 1989, Nrn. 46 bis 50.

162 *Sänger* KJuG 1994, 43 (44); *Wieduwilt* S. 55; siehe auch *Schnieders/Lenzen* Der Kriminalist 1995, 322 (327).

163 *Brüggemann* S. 443.

164 *Schroeder* NJW 1993, 2581; *ders.* ZRP 1990, 299 (300).

165 *Böse* FS Schroeder S. 752 f; *Duttge/Hörnle/Renzikowski* NJW 2004, 1070; *Jäger* FS Schüler-Springorum, S. 233; *Neumann* FS Kargl S. 351; *Schroeder* ZIS 2007, 444 (447).

166 *Popp* ZIS 2011, 193 (198); vgl allgemein zu Straftaten zur Verhinderung der Existenz illegaler Märkte *Hörnle* FS Schroeder S. 487 ff.

167 *Wüstenberg* UFITA 2009, 497 (498).

168 Vgl hierzu auch *Böse* FS-Schroeder S. 753, insb Fn 15.

169 Vgl *Kindhäuser* Rationaler Rechtsgüterschutz S. 271 ff.

bedeutet, deren Realisierung nur noch vom Zufall abhängt.[170] Die Gefahr geht aber stets vom Täter und einer ihm zurechenbaren Handlung aus. Bei der Bestrafung des Konsumenten im Rahmen der Kinderpornographie wird demgegenüber zur Begründung der Verletzung eines Rechtsguts auf selbstbestimmtes Verhalten Dritter abgestellt, das nicht mit der nur noch vom Zufall abhängenden Gefahr beim typischen abstrakten Gefährdungsdelikt gleichgesetzt werden kann. Jenes liegt zunächst außerhalb des strafrechtlichen Verantwortungsbereichs des Konsumenten. Diese Unterscheidung von sonstigen abstrakten Gefährdungsdelikten sollte stets bedacht werden und ist Ausgangspunkt zahlreicher Kritik an der Konstruktion des Tatbestands.

Aus dem Dargelegten ergibt sich, dass strikt zwischen dem Missbrauch als solchem und dem Betrachten der Aufzeichnung davon unterschieden werden muss.[171]

Die stattgefundene Verlagerung der Verantwortlichkeit der Hersteller für den Missbrauch hin zu den Konsumenten ist, neben durchgreifenden dogmatischen Gründen, auch aus praktischer Sicht kritisch zu sehen. Die Staatsanwaltschaft macht es sich zu leicht, bloße Konsumenten zu verfolgen und zu bestrafen, wenn hierdurch die Verfolgung der Missbrauchstäter zugleich vernachlässigt wird. Werden vorhandene Kapazitäten darauf verwendet, Konsumenten zu bestrafen, so stellt dies aus zeitlichen Kapazitätsgründen eine Gefahr für die Verfolgung der Missbrauchstaten dar.[172] Zwar mag dies durchaus als empirisch-soziales Phänomen Befriedungseffekte in der Bevölkerung hervorrufen.[173] Dennoch muss jeder Täter aufgrund des von ihm begangenen Unrechts bestraft werden. Dies ist beim Konsumenten ein vom dargestellten Missbrauch bereits aus Kausalitätsgründen abweichendes oder zumindest abgeschwächtes. Jedenfalls aus strafrechtlich normativer Sicht ist das Verbot daher nicht geeignet, das in der konkreten Schrift dargestellte Unrecht zu erfassen, so dass eintretende Befriedungseffekte auf Fehlinformationen beruhen.[174] Träte diese simple wie zutreffende Erkenntnis stärker in das Bewusstsein der Allgemeinheit, so würde dies zu einer Senkung des Befriedungseffekts führen, zugleich aber auch eine sachliche

---

170 *Heinrich* ZStW 121 (2009), 94 (124 f).

171 BVerwG NVwZ 2015, 1680 (1682 f); *Hörnle* FS Streng S. 26 ff; *Meier* FS Pfeiffer S. 469; *Thiee* NK 2006, 131 (133); für eine deutliche Unterscheidung auch im Unrechtsgehalt *Gropp* FS Kühne S. 687 f.

172 *Gropp* FS Kühne S. 690 f; krit. auch *Wieduwilt* S. 73.

173 Vgl in diesem Zusammenhang *Bockelmann* NJW 1960, 217 (220); *Luhmann* S. 27 ff.

174 *Rieß* JR 2006, 269 (270 f); *Volk* S. 200 ff; ebenfalls für ein normatives Verständnis MüKo-*Kudlich* StPO Einleitung Rn 10.

Auseinandersetzung mit der Thematik fördern und populistischen Strafschärfungsvorstößen entgegenwirken.[175]

2. Jugendpornographie

Die Schutzrichtung des Kinderpornographieverbots hat einen Wandel vom Konsumenten auch zum Darsteller hin vollzogen. Damit einhergehend entwickelte sich der Blickpunkt von dem Verbreitenden als notwendige Vorstufe des Konsums hin auch zum Konsumenten als mittelbar den fremden Missbrauch Fördernden. Dem Gesetzgeber waren im Jahre 2008 bei der Schaffung des § 184c sämtliche Facetten eines zu schaffenden Verbots bekannt.

Eine Übernahme der dargelegten Aspekte für das Verbot von Jugendpornographie ist dennoch abzulehnen: Erstens kommt ein Schutz des Konsumenten in Bezug auf § 184c nicht in Betracht. Die Wirkungsforschung ist wie dargelegt unklar. Selbst wenn der Konsum derartiger Inhalte aber Hebephilie – als Pendant zur Pädophilie – hervorriefe oder den Konsumenten dazu anregte, die dargestellten Handlungen selbst vorzunehmen, ist dies aus rechtlicher Sicht nicht zu beanstanden.[176] Zweitens kann der Schutz künftiger Darsteller jedenfalls nicht entsprechend des Verbots der Kinderpornographie begründet werden. Ein § 176 entsprechendes und umfassendes Verbot des Sexualkontaktes mit Jugendlichen existiert nicht.[177] Bei der Herstellung von jugendpornographischen Schriften liegt nicht zugleich stets ein Missbrauch vor. § 182 Abs. 2 ist nicht notwendigerweise verwirklicht.[178] Zwar kann das Verbot eine Nachfrage am Markt verhindern und dadurch *auch* künftige Missbräuche verhindern. Hierbei handelt es sich jedoch um Zufallstreffer, da ein Missbrauch gerade nicht konstitutives Merkmal ist.[179] Es mangelt an einem notwendigen Zusammenhang. Das Verbot geht daher weit über den Zweck der Verhinderung von Missbrauch hinaus. Schutz vor Missbrauch kann den Tatbestand in dieser Form daher nicht

175 Vgl hierzu auch unten S. 138 ff.

176 SK-*Wolters/Greco* § 184c Rn 6; vorsichtiger, aber dennoch in diese Richtung formuliert es MüKo-*Hörnle* § 184c Rn 4: „‚Nachahmungsgefahr' hat bei § 184c nicht die Bedeutung wie bei § 184b.".

177 Daher ist es auch verfehlt, wenn *Fischer* in StGB § 184 Rn 3 auch für § 184c ausführt, dass dieser dem § 131 nahestehe.

178 *Heinrich* FS Roxin S. 137, insb Fn 45; SK-*Wolters/Greco* § 184c Rn 5.

179 Jedenfalls für eine starke Abschwächung dieses Arguments: SK-*Wolters/Greco* § 184c Rn 5.

legitimieren. Die Schutzbedürftigkeit künftiger Darsteller kann sich nur aus weiteren Aspekten ergeben.

Die Tatbestände der Kinder- und Jugendpornographie sind daher weniger gleich als es der erste Anschein zunächst vermuten lässt. Wenngleich sich die Tatbestände formell im Wesentlichen nur durch das Alter der Darsteller unterscheiden, so entsprechen sich die Schutzzwecke nicht.

An dieser Stelle lässt sich bereits erahnen, dass die parallele Ausgestaltung der Normen zu Schwierigkeiten bei der Anwendung von § 184c führt, wenn die Erwägungen zu § 184b pauschal übernommen werden.

IV. Rechtsgut und Schutzzweck

Jugendlichen steht als Teil ihrer sexuellen Selbstbestimmung das Recht zur Vornahme sexueller Handlungen zu. Dieses Recht beschneidet der Gesetzgeber an der Stelle, wo diese Handlungen medial fixiert werden, indem er durch ein Verbot hierin eingreift.[180] Ein solcher Eingriff muss zu rechtfertigen sein, unabhängig von der Frage, ob hiermit der Schutz eines Rechtsguts zu verfolgen ist oder mit dem Bundesverfassungsgericht der Schutz eines beliebigen Gutes ausreicht.[181] Die folgenden Ausführungen stehen daher – unabhängig von der Bezeichnung als Rechtsgut – im Einklang mit der Rechtsprechung des Bundesverfassungsgerichts im Inzest-Urteil.[182] Zunächst ist herauszuarbeiten, auf welchem Wege[183] die Norm dem Schutz der Darsteller dienen soll. Die Ausführungen sind hierbei durch folgende drei Fragen zu strukturieren:[184]

1. *Wer* wird geschützt? 2. *Was* wird geschützt? 3. *Wovor* wird geschützt?

Die Frage danach, *wer* geschützt werden soll, ist mit *den jugendlichen Darstellern* zu beantworten. Ob es sich um den konkret dargestellten Jugendlichen handelt oder potentielle künftige Darsteller, muss an dieser Stelle noch offenbleiben.

Es bleibt danach zu fragen, *was* geschützt werden soll und *wovor* es geschützt werden soll.[185]

1. Rechtsgut – *Was* wird geschützt?

Zunächst ist zu bestimmen, *was* vom Tatbestand geschützt wird, also welches Rechtsgut der Norm zu Grunde liegt. Hierfür kommen mehrere Güter in

---

180 *Heinrich* FS Roxin S. 138.

181 BVerfGE 120, 224 (241 f); hiergegen Sondervotum *Hassemer* BVerfGE 120, 255 ff; SK-*Wolters/Greco* § 184c Rn 3 stellen heraus, dass sich die Literatur erstaunlich wenig mit der Legitimation der Norm befasst; ebenso Matt/Renzikowski-*Eschelbach* § 184c Rn 2; siehe auch *Popp* ZIS 2011, 193 (198, insb Fn 39).

182 BVerfGE 120, 224 (241 f).

183 *Bottke* FS Buchner S. 145: „[…] Rechtsgutspräzisierung lässt die in den §§ 184 – 184c StGB beschriebenen Akte der Verbreitung pornographischer Schriften gemäß gewiesenem Rechtsgut kritisierbar werden.“.

184 Siehe zu dieser Differenzierung und dem Aufbau *Heinrich* FS Ostendorf S. 401; *ders.* FS Roxin S. 148 ff.

185 Vgl *Bottke* FS Buchner S. 145, insb Fn 15.

Betracht. Insbesondere die aufgezeigten Widersprüche zwischen Schutzalter und Zulässigkeit der Vornahme der dargestellten Handlung führen dazu, dass neben der bereits aus formellen Gründen schwerpunktmäßig zu betrachtenden sexuellen Selbstbestimmung weitere Aspekte in den Blick geraten.[186]

a. Sexuelle Selbstbestimmung

Die Normen des 13. Abschnitts schützen gemäß der Abschnittsüberschrift die sexuelle Selbstbestimmung.[187] Die positive Seite des Rechtsguts verbürgt das Recht, über seine sexuellen Angelegenheiten selbst bestimmen zu dürfen. Sie findet ihre Grenze in den Rechtspositionen Dritter.[188] Daneben ist im Strafrecht gerade auch die negative, abwehrrechtliche Seite von Relevanz.[189] Danach beschreibt die sexuelle Selbstbestimmung spiegelbildlich die Freiheit davor, zum Objekt fremdbestimmter sexueller Übergriffe herabgewürdigt zu werden.[190]

Auch Minderjährige sind Träger ebendieses Rechtsguts.[191] Es wird im Rahmen der Tatbestände des 13. Abschnitts aber davon ausgegangen, dass diesen die Ausübung der Selbstbestimmung noch nicht vollständig zugesprochen werden kann. Bis zu einem Alter von 14 Jahren fehlt ihnen sowohl die Fähigkeit, positiv selbstbestimmt und umfassend über ihre Sexualität zu bestimmen, als auch negativ Übergriffe, die sie zum Objekt fremdbestimmter sexueller Übergriffe machen, abzuwehren. Im Fokus steht während dieser Phase die abwehrrechtliche Seite, wie insbesondere auch § 176 zeigt.[192] Im Laufe der Entwicklung und Reifung während der Pubertät und dem Erwachsenwerden kommt neben der rein abwehrrechtlichen auch die positive Seite dieses Rechtsguts immer stärker zur Geltung.[193]

Unter Rücksichtnahme darauf hat der Gesetzgeber die zuvor ausnahmslos bestehende Unmündigkeit für die Altersgruppe ab 14 bis einschließlich 17 Jahren abgestuft und die Verbote schrittweise reduziert.[194] So wird es Jugendlichen

---

186 Siehe demgegenüber *Bottke* FS Buchner S. 147.

187 Entdeckt hat dieses Rechtsgut *Schroeder* ZRP 1971, 14 f; vgl hierzu ausführlich MüKo-*Renzikowski* Vor § 174 Rn 1 ff.

188 MüKo-*Renzikowski* Vor § 174 Rn 8.

189 *Bottke* in Schünemann/Dubber S. 237 ff; vgl auch *Sick/Renzikowski* FS Schroeder S. 604; *Sick* S. 86 f.

190 *Bottke* FS Otto S. 536; *Hörnle* ZStW 127 (2015), 851 (859).

191 *Bottke* in Schünemann/Dubber S. 231, 235; *Hüneke* ZJJ 2016, 135.

192 *Duttge/Hörnle/Renzikowski* NJW 2004, 1065 (1066); dennoch sind sie Rechtsgutsträger, *Bottke* in Schünemann/Dubber S. 231, 235.

193 *Böse* FS Schroeder S. 756; *Hüneke* ZJJ 2016, 135.

194 *Sick/Renzikowski* FS Schroeder S. 611.

ermöglicht, sich rechtlich wirksam für sexuelle Kontakte zu entscheiden. Sofern die äußeren Umstände aber auf eine Abhängigkeit schließen lassen, die gerade die Freiheit der Entscheidung in Frage stellt, untersagt das Gesetz deren Umsetzung. Dies geschieht nicht durch ein Verbot der Vornahme für den Jugendlichen, sondern durch ein solches für den beteiligten Dritten. Erst mit Erreichen der Volljährigkeit ist die Reglementierung weitestgehend aufgehoben. Auch hier wirkt der Schutzgedanke aber in abgeschwächter Form fort, wie die Verbote der §§ 174b und 174c zeigen. Dem Gesetz liegt daher ein abgestuftes Schutzsystem zu Grunde.[195]

Solange Jugendliche sich frei für die Vornahme von sexuellen Handlungen entscheiden, bestehen aus Gesichtspunkten des Rechtsgüterschutzes keine Bedenken. Sofern bei jeder, auch wiederholten Entscheidung zur medialen Fixierung des zulässigen sexuellen Verhaltens diese frei gefällt werden kann, besteht keine Gefahr. Gerade diese Möglichkeit der freien Entscheidung wird aber im Rahmen der Jugendpornographie aus zwei Gründen in Zweifel gezogen:

- Zum einen setzt die Existenz von bereits bestehendem pornographischem Material eines Jugendlichen diesen der Gefahr aus, dass er sich bei einer erneuten Entscheidung für oder gegen eine Aufzeichnung *unter Druck gesetzt fühlen* kann und hierdurch die Freiheit der Entscheidung beeinträchtigt wird. Dies gilt unabhängig davon, ob tatsächlich auch Drohungen ausgesprochen werden.
- Zum anderen sollen Jugendliche nicht vor die *Entscheidung* gestellt werden, ihre *Sexualität als Gegenleistung für Geld* zu erbringen. Ihnen wird nicht zugetraut, eine im rechtlichen Sinne als frei anzusehende Entscheidung für die Mitwirkung an einer Pornographie Produktion zu treffen, wenn sie hierfür eine Gegenleistung erhalten.

Eine genauere Untersuchung der Gefahren muss im Rahmen der dritten Frage nach dem *wovor* erfolgen. Für die Frage nach dem *was* kommt die sexuelle Selbstbestimmung jedenfalls als geschütztes Gut in Betracht.[196]

---

195 MüKo-*Hörnle* § 184c Rn 5.
196 *Bottke* FS Buchner S. 146.

b. Allgemeines Persönlichkeitsrecht

Als geschütztes Rechtsgut wird darüber hinaus unter anderem das allgemeine Persönlichkeitsrecht der dargestellten Person angeführt, da jedenfalls eine rechtswidrige Darstellung vorliege.[197]

§ 184c steht jedoch im 13. Abschnitt des Strafgesetzbuchs zum Schutz der sexuellen Selbstbestimmung, weshalb es bereits aus systematischen Gründen bei dem Verbot auch um den Schutz dieses Rechtsguts gehen muss.[198] Der Ansatz des allgemeinen Persönlichkeitsrechts kann daher *de lege lata* keine alleinige Legitimation für sich beanspruchen.[199]

aa. Vorzug der Auffassung

Ein Vorteil dieses Ansatzes ist im Ergebnis, dass – im Gegensatz zur Konstruktion einer Verantwortlichkeit für zukünftige Handlungen im Rahmen des Marktarguments – auch die konkrete Darstellung Berücksichtigung finden kann. Dies würde sich bei Überlegungen zur Bestrafung eines bloßen Konsumenten als fruchtbar erweisen. Dieser Ansatz wird insofern aber von anderer Seite zugleich wieder kritisiert, da eine originäre Verletzung der personenbezogenen Daten und damit der informationellen Selbstbestimmung als Teil des allgemeinen Persönlichkeitsrechts durch diejenigen geschehe, die das Material ins Netz stellen und dadurch Geld verdienen wollen und eben nur eine sekundäre Verletzung durch die Konsumenten stattfinde.[200] Jedenfalls bei der Tathandlung des Verbreitens kommt mit diesem Ansatz jedoch stets eine neue Verletzung des allgemeinen Persönlichkeitsrechts als Recht am eigenen Bild in Betracht.

---

197 Diese Auffassung hat in der jüngeren Vergangenheit enormen Zuwachs erfahren: NK-*Frommel* § 184e Rn 4; *Greco* RW 2011, 275 (300); MüKo-*Hörnle* § 184b Rn 4; *Lenz* S. 337 ff, 342; *Popp* ZIS 2011, 193 (203); SK-*Wolters/Greco* § 184c Rn 4; siehe auch *Hörnle* FS Schroeder S. 494 f, insb Fn 69; *Bottke* FS Buchner S. 145; vgl zu diesem Aspekt im Rahmen der Kinderpornographie MüKo-*Hörnle* § 184b Rn 4, der wohl auch auf Jugendliche übertragbar ist, da auch diese keine wirksame Einwilligung geben können.

198 *Bottke* FS Buchner S. 143.

199 AA *Gropp* FS Kühne S. 683, 690 f, der die Norm des § 184c daher konsequent als im 13. Abschnitt deplatziert bewertet. Diese Überlegung *de lege ferenda* ändert jedoch nichts an der zu berücksichtigenden Entscheidung des Gesetzgebers die Norm im Abschnitt gegen die sexuelle Selbstbestimmung zu platzieren.

200 *Frommel* NK 2008, 45 (46).

bb. Übertragbarkeit zivilrechtlicher Kategorien auf das Jugendpornographieverbot

Auch das Zivilrecht kennt einen Schutz des allgemeinen Persönlichkeitsrechts. So führt der 6. Zivilsenat des BGH zu privater Pornographie aus, eine fortbestehende Verfügungsmacht über intime Aufnahmen nach Beendigung einer Beziehung führe zu einem Ausgeliefertsein und Fremdbestimmung. Dadurch werde der Dargestellte gerade im unantastbaren Bereich seines Persönlichkeitsrechts verletzt.[201] Diese Ausführungen stützen die Annahme des vorgeschlagenen strafrechtlichen Rechtsguts auf den ersten Blick.

Zu beachten ist jedoch, dass die Entscheidung zu der Frage eines zivilrechtlichen Löschungsanspruchs ergangen ist. Im Rahmen des § 1004 BGB kann eine derartige Überlegung durchaus überzeugend herangezogen werden, auch und insbesondere, wenn es um Minderjährige geht. Eine Strafbarkeit für einen Besitzenden kann hieraus hingegen richtigerweise nicht abgeleitet werden,[202] da eine strafrechtliche Verantwortlichkeit für den Betroffenen eingriffsintensiver ist als die Tatsache, einem zivilrechtlichen Anspruch ausgesetzt zu sein. Aus diesem Grunde sind die heranzuziehenden Maßstäbe unterschiedlich. Zudem spricht auch gerade die Existenz des § 184c Abs. 4 gegen eine Übertragung dieser zivilrechtlichen Ausführungen auf das strafrechtliche Regelungskonzept.[203] Aus diesem ergibt sich für darunterfallende Sachverhalte aus strafrechtlicher Sicht nach allgemeiner Meinung ein lebenslanges Besitzrecht.[204] Auch für diesen Fall würde ein Zivilgericht aber regelmäßig das Vorliegen eines privatrechtlichen Löschungsanspruchs annehmen. Dies steht einer Übertragbarkeit der Ausführungen auf die Strafbarkeit von Jugendpornographie entgegen.

cc. Systematik

Systematisch lässt sich die Existenz des § 201a Abs. 3 heranziehen,[205] der insbesondere im Bereich des Sexting auch Überschneidungen mit dem

---

201 BGHZ 207, 163 (173); sich hierauf berufend SK-*Wolters/Greco* § 184b Rn 31.

202 AA *Popp* ZIS 2011, 193 (203).

203 Aus diesem Grund ist die Auffassung *Bottkes* in FS Buchner S. 145 abzulehnen, der auch in Bezug auf Jugendliche ausführt, dass ihre Zustimmung „nie rechtswirksam gegeben[e]“ sein könne.

204 Schönke/Schröder-*Eisele* § 184c Rn 9; LK-*Laufhütte/Roggenbruck* § 184c Rn 8.

205 *Liesching* BPJM 02/2015, 3 (8).

Jugendpornographieverbot aufweist,[206] jedoch größtenteils engere Voraussetzungen als § 184c aufstellt.[207] Dieser bezweckt im Bereich intimer Aufnahmen bereits einen Schutz des Persönlichkeitsrechts.[208] Bezüglich des in Rede stehenden Rechtsguts des allgemeinen Persönlichkeitsrechts hat sich der Gesetzgeber offensichtlich entschieden, die Hürden für eine Strafbarkeit höher zu legen und eine sich aus dem Normtext ergebende Entgeltlichkeit zu fordern. Dies spricht dagegen, auch bei § 184c einen bezweckten Schutz des allgemeinen Persönlichkeitsrechts anzunehmen. Eine mögliche gegenteilige Auffassung missachtet daher die Konkurrenzen zu § 201a Abs. 3.[209]

Auch §§ 22, 33 KunstUrhG sind in diesem Zusammenhang zu erwähnen. Diese stellen ebenfalls bereits einen Straftatbestand zum Schutze des allgemeinen Persönlichkeitsrechts[210] in Form des Rechts am eigenen Bild auf. Es würde eine Gefahr der Umgehung bedeuten, wenn auch § 184c dieses Rechtsgut zugrunde gelegt würde.[211]

dd. Allgemeines Persönlichkeitsrecht als Individualrechtsgut im Normgefüge

Das allgemeine Persönlichkeitsrecht ist zudem ein Individualrechtsgut, welches zunächst einmal nur natürlichen Personen zustehen kann. Zahlreiche Tatvarianten erfassen jedoch auch wirklichkeitsnahes Geschehen. Wirklichkeitsnahes Geschehen liegt vor, wenn ein durchschnittlicher Beobachter nach dem äußeren Erscheinungsbild nicht sicher ausschließen kann, dass es sich um tatsächliches Geschehen handelt.[212] Dies soll in erster Linie dazu dienen, Beweisschwierigkeiten vorzubeugen,[213] kann jedoch nicht darüber hinwegtäuschen, dass ausweislich

---

206 *Weigend* ZStW 129 (2017), 513 (526) bezeichnet den Tatbestand als „eine Art verkappte Kinder- oder Jugendlichenpornographie".

207 *Lenz* S. 382; siehe auch *Eisele* Stellungnahme S. 23.

208 BT-Drucks. 18/2601 S. 16 f: *Eisele* Stellungnahme S. 23.

209 Vgl *Kudlich* Sexting S. 102 f; siehe aber auch *Busch* NJW 2015, 977 (979), der die angelegte Trennung der Pornographietatbestände von § 201a missachtet, wenn er § 201a Abs. 3 nur vordergründig den Schutz des allgemeinen Persönlichkeitsrechts zuschreibt, tatsächlich aber auch die Verhinderung des Missbrauchs entsprechend der §§ 184 ff als einschlägig erachtet, siehe aber seine Fn 24.

210 Wandtke/Bullinger-*Fricke* § 22 KunstUrhG Rn 3.

211 Siehe im zivilrechtlichen Kontext hierzu LG Frankfurt a. M., Urt. v. 21.12.2017 - 2-03 O 130/17 = BeckRS 2017, 141348, Rn 50.

212 *Eisele* RdjB 2013, 212 (218); vgl auch MüKo-*Hörnle* § 184b Rn 26.

213 BT-Drucks. 13/7394, S. 41; 13/7385, S. 60; MüKo-*Hörnle* § 184b Rn 26; *Schreibauer* S. 141.

des Wortlauts auch Schriften erfasst werden, bei denen gerade keine natürlichen Personen dargestellt werden – also im Ergebnis auch fiktive Pornographie.[214] Mangels Existenz der dargestellten Person kann diese keine Verletzung des allgemeinen Persönlichkeitsrechts oder des Rechts des Darstellers an seinen Daten bedeuten.[215] Lediglich für den Besitz sowie das Sich-Besitzverschaffen (§ 184c Abs. 3) und die Herstellung (§ 184c Abs. 1 Nr. 3) ist die Strafbarkeit auf die Wiedergabe tatsächlichen Geschehens beschränkt. In der aktuellen Gesetzesfassung könnte das Rechtsgut daher bereits aus dieser Überlegung heraus allenfalls flankierend zur sexuellen Selbstbestimmung für solche Tatvarianten greifen, die eine Darstellung tatsächlichen Geschehens voraussetzen.

Fraglich ist auch, wie die von der Rechtsprechung vorgenommene Erfassung Scheinjugendlicher mit Blick auf das Schutzgut zu bewerten ist. Als Scheinjugendliche werden volljährige Darsteller bezeichnet, die für einen objektiven, verständigen Betrachter eindeutig minderjährig wirken.[216] Da sie aber tatsächlich volljährig sind, können sie aus persönlichkeitsrechtlicher Sicht wirksam in eine Vervielfältigung entsprechender Werke einwilligen.[217] Eine Erfassung Scheinjugendlicher durch die Norm ist daher nicht mit dem Schutzgut des allgemeinen Persönlichkeitsrechts erklär- und legitimierbar. Zum einen ist diese von der Rechtsprechung vorgenommene Erfassung Scheinjugendlicher aber so nicht zwingend im Normtext angelegt.[218] Eine solche ergibt sich erst durch Auslegung. Hierfür könnte ein entsprechendes Rechtsgut herangezogen werden und im Ergebnis zu einer anderen Bewertung führen. Zu beachten ist aber, dass sich eine diesbezügliche Widersprüchlichkeit nicht allein durch die nationale Rechtsprechung ergibt, sondern bereits in der EU-Richtlinie in Art. 2 lit. c iii) angelegt ist, nach dem unter den Begriff der Kinderpornografie jegliches Material mit Darstellungen einer Person mit kindlichem Erscheinungsbild zu fassen ist. Zum

---

214 Vgl zu den Begriffen Schönke/Schröder-*Eisele* § 184b Rn 11; MüKo-*Hörnle* § 184c Rn 15, siehe zur Begründung hierzu auch MüKo-*Hörnle* § 184b Rn 16 und *Palm* S. 167; dies wird auch von Vertretern dieser Ansicht erkannt, siehe *Popp* ZIS 2011, 193 (203).

215 SK-*Wolters/Greco* § 184c Rn 15, § 184b Rn 18 erblicken hierin zutreffend eine unzulässige Verdachtsstrafe.

216 *Altenhain/Liesching/Ritz-Timme/Gabriel* BPJM-Aktuell, 3 (10).

217 Vgl zum Problem BVerfG MMR 2009, 178 m. Anm. *Liesching*; gegen eine Erfassung Scheinjugendlicher *Mitsch* ZStW 124 (2012), 323 (328 f; 325 ff); *Reinbacher/Wincierz* ZRP 2007, 195 (197).

218 Siehe auch die Gesetzesbegründung in BT-Drucks. 16/9646, S. 18, die jedenfalls auch so verstanden werden kann, dass nur die Strafbarkeit wegen Besitzes keine Scheinjugendlichen erfassen soll.

anderen besteht keine Notwendigkeit, durch das Rechtsgut sämtliche Tatvarianten zu erfassen. Vielmehr genügt es beim Zusammentreffen des Schutzes mehrerer, wenn eines der Rechtsgüter greift. Die Erfassung von Scheinjugendlichen ist mit dem allgemeinen Persönlichkeitsrecht nicht legitimierbar.

Die Norm sieht zudem nicht vor, dass nachträglich volljährig gewordene Darsteller oder Eltern wirksam einwilligen können.[219] Ginge es um den Schutz des allgemeinen Persönlichkeitsrechts als Individualrechtsgut, müsste eine derartige Disposition nachträglich möglich sein, sobald die entsprechende Einsichtsfähigkeit und Befugnis per Überschreiten der Altersgrenze erreicht wurde.

ee. Fazit

Der Gesetzgeber hätte mit einem Verbot der Jugendpornographie sicherlich auch die Ziele des allgemeinen Persönlichkeitsrechts verfolgen können. Dann hätte die Norm aber hieran ausgerichtet werden müssen. Den systematischen Standort betreffend dürfte sich eine Regelung mit entsprechendem Inhalt sachgerechter Weise nicht in einem Abschnitt des StGB zum Schutz der sexuellen Selbstbestimmung befinden, sondern beispielsweise in einem Gesetz betreffend den Datenschutz oder das Urheberrecht.[220] Dies gilt jedenfalls, wenn sich das Verbot ausschließlich an diesem Rechtsgut orientieren soll. In anderen Bereichen bestehen aber bereits Regelungen zum Schutze dieses Gutes.

Dem allgemeinen Persönlichkeitsrecht als Rechtsgut des Jugendpornographieverbots gelingt es, zahlreiche gegen die sexuelle Selbstbestimmung vorgebrachte Kritikpunkte zu entkräften. Eine Orientierung oder gar vollständige Legitimation würde aber *de lege lata* die Wertungen des Gesetzes unterlaufen. *De*

---

219 *Greco* RW 2011, 275 (300); siehe auch LG Freiburg BeckRS 2014, 15836. Hier hatte der Angeklagte sich dahingehend eingelassen, dass der Dargestellte nach dem Volljährigwerden damit einverstanden gewesen sei, dass er die Bilder weiter aufhebt.

220 Vgl nachdrücklich in diese Richtung NK-*Frommel* § 184e Rn 4; *Lenz* S. 378 plädiert für einen Standort im 15. Abschnitt des StGB; *Gropp* FS Kühne S. 683 kritisiert die Norm konsequent als im Sexualstrafrecht deplatziert; in diese Richtung auch SK-*Wolters/Greco* § 184b Rn 2 Fn 15, die für die Kinderpornographie eine Regelung im Rahmen des 13. Abschnitts aufgrund der inhaltlichen Nähe der Vorschrift zum sexuellen Missbrauch noch für vertretbar halten. Da dieses Missbrauchsargument bei der Jugendpornographie nicht greift, ist der Schluss zu ziehen, dass auch nach ihnen das Verbot im 13. Abschnitt deplatziert ist. Siehe auch *Hüneke* FPR 2012, 428 (429), der das Rechtsgut für nur für die Kinderpornographie diskutiert, aber sofort ablehnt, da es hierfür *innerhalb* des 13. Abschnitts fehlplatziert sei.

lege ferenda ist dies dennoch ein zumindest bedenkenswerter Ansatz zur erforderlichen Neuausrichtung des Jugendpornographieverbots.

Nach hiesiger Auffassung geht der Schutz des allgemeinen Persönlichkeitsrechts neben der systematischen Kritik aber auch am eigentlichen Kern der tatsächlichen Gefahr durch Jugendpornographie – insbesondere privater – vorbei. Hiergegen spricht zum einen, dass Sexting eine übliche und im Grunde anerkannte Ausdrucksform selbstbestimmter Sexualität geworden ist.[221] Darin stets eine rechtswidrige Darstellung zu erblicken, übergeht die grundrechtliche Absicherung des Verhaltens. Zum anderen weicht die eigentlich von dem Verhalten ausgehende Gefahr von diesem Konzept ab.[222]

In der geltenden Fassung liegt dem Verbot als Rechtsgut nicht das allgemeine Persönlichkeitsrecht zu Grunde. Kriminalpolitisch wäre eine Auseinandersetzung mit diesem Aspekt durchaus bedenkenswert. Im Ergebnis ist auch dies aber abzulehnen.

c. Selbstbestimmte Lebensgestaltung und -führung

Die sexuelle Selbstbestimmung ist in erster Linie auf die Erfassung des Bereichs kommerzieller Pornographie gerichtet. In diese Richtung gehende Begründungsansätze verweisen stets auf eine drohende Abhängigkeit in der Pornoindustrie. Für den Bereich der ausschließlich zur privaten Nutzung hergestellten Schriften kann dies aus offensichtlichen Gründen nicht überzeugen. Im Folgenden wird daher vorgeschlagen, insbesondere für den Bereich privater Jugendpornographie, die selbstbestimmte Lebensgestaltung und -führung als Rechtsgut heranzuziehen.

Dieser Ansatz sieht sich *de lege lata* teilweise entsprechenden Einwänden wie das allgemeine Persönlichkeitsrecht ausgesetzt. Hierzu zählen insbesondere die Überschrift des 13. Abschnitts, die auf die sexuelle Selbstbestimmung rekurriert, und die teilweise Erfassung wirklichkeitsnaher und daher fiktiver Pornographie. Letztere lässt sich nur schwer mit einem auch hier vorgeschlagenen Individualrechtsgut vereinbaren, welches gerade nur natürlichen Personen zusteht. Das sexuelle Selbstbestimmungsrecht müsste daher zur lückenlosen Legitimation

---

221 *Saferinternet.at* Häufige Fragen und Antworten zu Sexting S. 4.

222 Siehe aus der medienpsychologischen Literatur exemplarisch *Döring* ZfSf 2012, 4 (16 ff), die unter der Überschrift *Verletzung von Persönlichkeitsrechten* lediglich § 22 KunstUrhG und § 201a anführt und die Gefahr des § 184c unter der gleichrangigen Überschrift *Produktion, Besitz und Verbreitung von Kinder- und Jugendpornografie* diskutiert.

des Tatbestands sämtliche sonstigen Fälle abdecken. Auch für die von der Rechtsprechung vorgenommene Erfassung Scheinjugendlicher gilt das im Rahmen der Auseinandersetzung mit dem allgemeinen Persönlichkeitsrecht Gesagte.

Anders als das allgemeine Persönlichkeitsrecht sieht sich das Rechtsgut der selbstbestimmten Lebensgestaltung und -führung aber nicht dem systematischen Argument ausgesetzt konkurrenzrechtlich in Widersprüche zu § 201a Abs. 3 oder §§ 22, 33 KunstUrhG zu treten. Das systematische Argument der Verortung im 13. Abschnitt des StGB kann daher hier nicht dasselbe Gewicht erhalten wie beim allgemeinen Persönlichkeitsrecht.

Das Rechtsgut der selbstbestimmten Lebensgestaltung und -führung kann den Tatbestand in seiner jetzigen Form nicht vollständig legitimieren. Dennoch sieht es sich quantitativ weniger, aber auch inhaltlich weniger durchgreifenden Argumenten ausgesetzt als das vorgeschlagene Rechtsgut des allgemeinen Persönlichkeitsrechts.

Die hiesige Ausarbeitung soll an diesem Punkt aber nicht stehen bleiben, sondern darüber hinaus ein die tatsächlichen Gefahren aufgreifendes Konzept entwickeln. Somit ist zu eruieren, welches Rechtsgut insbesondere durch in Richtung der Ausgangsfälle gelagerte Sachverhalte faktisch gefährdet oder verletzt wird. Die Auslegung des Gesetzes sollte dann auch in seiner bestehenden Fassung vor dem Hintergrund dieses Gutes erfolgen, um bereits mit der geltenden Rechtslage möglichst widerspruchsfreie Ergebnisse zu erzielen. Dies kann jedoch nicht darüber hinwegtäuschen, dass die geltende Fassung des Gesetzes zwingend neu auszurichten ist. Es ist kritischen Stimmen in der Literatur zuzustimmen, die in der derzeitigen Fassung des Verbots von Jugendpornographie keinen vernünftigen, auf Rechtsgüterschutz gerichteten Sinn und Zweck erkennen können.[223]

Der Frage danach, welches Rechtsgut das Verhalten rund um private Jugendpornographie tatsächlich gefährdet, kann sich auf unterschiedliche Weisen genähert werden: Zum einen können Beschreibungen von auftretenden Fällen ausgewertet werden, in denen eine Verbreitung stattgefunden hat. Hierfür bieten sich sowohl Gerichtsurteile wie auch sonstige durch die Presse bekannt gewordenen Fälle an. Zum anderen geben Aufklärungsschriften anerkannter Institutionen für Jugendliche Auskunft darüber, worin die Gefahr privater Jugendpornographie in der Praxis gesehen wird.

---

223 Matt/Renzikowski-*Eschelbach* § 184c Rn 2; *Heinrich* FS Roxin S. 140; siehe auch *Roxin* GA 2013, 433 (439).

aa. Urteile zu Veröffentlichung von intimen Aufnahmen

Für den ersten Aspekt ist zunächst auf einen Fall des LG Frankfurt[224] zurückzugreifen. Dort wurde von Klägerseite ausgeführt, die Weiterverbreitung von Nackt- und Sexualaufnahmen habe zu Mobbing der Betroffenen an der Schule geführt,[225] woraus schwere seelische Schäden bei der Betroffenen resultierten. Ein Großteil des sozialen Umfelds habe die Bilder zur Kenntnis genommen und es sei infolge der Häme und ständigen Konfrontation sogar ein Schulwechsel in Betracht gezogen worden.[226]

Einem Urteil des OLG Hamm[227] lag ein Fall zu Grunde, in dem ein junger Mann nach Beendigung der jugendlichen Beziehung im Internet ein Foto veröffentlichte, das seine bisherige Partnerin beim gemeinsamen Oralverkehr als Jugendliche zeigte. In Folge der Verbreitung erlitt sie – jedenfalls mitursächlich – eine Gesundheitsschädigung in Form einer akuten Belastungsreaktion, gefolgt von einer Anpassungsstörung mit Angst und Depression gemischt sowie einer andauernden Agoraphobie ohne Panikstörung. Dies führte dazu, dass sie regredierte, die Öffentlichkeit scheute, sich zurückzog und sich nicht dazu in der Lage sah, ihre Berufsausbildung zu beginnen.[228] Auch sah sie sich in der Folge gezwungen, den Wohnort zu wechseln.

Die beiden exemplarisch gewählten Fälle legen es nahe, dass durch Verbreitung derartiger Schriften eine Situation hervorgerufen werden kann, die eine Gefahr für die selbstbestimmte Lebensgestaltung und -führung bedeutet. Insofern kann eine vorsichtige Parallele zum geschützten Rechtsgut der Nachstellung in § 238 gezogen werden.[229] Das psychisch beeinträchtigte Opfer kann nicht mehr so leben wie zuvor. Es sieht sich gezwungen, auf die Konfrontation mit einer Veränderung seiner Lebensgestaltung zu reagieren.[230] Der auch in hiesigen Fällen auftretende Wechsel des Wohnorts oder der Arbeitsstelle wurde im Rahmen der Nachstellung sogar als *schwerwiegende* Beeinträchtigung der Lebensgestaltung aufgefasst.[231]

---

224 LG Frankfurt a.M., Urt. v. 20.05.2014 – 2-03 O 189/13.

225 Siehe auch *Kannen* Am Handy-Pranger: Wie schützen wir Schüler vor Sexting?.

226 Siehe auch JIM-Studie S. 51.

227 OLG Hamm NJW-RR 2017, 1124, vgl im Ergebnis insb Rn 93.

228 Vgl hierzu insbesondere Rn 92 und 72 des Urteils.

229 Vgl zum Rechtsgut ausführlich statt vieler *Sadtler* S. 283 ff insb. S. 286; siehe auch BT-Drucks. 16/575 S. 6; 16/1030 S. 6

230 BT-Drucks. 16/575 S. 8; *Meyer* ZStW 115 (2003), 249 (284).

231 BGH NJW 2010, 1680 (1682 Rn 22); OLG Hamm NStZ-RR 2009, 175; *Kühl* in Lackner/Kühl § 238 Rn 2.

bb. Gefahr in der Praxis – Aufklärungsinstitutionen

Es lohnt sich sodann, einen zweiten Blick auf anerkannte Aufklärungsinstitutionen und -initiativen für Jugendliche zu werfen. Hier ist insbesondere zu betrachten, wovor Jugendliche im Rahmen von Sexting gewarnt und aufgeklärt werden. Zwar sind Sexting und Pornographie keine Synonyme und bei weitem nicht jeder Sext ist zugleich pornographisch. Dennoch entsprechen sich die Gefahren und die Übergänge sind fließend. Private Jugendpornographie taugt stets auch als Sext.

Hier sind *pars pro toto* insbesondere die Jugendzeitschrift Bravo mit ihrer Rubrik *Dr. Sommer* und die Initiativen *klicksafe.de* und *saferinternet.at*, die jeweils für Deutschland und Österreich im Auftrag der EU bei der Aufklärung Jugendlicher tätig werden, zu nennen sowie die Schweizer Initiative *Projuventute* und die Einrichtung *profamilia*. Auch der Aufklärungskanal *61MinutenSex* ist zu berücksichtigen, der des Youtubers *Cheng* sowie die Informationen, die von der Gewerkschaft der Polizei *Polizei dein Partner* herausgegeben werden, und Veröffentlichungen von den Landesmedienzentralen.

Ein Blick in die Broschüren, Artikel und Internetauftritte der angeführten Institutionen bestätigt durchweg, dass erst in der Weiterleitung an Unbeteiligte und der Veröffentlichung sowie dem daraus resultierenden Mobbing der Kern der Gefahr gesehen wird. Das Herstellen und Weitergeben an vom Darsteller ausgewählte Personen wird hingegen nicht grundsätzlich abgelehnt oder verurteilt:[232]

> „Ein Problem wird Sexting erst dann, wenn die Bilder an unbeteiligte Personen weitergeleitet oder **im Internet veröffentlicht werden.**“[233]

> „Denn ein Sexting-Fall [...] beginnt erst dann, wenn andere dieses Bild weitergeben, sich zu Mitwissenden machen und das Zirkulieren vorantreiben.“[234]

> „Zu Problemen kommt es also erst, wenn das intime Bild ungefragt an andere Personen (als den eigentlichen Adressaten) weitergeleitet wird. In diesem Fall sollte von ‚missbräuchlichem Sexting‘ die Rede sein, weil dabei das für einen ursprünglich anderen Zweck

---

232 *Klicksafe.de* Sexting worum geht's? „Sexting ist nicht per se schlecht“; siehe auch *Projuventute* Was ist gefährlich an Sexting auf dem Merkblatt für Jugendliche, *dies.* Factsheet S. 2; *profamilia* Sexting, warnt vor missbräuchlichem Sexting; siehe auch *Marion Kaufmann* Sexting: Nacktbilder auf dem Schulhof in der Märkischen Allgemeinen vom 01.12.2013; siehe auch *Gillespie* HRLR 2013, 223 (239 f); siehe zu den Konsequenzen auch *Cheng* Sexting eskaliert.

233 *Stephanie* BRAVO Dr. Sommer (Hervorhebung im Originaltext).

234 *Borries* tv diskurs 67 2014, 24 (27).

(z.B. als Geschenk an den Partner) gedachte Bild missbräuchlich verwendet wird, um der darauf abgebildeten Person willentlich oder mitunter auch unbewusst zu schaden."[235]

„[Z]weitens berichten diejenigen, die es betreiben, teilweise auch von positiven Erfahrungen. Entscheidend ist hier nicht zuletzt der Nutzungskontext, der beispielsweise auch in einer festen Beziehung bestehen kann. Aus Sexting wird genau dann eine sexualisierte Grenzverletzung, wenn die Darstellungen gegen den Willen der Abgebildeten weitergeleitet werden."[236]

„Alle bekannt gewordenen problematischen Verläufe von Sexting-Aktivitäten stehen in Zusammenhang mit der von mindestens einem oder einer Beteiligten nicht gewollten Verbreitung bzw. Weiterleitung des Bildmaterials an unbeteiligte Dritte."[237]

„Nicht das Erstellen eines sexy Bildes ist anzuprangern (nach dem Motto „wer so ein Bild macht ist selber schuld."), sondern das Weiterleiten ohne Erlaubnis!"[238]

„Sicher macht Sex Spaß, auch mit Sexting. [...] Zumindest, wenn man es richtigmacht."[239]

„Wenn das versendete Nacktfoto ausschließlich bei demjenigen landet, für den es gedacht war, ist das kein Problem. Schwierig wird es, wenn das Bild vom Empfänger verbreitet wird."[240]

So waren bei einer Studie der österreichischen Initiative *saferinternet.at* die drei von Jugendlichen am häufigsten im Bekanntenkreis erlebten Gefahren von Sexting die *Verbreitung* im Freundeskreis (81 %), die *Verspottung* des oder der Abgebildeten, also der Beginn von Mobbing (55 %) und die *Öffentlich-Machung* der Aufnahmen (49 %). Auf Platz vier folgt mit großem Abstand eine weitere Gefahr, die in die ähnliche Richtung geht: 21 % der Jugendlichen gaben als Gefahr an, dass einschlägige Bilder oder Videos an *Eltern oder Lehrer* gelangen könnten. Der letzte genannte Grund ist die Gefahr einer *Erpressung*[241] (14 %).[242] Sämtliche angeführten Risiken passen zum geschützten Gut der selbstbestimmten Lebensgestaltung und -führung.

---

235 Landesmedienzentrale Baden-Württemberg – Was ist Sexting?.

236 *Dekker/Koops/Briken* S. 9.

237 *Dekker/Koops/Briken* S. 47.

238 *klicksafe.de* Was kann schief gehen? Risiken und Nebenwirkungen von Sexting.

239 61MinutenSex/*Chanel/Winter* Sexting – So geht's richtig, ab Minute 02:12.

240 *Polizei dein Partner* Sexting – Nacktfotos im Netz.

241 Hierfür wurde der Begriff des *Sextortion* entwickelt als Kofferwort aus Sex und extortion. Es beschreibt eine Erpressung bei der als Nötigungsmittel angedroht wird, intime Informationen über das Opfer preiszugeben oder in diesem Zusammenhang ein Sexting an unerwünschte Personen weiterzuleiten. Vgl die Ausführungen der Initiative *saferinternet.at* Sexualität und Internet – „Was ist „Sextortion"?".

242 *Saferinternet.at* Aktuelle Studie; siehe auch *Vogelsang* S. 123 f.

cc. Der Fall Amanda Todd

Neben den vor Gericht gelandeten Fällen gelangen immer wieder auch auf anderen Wegen Fälle an die Öffentlichkeit. Auch in diesen wird deutlich, dass eine Gefahr gerade für die Lebensgestaltung und –führung besteht. Hier soll *pars pro toto* nur ein Fall angeführt werden, der die öffentliche Aufmerksamkeit besonders erregte:

Im Oktober 2012 wurde der Fall der 15-Jährigen Kanadierin Amanda Todd bekannt.[243] Sie hatte einem Chatpartner auf dessen Wunsch hin ein Foto ihrer unbekleideten Brüste geschickt. Dieses Foto gelangte kurz darauf an die Schule und machte unter den *peers* die Runde. Infolgedessen wurde sie beschimpft und ausgegrenzt. Sie sah sich in der Folge gezwungen, den Wohnort zu wechseln, aber auch an der neuen Schule war sie weiterhin dem Spott ausgesetzt. Der Fall endete im Suizid.

dd. Gleichheitseinwand

Kritisch steht *Heinrich*[244] dem strafrechtlichen Schutz eines derartigen Rechtsguts aus Gleichheitsgesichtspunkten gegenüber. So führt er aus, dass auch die aus jugendlichem Leichtsinn heraus vorgenommene unbedachte Präsentation ansehensschädigender Bilder aus anderen, nicht sexuell konnotierten Lebensbereichen aufgrund ihrer Unumkehrbarkeit die Gefahr von Schädigungen mit sich bringe. Als Beispiel hierfür nennt er die Dokumentation von Saufgelagen. Ein Verbot für derartige Darstellungen bestehe nicht.

Dem ist insoweit zuzustimmen, als es zum kritischen und restriktiven Umgang bei der Anwendung der Norm mahnt. Einerseits ist aber anzumerken, dass diese Kritik die aktuelle Gesetzeslage betrifft, die hier bereits umfassender Kritik ausgesetzt wurde und auch weiterhin sein wird. Andererseits ist zu bedenken, dass bei Sexualaufnahmen ein besonders sensibler Bereich betroffen ist, der über sonstige Bereiche peinlicher Bilder oder Videos hinausgeht, betrifft er doch die Sexualität als gesteigert zu schützenden und intimen Bereich. Insofern kann das Gefahrenpotential abstrakt höher bewertet werden als das der angeführten Vergleichsgruppe. Dies gilt auch dann, wenn im Einzelfall Auswirkungen sonstiger Aufzeichnungen dasselbe oder gar ein stärker schädigendes Ausmaß erreichen können. Der Einwand der Gleichheit geht daher fehl.

---

243 Vgl *Botica* Warum sich Jugendliche im Netz gnadenlos schikanieren.
244 *Heinrich* FS Roxin S. 138, insb Fn 49.

Führt man den Einwand der Gleichheit weiter, so wäre als Vergleichsgruppe vorrangig noch an einfache Nacktaufnahmen zu denken. Es kann die Frage gestellt werden, ob das Gefahrenpotenzial für das Schutzgut hier nicht in im Wesentlichen gleicher Weise betroffen wäre wie bei solch pornographischen. Hierzu müsste eine Ermittlung und Abwägung der tatsächlichen Gefahren stattfinden. Im Rahmen der Einschätzungsprärogative des Gesetzgebers kann durchaus das Ergebnis stehen, dass die Gefahr bei pornographischen Schriften im Vergleich höher einzustufen ist und die einfacher Nacktaufnahmen zur Rechtfertigung des Eingriffs nicht genügt. Bei pornographischen Aufnahmen tritt nach richtiger Auffassung hinzu, dass sich der Dargestellte zum Objekt der Stimulierung des Betrachters macht. Dies kann eine abweichende Einschätzung des gesteigerten Gefahrenpotentials nachvollziehbar begründen.

ee. Fazit

Die Herangehensweisen stützen die Annahme, dass die Gefahr des Phänomens primär gerade in der Verbreitung an Unbeteiligte liegt und damit einhergehendes Mobbing, Konfrontation im sozialen Umfeld oder gar *Sextortion* verhindert werden soll.[245] In diesem Zusammenhang ist auch das Stichwort des *Victim Blaming* zu nennen, also die Schuldzuweisung an das Opfer.[246] Für den Abgebildeten ist es ohnehin belastend zu wissen, dass die gesamte Schule oder auch nur die Schulklasse die eigenen Nacktaufnahmen gesehen hat. Kommen nun Anfeindungen und Ausgrenzungen hinzu, sind erhebliche psychische Belastungen eine häufige Folge.[247] Dies ist im Zweifel geeignet, die selbstbestimmte Lebensgestaltung und -führung des betroffenen Jugendlichen zu gefährden. Dieser Ansatz erfährt zudem Zustimmung in der kriminologischen[248] und medienpsychologischen[249] Literatur, was ebenfalls dafür spricht, hierin die tatsächliche Gefahr privater Jugendpornographie zu sehen. Die selbstbestimmte Lebensgestaltung und -führung ist neben der sexuellen Selbstbestimmung – trotz Bedenken bezüglich der konkreten Ausgestaltung der Norm – richtigerweise geschütztes Rechtsgut eines Verbots von Jugendpornographie.[250]

---

245 *Lenz* S. 338 f; vgl zu einer Facette der Entstehung, Art und Hintergründen des Mobbings *Döring* ZfSf 2012, 4 (14 ff).

246 *Vogelsang* S. 125, 286; siehe auch *klicksafe.de* Wie kann man mit Sexting umgehen? Haltung einnehmen; *Cheng* Sexting eskaliert.

247 *Döll* FamRZ 2017, 1728, siehe auch S. 1729 f.

248 *Bergmann/Krieg/Baier* ZJJ 2016, 139 (140).

249 *Döring* ZfSf 2012, 4 (12).

250 Siehe auch MüKo-*Hörnle* § 184c Rn 6.

d. Ungestörte sexuelle Entwicklung

Es wird vorgebracht, das Verbot jugendpornographischer Schriften weise – über den allgemeinen Jugendschutz des § 184 hinaus – einen eigenständigen Gehalt zum Schutze der Jugend vor ungestörter sexueller Entwicklung auf.[251] Die ungestörte sexuelle Entwicklung wird nach einer Auffassung nicht als eigenständiges Gut aufgefasst, sondern als Teilaspekt des sexuellen Selbstbestimmungsrechts.[252]

Die Jugend soll vor der abstrakten Gefahr sozialer Desorientierung und einer damit einhergehenden Fehlentwicklung geschützt werden. Das Betrachten jugendpornographischer Schriften durch Jugendliche berge die Gefahr, dass diese es als scheinbar normal wahrnehmen, dass Jugendliche sich in pornographischen Schriften zur Schau stellen und als Objekt sexueller Begierde präsentieren. Den naheliegenden Schluss, derartiges Verhalten gehöre zum standardmäßigen sexuellen Repertoire junger Menschen, gelte es zu verhindern.

Welche Auswirkungen das Betrachten von Jugendpornographie auf den konkreten Jugendlichen hat, kann nicht empirisch gesichert nachgewiesen werden. Somit läge jedenfalls nur ein Fall der abstrakten Gefährdung vor. Diesem Zweck dienen aber bereits § 23 JMStV und § 27 JuSchG.[253] Es bleibt daher erklärungsbedürftig, weshalb darüber hinaus auch § 184c einen derartigen Schutz auf Ebene des Strafrechts bezwecken soll und weshalb die genannten Normen in Bezug auf die Fehlentwicklung der Jugendlichen mit Medienkontakt nicht abschließend und vor allem hinreichend sind.

Es stellt sich zudem die Frage, inwieweit sich der Staat anmaßen darf, trotz bestehender Neutralitätspflicht, sexualmündige Bürger vor der Bildung derartiger Ansichten abzuhalten. Dies kann nicht Selbstzweck eines Verbots sein. Meinungen und Anschauungen darf der Staat nur verbieten, wenn sie gegen die Verfassung verstoßen.[254] Die Kernfrage ist demnach, weshalb es zu verhindern gelten kann, dass Jugendliche eine solche Meinung bilden. Sofern es Jugendlichen erlaubt wäre, an pornographischen Aktivitäten teilzunehmen und dies auch verbreitet geschähe, wäre die Bildung einer derart gelagerten Einstellung durch andere Jugendliche bloße logische Konsequenz. Hieraus kann sich keine eigenständige Legitimation für ein Verbot ergeben. Eine gegenteilige Auffassung würde zudem dem Zweck des 4. Strafrechtsreformgesetzes zuwiderlaufen,

---

251 Vgl auch zum folgenden *Gnüchtel* S. 229; siehe zu diesem Rechtsgut bei harter Pornographie im Schweizer Recht *Weissenberger* AJP 1998, 311 (312, 1.4).

252 Vgl *Lenz* S. 26 ff.

253 Erbs/Kohlhaas-*Liesching* JuschG Vorbemerkung Rn 2; siehe auch § 1 JMStV.

254 *Schumann* FS Lenckner S. 576 f.

das gerade den 13. Abschnitt von Strafbegründungen durch Sittlichkeits- und Moralfragen befreien wollte. Dennoch erweckt die Vorschrift und der Umgang mit ihr durchaus teilweise den Eindruck, dass auch die sozial-ethische Einschätzung, Pornodarsteller sei keine erstrebenswerte Tätigkeit, eine Rolle spielt.[255]

Bereits in Zweifel zu ziehen ist der Ausgangspunkt, Jugendliche orientierten sich derart stark ausschließlich am Verhalten Gleichaltriger. Vielmehr zeigen auch andere Lebensbereiche, dass angehende Erwachsene sich gerade auch an gesamtgesellschaftlichem Verhalten orientieren. Alkoholkonsum unter Jugendlichen wird beispielsweise wesentlich auch dadurch begünstigt, dass es in unserer Gesellschaft generell üblich ist, zu zahlreichen Gelegenheiten und Anlässen Alkohol zu konsumieren.[256] Die Frage müsste also richtigerweise lauten, ob Jugendliche bei Pornographiekonsum den Eindruck erhalten, dass es in unserer Gesellschaft generell normal ist, sich sexuell in derartigen Schriften zu präsentieren. Dies ist jedoch wieder eine Frage, die nicht über das allgemeine Pornographieverbot hinausgeht. Weshalb ein Jugendlicher – vorausgesetzt es entspräche der Wirklichkeit – nicht den Eindruck gewinnen darf, es sei gesellschaftlich akzeptiert, sich auch in solchen Schriften darzustellen, wird wohl kaum zufriedenstellend beantwortet werden können. Legte man dem Verbot von Jugendpornographie die ungestörte sexuelle Entwicklung zu Grunde, offenbarte dies zugleich einen doppelmoralischen Charakter, der dem Recht so nicht zukommen kann. Um sich diesem Vorwurf nicht auszusetzen, müsste konsequenterweise auch die Verbreitung einfacher Pornographie Erwachsener verboten werden.

Im Übrigen spricht auch die konkrete Ausgestaltung des Tatbestandes gegen den Ansatz, da *keine* der Tatvarianten speziell und ausschließlich Jugendliche vor Konsum und Wahrnehmung der Schriften schützt.[257] Die Umsetzung ginge daher weit über das Notwendige hinaus. Eine Wahrnehmung pornographischer Schriften durch Jugendliche soll bereits § 184 Abs. 1 Nr. 1 verhindern.[258]

---

255 *Lenz* S. 341.

256 *Noack* S. 30 ff; siehe *Schmitt* S. 71 zum angemessenen Konsum als Zielvorstellung von Präventionsprogrammen für junge Menschen mwN auch zur Gegenansicht mit dem Ziel alkoholfreier Gesellschaften; vgl auch *Haushahn* S. 25 ff zu den regional abweichenden gesellschaftlichen Einstellungen zu Alkohol und den davon ausgehenden Wirkungen.

257 Siehe in diesem Zusammenhang die kritischen Ausführungen oben S. 42 f, wo ebenfalls ein allgemeines Verbot ausgesprochen wurde, um Jugendliche effektiv zu schützen.

258 Siehe auch *Scheidegger* ZStR 2014, 318 (326).

Richtigerweise ist die ungestörte sexuelle Entwicklung daher nicht einschlägiges Rechtsgut.

e. Menschenwürde

Ergänzend zu den bisher einschlägigen Rechtsgütern wird vertreten, die Menschenwürde werde von dem Verbot zumindest mitgeschützt.[259] Auch bei freiwilliger Teilnahme an derartigen Aufnahmen sei der Grad der Freiwilligkeit nicht mit dem bei Erwachsenen vergleichbar und es liege ein Verstoß gegen das Gut vor.

Dem ist entgegenzuhalten, dass das Gesetz gewisse Formen von Jugendpornographie erlaubt, wie insbesondere § 184c Abs. 4 zeigt. Verstieße Jugendpornographie *per se* gegen die Menschenwürde, bestünde für den Gesetzgeber kein Raum einzelne Verhaltensweisen von der Strafbarkeit auszunehmen. Die Menschenwürde ist als oberstes Verfassungsgebot absolut zu schützen. Dennoch können konkrete Schriften sehr wohl auch die Menschenwürde verletzen, insbesondere wenn Gewalt oder Ähnliches hinzutritt.[260] Dem jugendpornographischen Charakter ist der Schutz dieses Guts als solches jedoch nicht immanent. Die Menschenwürde ist nicht geeignet das Verbot zu legitimieren.

f. Fazit

Geschützte Rechtsgüter des Tatbestands sind somit die sexuelle Selbstbestimmung sowie die selbstbestimmte Lebensgestaltung und -führung. Das allgemeine Persönlichkeitsrecht und die ungestörte sexuelle Entwicklung sind als Rechtsgüter für das Verbot von Jugendpornographie abzulehnen. Auch die Menschenwürde kann als Schutzgut nicht überzeugen, selbst wenn diese in Einzelfällen durchaus hinzutreten kann.

2. Schutzzweck – *Wovor* wird geschützt?

Im Folgenden gilt es zu untersuchen, *wovor* die eruierten Rechtsgüter geschützt werden.

---

259 *Hörnle/Kremnitzer* ILR 2011, 143 (155 f); siehe *Knauer* ZStW 126 (2014), 305 (333, insb Fn 182); siehe aber auch MüKo-*Hörnle* § 184c Rn 4.

260 *Hörnle/Kremnitzer* ILR 2011, 143 (157).

a. Sexuelle Selbstbestimmung

Zunächst ist die sexuelle Selbstbestimmung in den Fokus zu rücken. Für diese kommen als Angriffsrichtungen die des allgemeinen Pornographieverbots, die Erhaltung der Hilfsbereitschaft sowie der Schutz vor Abhängigkeit von der Pornographieindustrie in Betracht.

aa. Allgemeines Pornographieverbot – Konfrontationsschutz und Jugendschutz

Nach zutreffender Auffassung muss das Tatobjekt der Schrift stets auch pornographischen Charakter haben, so dass die allgemeinen Schutzzwecke des § 184 hier ergänzend greifen. Dies ergibt sich insbesondere auch aus dem Konkurrenzverhältnis der Normen, wonach § 184 hinter § 184c zurücktritt, sobald die Schrift jugendpornographischen Charakter hat.[261] Neben möglichen weiteren Schutzzwecken verfolgt § 184c daher jedenfalls auch solche des allgemeinen Pornographieverbots, namentlich den Jugendschutz durch Verhinderung des Konsums und damit einhergehender möglicher Fehlentwicklungen sowie den allgemeinen Schutz vor ungewollter Konfrontation mit dem Material.[262] Dieser Gedanke allein kann die Existenz des Jugendpornographieverbots bereits logisch nicht legitimieren, da ansonsten kein Bedarf bestünde, über das allgemeine Verbot hinaus eine zusätzliche Norm mit gesteigertem Strafrahmen zu schaffen. Dies zeigen auch die im Gegensatz zu § 184 verschärften Tatmodalitäten, wie die Strafbarkeit des Besitzes, die für einfach pornographische Schriften nicht als notwendig erachtet wurde.[263] In Bezug auf diese Untersuchung und insbesondere auch die Besitzstrafbarkeit ist dieser Aspekt daher weitestgehend vernachlässigbar.[264]

bb. Erhaltung der Hilfsbereitschaft

Es wurde – jedenfalls für die klassischen Fälle der harten Pornographie – angedacht, die Erhaltung der Hilfsbereitschaft vor dem Hintergrund des Phänomens des *detached bystanders* als Schutzzweck anzusehen. Hierunter sind Personen zu

---

261 LK-*Laufhütte/Roggenbruck* § 184 Rn 54, wenngleich hier die zentrale Variante des Konfrontationsschutzes von der Subsidiarität ausgenommen ist.

262 *Laubenthal* Handbuch Sexualstraftaten Rn 1070; nach *Hüneke* FPR 2012, 428 (429) geht es wohl bei § 184c ausschließlich um den Konfrontationsschutz.

263 *Gropp* FS Kühne S. 683, 687 f.

264 So auch *Hochmayr* S. 31, insb Fn 175.

verstehen, die die Begehung einer Straftat insbesondere im öffentlichen Raum wahrnehmen, hierbei jedoch tatenlos bleiben und gerade nicht einschreiten.[265] Die sexuelle Selbstbestimmung würde durch das Jugendpornographieverbot demnach in der Form beeinträchtigt, dass bei zukünftig wahrgenommenen Straftaten gegen die sexuelle Selbstbestimmung diese von vormaligen Konsumenten nur seltener unterbunden würden, da diese das wahrgenommene Verhalten nicht mehr als zu unterbindendes Verhalten ansähen, sondern in Folge des Betrachtens harter Pornographie als normal empfänden. Dieser Ansatz weist Parallelen zur Strafbarkeit durch Unterlassen beim Beschützergaranten zugunsten der Allgemeinheit auf, wie sie insbesondere in § 323c den Weg ins Gesetz gefunden hat.

Bereits für Fälle der Gewalt- und Kinderpornographie werden dieser Auffassung gute Argumente entgegengehalten.[266] Da aber Jugendpornographie nicht auf die Darstellung strafbaren Verhaltens beschränkt ist,[267] kann dieser Ansatz bereits aus diesem Grund keinesfalls überzeugen. Das Verbot ginge daher jedenfalls weit über die notwendige Eingriffsintensität hinaus. Die Erhaltung der Hilfsbereitschaft ist als Schutzzweck abzulehnen.

cc. Kommerzielle Pornoindustrie

Durch die Nachfrage nach Jugendpornographie wird der Markt hierfür erst geschaffen und gefördert. Das Bestehen eines solchen Marktes führt wiederum dazu, dass entsprechende Schriften überhaupt hergestellt und Darsteller zu diesem Zweck rekrutiert werden.[268] Ohne einen solchen Markt würden zahlreiche einschlägige Schriften gar nicht erst hergestellt werden. Der Gesetzgeber will dies mit § 184c durch eine Verhinderung der Mitwirkung bei der Produktion und der Verbreitung der Bilder erreichen.[269] Nach dem Willen des Gesetzgebers stellt dies den eigentlichen Kern des Verbots dar.[270] Hierbei soll der Markt für Jugendpornographie generell verhindert werden, damit Jugendliche gar nicht

---

265 Vgl hierzu und zum folgenden *Schroeder* Pornographie, Jugendschutz und Kunstfreiheit S. 36.

266 Vgl *Schroeder* Pornographie, Jugendschutz und Kunstfreiheit S. 36 f.

267 Vgl in diesem Zusammenhang das Pornographieverständnis von *Samson* mit dem dieser Ablehnungsgrund nicht überzeugt, siehe unten S. 114 f.

268 *Hörnle* NJW 2008, 3521 (3523); *Neumann* FS Kargl S. 349.

269 *Eisele* RdjB 2013, 212 (218); MüKo-*Hörnle* § 184c Rn 5.

270 BT-Drucks 16/9646 S. 18, der insofern auf die Ziele des Rahmenbeschlusses verweist; *Hörnle* NJW 2008, 3523.

erst für Zwecke der Pornoindustrie rekrutiert werden können. Weshalb es eine Rekrutierung aus rechtlicher Sicht zu verhindern gilt, bleibt zunächst noch offen.

(1) Zweifel am Bestehen eines solchen Marktes

In einem vorgelagerten Schritt wird teils bestritten, dass es einen solchen gefestigten Markt für Jugendpornographie gibt.[271] Auch wenn der Markt im Vergleich zu dem für Kinderpornographie weniger stark sein mag, so ist ihm seine Existenz dennoch nicht abzusprechen.[272] Als Indikator hierfür kann die Polizeiliche Kriminalstatistik herangezogen werden. Für das Jahr 2015 weist diese für die gewerbs-/bandenmäßige Verbreitung von Jugendpornographie eine Fallzahl von 12 aus. Der entsprechende Wert lag für Kinderpornographie im selben Zeitraum bei 77 registrierten Fällen.[273] Dies zeigt - bei aller Vorsicht, mit der die Polizeiliche Kriminalstatistik zu interpretieren ist -, dass der Markt für Kinderpornographie zwar größer ist als der für Jugendpornographie. Zugleich bestätigt es aber auch, dass ein solcher Markt jedenfalls existiert. Daher ist der Marktansatz im Folgenden stärker in den Fokus der Untersuchung zu rücken. Festzuhalten ist aber zugleich, dass der in Relation zur Kinderpornographie faktisch geringere Markt für Jugendpornographie die Legitimation des Begründungsansatzes gegenüber ersterem wiederum schwächt.[274] Dies bedeutet nicht, dass das Kinderpornographieverbot seine Legitimation verlöre, wenn es im Idealfall den Markt für Kinderpornographie vollständig auszulöschen vermöge und daher keine Straftaten mehr registriert würden. Vielmehr ist Grund für die relativ schwächere Legitimation, dass auch ohne Eingreifen des Strafrechts der Markt für Jugendpornographie im Vergleich wohl bedeutend geringer wäre, worauf die Werte der Polizeilichen Kriminalstatistik bei vergleichbarem Verbot hindeuten. Die durch das Strafrecht überhaupt abzuwehrende Gefahr für das Rechtsgut ist daher *ab initio* geringer und erschwert eine Legitimation durch diesen Ansatz.

---

271 *Gnüchtel* S. 230; anzweifelnd, jedenfalls aber die Notwendigkeit der Austrocknung ablehnend *Heinrich* FS Roxin S. 137.

272 *Palm* S. 11; mit einem ähnlichen Vorgehen in der Begründung wie hier im Folgenden, *Haustein* ZIS 2014, 348 (350).

273 PKS 2015, S. 84.

274 *Kudlich* Sexting S. 93.

(2) Marktaustrocknung als Scheingrund?

Scheffler[275] bezweifelt, dass die Austrocknung des Marktes das tatsächlich vom Gesetzgeber verfolgte Ziel ist. Nach ihm handelt es sich um einen vorgeschobenen Grund, um der allgemeinen Empörung[276] über derartige Schriften zu entsprechen und so auf Umwegen bloße Moral zu bestrafen. Er stellt in der Konsequenz gar die Überlegung an, entsprechende bestehende, pornographische Schriften auf dem Markt zu belassen und diese kostenfrei zur Verfügung zu stellen. So soll dafür gesorgt werden, dass das Interesse daran, der organisierten „Kinderporno-Mafia" $ 80[277] für ein Abo zu überweisen, schwindet und so dazu beigetragen wird, dass es sich nicht weiter lohnt, entsprechendes Material neu herzustellen.

Zuzustimmen ist dem insoweit, dass in diesem Bereich – auch in der rechtswissenschaftlichen Auseinandersetzung – häufig eine moralische Empörung mitschwingt, wie sie in sonstigen Deliktsbereichen nicht zu finden ist. Auch die Erfahrungen des Verfassers dieser Monographie gehen dahin, dass

---

275 *Scheffler* FS Herzberg S. 638 ff; seine Ausführungen beziehen sich zwar auf Kinderpornographie, sind aber für vorliegende Zwecke problemlos übertragbar.

276 Vgl in diesem Zusammenhang exemplarisch die Programmankündigung der ARD für „Exclusiv im Ersten: Schattenwelt": „Kinderpornografie – kaum ein Verbrechen ist verabscheuenswürdiger", unter http://programm.ard.de/?sendung=2810612336799801, zuletzt abgerufen am 02. August 2018.

277 *Kuhnen* S. 95 nennt eine Summe von monatlich $ 29,95. *Meier* Kinderpornographie im Internet S. 386 bestätigt monatliche Summen zwischen $ 70 und $ 100, beschränkt diese aber weitestgehend auf Teile des World-Wide-Webs und stellt dar, dass insbesondere in peer-to-peer-Netzwerken Kinderpornographie meist kostenfrei zur Verfügung gestellt wird, aber im Gegenzug regelmäßig auch das zur Verfügungstellen eigenen Materials gefordert wird; so auch *Hueneke* Unimagazin 2012 S. 51; *Meier* FS Pfeiffer S. 478; *Wieduwilt* S. 75; *Meier* Kinderpornografie im Internet S. 390 führt aus, dass häufig mangels konkreter Leistung und Gegenleistung kein Tauschhandel gegeben ist, sondern eine „Schenkökonomie"; vgl aber § 11 Abs. 1 Nr. 9, der unter den Begriff des Entgelts jede in einem Vermögensvorteil bestehende Gegenleistung versteht, worunter auch beispielsweise die Gewährung von Zugriffsmöglichkeiten auf vergleichbare Aufnahmen verstanden werden kann, vgl *Eisele/Franosch* ZIS 2016, 519 (524). LG Limburg Urt. v. 03.02.2015 – 1 Qs 160/14 lag ein Fall zu Grunde, in dem eine Summe von $ 156,10 für 5 (nicht pornographische) Filme gezahlt wurde, in denen 11- bis 18-Jährige nackt zu sehen waren. *Hueneke* Unimagazin 2012, S. 50 zieht aus Gesprächen mit Strafverfolgern den Schluss, dass es keine bestehende Industrie mit Milliardenumsätzen gibt; hiergegen *Najat M'Jid Maalla* im Sonderbericht der Vereinten Nationen über den Kinderhandel, Kinderprostitution und Kinderpornografie vom 13. Juli 2009 Nr. 44, die von einem Umsatz zwischen $ 3 und 20 Milliarden spricht.

Gesprächspartner bei dem Thema Pornographie Minderjähriger stets das Bedürfnis haben, sich selbst von solchen Taten zu distanzieren und ausdrücken zu wollen, als wie verächtlich sie solche Taten bewerten. Auch in der Rechtswissenschaft finden sich derartige Tendenzen in zahlreichen Fachaufsätzen und auch Urteilen.[278] Dies geschieht bei dieser Deliktsgruppe so häufig wie in sonst keinem Bereich – selbst im Vergleich zu solchen Tatbeständen, deren Höhe der Strafandrohung indiziert, dass es sich um im Vergleich schwerere Delikte handelt. Es käme wohl niemand auf die Idee, gesondert herauszustellen, dass ein Tötungsverbot in seinem Sinne sei und er dieses auch für sich normativ voll akzeptiere. Dies wird mutmaßlich durch eine fehlende gedankliche Trennung von Missbrauch und dem Betrachten der medialen Fixierung hiervon sowie durch die gesellschaftlich scharfe Ablehnung des Missbrauchs Minderjähriger begünstigt.

Der Argumentation *Schefflers* sind dennoch zwei Dinge entschieden entgegen zu halten: Zum einen dürfte es, jedenfalls bei Realpornographie, häufig dem Persönlichkeitsrecht der dargestellten Personen zuwiderlaufen, wenn entsprechende Schriften dauerhaft und offen kursieren. Dieses Argument wäre jedoch noch überwindbar, insbesondere im Rahmen von jugendpornographischen Schriften, sofern diese beispielsweise mit Erreichen der Volljährigkeit einer Verwendung zu diesem Zweck zustimmen. Darüber hinaus ist aber jedenfalls das Argument der Sättigung des Marktes praxisfern und entspricht nicht den tatsächlichen Bedürfnissen der Konsumenten, die regelmäßig nach „neuem" Material verlangen.[279] Jedenfalls ist dem Gesetzgeber diese Bewertung im Rahmen der Einschätzungsprärogative zuzugestehen. Keinesfalls kann ein Verbot mit einer bloßen Moralwidrigkeit begründet werden, wie sie dieser Ansatz unterstellt.[280]

Zumindest ambivalent ist in diesem Zusammenhang auch die teilweise Erfassung Scheinjugendlicher zu bewerten. Sind die Darsteller scheinjugendlich, so kann das Verbot nicht dem Schutz dieser konkret abgebildeten Darsteller dienen. Ihnen kann die Eigenverantwortlichkeit für ihre Entscheidung pro Pornoproduktion aus rechtlicher Sicht nicht abgesprochen werden. Daher würden Jugendliche

---

278 *Kudlich* JZ 2002, 310 (312); siehe *Popp* ZIS 2011, 193 (198), der in den Fließtext einbauen zu müssen glaubt, dass der Wunsch nach einer Welt, in der Kinder und Jugendliche nicht zum Objekt sexueller Begierde gemacht werden, „(berechtigt[e]!)" ist; BVerwG NJW 2001, 240 (241) spricht von „verabscheuenswürdig".

279 *Meier* Kinderpornographie im Internet S. 387; *Scheidenegger* ZStR 2014, 318 (328); so wohl auch VGH Mannheim NJW 2008, 3082 (3084); *Sänger* KJuG 1994, 43.

280 *Hörnle* Grob anstößiges Verhalten S. 37; dies darzulegen, ist auch *Schefflers* FS Herzberg S. 638 ff Anliegen.

gerade geschützt, wenn auch Scheinjugendliche den bestehenden Markt für Jugendpornographie legal bedienen könnten.[281] Diese Erwägung überzeugt[282] unter Berücksichtigung und Abwägung, dass hierdurch ein Markt gefördert wird, der auch mit echten Jugendlichen bedient wird. Unterstellt man mit der *rational choice theory*[283] das rationale Handeln eines Straftäters, so erhöht die Illegalität des Verhaltens die Kosten für die Herstellung von Pornographie mit echten Jugendlichen. Dieses Risiko wird ein Hersteller nur seltener eingehen, wenn ihm zugleich eine legale Möglichkeit zur Verfügung steht, sein Ziel – die Bedienung des Marktes für Jugendpornographie – zu erreichen. Dies kann insbesondere vor dem Hintergrund der in diesem Bereich anzutreffenden Täterkategorien überzeugen. Einen nicht unwesentlichen Teil der professionellen Pornographiehersteller machen kühl kalkulierende Geschäftsleute aus.[284] Eine solche Auslegung wird zwar nur nationale Auswirkung haben und zum Rückgang der Mitwirkung von Jugendlichen an Pornographie in Deutschland führen. Dies ist jedoch auf die Begrenztheit des nationalen und damit regionalen Strafrechts zurückzuführen und stellt kein spezifisches Problem der Jugendpornographie dar.

Entsprechende Ausführungen sind auch auf die Erfassung wirklichkeitsnaher Pornographie übertragbar.

(3) Erfassung auch von privaten Schriften

Der Schutzzweck der Austrocknung des Marktes vermag nicht zu erklären, weshalb das Verbot des § 184c auch private Jugendpornographie umfasst. Diese belebt gerade keinen Markt und birgt auch nicht die Gefahren eines solchen in sich. Es gibt einen solchen Markt schlicht nicht. Entsprechende Schriften kursieren aus Gelegenheit. Sobald es einen Markt geben sollte, verlieren die Schriften *per definitionem* ihre Privatheit.

(4) Problemfeld Fiktionen

Wirklichkeitsnahe Pornographie

Das Marktargument kann eine Erklärung für die Tatvarianten bieten, die wirklichkeitsnahe Pornographie erfassen. Dies gilt jedenfalls solange, wie es um

---

281 *Kudlich* Sexting S. 93; *Palm* S. 160 f; *Scheidegger* ZStR 2014, 318 (332)..

282 AA *Altenhain/Liesching/Ritz-Timme/Gabriel* BPJM-Aktuell 2009, 3 (5) und wohl auch das BVerfG MMR 2009, 178, das seinen Nicht-Annahme-Beschluss damit begründet, dass solche Fälle praktisch nur höchst selten vorkommen werden; siehe hierzu auch den ersten Leitsatz bei AG Bocholt MMR 2017, 568.

283 Vgl hierzu *Wittig* insb. S. 60 ff, 108 ff.

284 Für Kinderpornographie: *Schnieders/Lenzen* Der Kriminalist 1995, 322 (324).

kommerzielle Pornographie geht. Für den Konsumenten ist eine Unterscheidung zwischen tatsächlicher und wirklichkeitsnaher Pornographie nicht immer möglich, so dass auch wirklichkeitsnahe Pornographie den Markt für Jugendpornographie belebt, der dann später unter Umständen mit Pornographie tatsächlicher Jugendlicher bedient wird.
Dennoch ist auch in diesem Zusammenhang auf zuvor genannte Erwägungen hinzuweisen: Könnte der Markt für Jugendpornographie durch bloß wirklichkeitsnahe Schriften bedient werden, würden weniger Jugendliche zur Herstellung rekrutiert.[285]
Dies sollte zumindest bedacht werden und vom Gesetzgeber bewusst abgewogen werden. Im Ergebnis ist die Einschätzung des Gesetzgebers aber hinzunehmen.

Scheinerwachsene
Der Schutzzweck der Marktförderung bietet hingegen keine Erklärung für die Erfassung Scheinerwachsener, also tatsächlich minderjährigen Darstellern, die wie Erwachsene wirken.[286] Da entsprechende Inhalte vom Konsumenten als einfache Pornographie wahrgenommen werden, kann hierdurch auch kein Markt für Jugendpornographie gefördert werden.

(5) Gegenleistung führt zu Unfreiheit

Die Gefahr der kommerziellen Pornographieindustrie besteht in erster Linie in einer möglichen Abhängigkeit von dieser. Jugendliche sollen davor geschützt werden, in eine Situation zu geraten, die ihre Unfreiheit hervorruft oder fördert. Sie sollen gar nicht dahin kommen können, sich aufgrund der Verlockung durch eine Gegenleistung für die Mitwirkung an einer Produktion entscheiden zu können. So wird regelmäßig auch die eingangs erwähnte Frage beantwortet, weshalb es zu verhindern gilt, Jugendliche vor der Rekrutierung in der kommerziellen Pornographieindustrie zu bewahren: Ihre Entscheidung wird dann nicht mehr im Rechtssinne als frei bewertet. Die Begründungsansätze zum Verbot der Jugendprostitution und dem sexuellen Missbrauch Jugendlicher durch Entgeltlichkeit der sexuellen Handlung entsprechen diesem Gedanken.[287]

---

285 *Scheidegger* ZStR 2014, 318 (332); siehe kritisch oben S. 91 f.
286 Siehe MüKo-*Hörnle* § 184c Rn 10.
287 MüKo-*Hörnle* § 180 Rn 4; siehe auch BT-Drucks. 6/3521 S. 46.

Wurde zuvor stets betont, dass eine Übertragung der Legitimationsansätze zur Kinderpornographie insbesondere auch am fehlenden Missbrauch der Darsteller scheitert, so ist in diesem Zusammenhang auf die §§ 180, 182 hinzuweisen. Diese schränken die Möglichkeiten der Entgeltlichkeit bei der Vornahme sexueller Handlungen von Jugendlichen erheblich ein. Sofern sich das Verbot auf den kommerziellen Bereich der Pornoindustrie stützt, kann dem auch die Erwägung zu Grunde liegen, dass dies häufig mit den angeführten Straftaten einhergeht.[288] Insofern sind die den Verboten zu Grunde liegenden Erwägungen auch hier anzuführen.[289]

Jedenfalls für Herstellungs- und kommerzielle Verbreitungsvarianten spricht ein Vergleich der Strafrahmen des Jugendpornographieverbots mit denen der § 180 Abs. 2 und § 182 Abs. 1 und 2 zumindest nicht gegen diesen Ansatz. Der sexuelle Missbrauch von Jugendlichen und die Förderung sexueller Handlungen Minderjähriger sehen jeweils eine Höchststrafe von fünf Jahren Freiheitsstrafe vor. Fälle gewerbs- oder bandenmäßiger Begehung von Jugendpornographie entsprechen dem im Strafrahmen. Jedoch sieht § 184c auch für Fälle, die nicht im Zusammenhang mit der Herstellung oder gewerbs- oder bandenmäßigen Begehung stehen, eine Höchststrafe von drei Jahren Freiheitsstrafe vor. Exemplarisch sind die Fremd-Besitzverschaffung und das Beziehen zu nennen. Das Besitzen und das Unternehmen des Sich-Besitzverschaffens sehen als typische Konsumentenhandlungen eine Höchststrafe von zwei Jahren Freiheitsstrafe vor. Setzt man dies in Relation zu den Strafrahmen der §§ 180, 182, ergibt sich eine Differenz von zwei beziehungsweise drei Jahren, was in etwa der Hälfte entspricht. Sie erscheint jedoch vor dem Hintergrund der nur sehr vagen und mittelbaren Verantwortlichkeit für den Missbrauch in Relation zu dessen Strafrahmen noch immer als zu gering.[290] Zu bedenken ist zudem, dass das Vorliegen eines Missbrauchs weder rechtlich notwendig noch faktisch die Regel ist. Beispielsweise bei nur wirklichkeitsnaher Pornographie kann eine solche Handlung trotz tatbestandlicher Erfassung bereits denklogisch nicht vorliegen.[291] Auf Rechtsfolgenebene ergibt sich über diesen Ansatz somit ein relatives Ungleichgewicht.

Trotz Fruchtbarmachung der Gedanken zur Jugendprostitution im Rahmen dieses Legitimationsstranges kann die Existenz der Verbote in §§ 180 Abs. 2, 182

---

288 Vgl krit zu diesem Aspekt SK-*Wolters/Greco* § 184c Rn 5.

289 So auch *Hörnle* NJW 2008, 3521 (3523); MüKo-*dies.* § 182 Rn 7; MüKo-*dies.* § 180 Rn 4; siehe auch BT-Drucks. 6/3521 S. 46.

290 Vgl *Kindhäuser* FS Schroeder S. 96.

291 *Popp* ZIS 2011, 193 (200); SK-*Wolters/Greco* § 184c Rn 3.

auch gegenteilig gedeutet werden. Wurde oben dargestellt, dass ein Verbot von Kinderpornographie zum Schutz der Darsteller lange nicht für notwendig erachtet wurde, da ein hinreichender Schutz durch die allgemeinen Missbrauchs- und Nötigungstatbestände gewährleistet sei,[292] zeigt eine Übertragung des Ansatzes auf die Konstellation Jugendlicher: Auch hier genügt zur Bewahrung der sexuellen Selbstbestimmung Jugendlicher materiell das Verbot der entgeltlichen Vornahme von sexuellen Handlungen. Es bedarf normativ keines gesonderten Verbotes von Jugendpornographie, um Jugendliche davor zu bewahren, der Verlockung des schnellen Geldes nicht widerstehen zu können und dadurch die Freiheit ihrer sexuellen Selbstbestimmung zu gewährleisten.[293] Dies wird bereits durch das Verbot des sexuellen Missbrauchs Jugendlicher gewährleistet. Nehmen Jugendliche sexuelle Handlungen entgeltlich vor, so machen sich die Produzenten eines Missbrauchs strafbar.

Es wird zudem lediglich die abstrakte Möglichkeit gesehen, dass zur Bedienung des Marktes Missbrauchstaten begangen werden. Notwendig oder empirisch nachgewiesen ist dies nicht. In der parallelen Konstellation der Kinderpornographie hat die Strafverfolgungspraxis gezeigt, dass faktische Schutzlücken bestehen.[294] Dort wurde vom Gesetzgeber versucht zu begründen, weshalb ein Verbot trotz materieller Lückenlosigkeit zum Schutz des Gutes notwendig erscheint. Insbesondere waren dort die Internationalisierung und Technologisierung des Marktes zu nennen sowie die Anonymität der erwachsenen Darsteller.[295] Von zentraler Bedeutung war aber auch, dass bei sämtlicher Kinderpornographie stets notwendig ein Missbrauch vorlag. Diesen Begründungsschritt ist der Gesetzgeber für die Jugendpornographie bisher schuldig geblieben. Er hat die Wertungen hingegen unbedacht von denen der Kinderpornographie übernommen, ohne dass eine Übertragbarkeit ohne Weiteres gegeben war.

Trotz der zutreffenden Ausführungen zu den parallelen Gefahren von Jugendpornographie und Jugendprostitution muss daher stets bedacht werden, dass ein Großteil der Jugendpornographie unabhängig von Jugendprostitution oder sexuellem Missbrauch Jugendlicher entsteht.[296] Jugendpornographie stellt häufig

292 Siehe oben S. 57 f.

293 Siehe hierzu im Rahmen der Pornographie älterer Kinder *Schnieders/Lenzen* Der Kriminalist 1995, 322 (328).

294 *Neumann* FS Kargl S. 354.

295 Siehe oben S. 60 f.

296 SK-*Wolters/Greco* § 184c Rn 5.

erlaubtes Verhalten dar und entsteht nicht selten unabhängig von der Begehung von Sexualdelikten.[297]

(6) Unter-Druck-Setzen fördert Unfreiheit

Nach vielfach vertretener Auffassung schützt § 184c jugendliche Darsteller vor Ausbeutung in der Pornographie durch die Verhinderung kommerzieller Beteiligung an dieser.[298] Hierbei werden die bereits dargestellten Aspekte des Marktes mit der Möglichkeit der Gegenleistung für sexuelle Handlungen von denen des Unter-Druck-Setzens häufig nicht sauber getrennt. Zwar ist eine trennscharfe Differenzierung nicht durchweg möglich. Die Unterschiede sind im Ansatz dennoch herauszustellen.

Eine Besonderheit dieses Aspekts besteht darin, dass ein Unter-Druck-Setzen immer auch den konkret dargestellten Jugendlichen betrifft. Wer intime Bild- oder Fotoaufnahmen eines anderen besitzt, erlangt allein durch diesen Besitz eine gewisse Herrschafts- und Manipulationsmacht über den Dargestellten.[299] Existiert eine erste solche Schrift in den Händen von Entscheidungsträgern der Pornoindustrie, kann hierdurch Druck auf den Jugendlichen ausgeübt werden, in Zukunft an weiteren Produktionen teilzunehmen.[300] Jugendliche können auch so in ein Abhängigkeitsverhältnis geraten. Diese Machtausübung muss dabei nicht die Schwelle zu einer Nötigung erreichen.

Im Gegensatz zu erwachsenen Bürgern ist ein derart paternalistischer Schutz der Jugend durchaus zulässig. Über diesen Erklärungsansatz kann die Erfassung Scheinerwachsener legitimiert werden. Auch wenn hierdurch kein Markt für Jugendpornographie gefördert wird, so kann dennoch mithilfe der Aufnahme Druck auf den Dargestellten ausgeübt werden, um diesen zur Mitwirkung an einer Produktion von Pornographie zu gewinnen. Die Entscheidung ist dann nicht mehr im Rechtssinne frei.

Über diesen Begründungsansatz wird die Legitimation des Verbots über den Schutz Jugendlicher im Allgemeinen auch auf den in der konkreten Schrift Dargestellten zumindest hilfsweise erweitert. Keine Geltung kann er hingegen für

297 Mit Ausnahme gerade des Jugendpornographieverbots.

298 BT-Drucks. 16/9646 S. 18; Schönke/Schröder-*Eisele* § 184c Rn 2; LK-*Laufhütte/Roggenbuck* § 184c Rn 1; siehe auch *Laubenthal* Handbuch Sexualstraftaten Rn 1070.

299 BGHZ 207, 163 (173).

300 Vgl im Rahmen der Kinderpornographie *Schnieders/Lenzen* Der Kriminalist 1995, 322 (328).

die Darstellung wirklichkeitsnahen Geschehens und fiktiver Pornographie beanspruchen.

(7) Freiheit – Parallele zum Menschenhandel

Ein originärer Angriff auf das Rechtsgut der Freiheit kommt nicht in Betracht. Vielmehr kommt hier die Freiheit in Betracht, mit dem dahinterstehenden Rechtsgut der sexuellen Selbstbestimmung frei umzugehen. Sie ist Grundvoraussetzung für einen autonomen Umgang mit einem Rechtsgut. Eine Gefahr für die Voraussetzungen der Dispositionsfreiheit bedeutet zugleich stets eine typische Angriffsrichtung auf das Rechtsgut. Das Gesetz will durch das Verbot das Entstehen einer Zwangslage verhindern, die ausgenutzt werden könnte.[301]

§ 232 Abs. 1 Nr. 1 lit. a untersagt es, Personen unter 21 Jahren anzuwerben, zu befördern, weiterzugeben, zu beherbergen oder aufzunehmen, wenn diese durch die Vornahme von sexuellen Handlungen ausgebeutet werden sollen. § 232 Abs. 3 S. 1 Nr. 1 qualifiziert eine solche Tat zulasten Minderjähriger. Dies zeigt, dass Minderjährige aus Sicht des Gesetzgebers stärkeren Schutzes bedürfen. *Böse*[302] führt zur Begründung des Jugendpornographieverbots Parallelen zu Vorschriften zum Menschenhandel an. Auch in diesen werden junge Menschen umfassender geschützt als Erwachsene. Bei Personen unter 21 Jahren sind entsprechende Handlungen bereits strafbar, ohne dass es zusätzlicher Voraussetzungen, wie der Ausnutzung einer persönlichen oder wirtschaftlichen Zwangslage oder eines Aufenthalts in einem fremden Land, bedarf. Auch hier sind die Tathandlungen zunächst als solche strafrechtlich nicht relevant.[303] Insbesondere die Beherbergung und die Aufnahme sind zunächst sogar positiv zu bewertende Handlungen. Auch hier geht es um die Förderung von zulässigem Verhalten. Der Gesetzgeber sieht dennoch hier wie dort die Gefahr, dass eine freie Entscheidung im Sinne der sexuellen Selbstbestimmung beeinträchtigt sein kann. Insofern begegnet einem der angeführte Gedanke auch an anderer Stelle im Gesetz.

(8) Fazit

Das Rechtsgut der sexuellen Selbstbestimmung kann auf zwei Weisen geschützt werden: Zum einen soll durch ein umfassendes Verbot der Markt für Jugendpornographie eingedämmt werden, so dass keine Jugendlichen für eine Mitwirkung

---

301 Vgl *Amelung* GA 1999, 182 (186).
302 *Böse* FS Schroeder S. 752.
303 MüKo-*Böse* § 232 Rn 17.

rekrutiert werden und überhaupt in die Situation kommen können, entscheiden zu müssen, ob sie an einer Produktion teilnehmen wollen oder nicht. Zum anderen soll durch bereits bestehende Schriften kein Druck auf den konkreten Jugendlichen ausgeübt werden können. Hierbei ist stets zu beachten, dass sich die Schutzzwecke weit von einer originären Rechtsgutsverletzung entfernt haben. Ein Unmittelbarkeitszusammenhang ist nur schwer bis kaum zu begründen.

Zwar verdeutlichen die gemachten Ausführungen, dass die sexuelle Selbstbestimmung durchaus geschütztes Gut des Verbots sein kann. Zugleich zeigen sie aber, dass sie nicht das einzig geschützte sein kann. Die angeführten Schutzzwecke vermögen eine umfassende Strafbarkeit nicht zu erklären. Die zwei durchaus zutreffenden, zentralen Aspekte beschränken sich weitestgehend auf den Bereich kommerzieller Jugendpornographie. Daher bleibt die Frage zunächst offen, wie Jugendpornographie, die nicht im Zusammenhang mit kommerziellen Interessen steht, aber vom Wortlaut einheitlich miterfasst wird, die sexuelle Selbstbestimmung beeinflussen kann. Dies wird bisher auch und insbesondere vom Gesetzgeber nicht aufgelöst. Bei privater Weitergabe durch den Darsteller liegt regelmäßig keine Verbindung zur industriellen Anfertigung von Jugendpornographie vor. Daher kann derjenige, der von einer privaten Weitergabe bedacht wurde, regelmäßig auch keinen Einfluss auf die Freiheit des Jugendlichen zur sexuellen Selbstbestimmung nehmen, indem er Druck auf ihn ausübt, an einer zukünftigen pornographischen Produktion mitzuwirken. Ein Druck-Ausüben im privaten Bereich zur Herstellung kann zwar in Form des Phänomens Sextortion durchaus gegeben sein, ist insoweit aber typischerweise nicht auf die sexuelle Selbstbestimmung begrenzt.

b. Selbstbestimmte Lebensgestaltung und -führung

Die Handlungs- und Entschließungsfreiheit als Teil der selbstbestimmten Lebensgestaltung und -führung kann durch das Verbot der Jugendpornographie geschützt werden. Jugendlichen fehlt oft noch die Ein- und Weitsicht, welche Konsequenzen es haben kann, wenn pornographische Schriften von ihnen kursieren, sich unkontrollierbar verbreiten und in die Hände des sozialen Umfelds gelangen.[304] Wie das Auftreten von Fällen entsprechend dem des LG Frankfurt, des OLG Hamm oder des Falles aus dem Jahre 2018 in Dänemark belegen, ist es durchaus berechtigt, wenn der Gesetzgeber in diesem Punkt entscheidet,

304 MüKo-*Hörnle* § 184c Rn 6; *dies.* NJW 2008, 3521 (3523); siehe auch JIM-Studie 2015, S. 51.

Jugendlichen gewisse pornographische Aktivitäten noch nicht zuzugestehen. Insofern kann der Schutzzweck zutreffend auch darin gesehen werden, zu verhindern, dass Jugendliche in ihrer Lebensführung eingeschränkt werden.[305] Einer derartigen Gefahr sind sie aber ausgesetzt, wenn eine sexuell explizite Schrift kursiert.[306]

Diese Gefahr spiegelt sich auch in der oben bereits angeführten Untersuchung von *saferinternet.at*[307] wieder. Kursieren pornographische Schriften im Freundes- und Bekanntenkreis der Jugendlichen, folgt Verspottung, Mobbing, weitere Öffentlich-Machung und Erpressung. Auf diese Art wird die selbstbestimmte Lebensgestaltung und -führung gefährdet.

> „Dann kann es vor allem im Schulalltag dazu kommen, dass die abgebildete Person unter Hänseleien und Cybermobbing leidet. Was einmal im Internet ist, kriegt man dort so schnell nicht wieder raus."[308]

Medienpädagogin *Borries*[309] formuliert es inhaltlich entsprechend wie folgt:

> „Die größte Gefahr beim Sexting besteht darin, dass die Bilder durch die Weitergabe an Dritte gelangen und im Internet veröffentlicht werden. Die Folgen für die Senderin oder den Sender können verheerend sein. Neben dem Erleben von Hohn, Spott und Scham verbreiten sich die Bilder im Netz rasant, werden kopiert und abgespeichert. Das ‚Zurückholen' der Bilder ist aussichtslos."

Das Rechtsgut kann daher durch eine Verhinderung der Verbreitung geschützt werden.

Keinesfalls kann dieser Ansatz erklären, dass eine private und lediglich zum privaten Gebrauch hergestellte, nur wirklichkeitsnahe Schrift das Rechtsgut gefährden kann. Es ist nicht ersichtlich, wie die Verletzung eines höchstpersönlichen Rechtsguts einen nicht existenten Darsteller verletzen soll.

Problematisch ist *de lege lata* zudem – wie bei allen Ansätzen, die ein persönliches Rechtsgut fordern –, dass eine Strafbarkeit unabhängig davon besteht, wie es um die aktuelle Situation des Darstellers bestellt ist. Die Darstellung wird

---

305 Vgl hierzu auch *Brendsen* FAZ vom 17.02.2014.

306 *Kannen* Am Handy-Pranger: Wie schützen wir Schüler vor Sexting?: „Kollegen und ich haben einen Fall recherchiert und festgestellt, dass er bereits in der ganzen Stadt bekannt war und die Fotos sogar schon in Stuttgart aufgetaucht waren. Es handelte sich um eine ehemalige Schülerin, die ihrem Freund intime Fotos von sich geschickt hatte. Nach der Trennung hat er sie verbreitet."

307 *Saferinternet.at* Aktuelle Studie.

308 *Polizei dein Partner* Sexting – Nacktfotos im Netz.

309 Tv diskurs 67, 2014, 24 (26).

isoliert betrachtet. Ist der Darsteller beispielsweise verstorben, so kann er in seiner selbstbestimmten Lebensführung durch eine nachfolgende Verbreitung nicht mehr beeinträchtigt werden. Diese im Detail umstrittene und mit guten Argumenten abzulehnende konkrete Ausgestaltung des Tatbestands ändert jedoch nichts daran, dass der Schutzzweck hier grundsätzlich einschlägig ist.

Der selbstbestimmten Lebensgestaltung und -führung gelingt es als Individualrechtsgut des konkret dargestellten Jugendlichen, die Strafbarkeit Scheinerwachsener zu begründen. Auch wenn die Schrift wie einfache Pornographie wirkt, so ist der Darsteller dennoch minderjährig und in dieser Hinsicht ebenso schützenswert wie jünger wirkende Gleichaltrige.

Im Gegensatz zum Marktförderungsansatz ist dieser Aspekt nicht auf einen Teil der Schriften beschränkt, sondern kann sowohl für kommerzielle als auch für nicht kommerzielle Schriften gelten. Auch kommerziell hergestellte Schriften können im Bekanntenkreis entdeckt werden und entsprechende Konsequenzen auslösen. Dieser Gedanke kann daher als Hilfserwägung auch bei tatsächlicher, kommerzieller Jugendpornographie greifen.

c. Zusammenfassung

Die sexuelle Selbstbestimmung kann im Rahmen des § 184c nicht durch die Erhaltung von Hilfsbereitschaft legitimiert werden. Auch die Schutzzwecke des allgemeinen Pornographieverbots vermögen § 184c nicht zu legitimieren. Solche Jugendpornographie, die kommerziell hergestellt und verbreitet wird, ist verboten, um einen Markt hierfür zu verhindern und damit zu erreichen, dass Jugendliche nicht durch die Versuchung des schnellen Geldes in die Abhängigkeit der Pornoindustrie getrieben werden. Auch soll die Entscheidung der Jugendlichen für die Vornahme sexueller Handlungen frei gehalten werden. Diese Freiheit sieht sich einer Gefahr ausgesetzt, wenn das Gegenüber Nacktaufnahmen besitzt. Dies führt zu einer Herrschafts- und Manipulationsmacht über den Dargestellten.

Daneben kommt auch ein Schutz der sexuellen Selbstbestimmung des konkret dargestellten Jugendlichen in Betracht. Dieser soll in seiner Freiheit zur sexuellen Selbstbestimmung nicht dadurch beeinflusst werden, dass das Gegenüber Zugriff auf pornographisches Material von ihm hat. Wirkung entfaltet dies unabhängig davon, ob er damit tatsächlich nötigend unter Druck gesetzt wird oder nicht.

Bei Kenntnisnahme und unkontrollierter Verbreitung durch das soziale Nahfeld besteht die Gefahr einer Beeinträchtigung der eigenen Lebensführung durch Konfrontation mit Personen, die die Aufnahmen unbestimmt gesehen haben.

Darin kann der Ursprung für erfolgendes Mobbing liegen und somit eine Gefahr für die Handlungs- und Entschließungsfreiheit des Jugendlichen begründen. Dies gilt sowohl für Fälle der kommerziellen wie auch solche der nicht kommerziellen Jugendpornographie.

Die oben noch offen gelassene Frage, welche Jugendlichen mit dem Verbot geschützt werden, muss daher für den Bereich der selbstbestimmten Lebensgestaltung und -führung mit dem in der konkreten Schrift Dargestellten beantwortet werden. Auch der Schutzzweck des Unter-Druck-Setzens bei der sexuellen Selbstbestimmung konzentriert sich auf den konkret dargestellten Jugendlichen. Durch die Verhinderung eines Marktes hingegen wird nicht der konkrete Jugendliche geschützt, sondern Jugendliche im Allgemeinen.

V. Jugendpornographie - Tatobjekt

„[J]ugendpornographisch ist eine pornographische Schrift (§ 11 Absatz 3), wenn sie zum Gegenstand hat:
a) sexuelle Handlungen von, an oder vor einer vierzehn, aber noch nicht achtzehn Jahre alten Person oder
b) die Wiedergabe einer ganz oder teilweise unbekleideten vierzehn, aber noch nicht achtzehn Jahre alten Person in unnatürlich geschlechtsbetonter Körperhaltung."

Diese Auskunft gibt das Gesetz zu der Frage, was unter einer jugendpornographischen Schrift zu verstehen ist. Unstreitig muss demnach ein Jugendlicher in die Darstellung involviert sein. Ebenso unbestritten muss eine Schrift im Sinne des § 11 Abs. 3 vorliegen. Die Eigenschaft *pornographisch* ist als Tatbestandsvoraussetzung hingegen nicht in dem Maße allgemeine Meinung wie es der Wortlaut zunächst vermuten lässt.

Neben der traditionellen Fassung des Gesetzes kann seit dem Jahr 2015 zur Verurteilung aus dem Tatbestand der Jugendpornographie § 184c auch eine Tat nach § 184d genügen. In diesem hält der Gesetzgeber nicht länger am Schriftenerfordernis fest und lässt bei ihren Tathandlungen bereits einen jugendpornographischen Inhalt genügen.

1. Notwendigkeit des Merkmals pornographisch

Der Wortlaut des § 184c nimmt auf einen pornographischen Charakter der Schrift Bezug. Da § 184 im selben Abschnitt des StGB das allgemeine Pornographieverbot normiert und hierbei den identischen Begriff verwendet, ist die Erwähnung in § 184c im Ergebnis richtigerweise als Verweis auf einen pornographischen Charakter im Sinne des § 184 zu verstehen.[310] Dennoch wird teils bestritten, dass ein Verweis auf einen pornographischen Charakter im Sinne des § 184 vorliegt.[311] Ein bloßer, nicht weiter ausgeführter Hinweis auf den historischen Willen des Gesetzgebers kann aber nicht über den insoweit eindeutigen Wortlaut hinweghelfen.[312] Die Gesetzesgeschichte spricht zudem gerade dafür,

310 BT-Drucks. 16/9646 S. 18; MüKo-*Hörnle* § 184c Rn 13.

311 So interpretiert NK[4]-*Frommel* § 184d Rn 18 die Norm zumindest, wenngleich sie sich inhaltlich gegen eine derartige Form der Regelung ausspricht.

312 Siehe MüKo-*Hörnle* § 184c Rn 13 Fn 26 aE.

dieses Merkmal zu fordern: Ein Entwurf zur Neugestaltung des Verbots sah vor, das Merkmal *pornographisch* aus dem Tatbestand des § 184c zu streichen.[313] Dem entgegen wurde sich bewusst für die Beibehaltung des Merkmals entschieden, was dessen Notwendigkeit aus gesetzgeberischer Sicht noch einmal bekräftigte.[314]

Gegen die Notwendigkeit eines § 184 entsprechenden Verständnisses des Pornographiebegriffs könnte demgegenüber noch die Rechtsprechung zur Kinderpornographie sprechen: Der BGH vertritt seit einer Entscheidung vom 11.02.2014,[315] der Pornographie-Begriff des § 184 gelte im Rahmen des Tatbestandes der Kinderpornographie nicht. Zur Begründung stellt er auf das Fehlgehen des Merkmals der vergröbernd-reißerischen Darstellung als zentrales Element der Pornographie in diesem Sinne ab.[316] Der Gesetzeswortlaut ist in dieser Hinsicht aber für beide Vorschriften identisch: Kinder-, aber auch jugendpornographisch „ist eine pornographische Schrift (§ 11 Absatz 3), wenn sie zum Gegenstand hat […]" (§§ 184b Abs. 1 Nr. 1 *und* 184c Abs. 1 Nr. 1). Die Entsprechung der Wortlaute sowie die allgemein parallele Ausgestaltung der § 184c und § 184b könnten daher zu dem Schluss verleiten, auch das Jugendpornographieverbot verlange in der Folge keinen pornographischen Charakter im Sinne des § 184.[317] Die vorgenommene Auslegung hat jedoch bereits im Rahmen der Kinderpornographie berechtigte Kritik erfahren.[318] Jedenfalls sind die vom BGH vorgebrachten Argumente nicht auf die Jugendpornographie übertragbar, was auch der Gesetzgeber bei der Schaffung des § 184c erkannt hat.[319]

§ 184c Abs. 1 Nr. 1 verlangt daher eine pornographische Schrift im Sinne des § 184, was – unabhängig davon, welchem Pornographieverständnis man folgt – insbesondere bei der Variante der Wiedergabe einer ganz oder teilweisen Unbekleidetheit in unnatürlich geschlechtsbetonter Haltung im Ergebnis zu einer einschränkenden Anwendung des Tatbestands führt.[320]

Das Tatobjekt des § 184c setzt sich daher aus den folgenden drei Elementen zusammen:

---

313 BT-Drucks. 18/2601 S. 9.

314 BT-Drucks. 18/3202 S. 27; *Krause* MMR 2016, 665 (666).

315 BGHSt 59, 177.

316 BGHSt 59, 177 (181).

317 *Palm* S. 166 f plädiert jedoch für eine stärkere Orientierung an dem Begriff im Vergleich zur Kinderpornographie.

318 Vgl MüKo-*Hörnle* § 184b Rn 14; *Schumann* ZIS 2015, 234 (238).

319 BT-Drucks. 16/9646 S. 18.

320 *Liesching* BPJM-Aktuell 02/2015, 3 (4 f).

- *Pornographie* im Sinne des § 184
- *Involvierung* mindestens eines Jugendlichen
- *Verkörperung* im Sinne des § 11 Abs. 3[321]

2. Pornographie

Da die Voraussetzungen des Merkmals *pornographisch* in § 184c und § 184 identisch sind, ist im Folgenden der Frage nachzugehen, was unter Pornographie im Sinne des § 184 zu verstehen ist. Damit einher geht auch das Verständnis des Merkmals in § 184c.

a. Vorgängerbegriff unzüchtige Schrift

Bevor im Jahre 1973 der Begriff der *Pornographie* durch das 4. Strafrechtsreformgesetz Einzug in das Gesetz erhalten hat, kannte das Strafgesetzbuch lediglich den der *unzüchtigen Schrift*.[322] Unter unzüchtigen Schriften waren bis zum Fanny-Hill Urteil im Jahre 1969 solche Schriften, Abbildungen und Darstellungen zu verstehen, die das normale Scham- und Sittlichkeitsgefühl in geschlechtlicher Beziehung verletzen.[323] Das Verbot diente der Aufrechterhaltung eines Sittlichkeitsstandards im sexuellen Bereich.[324] Zentrales Schutzgut des 13. Abschnitts des StGB war das Scham- und Sittlichkeitsempfinden der Allgemeinheit als unpersönliche Grundlage der bürgerlichen Gesellschaft.[325]

Teils wurden Zweifel gegenüber der Vereinbarkeit des Begriffs mit dem Bestimmtheitsgrundsatz vorgebracht.[326] Strafrecht kann als abstrakte Regelung aber nicht vollständig auf ausfüllungsbedürftige Begriffe verzichten,[327] so dass der Begriff in der Rechtsprechung als mit den verfassungsrechtlichen Maßstäben vereinbar anerkannt wurde.[328]

Mit dem Fanny-Hill Urteil hat sich die Auslegung des Begriffs für die letzten Jahre seiner Existenz gewandelt. Es musste fortan eine aufdringlich vergröbernde

321 Siehe aber § 184d.

322 Auch in der Schweiz ging dem Begriff der Pornographie die unzüchtige Veröffentlichung voraus, vgl *Weissenberger* AJP 1998, 311.

323 BGHSt 3, 295 (296); 5, 346 (347); *Jäger* S. 97 kritisiert, dass das Scham- und das Sittlichkeitsgefühl keinen inhaltlichen Mehrwert bringen.

324 *Schroeder* Das neue Sexualstrafrecht S. 63 ff.

325 RGSt 68, 193; *Laubenthal* Sexualstraftaten S. 218.

326 *Hanack* JZ 1970, 41 ff.

327 BVerfGE 11, 234 (237); diesen Passus kritisierend *Hanack* JZ 1970, 41.

328 BayObLG JZ 1969, 398 mwN.

oder anreißerische Darstellung vorliegen, die dadurch Belange der Gemeinschaft stört oder ernsthaft gefährdet.[329]

b. Begriffsbedeutung

Der Begriff *Pornographie* stammt aus dem Altgriechischen und wird aus den Wörtern *pórnē* und *gráphein* gebildet.

- *Pórnē* bedeutet dabei so viel wie *Dirne* oder *Hure*; im heutigen Sprachgebrauch auch umschreibbar mit *Prostituierte*. Dieser Personengruppe ist charakteristisch, dass sie sexuelle Handlungen vornimmt. Bereits die Wortherkunft belegt daher die Vermutung, dass Pornographie einen Sexualbezug aufweisen muss.
- *Gráphein* kann mit *Schreiben* übersetzt werden. Der Begriff der Schrift steckt somit bereits in dem der Porno*graphie*, so dass der vom Gesetz verwendete Ausdruck „pornographische Schrift", jedenfalls aus sprachlicher Sicht, einen Pleonasmus darstellt.

Schlägt man den Begriff im Wörterbuch *Duden* nach, so wird als Bedeutung eine „sprachliche, bildliche Darstellung sexueller Akte unter einseitiger Betonung des genitalen Bereichs und unter Ausklammerung der psychischen und partnerschaftlichen Aspekte der Sexualität"[330] genannt.

Die Bestimmung dessen, was genau und im Einzelnen unter Pornographie zu fassen ist, bereitet seit Einführung des Begriffs ins Gesetz erhebliche Schwierigkeiten. Dies wird insbesondere dadurch begünstigt, dass eine Definition nur selten ohne ausfüllungsbedürfte Begriffe auskommt. Jeder glaubt aber im Ergebnis beurteilen zu können, was unter Pornographie zu verstehen ist. Wer über Pornographie spricht, legt seinen Ausführungen ein ihm klares Verständnis des Begriffs zugrunde.[331] Repräsentativ für dieses Phänomen dürfte die Äußerung des Richters Potter Stewart des US Supreme Court aus dem Jahre 1964 sein: „But i know it when I see it".[332] Dem liegt zwar ein einheitlicher Ansatz zu Grunde, was eine Schrift zu einer pornographischen macht.[333] Allerdings gehen

---

329 BGHSt 23, 40 (43).

330 „Pornographie" auf Duden online, https://www.duden.de/rechtschreibung/Pornografie, zuletzt abgerufen am 02. August 2018.

331 *Starke* S. 4 f.

332 Jacobellis v. Ohio, 378 U.S. 184 (1964), *übersetzt*: Ich erkenne es, wenn ich es sehe. Dieses Zitat verwendet PD *Schumann* regelmäßig zur Einführung des Themas Pornographie im Rahmen der Vorlesung Sexualstrafrecht an der Universität Bonn.

333 Siehe hierzu S. 130.

die Subsumtionen im Einzelfall wohl auseinander. Ursache für diese Anwendungsunklarheit ist unter anderem, dass ein sachlicher Austausch und offener Diskurs über sexuelle Themen nur schwer möglich sind. Dies mag zum einen daran liegen, dass Sexualität trotz unserer vermeintlich aufgeklärten Gesellschaft in gewisser Hinsicht immer noch ein Tabuthema ist.[334] Zum anderen ist eine Erklärung darin zu sehen, dass wer über seine Ansichten zu dem Thema spricht, zugleich auch immer seine eigene Haltung zu Sexualität offenbart und preisgibt:

> „Pornographische Stücke sind gesellschaftliche und psychologische Dokumente, die etwas über die sexuellen Verhältnisse in dieser Gesellschaft und in uns selbst aussagen."[335]

Aufgrund der Höchstpersönlichkeit der Thematik sind sexuelle Fragestellungen wohl auch nicht endgültig gesellschaftlich konsensfähig und die Anwendung im Einzelfall wird immer wieder Streitpotential bergen. Dennoch sollten zumindest die rechtlichen Anforderungen im Rahmen des Straftatbestands klar sein.

c. Pornographie im StGB

Die Verwendung des Begriffs *Pornographie* im Strafgesetzbuch geht auf einen Vorschlag *Hanacks*[336] beim 47. Juristentag 1968 zurück. Der Gesetzgeber verzichtete bewusst auf eine Legaldefinition, legte der Verwendung aber ein der Fanny-Hill Rechtsprechung entsprechendes Verständnis zu Grunde.[337]

Gemeinsamer Konsens sämtlicher Auffassungen ist, dass die Darstellung – wie bereits durch die Wortbedeutung aufgezeigt – einen Sexualbezug aufweisen muss.[338] Die Begriffe sexuell und pornographisch sind dennoch keinesfalls synonym zu verstehen.[339]

Pornographisch ist eine Darstellung nach der Rechtsprechung des Fanny-Hill Urteils zur unzüchtigen Schrift, wenn sie unter Ausklammerung sonstiger menschlicher Bezüge sexuelle Vorgänge in grob aufdringlicher Weise in den Vordergrund rückt und in ihrer Gesamttendenz ausschließlich oder überwiegend auf sexuelle Stimulation angelegt ist sowie dabei die im Einklang mit

334 Siehe exemplarisch den Artikel in der Süddeutschen Zeitung vom 17. Mai 2010 „Das bleibt unter uns"; dies gilt, obwohl das Thema insgesamt seit den 60er Jahren einer Enttabuisierungstendenz unterliegt.

335 *Schmidt* Das große Der Die Das S. 144.

336 *Hanack* Gutachten S. 236.

337 BT-Drucks. 6/3521, S. 60.

338 *Schumann* FS Lenckner S. 567, insb Fn 9.

339 BT-Drucks. 16/9646 S. 18.

allgemeinen gesellschaftlichen Wertevorstellungen gezogenen Grenzen eindeutig überschreitet.[340]

Diese Beschreibung enthält zahlreiche ausfüllungsbedürftige Begriffe, wie *grob*, *aufdringlich* und *allgemein gesellschaftliche Wertevorstellungen*. Daher sind Streitigkeiten rund um die Auslegung bereits in der Definition angelegt.[341]

Im Folgenden werden – ohne Anspruch auf Vollständigkeit[342] – einige zentrale Ansätze auch zur alternativen Bestimmung von Pornographie dargestellt und diskutiert sowie zur Subsumtion der Ausgangsfälle herangezogen. Anschließend findet eine Auseinandersetzung und Bewertung der Problematik mit Stellungnahme statt.

aa. Orientierung des Gesetzgebers am Fanny-Hill Urteil

Bei Aufnahme des Begriffs der Pornographie ins Gesetz im Rahmen des 4. Strafrechtsreformgesetzes verzichtete der Gesetzgeber zwar auf eine Definition des Begriffs, legte seinem Gesetzesvorhaben aber die Auslegung des Begriffs der unzüchtigen Schrift aus dem Fanny-Hill Urteil[343] zugrunde. Er verstand unter Pornographie demnach Darstellungen, die zum Ausdruck bringen, dass sie ausschließlich oder überwiegend auf die Erregung eines sexuellen Reizes beim Betrachter abzielen und dabei die im Einklang mit allgemeinen gesellschaftlichen Wertvorstellungen gezogenen Grenzen des sexuellen Anstandes eindeutig überschreiten.[344] Danach ist Pornographie in zwei Schritten zu bestimmen:

- Zunächst ist das Abzielen auf die Erregung eines sexuellen Reizes zu bestimmen, die sogenannte **Tendenzkonzeption.**
- Sodann ist eine normative Bewertung vor dem Hintergrund der **Wertvorstellungen der Allgemeinheit** vorzunehmen. Sind diese überschritten, so liegt Pornographie vor. Ergibt die Bewertung hingegen, dass mit den Wertvorstellungen der Allgemeinheit die Grenze des Hinnehmbaren nicht überschritten ist, liegt keine Pornographie vor.

---

340 Siehe BGHSt 37, 55 (59 f); BVerwGE 116, 5 (18).

341 Siehe *Bottke* FS Buchner S. 148, insb Fn 28.

342 Siehe hierzu die Monographie: *Schreibauer* Das Pornographieverbot des § 184 StGB Grundlagen – Tatbestandsprobleme – Reformvorschläge § 3.

343 BGHSt 23, 40.

344 BT-Drucks. 6/3521 S. 60; OLG Düsseldorf NJW 1974, 1474 (1475); siehe auch 2.3.1 der gemeinsamen Richtlinien der Landesmedienanstalten zur Gewährleistung des Schutzes der Menschenwürde und des Jugendschutzes.

Insbesondere der zweite Schritt ist vor dem Bestimmtheitsgrundsatz einer kritischen Betrachtung zu unterziehen:

Ein erstes Problem ergibt sich aus regionalen Unterschieden. Was in Metropolen wie Berlin, Hamburg oder Frankfurt vielleicht die Grenze des Anstandes noch lange nicht überschreitet, kann in ländlichen Strukturen Bayerns oder der Eifel längst jenseits der Anstandsgrenze liegen. Dieses Merkmal könnte demnach zur Konsequenz haben, dass innerhalb des Geltungsgebiets des Strafgesetzbuchs dieselben Schriften unterschiedlich zu bewerten sind. Dies kann im Ergebnis kaum gewollt und richtig sein.
Ein zweites Problem ergibt sich regionsunabhängig, da überall Menschen unterschiedlichen Alters, unterschiedlicher Herkunft und mit unterschiedlichen Moralvorstellungen zusammenleben.[345] Unsere Gesellschaft ist inzwischen zu pluralistisch, um allgemeingültige gesellschaftliche Wertvorstellungen – insbesondere im sexuellen Bereich – bestimmen zu können. Ein allgemeiner gesellschaftlicher Konsens wird kaum zu finden sein.[346]

Auch sollte die Abhängigkeit des Sexualstrafrechts von Sitte und Moral durch das 4. Strafrechtsreformgesetz gerade überwunden werden, was durch die Beibehaltung dieses Prüfungsschritts gerade konterkariert werden könnte, nimmt dieser doch eindeutig Bezug auf Wertvorstellungen der Allgemeinheit.[347]

Im Übrigen besteht stets die Gefahr, dass der entscheidende Richter seine Vorstellungen auf die der Allgemeinheit projiziert.[348]

Diese zutreffenden, die Problematik verdeutlichenden Einwände werden relativiert, wenn man den zweiten Schritt nicht als im eigentlichen Sinne konstitutives, sondern als begrenzendes Merkmal versteht: Trotz Vorliegens der sonstigen Voraussetzungen wird das Ergebnis zugunsten des Täters korrigiert.[349] Das Verbot gründet nicht auf dem Schutz von Moral, sondern es wird durch sie begrenzt. Die Bedenken gegen die Bestimmtheit werden darüber hinaus auch dadurch eingedämmt, dass die Schwelle zur Pornographie immer erst dann überschritten

345 Siehe exemplarisch OLG Köln NJW 1971, 255 f, wo das Gericht davon spricht, dass wahlloser Partnerwechsel, um sexuellen Zwang zu vermeiden, keine erstrebenswerte Art geschlechtlichen Zusammenlebens sei. Beispielsweise in den Kreisen der 68er Revolution war der allgemeine Konsens aber wohl durchaus gegenteilig, wie sich gerade an der Zuspitzung des Sachverhalts zeigt.

346 *Schroeder* Das neue Sexualstrafrecht S. 64 spricht vom Dilemma der Toleranzgrenze.

347 Siehe hierzu ausführlich noch unten S. 129 f.

348 So auch *Schreibauer* S. 119; siehe auch *Starke* S. 5.

349 Ähnlich auch BT-Drucks. 6/3521 S. 60; siehe auch MüKo-*Hörnle* § 184 Rn 21.

ist, wenn eine abweichende Auffassung nicht mehr vertretbar ist, über die Subsumtion also vernünftigerweise nicht mehr gestritten werden kann.[350] Es verbleibt zwar ein gewisser Grad an Unbestimmtheit, da dieser aber nicht zulasten des Normverpflichteten geht und ein bestimmteres und besseres Gesetz diesbezüglich kaum ersichtlich ist, ist dies hinzunehmen.[351]

Der Prüfungspunkt der allgemeinen Wertvorstellungen könnte ein Einfallstor für Schriften wie die der Ausgangsfälle darstellen und private Aufnahmen bereits als Tatobjekt ausscheiden lassen: Angenommen, es sei vorherrschende Ansicht in der Gesellschaft, entsprechende private Schriften, die erkennbar auf Stimulierung des Betrachters ausgelegt sind, zu tolerieren, könnte mit diesem Gedanken der pornographische Charakter zu verneinen sein. Richtigerweise können aber bei der Beurteilung des pornographischen Charakters und damit der Frage, ob ein taugliches Tatobjekt vorliegt, die mit dem Objekt begangenen Tathandlungen nicht berücksichtigt werden.[352] Folgte man diesem Ansatz, müsste ein und dieselbe Schrift in verschiedenen Konstellationen einer abweichenden Bewertung zugeführt werden: Wird mit einer Schrift im tolerierten Rahmen umgegangen, wäre der pornographische Charakter zu verneinen. Gelangt dieselbe Schrift an Dritte und treiben diese beispielsweise damit Handel, würde der pornographische Charakter aus dem Nichts entstehen – ohne dass bezogen auf die Schrift eine tatsächliche oder rechtliche Änderung stattgefunden hat. Das Objekt besteht nach wie vor unverändert. Es kann daher überzeugend einzig und allein auf den inhaltlichen Charakter der Schrift selbst ankommen. Ist dort eine masturbierende Person abgebildet oder ein junges Paar, das sich selbst beim Sexualakt filmt, so ist die Bewertung als pornographisch ausschließlich nach diesem Inhalt vorzunehmen.

Im Übrigen ist auch nicht auf eine amateurhafte Qualität der Schrift abzustellen, da derartige Schriften durchaus als Kategorie innerhalb der kommerziellen Pornographie-Industrie Erfolg haben.[353]

---

350 Schönke/Schröder-*Eisele* § 184 Rn 8; MüKo-*Hörnle* § 184 Rn 21.

351 SK-*Wolters/Greco* § 184 Rn 14; siehe aber zu bestimmteren Vorschlägen die folgenden Ausführungen.

352 KG NStZ 2009, 446 (448, Rn 13); Schönke/Schröder-*Eisele* § 184 Rn 10.

353 *Lewandowski* S. 117 ff; siehe auch https://de.wikipedia.org/wiki/Pornografie#Amateurpornografie, zuletzt abgerufen am 02. August 2018; *Döring* ZfSf 2011, 1 (10); exemplarisch: auf einer der führenden Internetseiten in diesem Bereich *youporn.com* bildet „Amateur" eine eigenständige Kategorie, zuletzt abgerufen am 02. August 2018; auch der exemplarisch ausgewählte Onlineshop *openerotic.com* führt eine DVD-Kategorie mit dem Titel „Amateure", zuletzt abgerufen am 02. August 2018.

Die Feststellung der sexuell stimulierenden Tendenz bereitet in den Beispielsfällen A bis C wenig Schwierigkeiten. Die für einen objektiven Dritten erkennbare Intention ist jeweils eine Stimulierung des späteren Betrachters. Die Wertvorstellungen der Allgemeinheit als Hinnehmbarkeitsgrenze sind überschritten. Unter Zugrundelegung der Auffassung des Gesetzgebers ist der pornographische Charakter daher in den Ausgangsfällen anzunehmen.

bb. Schumann – Menschenwürdeverstoß durch Darstellung sexueller Handlungen

Nach der engsten, auf *Schumann* zurückgehenden Auffassung zum Pornographiebegriff liegt Pornographie vor, wenn eine sexuelle Handlung dargestellt wird, die zugleich einen Verstoß gegen die Menschenwürde der dargestellten Personen zeigt.[354]

Die Begründung dieses Ansatzes erfolgt im Wesentlichen über eine teleologische Auslegung. Als Telos dient hierbei der Jugendschutz. Dem Staat sei es verwehrt, einer Definition der Pornographie eigene Wertmaßstäbe zugrunde zu legen, vielmehr liege eine Verpflichtung zu weltanschaulicher Neutralität vor.[355] Konsequenz hieraus sei, dass als relevanter Maßstab ausschließlich die Grenzen der Verfassung heranzuziehen sind.[356] Ein Bezug kann insoweit auch zum zweiten Schritt bei der Bestimmung des Begriffs durch den Gesetzgeber gezogen werden: Da allgemeine Wertvorstellungen in Bezug auf Sexualität innerhalb unserer Gesellschaft nicht feststellbar sind, kann zur Ausfüllung des Begriffs lediglich auf den Minimalkonsens abgestellt werden, der sich aus der Verfassung ergibt. Diese Ansicht erteilt somit Auffassungen eine Absage, die weitergehende Zwecke verfolgen und Jugendliche beispielsweise vor einer Überbewertung von Sexualität bewahren wollen. Einziger Zweck dürfe es sein, das Entstehen von Einstellungen zu verhindern, die dem von der Anerkennung der Menschenwürde bestimmten Menschenbild des Grundgesetzes widersprechen. Dies sei bei dargestellten

---

354 Vgl grundlegend zu der Ansicht *Schumann* FS Lenckner S. 565 ff; ihm ausdrücklich in weiten Teilen folgend *Mahrenholz* ZUM 1998, 525, insb S. 527.

355 *Greco* RW 2011, 275 (280); SK-*Wolters/Greco* § 184 Rn 12 sprechen sich dagegen aus, dass eine solche neutrale Begrenzung gelingen kann, da dies eine vom Einzelnen losgelöste Vorstellung des guten Lebens bedeute. Gerade dies dürfe aber seit der Liberalisierung des Sexualstrafrechts nicht mehr gelten. Sie gehen jedoch nicht auf die vorgenommene Konkretisierung durch das Autonomiekriterium ein.

356 *Schumann* FS Lenckner S. 576 f; siehe auch *Bauer* JZ 1965, 41 (43).

Handlungen der Fall, die nicht von der Autonomie der Darsteller getragen seien. Eine nicht neutrale Beeinflussung der Einstellung sei den Eltern vorbehalten.[357]

Als zweiter Begründungsansatz dient der inzwischen nicht mehr existente § 6 des Gesetzes über die Verbreitung jugendgefährdender Schriften (GjS), dessen Nr. 3 von sonstigen Schriften sprach, die die offensichtliche Eignung aufweisen, Kinder oder Jugendliche sittlich schwer zu gefährden. § 6 Nr. 2 GjS verwies als vorangestellte Variante auf pornographische Schriften im Sinne des § 184. Hieraus schloss *Schumann* mit systematisch-sprachlichen Argumenten, dass auch die Pornographie offensichtlich schwer jugendgefährdend sein müsse.[358] Der Begriff der Schwere der Jugendgefährdung beziehe sich hierbei entgegen der grammatischen Auslegung[359] entsprechend des allgemeinen Sprachgebrauchs auf die Schwere des möglichen eintretenden Erfolgs und nicht der Gefahr als solcher. Offensichtlichkeit der Gefahr liege vor, wenn der krasse Widerspruch des Inhalts zu den Grundwerten der Verfassung ohne Weiteres erkennbar sei.[360]

Dieser Auffassung nach wäre der pornographische Charakter in den Ausgangsfällen abzulehnen. Eine Verletzung der Menschenwürde durch die dargestellten Inhalte kommt dort nicht in Betracht. Unfreiheit im Sinne dieser Auffassung liegt in keinem der Fälle vor und würde den Untersuchungsgegenstand von einer entwicklungsbedingten Erprobung von Sexualität durch die Aufzeichnung konsensualer, privater Pornographie entfernen. Sämtliche getätigten Erwägungen bauen auf der Prämisse auf, dass die Entscheidungen zur Aufzeichnung freiwillig getroffen wurden. Erkennbar einvernehmlichen und freiwilligen Handlungen fehlt hiernach aber stets bereits der pornographische Charakter. Zwar können nach dem ersten Peepshow-Urteil[361] auch selbstbestimmte Handlungen gegen die Menschenwürde verstoßen, da diese einen unverfügbaren Rechtswert darstellen, auf den nicht wirksam verzichtet werden kann.[362] Dies wird jedoch erst in gesteigerten Fällen der Selbstdegradierung zum bloßen Objekt zu bejahen sein.[363] Die Schwelle zu einer solchen ist bei Aufnahmen eigener Masturbation oder der Aufzeichnung eines Sexualakts entsprechend den Ausgangsfällen keinesfalls erreicht.

---

357 BVerfGE 47, 46 (71 ff).
358 *Schumann* FS Lenckner S. 578.
359 Siehe hierzu BGHSt 8, 80 (83).
360 *Schumann* FS Lenckner S. 579.
361 BVerwGE 64, 274.
362 Siehe *Discher* JuS 1991, 642 und VG Neustadt NVwZ 1993, 98.
363 So auch *Schumann* FS Lenckner S. 580, insb Fn 71; *Mahrenholz* ZUM 1998, 525 (528).

Sofern die Auffassung das Entstehen von Einstellungen zu verhindern versucht, die der Anerkennung des von der Menschenwürde geprägten Menschenbildes widersprechen, kann jedenfalls nicht davon ausgegangen werden, Jugendliche korrigierten ihre durch Pornographie hervorgerufenen Einstellungen durch praktische Erfahrung. Es kann gerade nicht angenommen werden, dass Jugendliche nur solche Schriften auf sich wirken lassen, die mit praktischer Erfahrung im Einklang stehen.[364]

Verglichen mit der Auffassung der Rechtsprechung kann dieser Ansatz mit einem größeren Maß an Bestimmtheit überzeugen. Auch die vorgebrachte Kritik am Merkmal der allgemeinen Wertvorstellungen kann diese Ansicht weitestgehend verstummen lassen.

Trotz der im Vergleich zur Rechtsprechung größeren Bestimmtheit wird der Ansicht vorgeworfen, entgegen aller guten Absichten sei eine Verwischung mit Moralvorstellungen unvermeidbar, insbesondere bei der vorzunehmenden Bewertung zahlreicher Sexualpraktiken. Legte man einen Maßstab an, der nur in eindeutigen Fällen zur Bejahung von Pornographie führe, seien zahlreiche Fälle von der Strafbarkeit ausgenommen, die gerade schädlich auf Jugendliche wirken. Dies betreffe im Speziellen die Rolle der Frau und deren sexuelle Verfügbarkeit.[365] Dem ist wiederum entgegenzuhalten, dass von einem Pornographieverbot nicht erwartet werden kann, dass sie sämtliche Fälle eines Verstoßes gegen die Menschenwürde erfassen muss. Sämtliche vom Pornographieverbot erfassten Fälle müssen konsequenterweise einen Menschenwürdeverstoß enthalten. Anders herum ist der Schluss nicht zwingend.

Kritik erfährt auch die Konkretisierung des Menschenwürdeverstoßes durch das Autonomiekriterium. Eine Verletzung der Menschenwürde könne bereits vorher vorliegen, beispielsweise wenn ein Mensch zum bloßen Objekt herabgewürdigt werde.[366] Dieser Einwand ist wiederum unbeachtlich, da die Norm gerade nicht sämtliche Fälle eines Verstoßes gegen die Menschenwürde erfassen muss.

Vorgebracht wird zudem, Probleme seien unvermeidbar, wenn Darstellung und Wirklichkeit divergierten. Es könne vorkommen, dass Unfreiwilligkeit vorgespielt werde, tatsächlich die Akteure aber freiwillig agierten oder das Geschehen spiegelbildlich zur ersten Konstellation freiwillig erscheine, tatsächlich

---

364 Dies vehement vertretend *Albrecht/Hotter* S. 39 f; vgl auch *Weller* pro familia magazin 2009, 9 (12).

365 SK^{8}-*Wolters* § 184 Rn 5.

366 *Albrecht/Hotter* S. 39; *Ostendorf* MSchKrim 2001, 372 (381).

jedoch Zwang angewandt werde.[367] Dieser Einwand geht ebenfalls fehl. *Schumann* legt seiner Auffassung ausdrücklich das Erkennbare zugrunde. Der Inhalt muss stets anhand der Frage beurteilt werden, ob beim Betrachter ein mit der Menschenwürde nicht zu vereinbarendes Bild gezeichnet wird. Daher kann nur darauf abgestellt werden, was für den Betrachter erkennbar dargestellt wird.

Gegen die Auffassung *Schumanns* wird vorgebracht, ein derartiges Verständnis des Begriffs minimiere den Anwendungsbereich für das Verbot einfacher Pornographie gemäß § 184. Bei dargestellter Unfreiheit seien regelmäßig die Tatbestände der harten Pornographie §§ 184a bis 184c mitverwirklicht. So bliebe für die einfache Pornographie kaum noch ein eigenständiger Anwendungsbereich.[368] Dieser Einwand kann jedenfalls so lange nicht überzeugen, wie Fälle denkbar sind, die von § 184 erfasst werden und ihm so eigenständige Bedeutung zukommen lassen. Ein faktisch verminderter Anwendungsbereich wäre dann bloß logische Folge einer zulässigen Auslegung.

Trotz ersichtlicher Vorzüge und teils unberechtigter Kritik kann der Auffassung im Ergebnis aber nicht gefolgt werden. Gegen sie spricht, dass sie den Schutzzweck des Konfrontationsschutzes Erwachsener vollständig vernachlässigt und diese richtigerweise – entgegen verbreiteter Auffassung – gerade nicht nur soweit geschützt werden können, wie es der Schutz Jugendlicher gebietet.[369] Auch wenn eine ungewollte Konfrontation in der heutigen Zeit wohl nicht mehr als derart einschneidender Eingriff in die Intimsphäre gesehen werden kann, wie dies noch vor einigen Jahren der Fall war,[370] so ist der Schutz hiervor dennoch nicht zu vernachlässigen. Vorgebracht wird, eine strafrechtliche Sanktion sei insbesondere bei der Verbreitung via Rundfunk nicht mehr zeitgemäß, da ein Entziehen durch Wechseln des Programms möglich sei.[371] Dies mag eine durchaus berechtigte Kritik an der Ausgestaltung der Varianten des § 184 darstellen, bringt jedoch für Definitionszwecke keinen Mehrwert. Das Verbot gilt ebenso beispielsweise in § 184 Abs. 1 Nr. 5 für öffentliche Orte, an denen ein Entziehen nicht ohne Weiteres möglich ist.[372]

---

367 *Ostendorf* MSchKrim 2001, 273 (382).

368 *Albrecht/Hotter* S. 37 f; Schönke/Schröder-*Eisele* § 184 Rn 9; *Ostendorf* MSchrKrim 2001, 372 (378).

369 VG Hamburg JMS-Report 2001, 1 (5 f); BVerwG NJW 2002, 2966 (2969); krit zu diesem Einwand *Hörnle* JZ 2002, 1062 (1063).

370 Siehe noch BT-Drucks. 6/1552 S. 34; *Schmidt* BZgA Forum 01/2009 S. 29 f.

371 *Hörnle* JZ 2002, 1062 (1063); *Köhne* JR 2012, 325 (327).

372 Siehe *Hörnle* JZ 2002, 1062 (1063 Fn 9); *Hörnle* Grob anstößiges Verhalten S. 439 f.

Der Schutz vor Konfrontation mit Pornographie geht gerade weiter als der der Jugend.[373]

Mit Außerkrafttreten des Gesetzes über die Verbreitung jugendgefährdender Schriften zum 31. März 2003 ist zudem einer der zwei zentralen Begründungsansätze weggefallen. Der Jugendmedienschutz-Staatsvertrag (JMStV) übernimmt zwar teils vormalige Regelungsbereiche des GjS.[374] Anders als bei der Vorgängernorm fehlt aber in § 4 Abs. 1 S. 1 Nr. 10 und Abs. 2 S. 1 Nr. 1 JMStV ein Verweis auf § 184. Aus systematischer Sicht ist dies durchgreifend, da im selben Satz für den Begriff des Jugendpornographischen und des Kinderpornographischen auf die Normen des Strafgesetzbuchs verwiesen wird. Auch § 4 Abs. 2 S. 1 Nr. 3 JMStV ist nicht zwingend so zu verstehen, dass sich die Eignung, „die Entwicklung von Kindern und Jugendlichen oder ihre Erziehung zu einer eigenverantwortlichen und gemeinschaftsfähigen Persönlichkeit unter Berücksichtigung der besonderen Wirkungsform des Verbreitungsmediums schwer zu gefährden", auch auf die Nr. 1 bezieht.

Neben dem JMStV tauchen ehemalige Regelungsbereiche des GjS auch im Jugendschutzgesetz (JuschG) auf. So geht § 15 Abs. 2 Nr. 1 JuschG in eine ähnliche Richtung wie die vorige Regelung in § 4 GjS. Er unterlegt schwer jugendgefährdende Trägermedien des Inhalts nach § 184 StGB den Beschränkungen nach Abs. 1. Die Ausführungen zu § 6 GjS können daher zumindest teilweise auf diese Norm übertragen werden. Allerdings setzt das JuschG in Fortführung des GjS gerade den Pornographiebegriff des StGB voraus und kann daher nur schwer zu dessen Auslegung herangezogen werden. Anders als das JuschG dient das Strafgesetzbuch neben dem Jugendschutz aber auch dem Konfrontationsschutz.[375] Die Norm lässt daher bestenfalls den Schluss zu, dass Pornographie jedenfalls auch dem Jugendschutz dient. Keinesfalls zwingt es dazu, das Verständnis von Pornographie am Jugendschutz auszurichten.

Auch kann eine gewisse Zirkelschlüssigkeit im Rahmen des Jugendschutzes nicht von der Hand gewiesen werden. Wissenschaftlich ist die Wirkung von Pornographie auf Jugendliche unklar. Dennoch soll die Norm Jugendliche vor dem von der Pornographie ausgehenden Risiko schützen.

---

373 So auch *Schroeder* Pornographie, Jugendschutz und Kunstfreiheit S. 32; *Hörnle* JZ 2002, 1062 (1063) kommt zum gegenteiligen Schluss und fordert im Rahmen des Konfrontationsschutzes gar höhere Anforderungen an den drastischen Gehalt der Schrift; vgl zu der Problematik auch noch die Ausführung in diesem Kapitel S. 126 ff.

374 Siehe *Spannbrucker* S. 110 f.

375 Vgl noch zum GjS VG Hamburg JMS-Report 2001, 1 (5, 8)

> „Es wird damit versucht, das noch zu Beweisende als Voraussetzung für die Beweisführung heranzuziehen."[376]

Eine Definition des Begriffes der Pornographie, ausgehend von der Frage, wovor Jugendliche geschützt werden dürfen, ist daher zumindest bedenklich.[377]

cc. *Samson – Darstellung einer Straftat*

Einer auf *Samson* zurückgehenden Ansicht nach sind all jene Schriften pornographisch, die ein strafbares Geschehen des 13. Abschnitts gegen die sexuelle Selbstbestimmung zum Gegenstand haben.[378]

Den Ausgangspunkt nimmt auch diese Auffassung in einer am Schutzzweck des Jugendschutzes ausgerichteten teleologischen Auslegung. Die gesetzgeberische Grundannahme, es bestehe ein Zusammenhang zwischen dem Konsum pornographischer Materialien durch Jugendliche und deren Wertvorstellungen, ist danach strikt von der Frage zu trennen, welche Wertvorstellungen von der Gesellschaft als verfehlt anzusehen seien. Die Beantwortung Letzterer sei notwendigerweise auf außerstrafrechtliche Wertungen angewiesen. Art. 103 Abs. 2 GG erfordere es hingegen, nur solche Wertungen zu berücksichtigen, die gesellschaftlich praktisch unbestritten seien.[379] Dieser gesellschaftliche Konsens sei in den Grenzen der Strafgesetze zu finden. Habe die Schrift ein nach den §§ 174 ff strafbares Geschehen zum Gegenstand, so sei die Grenze überschritten und es liege Pornographie vor. Gegen rein deskriptive Definitionsversuche der Pornographie – beispielsweise über die unbeschränkte Potenz des Mannes oder die ständige Verfügbarkeit der Frau – wird eingewandt, die praktische Erfahrung lehre den Jugendlichen anderes und könne daher nicht zu einer verfehlten Werthaltung beim Betrachter führen.[380]

Folgte man dieser Auffassung, ließen sich zentrale Schwierigkeiten der Legitimation des Verbots entkräften. Insbesondere Einwände, die auf das Fehlen einer strafbaren Darstellung zurückgehen, liefen leer. Zur Bedienung der Nachfrage müssten notwendig Straftaten begangen werden, so dass auch das Marktargument stärkeres Gewicht erhielte. Weitere, bisher im Rahmen der Markt-Verhinderung

---

376 *Köhne* JR 2012, 325 (327).

377 VG Hamburg JMS-Report 2001, 1 (6).

378 *Samson* S. 113 ff. Da das Gutachten nicht auftreibbar war, muss die Zitierung des Werkes von *Samson* nach *Albrecht/Hotter* erfolgen. Dieser Ansicht folgend SK[8]-*Wolters* § 184 Rn 5.

379 *Samson* S. 114.

380 *Samson* S. 109 ff; dies wurde bereits oben S. 83 f mit guten Gründen abgelehnt.

angeführte Ziele würden hingegen nicht mehr verfolgt werden, da ein Markt für bisher als pornographisch geltende Schriften mit seinen spezifischen Gefahren dann legal bestehen dürfte.

Mit einem derartigen Pornographieverständnis wäre das Vorliegen von Pornographie in den Ausgangsfällen abzulehnen. Die Darstellung von Masturbation oder Sexualkontakten Jugendlicher stellen keine Sexualstraftaten dar. Sobald Straftaten dargestellt würden, handelte es sich nicht mehr um eine normale, entwicklungsbedingte Erprobung von Sexualität, die der Gesetzgeber freigeben wollte und die gerade Ausgangspunkt dieser Untersuchung ist.

Anzuerkennen ist auch bei diesem Ansatz die Überwindung der Bestimmtheitsproblematik beim Merkmal der allgemeinen gesellschaftlichen Wertvorstellungen. Auch ermöglicht es dieses Verständnis, mit dem gesellschaftlichen Wandel Schritt zu halten und Entwicklungen aufzugreifen. Soweit sich dieser Wandel in einer Änderung der Strafnormen zum Schutz der sexuellen Selbstbestimmung niederschlägt, wirkt er sich auch unmittelbar auf die Begriffsdefinition aus. Dies objektiviert die Bewertung und macht das Kriterium greifbar. Eine Subsumtion ist damit weniger vom bloßen Empfinden des entscheidenden Richters abhängig.

Durchgreifende systematische Bedenken ergeben sich aber bereits aus § 184a S. 1. Dieser stellt ein Verbot der Tierpornographie auf. Verlangte man für das Vorliegen von Pornographie jedoch die Darstellung einer gegen die sexuelle Selbstbestimmung verstoßende Straftat, so liefe diese Norm leer.[381] Denn die dargestellte Handlung der Sodomie ist straflos. Bestehende Verbote des Tierschutzgesetzes[382] (TierSchG) schützen hingegen nicht die sexuelle Selbstbestimmung, sondern das Wohlbefinden der Tiere, § 1 S. 1 TierSchG.[383] Zudem sind die entsprechenden Vorschriften des TierSchG als Ordnungswidrigkeiten ausgestaltet und daher, schon der eigenen Definition entsprechend, nicht geeignet, konsensbegründend zu wirken.

Systematisch sind zudem § 184b Abs. 1 Nr. 1 lit. b und c anzuführen, die vom Vorliegen von Kinderpornographie ausgehen, auch wenn inhaltlich keine Straftat dargestellt wird.[384] Bei Zugrundelegung dieses Verständnisses von

---

381 So auch *Albrecht/Hotter* S. 38.

382 § 3 S. 1 Nr. 13 TierSchG untersagt es, ein Tier für eigene sexuelle Handlungen zu nutzen oder für sexuelle Handlungen Dritter abzurichten oder zur Verfügung zu stellen und dadurch zu artwidrigem Verhalten zu zwingen.

383 BVerfG NJW 2016, 1229 (1230, Rn 12); *Kliemannel* S. 170.

384 Auch bei § 184b muss die Schrift richtigerweise pornographisch sein *Schumann* ZIS 2015, 234 (242).

Pornographie liefen beide Varianten leer. Die Ausgestaltung des § 184b kann berechtigterweise kritisiert werden, ist aber als geltendes Recht bei der Auslegung zu bedenken. Leer liefe jedenfalls auch § 184c Abs. 1 Nr. 1 lit. b, der ebenfalls die Wiedergabe eines ganz oder teilweise unbekleideten Jugendlichen in unnatürlich geschlechtsbetonter Körperhaltung genügen lässt.

Hinzu tritt die Erwägung, dass auch diese Auffassung ihren Ausgangspunkt in der am Jugendschutz ausgerichteten teleologischen Auslegung nimmt und damit vernachlässigt, dass auch der allgemeine Konfrontationsschutz als Schutzzweck zu berücksichtigen ist.

dd. Schroeder – Uneinheitlicher Pornographiebegriff

Nach *Schroeder* gibt es keinen einheitlichen Pornographiebegriff.[385] Anders als bei den zuvor dargestellten Ansätzen geht es bei diesem Ansatz weniger um die Verfolgung einer konkreten Definition als vielmehr um die Darlegung, dass es nicht nur *eine* Geltung beanspruchende Definition gibt. Die Vorschrift des § 184 diene sowohl dem Schutz der Jugend als auch dem der Konfrontationsunwilligen und -unmündigen, also der Unmündigen und Unwilligen. Aus diesen zwei anerkannten Schutzzwecken ergebe sich, dass – je nachdem, welcher Schutzzweck mit der konkreten Tatbestandsvariante verfolgt wird – ein abweichender Pornographiebegriff anzunehmen sei. Er ist am jeweiligen Schutzzweck zu orientieren. Zur Ausfüllung dieser divergierenden Begriffe kann aber durchaus auch auf vorgenannte Definitionen abgestellt werden, sofern sie aus dem jeweiligen Schutzzweck hergeleitet werden.

§ 184 Abs. 1 Nr. 6 stellt auf den ersten Blick ein Paradebeispiel des Schutzes Unwilliger dar. Dem Konzept folgend, wäre bei der Auslegung des Begriffs im Rahmen dieser Tatvariante der Konfrontationsschutz zu Grunde zu legen. Es gälte die Frage zu beantworten, womit sich ein erwachsener Bürger nicht konfrontieren lassen muss. Ein weiteres Beispiel bildet § 184 Abs. 1 Nr. 1, der augenscheinlich dem Jugendschutz zuzuordnen ist. Bei der Bestimmung des Tatobjekts im Rahmen der Tatvariante wäre der Pornographiebegriff daher anhand der Frage zu bestimmen, wovor Jugendliche geschützt werden sollen. Schützt eine Tatvariante nachrangig zugleich den jeweils anderen Schutzzweck auch, tritt nach dieser Auffassung der Nachrangige im Wege der Gesetzeskonkurrenz zurück.[386]

---

385 Vgl hierzu und dem folgenden *Schroeder* Pornographie, Jugendschutz und Kunstfreiheit S. 21 ff; siehe auch SK-*Wolters/Greco* § 184 Rn 12 und 13.

386 *Schroeder* Pornographie, Jugendschutz und Kunstfreiheit S. 33, Fn 110.

Dieser Ansatz ist bereits aus Praktikabilitätsgründen abzulehnen. Der Schutzzweck der einzelnen Tatvarianten ist nicht so isoliert feststellbar, wie der erste Anschein es vermuten lässt. Betrachtet man beispielsweise § 184 Abs. 1 Nr. 6 genauer, wird man anerkennen müssen, dass dieser zugleich auch den Schutz der Jugend bezweckt und dieser Schutz keinesfalls bloß untergeordnet oder nachrangig ist.[387] Aus dem Verbot folgt eine Freiheit des öffentlichen Raums von Pornographie, mit der zwingenden Konsequenz, dass auch Jugendlichen Pornographie an diesen Orten nicht zugänglich ist. Damit wird der vor Konfrontation schützende Teil des Jugendschutzes verwirklicht.[388] Eine Beurteilung, welcher Zweck der vorrangige ist, wird daher häufig willkürlich sein. Besonders augenscheinlich wird dies auch im Rahmen der § 184 Abs. 1 Nr. 4 und 9. Die Erfassung der Nr. 9 verfolgt den Schutz außenpolitischer Interessen der Bundesrepublik Deutschland.[389] Wendet man das Konzept konsequent auf diese Tatvariante an, so könnte man auf die Idee kommen, den Pornographiebegriff sogar im Rahmen der selben Tatvariante uneinheitlich auszulegen, je nachdem, um welches Ausland es geht und wie die Pornographieverbote in dem entsprechenden Staat ausgestaltet sind. Dies führte den nationalen Strafrechtsschutz *ad absurdum*. Nr. 4 dient dem Zweck der Ermöglichung eines Beschlagnahmezugriffs und gibt keine Auskunft über einen materiell verfolgten Zweck.[390] Bei dieser Tatvariante wäre demnach völlig offen, woran eine Auslegung auszurichten ist. Ein eindeutig heranzuziehender Schutzzweck lässt sich somit für die einzelnen Tatvarianten nur schwer bis gar nicht bestimmen.

Auch der Wortlaut des § 184 Abs. 1 spricht gegen diese Auffassung. Die Norm benennt den Begriff der pornographischen Schrift einheitlich für sämtliche Tatvarianten. Zudem ergibt sich auch aus der Gesetzesbegründung, dass die Verfasser des Verbots von einem einheitlichen Pornographiebegriff ausgingen.[391] Darüber hinaus gerät diese Ansicht in Not, wenn Normen wie § 184c auf § 184 verweisen und eigenständige Schutzzwecke verfolgen.

Erwähnenswert sind in diesen Zusammenhang auch die ehemaligen Regelungen in §§ 125, 146 des Strafgesetzbuchs der Deutschen Demokratischen Republik (StGB-DDR). § 125 StGB-DDR belegte die Verbreitung von pornographischen Schriften im Abschnitt „Straftaten gegen Freiheit und Würde des

387 *Heinrich* ZJS 2016, 132 (136); *Schumann* FS Lenckner S. 569.

388 *Heinrich* FS Ostendorf S. 411 ff.

389 MüKo-*Hörnle* § 184 Rn 9.

390 Matt/Renzikowski-*Eschelbach* § 184 Rn 1.

391 Siehe BT-Drucks. 6/1552 S. 33 und 5/3521 S. 61; so auch *Schumann* FS Lenckner S. 570.

Menschen“ mit Strafe. Im Kapitel über „Straftaten gegen die Jugend und Familie“ stellte § 146 StGB-DDR hingegen die Verbreitung von Schund- und Schmutzerzeugnissen[392] unter Strafe.[393] Das Gesetz folgte somit der von *Schroeder* favorisierten Zweiteilung. Die heute bestehende Ausgestaltung als einheitliches Delikt mit dem einheitlichen Begriff der pornographischen Schrift spricht demgegenüber gegen eine solche Doppeldeutigkeit der Pornographie. Hierbei darf dem Gesetzgeber Kenntnis von der Formulierung im StGB-DDR auch bereits zur Zeit der Beratungen zum 4. Strafrechtsreformgesetz unterstellt werden. Zudem hätte die Regelung nach der Wiedervereinigung im Strafgesetzbuch angepasst werden können, sofern ein solcher Paradigmenwechsel angestrebt worden wäre.

ee. Auseinandersetzung mit den Schutzzwecken

Nach der erfolgten Benennung wesentlicher Konzepte zur Bestimmung von Pornographie und ersten Ausführungen zu deren Herleitungen und Begründungen, soll im Folgenden eine Auseinandersetzung mit den Schutzzwecken und Stellungnahme stattfinden, an deren Ende eine Definition des Begriffs der Pornographie steht.

Mit dem 4. Strafrechtsreformgesetz wurde ein Wandel verfolgt, der § 184 nicht länger bloße Unmoral unter Strafe stellen lassen sollte. Der Konsum einfacher Pornographie wurde willigen erwachsenen Bürgern gegenüber geöffnet. Der willigen Jugend gegenüber wurde dieser hingegen weiterhin beschränkt. Daraus wird häufig der Schluss gezogen, Schutzgut des Pornographieverbots sei in erster Linie der Schutz der Jugend.[394] Einhergehend damit wurden jedoch auch erwachsene Bürger vor einer ungewollten Konfrontation mit Pornographie geschützt, was gegenüber dem Jugendschutz jedenfalls nicht zu vernachlässigen ist.[395]

Kein Schutzzweck ist hingegen, wie teils vertreten wird, die auf Ehe und Familie ausgerichtete Sexualverfassung.[396] Die besondere Stellung von Ehe und

---

392 Schund- und Schmutzerezeugnisse waren nach Legaldefinition des § 146 Abs. 3 StGB-DDR unter anderem Erzeugnisse, die geeignet waren, geschlechtliche Verirrungen hervorzurufen.

393 Vgl zu diesem Aspekt rechtsvergleichend *Sieber* ZUM 2000, 89 (92), der darstellt, dass eine solche Zweiteilung auch in Staaten wie den Niederlanden oder Frankreich besteht.

394 *Heinrich* ZJS 2016, 132 (136); *Schumann* FS Lenckner S. 569 f.

395 *Gropp* FS Kühne S. 681; *Heinrich* ZJS 2016, 132 (138); krit *Sieber* ZUM 2000, 89 (91).

396 So aber noch *Tröndle/Fischer*[49] Rn 4; in diese Richtung auch Arzt/Weber/Heinrich/*Hilgendorf* § 10 Rn 27; krit *Schreibauer* S. 81; gegen dieses Verständnis auch SK-*Wolters/Greco* § 184 Rn 2.

Familie im Grundgesetz in Art. 6 Abs. 1 GG kann nicht dazu führen, dass abweichende Formen sexueller Betätigung bekämpft werden müssen.[397]

Jugendschutz und Konfrontationsschutz stellen somit die zwei in Betracht kommenden Schutzrichtungen zum Schutze der sexuellen Selbstbestimmung dar, mit denen es sich im Folgenden auseinanderzusetzen gilt.[398]

(1) Jugendschutz

Jugendschutz genießt Verfassungsrang, Art. 6 Abs. 2 S. 1 GG und Art. 2 Abs. 1 iVm 1 Abs. 1 GG. Im Rahmen ihrer Entwicklung bedürfen Jugendliche und Kinder des besonderen Schutzes des Staates und der Erziehungssphäre.[399] Der Staat muss sie schützen und die Rahmenbedingungen dafür schaffen, dass die Jugend lernen und sich sozialisieren kann, um sich eigenständig in die soziale Gemeinschaft einzufügen.[400] In erster Linie ist dies durch das elterliche Erziehungsrecht aus Art. 6 Abs. 2 GG gewährleistet. Das elterliche Erziehungsrecht umfasst auch die Bestimmung über den Medienkonsum des Kindes.[401] Die Kinder sind den Eltern anvertraut und der Staat muss sich auf ein Wächteramt beschränken.[402] Der Begriff „zuvörderst" in Art. 6 Abs. 2 S. 1 GG bestätigt verfassungsrechtlich diesen Vorrang der Eltern bei der Erziehung.[403] Zugleich kennen jedoch alle Gesellschaften über die Regulierung innerhalb der Familien hinaus Schutzmechanismen, um junge Menschen von dem Konsum als gefährlich eingestufter Mittel oder Darstellungen oder von dem Zusammenkommen an gefährlichen Orten abzuhalten oder dies zumindest zu erschweren und zu kontrollieren.[404] Liegen ausreichende Anhaltspunkte vor, die im Rahmen des

---

397 Eingehend *Bottke* FS Buchner S. 146; MüKo-*Hörnle* § 184 Rn 1.

398 Es handelt sich bei Jugendschutz und Konfrontationsschutz nicht um Rechtsgüter, wie exemplarisch in SK-*Wolters/Greco* § 184 Rn 2 formuliert wird. Beide Schutzzwecke dienen lediglich dem Schutz des hinter ihnen stehenden Rechtsguts der sexuellen Selbstbestimmung. Dies ändert freilich nichts daran, dass sie zur Auslegung herangezogen werden. Dennoch sind die Ebenen Rechtsgut (Was?) und Schutzzweck (Wovor?) zur strukturierten Analyse auch begrifflich klar voneinander zu trennen.

399 BVerfGE 79, 51 (63).

400 *Albrecht/Hotter* S. 23 f.

401 BVerfGE 83, 130 (139).

402 *Köhne* JR 2012, 325; für eine stärkere Zuweisung an den Staat infolge der Schwächung der Sozialisationsinstanz Familie *Engels* AöR 1997, 212 (243 f).

403 *Köhne* NJW 2005, 794; BVerfG NJW 1968, 2233 zieht aus dem Wortlaut zugleich den Schluss, dass daneben auch der Staat die Aufgabe eines Erziehungsträgers mit entsprechenden Verpflichtungen hat.

404 *Sieber* ZUM 2000, 89 ff.

zulässigen Prognosespielraums die tatsächliche Gefahr einer Fehlentwicklung begründen, so ist ein Verbot zulässig.[405]

Von dieser Prämisse ausgehend muss staatliches Eingreifen auf Fälle beschränkt werden, in denen eine konkrete und erhebliche Gefährdung des Kindeswohls zu befürchten ist. Generelle Verbote können aber zulässig sein, sofern individuelle Maßnahmen nicht als ausreichend erachtet werden.[406] Dies ist insbesondere der Fall, wenn Verhaltensweisen stets einen Missbrauch bedeuten. § 29a BtMG pönalisiert beispielsweise Abgabe und Überlassung von Betäubungsmitteln an Personen unter 18 Jahren. Da es sich bei Drogen um *per se* gefährliche Gegenstände handelt,[407] bedeutet ein solches Verhalten ausnahmslos einen Missbrauch. Dadurch legitimiert sich das generelle Verbot als Eingriff in das elterliche Erziehungsrecht. Vor diesem Hintergrund kommt es also darauf an, ob und welche Gefahr von Schriften ausgeht, die als Pornographie klassifiziert werden.

Beim Versuch, Pornographie vom Ziel des Jugendschutzes her zu definieren, besteht aber, wie oben bereits näher ausgeführt, die Gefahr von Zirkelschlüssigkeit.[408] Die Frage nach der Zulässigkeit eines Pornographieverbots zum Jugendschutz richtet sich danach, ob Pornographie eine Gefahr für die Jugend begründet. Wissenschaftlich fundierte und eindeutige Aussagen darüber, inwieweit der Konsum dessen, was unter Pornographie verstanden wird, Auswirkungen auf die Entwicklung Jugendlicher hat, fehlen nach wie vor.[409] Als gesichert

---

405 *Schulz/Korte* ZUM 2002, 719 (720).

406 BVerfGE 7, 320 (323 f).

407 Vgl hierzu S. 173 ff.

408 Siehe oben S. 109 ff.

409 *Dekker/Koops/Briken* S. 6; *Ostendorf* Mschkrim 2001, 372 ff; auch MüKo-*Hörnle* § 184 Rn 2 kann nur Tendenzen in der Forschung ausmachen und muss die negativen Folgen ausdrücklich auf bloß einen Teil der Probanden beschränken, die übermäßig konsumieren; *Köhne* NJW 2005, 794 (795) führt aus, dass eine Störung der Persönlichkeitsentwicklung nicht durch Medieninhalte stattfindet, sondern bereits zuvor vorhanden sei; so auch *Weller* pro familia magazin 2009, 9 (11 f), der von konträren, unklaren und vagen Befunden spricht; der entsprechende Schluss wird auch gezogen von *Sommer* Quarks&Caspers „Die Wissenschaft der Pornografie" ab Minute 16:30; auch *Schmidt* BZgA 2009/01 S. 29 weist darauf hin, dass die Wahl der konsumierten Medien und konkreten Videos bereits durch vorherige Strukturen in der „Lovemap" jedes einzelnen beeinflusst seien. Ursache und Wirkung können nicht sicher beschrieben werden. Siehe auch *Döring* ZfSf 2011, 228 (251 f); *Starke* S. 21 ff, 51 f und 101 weist eine schädigende Wirkung auf Jugendliche vollständig ab und sieht diese gerade und ausschließlich in dem Verbot einfacher Pornographie, das diese verurteile.

gilt, dass eine Wirkung von Pornographie nie isoliert betrachtet werden kann.[410] Vielmehr spielen neben dem Faktor des Pornographiekonsums zahlreiche Persönlichkeitsfaktoren, Motive und soziale Umstände entscheidende Rollen.[411] Im Übrigen muss stark zwischen der Art der Pornographie und allem voran der Häufigkeit ihres Konsums unterschieden werden.[412] Nimmt man den Konsumenten als Subjekt ernst, so darf sich die Frage richtigerweise nicht darauf beschränken, was Pornographie mit ihm als Betrachter macht, sondern muss gleichrangig auch danach fragen, was Konsumenten mit Pornographie machen und wie diese Wechselbezüglichkeit aussieht.[413]

Dennoch ist der Gesetzgeber in einer solchen wissenschaftlich ungeklärten Situation befugt, die Gefahrenlage und Risiken abzuschätzen und zu entscheiden, ob er Maßnahmen ergreifen will.[414] Einer abweichenden Auffassung nach ist das Verbot der Pornographie aus ebendiesem Grund verfassungswidrig geworden:[415] Bei Einführung des Verbotes war die Lage aus wissenschaftlicher Sicht unklar, es bestand demnach eine risikobehaftete Situation. Es war sowohl denkbar, dass Pornographie schädlich wirkt, als auch, dass sie keine schädliche Wirkung hat. In dieser *non liquet* Situation durfte der Gesetzgeber ein Verbot erlassen. Dies verpflichtete ihn zugleich, die Erlangung wissenschaftlich gesicherter Kenntnisse zu fördern.[416] Dieser Pflicht sei er nicht hinreichend nachgekommen, so dass ihm diese Einschätzung inzwischen nicht mehr zuzubilligen und das Pornographieverbot zum Schutze der Jugend unzulässig geworden sei.

Eine solch unklare Situation führt den Gesetzgeber in ein Dilemma. Zwischen Abwehr- und Schutzdimension der Freiheitsrechte besteht ein Spannungsfeld. Er muss das Risiko einer ungerechtfertigten Beschränkung der Handlungsfreiheit mit dem Risiko vermeidbarer Schädigungen individueller Rechte abwägen.[417] Der Grundsatz *in dubio pro libertate* kann im Ergebnis nicht zum Tragen kommen, wenn der Abwägende nachvollziehbar zu dem Ergebnis gelangt, das Risiko vermeidbarer Schädigungen überwiege eine mögliche ungerechtfertigte

---

410 *Schmidt* BZgA 2009/01 S. 29.

411 *Weller* pro familia magazin 2009, 9 (10); MüKo-*Hörnle* § 184 Rn 2 „Bündel von Faktoren".

412 *Altstötter-Gleich* S. 25 ff; siehe auch *Weller* pro familia magazin 2009, 9 (10 f).

413 Vgl *Döring* ZfSf 2013, 305 (306); *Lewandowski* S. 33 ff; *Starke* S. 51 f mwN.

414 BVerfGE 83, 130 (140 ff); 49, 89 (131 f).

415 *Berger* MMR 2003, 773 (775 f); *Schumann/Schumann* FS Seebode S. 368 f;

416 *Pestalozza* NJW 1981, 2081 (2085) verlangt regelmäßige Rechenschaftsberichte durch den Gesetzgeber zur Aufdeckung von Prognosefehlern.

417 *Stuckenberg* GA 2011, 653 (660 f) mwN.

Beschränkung der Handlungsfreiheit. Eine wissenschaftliche Klärung der Situation wäre ohne Zweifel wünschenswert. Die gegenteilige Situation kann aber nicht zu Lasten der Jugend gehen, die den möglichen Gefahren ebenso ausgesetzt ist, wie die Jugend in den Jahren zuvor. Ist die Situation unklar, steht dem Gesetzgeber richtigerweise somit auch heute noch das Recht zu, ein Verbot zu erlassen, wenn er das Risiko für das Schutzgut nach einer dementsprechenden Abwägung nicht eingehen will.[418]

Diese Bewertung kann sich abweichend gestalten, wenn man den Jugendschutz im Rahmen des Pornographieverbots als Schutz des elterlichen Erziehungsrechts auffasst.[419] Der Jugendliche kann über sein Wohl noch nicht vollends selbst entscheiden. Den Staat trifft hingegen eine Neutralitätspflicht. Die Frage nach der Wirkung von Pornographie auf Jugendliche ist nach diesem Ansatz aber irrelevant. Es genügt, wenn der Glaube der Eltern an deren Wirkung vorliegt und dieser zumindest plausibel ist. Die Plausibilität ist den Eltern bis zum Beweis des Gegenteils nicht abzusprechen. Für ein derartiges Verständnis streitet zuvörderst das Erzieherprivileg in § 184 Abs. 2 S. 1. Dem folgend ist von Pornographie auszugehen, wenn die Schrift sexualbezogene Inhalte aufweist, die Kindern nach dem Willen der Eltern nur eingeschränkt zugänglich sein sollen. Das Gesetz ersetzt hiernach also präventiv die Entscheidung der Eltern im mutmaßlichen Einklang mit deren vermeintlichem Willen. Diese Herangehensweise kann einige der benannten Unstimmigkeiten auflösen und weiß aus systematischer Sicht das Erzieherprivileg auf seiner Seite. Ihr ist jedoch entgegenzuhalten, dass es *die Eltern* und erst recht *deren Willen* faktisch nicht gibt. Sie würde daher zu enormer Rechtsunsicherheit führen. Auch kann eine Konstruktion über zahlreiche zweifelhafte Unterstellungen nicht überzeugen. Darüber hinaus ist es wohl abwegig, auf einen verantwortungsvollen Umgang aller Erziehungsberechtigten mit pornographischen Medien zu vertrauen.[420] Jugendschutz im Sinne des Pornographieverbots ist daher nicht gleichbedeutend mit dem Schutz des elterlichen Erziehungsrechts.

---

418 So auch MüKo-*Hörnle* § 184 Rn 2; wohl auch *Laubenthal* Handbuch Rn 889; aA *Köhne* JR 2012, 325 (326 f).

419 Vgl hierzu sowie zum folgenden *Greco* RW 2011, 288 f mwN; SK-*Wolters/Greco* § 184 Rn 12 leiten hieraus gar einen selbstständigen Pornographiebegriff her; nach MüKo-*Hörnle* § 184 Rn 2 soll der Jugendschutz das elterliche Erziehungsrecht unterstützen, ist aber nicht auf diese Unterstützungsfunktion beschränkt.

420 So MüKo-*Hörnle* § 184 Rn 2.

(2) Konfrontationsschutz

Konfrontationsschutz stellt eine klassische Ausgestaltung der abwehrrechtlichen Seite des Rechtsguts der sexuellen Selbstbestimmung dar.[421] Der Einzelne darf nicht ungewollt mit pornographischen Inhalten konfrontiert werden.

Zuvörderst ist zu begründen, weshalb vor einer Konfrontation mit pornographischem Material geschützt werden soll, vor einer Konfrontation mit Inhalten aus anderen Bereichen, wie beispielsweise der Meinungsfreiheit, hingegen nicht. Es gibt kein Recht darauf, vor einer Konfrontation mit abgelehnten Meinungen geschützt zu werden.[422] Die bloße Vermutung eines in diese Richtung gehenden Willen beim einzelnen Bürger genügt hierfür nicht.[423] Widmet man dieser Fragestellung einen genaueren Blick, so stößt man auf den triebhaften und daher weitgehend unkontrollierbaren Charakter des Sexuellen.[424] Die hier und bei *Greco* angeführten Beispiele der Vergleichsgruppe laufen hingegen sämtlich auf einer geistigen Ebene ab, auf der der Einzelne stets Herr seiner Selbst bleiben kann. Die Konfrontation mit Pornographie hingegen erzwingt eine Auseinandersetzung mit seiner Sexualität durch die gerade triebhafte Wirkung. Eine mögliche Erregung lässt sich nur schwer kontrollieren, sie ist nicht willensgesteuert.[425] Soweit sie doch der Kontrolle zugänglich ist, sieht sich der Konfrontierte vor die Entscheidung gestellt, sich den Trieben hinzugeben oder diese zu unterdrücken.[426] Diese Eigenschaft macht gerade den relevanten Unterschied aus.

Fraglich ist, ob der Konfrontationsschutz als Schutzgut des Pornographieverbots noch mit den tatsächlichen Verhältnissen übereinstimmt oder eine mögliche Ineffektivität zugleich seine Legitimation in Zweifel zieht. Tatsächlich begegnet uns im Alltag häufig Sexuelles, sowohl in der Werbung als auch im Internet, dass ein Pornographieverbot es nicht vermag, die Konfrontation damit völlig zu unterbinden. Vorausgesetzt, ein derartiger Ineffektivitätseinwand wäre einschlägig, kann dies dennoch nicht zwangsläufig zu dem Schluss führen, der Schutzzweck des Verbots sei überflüssig. Vielmehr ist sich dem zu ziehenden Schluss anhand dreier Fragestellungen zu nähern:[427]

---

421 SK-*Wolters/Greco* § 184 Rn 6; *Bottke* FS Buchner S. 144 spricht vom Recht auf „negatorische sexuelle Affektionshoheit"; siehe auch *ders.* FS Szwarc S. 298.

422 Vgl zu weiteren Beispielen *Greco* RW 2011, 275 (293).

423 SK-*Wolters/Greco* § 184 Rn 6 mwN.

424 *Greco* RW 2011, 275 (293); SK-*Wolters/Greco* § 184 Rn 6.

425 Vgl *Sommer* Quarks&Caspers „Die Wissenschaft der Pornografie" ab Minute 5:30.

426 Überzeugend *Greco* RW 2011, 275 (293 f).

427 Vgl allgemein zum Einwand des Effektivitätsarguments und der drei Fragestellungen anhand des Beispiels Drogenkonsums *Greco* Strafbarer Drogenbesitz S. 77; vgl zur

1. Wie stünde es um die tatsächliche Situation ohne das bestehende Verbot?
2. Ist ein solcher Schluss generalisierbar?
3. Liegt die Ursache für die Ineffektivität im Tatbestand oder beruht sie auf anderen Faktoren?

Die Beantwortung der ersten Frage ist hypothetischer Art und kann logisch zwingend nur auf Mutmaßungen, Prognosen und Einschätzungen beruhen. Sofern vorgebracht wird, eine Konfrontation sei allgegenwärtig und eine darüber hinaus verstärkte Konfrontation auch ohne die Strafvorschrift nicht wahrscheinlich,[428] betrifft dies diesen ersten Aspekt des Problemkomplexes. Überzeugend ist diese Hypothese wohl nicht. Ohne ein allgemeines Pornographieverbot wäre durchaus ein Anstieg der Konfrontation zu befürchten. Es würde wohl verstärkt mit Pornographie im öffentlichen Raum geworben werden. Der Gesetzgeber muss jedenfalls nicht darauf vertrauen, der Werbende nehme von selbst eine Übersättigung des Marktes zum Anlass, derartige Werbemethoden zu reduzieren.[429] Dies gilt unabhängig von der Frage, ob dies durch ein strafbewährtes Verbot oder durch bloß ordnungsrechtliche Konsequenzen geschieht.

Der zweite Punkt fragt nach der Generalisierbarkeit des Schlusses, das Gesetz gehöre abgeschafft. Ist dieser Schluss ohne Weiteres generalisierbar, bedeutete dies auch Körperverletzungen oder Diebstähle vom strafrechtlichen Verbot auszunehmen, wenn derartiges Verhalten nur überhandnähme und das Verbot daher nicht mehr mit den tatsächlichen Verhältnissen übereinstimme. Jedoch

> „nicht der bloße soziale Usus und die gegebenen faktischen Erwartungen, sondern nur rechtlich-teleologische Argumente [dürfen] zur Einschränkung des Verbots führen [...]; anderenfalls ließe sich eine einmal eingerissene Korruption nicht mehr bekämpfen.“[430]

Anders fiele die Beurteilung daher aus, wenn ein rechtlicher Differenzierungsgrund vorläge. Ein solcher könnte darin zu sehen sein, dass das Maß des Eingriffs in die sexuelle Selbstbestimmung nicht gravierend genug sei.[431] Eine solche Differenzierung anhand der Schwere des Eingriffs ist geeignet, die Generalisierbarkeit von einem sachlich-rechtlichen Differenzierungsgrund abhängig zu machen. Auf die exemplarisch angeführten Körperverletzungen und Diebstähle kann diese Straffreiheitserwägung daher nicht erstreckt werden. Dennoch ist

---

Differenzierung der Einwände gegen den Konfrontationsschutz auch *Köhne* JR 2012, 325 (327).

428 *Köhne* JR 2012, 325 (327).

429 So aber *Köhne* JR 2012, 325 (327).

430 *Kindhäuser* FS Rengier S. 56.

431 *Köhne* JR 2012, 325 (327) mwN.

der Annahme, der Eingriff in die sexuelle Selbstbestimmung sei nicht schwer genug, inhaltlich entgegen zu treten: Zutreffen mag zwar, dass ein solcher Eingriff häufig nicht mehr die Schwere erreicht, wie es noch vor einigen Jahrzehnten der Fall war.[432] Dennoch kann das Recht den Bürger aus Rechtsgüterschutzgründen nicht dazu zwingen, sich an die Sexualisierung nicht sexueller Bereiche zu gewöhnen, wenn Konfrontationen die Schwelle zur Pornographie erreichen.

> „Arg ist ärgerlicher Affekt. Er wird als ‚Ärgernis' durch Konfrontation mit Pornographie möglich. […] Man darf sich seine Sensitivität für Pornosinn bewahren. Man muss seine Rezeptoren für die Argheit von Pornographie nicht verkümmern lassen. Man kann, muss sich aber nicht, an Pornosinn gewöhnen. Auf Achtung des Rechtes, nicht durch aufgedrängten Pornosinn beärgert zu werden, hat jeder Inhaber von Sexualität in depornographisierten Lebensbereichen ein Recht. Er hat dieses Recht auch dann, wenn gewisse Lebensbereiche zunehmend pornokontaminiert werden, […]".[433]

Zur Auseinandersetzung mit der dritten Frage ist den Ursachen einer unterstellten fehlenden Effektivität auf den Grund zu gehen. Insbesondere im öffentlichen Raum findet eine immer stärkere Konfrontation mit sexuellen Inhalten statt,[434] sei es in der Werbung[435] oder im frei empfangbaren Fernsehen.[436] Entscheidend ist aber, dass gerade diese Bereiche Einflussmöglichkeiten des Staates ausgesetzt sind. Erlässt der Gesetzgeber ein Gesetz, das Vorgaben für die Beschränkungen von Werbung macht, so reduziert dies auch sexualbezogene Werbung an Plakatwänden in der Innenstadt. Aber auch im Internet kann stärker gegen die Praxis vorgegangen werden, dass seriöse Firmen ihre Nutzer auf pornographische Seiten weiterleiten, um von den Betreibern eine Kommission zu erhalten.[437] Eine Überschwemmung mit Pornographie im alltäglichen, öffentlichen Raum einzudämmen und damit dem Konfrontationsschutz gerecht zu werden, wäre dem Staat durch verstärkte Strafverfolgung möglich.

Die Aufsplittung der Annahme, das Verbot sei nicht effektiv, in drei Kernfragen hat gezeigt, dass selbst eine bestehende Ineffektivität nicht zu einer

---

432 Siehe zu dieser Frage bei der Zusendung von pornographischem Material BT-Drucks. 6/1552 S. 34; *Schmidt* BZgA Forum 01/2009 S. 29 f.

433 *Bottke* FS Buchner S. 144.

434 *Schmidt* Das große Der Die Das S. 56 f; *Starke* S. 39 f.

435 Vgl den Artikel „Wann Sex-Werbung funktioniert" im Handelsblatt aus der Reihe „Wie wir beim Einkaufen betrogen werden".

436 So war der erste nackte Busen im Fernsehen im Tatort „Reifezeugnis" 1977 noch ein Skandal und „aus heutiger Sicht eher lächerlich", *Huber* 40 Jahre „Reifezeugnis" Der „Tatort" mit Tabubruch.

437 Vgl zu dieser Praxis *Allhutter* S. 131.

Abwendung vom Schutze des Konfrontationsschutzes führen muss. Darüber hinaus ist aber bereits die Grundannahme der alltäglichen Konfrontation mit Pornographie faktisch in Zweifel zu ziehen. Sexuelles ist nicht gleichbedeutend mit Pornographie.[438] Eine Überschwemmung des öffentlichen Raums mit Pornographie kann wohl nicht beobachtet werden und wird hier faktisch bestritten, wenngleich Sexualität längst Einzug in unseren Alltag gefunden hat.[439] Somit geht ein dahingehender Einwand bereits von falschen Grundlagen aus. Auch für den Fall des Zutreffens griffe der Einwand aber nicht. Der Schutzzweck des Konfrontationsschutzes kann daher nicht überzeugend entkräftet werden.

Damit ist das Schutzgut des Konfrontationsschutzes nach wie vor zulässiger und einschlägiger Teil des demokratisch legitimierten gesetzgeberischen Willens.

(3) Verhältnis

Das Verhältnis der Schutzgüter zueinander ist umstritten.[440] Eine Benennung beider Schutzgüter findet überwiegend noch statt. Bei der Auslegung wird dann jedoch häufig darauf verwiesen, dass der Jugendschutz das vorherrschende Schutzgut sei oder der Konfrontationsschutz nur so weit gehen könne, wie auch der Schutz der Jugend es gebiete.[441] Demgegenüber finden sich in der neueren Literatur Bestrebungen, den Konfrontationsschutz in den Mittelpunkt zu rücken.[442]

Widmet man dem Jugendschutz einen genaueren Blick, so fällt auf, dass er sich in zwei Schutzrichtungen aufsplitten lässt. Zum einen soll eine ungewollte Konfrontation Minderjähriger mit Pornographie verhindert werden. Zum

---

438 Dies erkennt auch *Köhne* JR 2012, 325 (327), der darstellt, dass die Werbung häufig als „Appetizer“ aus minderwertigen nicht pornographischen Darstellungen besteht, um dem Betrachter die tatsächlich pornographischen Bilder später zu verkaufen. Studien untersuchen insoweit regelmäßig nur die unfreiwillige Konfrontation mit sexualisierten Inhalten, siehe hierzu die Zusammenstellung von Untersuchungen bei *Dekker/Koops/Briken* S. 12 f.

439 AA Matt/Renzikowski-*Eschelbach* § 184 Rn 2. Zum Nachweis seiner Auffassung verweist er auf drei BT-Drucks., die sich jeweils lediglich mit Kinderpornographie befassen und keine dahingehende Aussage treffen. Zur Unterscheidung von Sexuellem und Pornographischem wird keine Aussage getroffen.

440 Siehe exemplarisch für einen Schwerpunkt auf dem Jugendschutz neben den bisher angeführten Ansichten Satzger/Schluckebier/Widmaier-*Hilgendorf* § 184 Rn 6.

441 Matt/Renzikowski-*Eschelbach* § 184 Rn 2; *Schulz/Korte* ZUM 2002, 719 (724).

442 Vgl statt vieler *Heinrich* FS Ostendorf S. 411 ff; so wohl auch *Gropp* FS Kühne S. 681.

anderen soll dem nach Zugang zu Pornographie Suchenden dieser verwehrt werden. Faktisch ist dem Zugang Suchenden dieser aufgrund der Allgegenwärtigkeit des Mediums Internet nicht mehr zu verhindern. Die zweite angeführte Schutzrichtung ist daher nicht umfassend gewährleistbar. Einen Großteil des Jugendschutzes – und faktisch auch den einzig effektiv durchsetzbaren – macht daher der Konfrontationsschutz aus. Der zu realisierende Teil des Jugendschutzes ist der der Konfrontation Unwilliger[443] und entspricht damit dem des allgemeinen Konfrontationsschutzes.[444]

Während das Effektivitätsargument beim Konfrontationsschutz anhand dreier Teilfragen untersucht wurde, ist dies hier nicht zielführend. Die Frage nach dem Verhältnis betrifft die Frage danach, welcher Schutzzweck der Definition des Begriffs zu Grunde liegt. Dass der Jugendschutz überhaupt Schutzzweck eines Verbots sein kann, wird hingegen nicht in Zweifel gezogen. Dennoch soll dem Einwand mangelnder Effektivität des Verbots zugunsten Jugendlicher hier kurz Rechnung getragen werden. Während bei der obigen Konstellation eine weitestgehend effektive Durchsetzung gerade möglich ist, erscheint dies bei Konfrontationswilligen aussichtslos.[445] Insbesondere Angebote aus dem Ausland, die einen Großteil der Angebote ausmachen, können ohne eine unverhältnismäßige flächendeckende Sperrung ausländischer Internetseiten nicht effektiv verhindert werden.[446] Sie sind der Kontrolle durch den Gesetzgeber damit ein Stück weit entzogen.[447] Es ist zwar möglich, den Zugang zu erschweren, eine umfassende Verhinderung ist hingegen nicht möglich. Auch bei der Auslegung von § 184 Abs. 1 Nr. 1 – dem Paradebeispiel der Tatvariante zum Schutze der Jugend – ist anerkannt, dass es zur Vermeidung von Strafbarkeit genügt, einfache, naheliegende und offensichtliche Umgehungsmöglichkeiten auszuschließen.[448] Es wird keine Unüberwindbarkeit gefordert, sondern nur eine spürbare

---

443 *Dekker/Koops/Briken* S. 6.

444 Hierzu ausführlich *Heinrich* FS Ostendorf S. 411 ff.

445 *Altstötter-Gleich* S. 7 f; *Dekker/Koops/Briken* S. 6;; *Döring* ZfSf 2011, 228 (229); *Heinrich* ZJS 2016, 132 (137 f); MüKo-*Hörnle* § 184 Rn 4: es handelt sich um ein Massenphänomen und de facto können Jugendliche nicht am Konsum gehindert werden; so auch *Naumann* ZRP 2009, 44 und ausdrücklich unter Anführung von verfassungsrechtlichen Geeignetheitsgesichtspunkten auch S. 45; SK-*Wolters/Greco* § 184 Rn 9 spricht davon, dass der Staat nahezu ohnmächtig ist, „den Jugendlichen vor Pornographie zu schützen.".

446 *Naumann* ZRP 2009, 44 (45).

447 Vgl *Naumann* ZRP 2009, 44, die unter anderem darauf hinweist, dass für deutsche Anbieter bereits jetzt einer der weltweit höchsten Standards gilt.

448 *Hilgendorf/Valerius* Rn 296.

Schwelle.[449] Im Ergebnis wird daher auch in der einfachen Anwendung dieser Norm lediglich der Konfrontationsunwillige geschützt. Ein Eingriff in das Rechtsgut eines Unwilligen ist generell als schwerwiegender anzusehen als bei einem Willigen, der paternalistisch vor seinem eigenen Willen geschützt wird. Dies ist auch Ausdruck eines liberalen Strafrechtsverständnisses. Hinzu kommt trotz bestehenden Verbots die weitgehende Akzeptanz und Ubiquität des Konsums von Pornographie durch Jugendliche.[450] Sofern der Konsum gemäßigt bleibt, besteht wohl auch keine Gefahr. Erst übermäßiger Konsum von Pornographie birgt Gefahren, gleichwenn die Wirkungsforschung nach wie vor unklar ist.[451]

Anders als beim Jugendschutz überwindet eine Ausrichtung am Konfrontationsschutz zudem die Gefahr von Zirkelschlüssigkeit.

Systematisch streiten für dieses Verständnis auch die Regelungen zur Pornographie in § 4 JMStV und § 15 JuschG: Diese Gesetze haben ausdrücklich den Zweck des Jugendschutzes zum Ziel und beinhalten Regelungen zur Pornographie.[452] Bei ihrem Pornographieverständnis beziehen sie sich auf das des Strafgesetzbuchs. Da für den Jugendschutz detaillierte spezielle Gesetze gelten, die sich ihrerseits auf den Begriff des Strafgesetzbuchs berufen, kann dieser kaum als Maßstab für die Auslegung herangezogen werden und auch nicht das zentrale Anliegen der Norm sein.

Daher ist die Auslegung zutreffender Weise vor dem Hintergrund des Konfrontationsschutzes vorzunehmen. Dies bedeutet ausdrücklich nicht, dass eine Beschränkung zum Schutze der Jugend nicht zulässig ist. Vielmehr ist nur die Bestimmung dessen, was Pornographie ist, nicht am Jugendschutz auszurichten, sondern am Konfrontationsschutz als klassische Ausgestaltung der abwehrrechtlichen Seite der sexuellen Selbstbestimmung.

---

449 MüKo-*Hörnle* § 184 Rn 33; siehe SK-*Wolters/Greco* § 184 Rn 23 zum Erfordernis genereller Effektivität der Barrieren im Rahmen des Pornographieverbots; siehe auch BVerwGE 116, 5 (15).

450 *Weller* pro familia magazin 2009, 9 (10): 60 % der Jungen im Alter von 15 Jahren haben bereits Sex- und Pornofilme konsumiert, auf S. 9 stellt er auf Grundlage einer Untersuchung des Kriminologischen Instituts Niedersachsens dar, dass bereits 2005 36 % der 15-jährigen Jungen regelmäßige Pornographie-Konsumenten waren und bewertet diesen Wert als unerwartet niedrig; so auch *Schmidt* BZgA Forum 01/2009 S. 27.

451 MüKo-*Hörnle* § 184 Rn 2.

452 Erbs/Kohlhaas-*Liesching* JuschG Vorbemerkung Rn 2; siehe auch § 1 JMStV.

(4) Pornographie und Moral

Nachdem die zentralen Schutzgüter und insbesondere deren Verhältnis geklärt wurden, ist der Frage nachzugehen, inwieweit eine Definition vollständig losgelöst von Fragen der Moral erfolgen kann oder ob und in welcher Form diese doch zu berücksichtigen sind. Es war ausdrückliche Intention des 4. Strafrechtsreformgesetzes, sich von Sittlichkeitserwägungen abzuwenden. Das neue Sexualstrafrecht sollte einzig und allein an den Schutz von Rechtsgütern anknüpfen. Betreffend die Definition dessen, was unter Pornographie zu verstehen war, brachte das Gesetz hingegen keine inhaltliche Änderung. Bereits seit dem Fanny-Hill Urteil wurde die unzüchtige Schrift entsprechend des neu eingeführten Begriffs der Pornographie definiert. Derartige Schriften wurden mangels geschützten Rechtsguts für erwachsene Bürger freigegeben. Dennoch sollte keine vollständige Freigabe erfolgen. Ein Verbot bestand auch weiterhin unter dem Deckmantel des Jugendschutzes. Insofern sind zumindest Parallelen zur Historie des Verbots der männlichen Homosexualität zu erkennen: § 175 aF verbot das Treiben von Unzucht zwischen zwei Männern. Im Zusammenhang mit dem Wandel im Sexualstrafrecht Ende der 60er Jahre wurde das Verbot ebenfalls mangels Verletzung eines Rechtsguts weitestgehend aufgehoben. Es bestand jedoch bis 1994 als Verbot zum Schutze der Jugend fort. Wenngleich eine Parallele nicht umfassend zu ziehen ist, da die Gefahr negativer Wirkung durch Pornographie auf Jugendliche jedenfalls ungeklärt ist, so veranschaulicht sie dennoch, dass der Gesetzgeber sich nicht zwingend vollständig von Moral- und Sittlichkeitserwägungen löst, nur weil er vorgibt dies zu tun.

Diese Erkenntnis erleichtert es, sich dem Begriff zu nähern, ohne gezwungenermaßen eine Begründung dafür anführen zu müssen, dass die Auslegung ausschließlich von teleologischen Gesichtspunkten des Jugendschutzes getragen werden muss. Dies ist mutmaßlich auch der Grund für die zahlreichen Definitionsversuche über rein teleologische Gesichtspunkte vor dem Hintergrund des Jugendschutzes. Es führt dazu, dass eine gefühlte Notwendigkeit besteht, Argumente vor dem Jugendschutz als neutrale auszugegeben. Insbesondere der von der Rechtsprechung im zweiten Schritt vorgenommene Punkt der Anstandsverletzung ist in diesen Zusammenhang einzuordnen. Auch die Beschränkung von Pornographie zulasten der Jugend trotz Nicht-Erwiesenheit der Gefahr ist ungeachtet der bestehenden verfassungsrechtlichen Zulässigkeit in diesen einzustellen. Dass die Bewertung und Abwägung der Gefahrenprognose durchaus moralisch beeinflusst ist, ändert nichts an der bestehenden Rechtsgutsorientierung.

Pornographie kann nicht gänzlich frei von Sittlichkeits- und Moralfragen bestimmt werden.[453] Wenn in einem Inhalt das Grundwesen von Pornographischem erkannt wurde, muss anschließend abgewogen und bewertet werden, ob dies die Schwelle des noch hinnehmbaren Anständigen auch überschreitet. Der Gesetzgeber hat einen gewissen Typ von Schriften verbieten wollen, den er mit dem Begriff Pornographie bezeichnet hat. Er wollte die Jugend und den erwachsenen Bürger vor einer Konfrontation mit eben dieser Art von Schriften schützen. Ob dies sinnvoll ist oder nicht, ist eine Entscheidung, die – in den Grenzen des Zulässigen – dem Gesetzgeber obliegt. Dies sollte aber nicht dazu führen, dass die Rechtsanwendung den Begriff künstlich zurechtbiegt, um ein gewünschtes Ergebnis zu erzielen und die Strafbarkeit nach persönlichen Strafbedürftigkeitserwägungen zu begrenzen. Eine derartige Auslegung ist bereits vor dem Gewaltenteilungsgrundsatz kritisch zu betrachten.[454]

Ein derartiges Pornographieverständnis steht auch nicht in Widerspruch zum Fanny-Hill Urteil, in dem es heißt, Strafrecht dürfe nicht der Aufrechterhaltung eines moralischen Standards eines erwachsenen Bürgers dienen.[455] Vielmehr dient das Verbot dem Schutz eines Rechtsguts, seine Reichweite wird hingegen auch durch Moralfragen begrenzt. Da dies nur zugunsten des Normadressaten geschieht, ist dies zulässig.[456] Das Gesetz bestraft somit nicht Moral, sondern begrenzt nach hier vertretener Auffassung durch sie rechtsgutsorientierte Strafbarkeit. Sie ist nicht Strafgrund. Damit steht dies auch nicht in Widerspruch zum Anliegen des 4. Strafrechtsreformgesetzes.

(5) Allgemeines Grundverständnis

Pornographie stellt einen geläufigen Alltagsbegriff dar, dem damit einhergehend ein allgemeines Verständnis zugrunde liegt, auch wenn im Einzelnen Auslegungsschwierigkeiten vorliegen, wenn es um die Subsumtion konkreter Inhalte geht.[457]

---

453 So auch Schwartmann-*Keber* 10.1 §§ 184 Rn 64; LK-*Laufhütte/Roggenbruck* § 184 Rn 8; *Starke* S. 8; nach *Lenz* S. 369 liegt der Norm moralischer Paternalismus zu Grunde, der nicht als Legitimation für eine Strafnorm dienen sollte.

454 So allgemein auch MüKo-*Hörnle* § 184 Rn 5 aE.

455 BGHSt 23, 40 (43 f).

456 *Greco* RW 2011, 275 (292): „gewisse Störungen muss jeder hinnehmen."; siehe auch *Silva Sanchez* S. 20 ff.

457 Vgl hierzu exemplarisch *Gerber* Quarks&Caspers „Die Wissenschaft der Pornografie" ab Minute 2:30; *Bottke* FS Buchner S. 148; *Starke* S. 6 sieht, dass Pornographie im allgemeinen Sprachgebrauch für vieles steht, „fern aber von rechtlichen Bestimmungen"; *Brüggemann* S. 428 f stellt dar, dass die Bevölkerung das Verständnis für Pornographie

„Pornografie ist dann das, was so bezeichnet wird.“[458]

Genau vor den hierunter verstandenen Schriften wollte der Gesetzgeber die Jugend und den unwilligen Bürger schützen. Was unter Pornographie zu verstehen ist, sollte daher unabhängig von der Rechtsfolge bestimmt werden, dass im Ergebnis eine Strafbarkeit für bestimmte Verhaltensweisen mit ihr besteht. Ein Großteil der juristischen Streitigkeiten ergibt sich daraus, dass die Bejahung von Pornographie ein strafbares Verbot nach § 184 begründet. Viele der Ansichten und Ausführungen sind von dem Bestreben getragen, im Ergebnis die Strafbarkeit auf ein für den jeweiligen Autor erträgliches Maß zu beschränken. Die Diskussion sollte sich hiervon richtigerweise lösen.

Gleichwohl lässt sich *de lege ferenda* darüber streiten, ob derartige Schriften strafrechtlich in dem gegebenen Umfang verboten sein sollen. Dieser Streit ist aber auf politischer Ebene zu führen und nicht unter dem Deckmantel juristischer Auslegung. Hierbei können durchaus Erwägungen angeführt werden, die die derzeitige Diskussion um die Definition bestimmen.[459] Dies sollte aber nicht dazu führen, dass divergierende Strafwürdigkeitsauffassungen den Pornographiebegriff künstlich verkomplizieren.

Nach hiesiger Ansicht entsprechen sich allgemeines Grundverständnis und die Zwecke des Konfrontationsschutzes. Dem allgemeinen Grundverständnis liegt ebenfalls zugrunde, dass es der Pornographie wesenseigen und konstitutiv ist, Nacktheit und Sexualität so zu präsentieren, dass sie den Betrachter dazu zwingen, sich mit seinen Trieben auseinander setzen zu müssen. Zugegebenermaßen wurde das allgemeine Grundverständnis aber wesentlich durch die mehr als 50 Jahre lang angewandte und ständige Rechtsprechung mitgeprägt. Aufgrund seiner Streitbarkeit ist es jedoch allenfalls unterstützend heranzuziehen.

Jugendschutz tritt in den Tatvarianten hinzu, in denen das Gesetz Jugendlichen den Zugang auch dann verwehrt, wenn sie willig sind. Der Gesetzgeber traut und mutet ihnen eine derartige Auseinandersetzung mit ihren Trieben nicht zu, selbst wenn sie gezielt danach suchen und dies ihrem faktischen Willen entspricht. Vor dem Hintergrund der noch nicht vollständig abgeschlossenen sexuellen Entwicklung erscheint auch dies zulässig. Gerade in der Überforderung bei erzwungener Auseinandersetzung mit den Trieben kann auch die spezifische Gefahr für Jugendliche liegen, vor der der Gesetzgeber schützen will.

---

unter dem Begriff der harten Pornographie hat; vgl auch ausführlich die Ausführungen auf S. 135 ff.

458 *Starke* S. 5 mwN.

459 Vgl exemplarisch *Starke* S. 44, der dies anhand der Einwände *Schumanns* tut.

ff. Kriminalpolitische Notwendigkeit einer Strafnorm?

Kriminalpolitisch bleibt kritisch zu hinterfragen, ob das Strafgesetzbuch den richtigen Standort für ein Pornographieverbot darstellt.[460] Um zu erreichen, dass ungewollte Konfrontationen im öffentlichen Raum und Rundfunk unterbleiben, könnte im Sinne der Verhältnismäßigkeit eine Vorschrift im Ordnungswidrigkeitengesetz genügen. Auch zum Schutze der Jugend würde eine Norm auf Ebene der Ordnungswidrigkeiten genügen. Es handelt sich hier zwar um Angriffe auf das Rechtsgut der sexuellen Selbstbestimmung, vor denen der Bürger geschützt werden muss. Jedoch ist in Zweifel zu ziehen, ob mit normabweichendem Verhalten ein sozialethischer Unwerttadel verbunden sein sollte, wie es beim Bestehen als Straftat der Fall ist.[461] Als milderes Mittel genügen somit wohl die Mittel des Ordnungswidrigkeitenrechts, um ungewollte Konfrontationen zu verhindern und zugleich dem Jugendschutz zu genügen.[462] Durch das Medium Internet kann auch durch eine Strafnorm ein Kontakt konfrontationswilliger Jugendlicher nicht wirksam unterbunden werden.[463]

Einer möglichen Streichung des Verbots von einfacher Pornographie aus dem Strafgesetzbuch steht auch die Verpflichtung aus Art. 27 der EU-Richtlinie über audiovisuelle Mediendienste nicht entgegen. Dieser verpflichtet die Mitgliedsstaaten, keinerlei Programme in ihrem Hoheitsgebiet frei ausstrahlen zu lassen, die die körperliche, geistige und sittliche Entwicklung von Minderjährigen ernsthaft beeinträchtigen können, insbesondere solche, die Pornographie oder grundlose Gewalttätigkeiten zeigen. Dies bedeutet nicht, dass zur Regulierung eine Strafvorschrift notwendig ist. Sofern man die Gefährlichkeit der Pornographie beispielsweise in der Vermittlung von Rollenbildern sieht, wäre es auch denkbar, den Jugendschutz ausschließlich über die Freigabe der Filme über die Freiwillige Selbstkontrolle (FSK) zu regeln. Dem entspricht auch die gängige Strafverfolgungspraxis, in der einfache Pornographie seit längerem keine gewichtigere Rolle mehr spielt. Eine Kontrolle findet weitestgehend über den Jugendmedienschutz statt.[464]

---

460 Dies vor dem Hintergrund des Konfrontationsschutzes ebenfalls in Frage stellend *Sieber* ZUM 2000, 89 (91).

461 BVerfGE 120, 224 (240); BVerfG NJW 2016, 1149 (1153, Rn 58); vgl hierzu *Kühl* FS Eser S. 153 ff; *Bohnert/Krenberger/Krumm* OWiG § 1 Rn 3 ff; siehe auch *Jung* Freilaw 04/2014, 1 (5).

462 Vgl zu bestehenden Regelungen im Ordnungswidrigkeitenrecht *Bornemann* S. 59 f.

463 *Heinrich* FS Ostendorf S. 411 ff.

464 *Köhne* JR 2012, 325 (327).

Festzustellen ist zudem, dass § 184 durch das 49. Strafrechtsänderungsgesetz seine Stellung als zentrale und bedeutendste Norm des Pornographiestrafrechts verloren hat.[465] Durch die Änderung des § 184d, der seit dem 27.01.2015 auch pornographische Inhalte und nicht mehr länger nur Live-Darbietungen erfasst, ist dieser der häufigste Anwendungsfall des Pornographieverbots.[466] Sofern kriminalpolitisch ein Umdenken stattfindet, betrifft dies demnach nicht ausschließlich § 184. Vielmehr ist über eine Neuausrichtung sämtlicher Normen zur Pornographie nachzudenken. Ausgangspunkt einer solchen muss eine offene und sachliche, gesellschaftliche Diskussion über die Freigabe oder Begrenzung von Pornographie im Allgemeinen sein.[467]

gg. Konzeptionen

Der Gesetzgeber wollte solche Schriften verbieten, die allgemein als pornographisch verstanden werden und die bisher von der Rechtsprechung als pornographisch verstanden wurden. Einer Inhaltsbestimmung kann sich durch eine Auswertung der Charakteristika bestehender Pornographie genähert werden. Vor diesem Hintergrund ist insbesondere der Konfrontationsschutz heranzuziehen. Es ist mit diesem danach zu fragen, inwieweit der triebhafte und deshalb weitgehend unkontrollierbare Charakter des Sexuellen den Konfrontierten zu einer nicht hinzunehmenden Auseinandersetzung veranlasst. Dies ist gerade der Kern dessen, worauf auch das allgemeine Verständnis zurückgeht; das allgemeine Verständnis korreliert demnach mit dem Konfrontationsschutz. Pornographisch ist, was aus objektiver Sicht den Betrachter zur Auseinandersetzung mit den Trieben zwingt. Hiermit muss sich der Bürger nicht konfrontieren lassen.

Wenn häufig dargestellt wird, es sei eine Gesamtbetrachtung der Schrift vorzunehmen,[468] so ist dem für die Bestimmung der Grenzen der Kunstfreiheit zwar zuzustimmen. Geht es hingegen nur allgemein um die Bewertung einer Schrift als pornographisch, kann mit Blick auf den Konfrontationsschutz auch eine einzelne Stelle oder Szene ausreichen, um hierunter zu fallen.[469] Dies führt auch

---

465 *Gercke* CR 2014, 687 (689).

466 MüKo-*Hörnle* § 184d Rn 1; zweifelnd *Heinrich* ZJS 2016, 297 (314); für ein Verständnis als lex specialis gegenüber den §§ 184, 184a, 184b, 184c *Bornemann* S. 63.

467 Vgl ausführlich *Döring* ZfSf 2011, 1 ff.

468 BGHSt 5, 346 (348); KG NStZ 2009, 446 (447); MüKo-*Hörnle* § 184 Rn 25; Schönke/Schröder-*Eisele* § 184 Rn 10; *Schumann* FS Lenckner S. 574 f.

469 So auch SK-*Wolters/Greco* § 184 Rn 15.

und gerade bei der Bewertung von Datenspeichern zu sachgerechten Ergebnissen, bei denen nur ein minimaler Teil des Speicherplatzes von pornographischen Dateien belegt ist.[470] Durch die auf den verkörperten Datenträger abstellende Konzeption des Gesetzes müsste ansonsten bei der inhaltlichen Bewertung von Festplatten, CDs und DVDs häufig nach einer Gesamtbetrachtung des Objekts Datenträger ein taugliches Tatobjekt konsequent abgelehnt werden.[471] In den meisten Fällen sind anteilsmäßig wenige Dateien auf einem solchen Datenträger gespeichert, denen die Eigenschaft pornographisch zukommt. Im Übrigen wäre es in der Folge ein Leichtes seinem Datenträger die Eigenschaft pornographisch zu nehmen, indem größtenteils harmlose Dateien auf dem Speicher gesichert werden.

Gewisse Elemente tauchen wiederholt in Ausführungen zum Pornographiebegriff auf. Diese sind im Einzelnen nicht immer strikt voneinander zu trennen und überschneiden sich teilweise. Zur Auseinandersetzung ist es jedoch unerlässlich, die Merkmale zu strukturieren und danach zu fragen, welche der Kriterien für die Bestimmung dessen, was Pornographie ist, konstitutiv sind und welche nur regelmäßig damit einhergehen. Im Wesentlichen lassen sich die folgenden Kategorien zusammenfassen:[472]

- *Erniedrigung eines Geschlechts:* Insbesondere von Vertretern des Feminismus wird vorgebracht, Frauen würden in pornographischen Darstellungen regelmäßig erniedrigt. Das Merkmal der Erniedrigung eines Geschlechts ist demnach ein der Pornographie wesenseigenes. Die Kampagne PorNO definiert pornographische Darstellungen daher als verharmlosende oder verherrlichende, deutlich erniedrigende sexuelle Darstellung von Frauen oder Mädchen, wenn die als Sexualobjekt Dargestellten 1. Erniedrigung, Verletzung oder Schmerz genießen, 2. vaginal, oral oder anal vergewaltigt werden, 3. von Tieren oder Gegenständen in Vagina oder After penetriert werden oder 4. gefesselt, geschlagen, verletzt, misshandelt, verstümmelt, zerstückelt oder auf andere Weise Opfer von Zwang und Gewalt werden.[473]

---

470 Siehe unten S. 149 f.

471 Vgl zur Konzeption des Gesetzes, das in § 184c auf eine Schrift abstellt unten S. 145 ff.

472 Vgl hierzu *Schroeder* Pornographie, Jugendschutz und Kunstfreiheit S. 17 ff, der zusätzlich noch die Konzeption der Wesensverfälschung und die der Entmenschlichung der Sexualität als eigene Konzeptionen aufführt. Diese sind jedoch wenig ergiebig und von vorne herein ungeeignet bei einer Definition Konstitutives beizutragen.

473 Siehe exemplarisch *Schwarzer* EMMA 1987, S. 20 § 2 und S. 22 f; vgl aber zu diesem Aspekt auch *Altstötter-Gleich* S. 13 f.

- *Irrealismus:* Nach dem Irrealismuskonzept ist es der Pornographie eigen, sexuelle Phantasien in unrealistischer Darstellung zu schildern.[474]
- *Degradierung zum Objekt:* Pornographische Schriften degradieren den Menschen in einer den Sexualtrieb aufstachelnden Weise zum bloßen, auswechselbaren Objekt geschlechtlicher Begierde.[475]
- *Stimulierung:* Pornographische Schriften bringen zum Ausdruck, dass sie ausschließlich oder überwiegend auf die Erregung eines sexuellen Reizes beim Betrachter abzielen. Hierbei handelt es sich um eines der beiden vom Gesetzgeber als konstitutiv verstandenen Elemente der Pornographie.
- *Aufdringlichkeit:* Pornographie ist es eigen, dass die Darstellungen aufdringlich vergröbernd und anreißerisch sind.[476]
- *Isolierung:* Pornographie zeigt Darstellungen, die sexuelle Vorgänge ohne Sinnzusammenhang mit anderen Lebensäußerungen auf sich selbst reduziert wiedergeben.[477]
- *Anstandsverletzung:* Pornographische Schriften überschreiten die im Einklang mit allgemeinen Wertvorstellungen gezogenen Grenzen des sexuellen Anstandes. Hierbei handelt es sich um das zweite vom Gesetzgeber bei der Einführung des Pornographieverbots zugrunde gelegte Element.

hh. Bewertung

Die oben genannten Konzeptionen beschreiben sämtlich Wesenszüge und Eigenschaften bestehender Pornographie. Der Großteil der pornographischen Schriften dürfte sich zweifelsohne in zahlreichen Kategorien wiederfinden. Fraglich ist nun, welche der Merkmale konstitutiv sind und welche nur typischerweise erfüllt sind, hierbei aber deskriptiv bleiben und nicht notwendiges Merkmal sind.

Allgemeiner Konsens ist, dass nicht jede Darstellung von Nacktheit zugleich zum Vorliegen von Pornographie führt.[478] Mindestens teilweise Unbekleidetheit

---

474 *Schmidt* Das große Der Die Das S. 144; *ders.* Sexuelle Verhältnisse S. 104; vgl auch die Nachweise bei *Schroeder* Pornographie, Jugendschutz und Kunstfreiheit S. 18.

475 OLG Düsseldorf NJW 1974, 1474 (1475); OLG Karlsruhe NJW 1987, 1957; *Schmidt* Sexuelle Verhältnisse S. 105 f.

476 BGHSt 23, 40 (43 f).

477 BGHSt 23, 40 (44); *Hanack* S. 236.

478 Dies ist in den meisten Rechtsordnungen so *Sieber* ZUM 2000, 89 (96); ansonsten wäre die anerkannte und gesellschaftlich akzeptierte Rubrik „Dr Sommer" der Jugendzeitschrift BRAVO, in der stets nackte Jugendliche abgelichtet waren, pornografisch gewesen.

ist zwar eine notwendige, aber keine hinreichende Bedingung. In Randbereichen kann es durchaus zu Abgrenzungsschwierigkeiten kommen. Dies ist zuvörderst anhand der erzwungenen triebhaften Auseinandersetzung im Rahmen des Konfrontationsschutzes zu vollziehen sowie anhand des – durchaus streitbaren – allgemeinen Verständnisses dessen, was unter Pornographie zu verstehen ist. Das vermeintlich bestehende allgemeine Verständnis wird daher nur äußerst restriktiv herangezogen.

- Wenngleich die *Erniedrigung eines Geschlechts* häufig auch aufgrund der überwiegend männlichen Konsumenten gegeben sein dürfte,[479] handelt es sich dennoch nicht um ein konstitutives Merkmal.[480] Auch gleichberechtigte Darstellung von Sexualität kann nach dem allgemeinen Verständnis wohl eine solche pornographische sein und eine triebhafte erzwungene Auseinandersetzung hervorrufen.[481] Schon im Hinblick auf Art. 3 GG ist auch ausgeschlossen, dass bloß eine Erniedrigung der Frau ausreichend sein kann, die eines Mannes jedoch nicht. Zudem versagt dieses Konzept bei homosexuellen Darstellungen, die nicht von vornherein aus der Definition von Pornographie auszuschließen sind.[482]
- Auch das *Irrealismus*-Konzept vermag als konstitutives Element nicht zu überzeugen. Private Mitschnitte und Amateurvideos sind in den Abteilungen der Sex-Shops sehr wohl unter der Kategorie Pornographie zu finden.[483] Der Begriff hat gar einen eigenen Abschnitt im Wikipediaartikel zur Pornografie.[484] Dies ist Indikator dafür, dass sie von der allgemeinen Meinung auch als solche angesehen werden. Diesen kann der Realismus wohl kaum abgeschrieben werden. Auch können derartige Inhalte sehr wohl sexuelle Stimulation hervorrufen.

---

479 *Altstötter-Gleich* S. 12; *Grimm/Rhein/Müller* S. 18 f mwN; vgl in diesem Zusammenhang *Schmidt* Sexuelle Verhältnisse S. 106 ff, der gerade auch eine Degradierung des Mannes erkennt und darstellt.

480 *Hörnle/Kremnitzer* ILR 2011, 143 (155).

481 Vgl auch *Schmidt* Das große Der Die Das S. 148 ff.

482 *Schmidt* Sexuelle Verhältnisse S. 113.

483 *Lewandowski* S. 117.

484 Siehe https://de.wikipedia.org/wiki/Pornografie#Amateurpornografie, zuletzt abgerufen am 02. August 2018; *Döring* ZfSf 2011, 1 (10); exemplarisch: auf einer der führenden Seiten in diesem Bereich *youporn.com* bildet „Amateur" eine eigenständige Kategorie, zuletzt abgerufen am 02. August 2018; auch der Onlineshop *openerotic.com* führt eine Kategorie mit dem Titel „Amateure", zuletzt abgerufen am 02. August 2018.

- Die *Degradierung zum* austauschbaren *Objekt* mag zwar häufig gegeben sein, konstitutiv ist sie dennoch nicht.[485] So schließt die gegenseitige Beteuerung der Ausschließlichkeit des Geschlechtspartners keine Stimulationseffekte und triebhafte Auseinandersetzung aus. Auch bei privaten Aufnahmen ist eine erkennbare Nicht-Austauschbarkeit wohl häufig gegeben.
- Konstitutiv ist hingegen die *Stimulierungstendenz*. Pornographie ist stets darauf gerichtet und dient in erster Linie dem Zweck den Betrachter sexuell zu erregen,[486] was der erzwungenen triebhaften Auseinandersetzung gerade eigen ist und auch das allgemeine Begriffsverständnis prägt.[487] Spiegelbildlich dazu ist der Hauptgrund für das Betrachten von Pornographie die damit verfolgte sexuelle Stimulierung.[488] Richtigerweise kann zur Bewertung in der Folge nicht die Absicht des Herstellers oder des Darstellers entscheiden, vielmehr ist eine objektive Bewertung des Inhalts vorzunehmen.[489] Die Darstellung muss die objektiv angelegte Wirkung haben, den Betrachter zu stimulieren. Für dieses Merkmal streitet auch die Ausgabe von Synonymen eines in diesem Bereich führenden Portals. So wird, neben Varianten der Schreibweise und dem Vorgängerbegriff der *unzüchtigen Darstellung*, lediglich die *Vollerotik* und die *Wichsvorlage* genannt.[490] Insbesondere die Nennung des vulgärsprachlichen Ausdrucks der *Wichsvorlage* bestätigt, dass die Stimulierungstendenz der Pornographie als zentrales Element wesenseigen ist. Eine Vorlage zur Onanie ist auf die Funktion der Erregung und Stimulation beschränkt. Als gebräuchliches Synonym spricht es zudem als Indiz dafür, dass Inhalte mit derartiger Intention auch dem allgemeinen Begriffsverständnis entsprechen. Eng damit verknüpft sind die Elemente der *Aufdringlichkeit*

---

485 So wohl auch *Baier* ZUM 2004, 39 (40), der davon spricht, dass dieses Merkmal lediglich ein starkes Indiz für das Vorliegen von Pornographie ist.

486 *Grimm/Rhein/Müller* S. 17; vgl den Abschnitt „Abgrenzung zu Aktfotografie und Erotografie" im Wikipedia Artikel zur „Pornografie" https://de.wikipedia.org/wiki/Pornografie#Abgrenzung_zu_Aktfotografie_und_Erotografie, zuletzt abgerufen am 02. August 2018, in dem als Abgrenzungskriterium zwischen Pornografie und Aktfotografie eben jenes Merkmal als der Pornografie Eigen genannt wird; diese funktionale Ebene benennt auch *Döring* ZfSf 2011, 1 (24).

487 Vgl *Gerber* Quarks&Caspers „Die Wissenschaft der Pornografie" ab Minute 2:30; *Spannbrucker* S. 106 stellt dar, dass Stimulierungstendenz und Anstandsverletzung die einzigen Übereinstimmungen darstellen.

488 *Altstötter-Gleich* S. 13; siehe auch *Palm* S. 12 f.

489 Siehe *Greco* RW 2011, 275 (294 f).

490 https://www.openthesaurus.de/synonyme/edit/16105, zuletzt abgerufen am 02. August 2018.

und der Isolierung, die als Auslegungshilfen für die Stimulierungstendenz heranzuziehen sind.

- Von Bedeutung ist auch das Merkmal der *Anstandsverletzung*. Es kann stets als Korrektiv eingreifen und Inhalte, die Wesenszüge des Pornographischen aufweisen, von einer Subsumtion ausnehmen, wenn die triebhafte Wirkung vor dem Hintergrund allgemeiner Moralvorstellungen hinzunehmen ist. So schafft es die notwendige Möglichkeit, sich wandelnden zeitbedingten Anschauungen gegenüber flexibel zu zeigen.[491] An dieser Stelle kommt die Erwägung zum Tragen, dass Pornographie nicht frei von Werturteilen bestimmt werden kann. Zwar kann bloße Moralwidrigkeit den Begriff nicht legitimieren, vielmehr begrenzt sie aber den Pornographiebegriff.[492] Was unterhalb der Schwelle dessen liegt, was dem Bürger auszuhalten zugemutet wird, ist trotz gezielter Ansprache der sexuellen Sinne keine Pornographie.[493] So steht dieses Merkmal den Zielen des 4. Strafrechtsreformgesetzes auch nicht entgegen, nach dem das Pornographiestrafrecht gerade nicht länger von Moralfragen determiniert werden sollte.

ii. Zwischenfazit

Zur Definition des Pornographiebegriffs werden verschiedene Auffassungen vertreten, die ihren Ursprung größtenteils in der teleologischen Auslegung anhand des Jugendschutzes nehmen. Richtigerweise ist dem Konfrontationsschutz ein mindestens genauso großer Stellenwert einzuräumen. Die Auslegung ist richtigerweise gar an diesem auszurichten.

Die Definitionsversuche der Literatur leiden größtenteils daran, eine ergebnisorientierte Beschränkung der Strafbarkeit nach § 184 zu verfolgen. Der Streit um die Definition des Begriffs ist hingegen richtigerweise vom Bestehen des § 184 als Straftatbestand zu lösen und danach auszurichten, welche Inhalte den triebhaften und weitgehend unkontrollierbaren Charakter des Sexuellen ansprechen und den Betrachter so zu einer Auseinandersetzung mit seinen Trieben zwingen. Dies wird gestützt durch ein allgemeines Verständnis dessen, was unter Pornographie zu verstehen ist. Das allgemeine Verständnis korreliert mit der erzwungenen triebhaften Auseinandersetzung des Konfrontationsschutzes. *De*

491 *Bottke* FS Buchner S. 148; LK-*Laufhütte/Roggenbruck* § 184 Rn 8; *Spannbrucker* S. 106 stellt dies als eines der zwei übereinstimmend anerkannten Kriterien dar.

492 Siehe oben S. 129 f.

493 Vgl SK-*Wolters/Greco* § 184 Rn 13.

lege ferenda ist zu diskutieren, ob ein allgemeines strafrechtliches Verbot von Pornographie noch notwendig und gewünscht ist.

Die zutreffende Auffassung zur Definition von Pornographie entspricht daher inhaltlich im Wesentlichen den Ausführungen der Rechtsprechung zurückgehend auf die Entscheidung Fanny-Hill, damals noch zur unzüchtigen Schrift. Der Begründungsansatz weicht hingegen hiervon ab. Demnach liegt Pornographie vor, wenn die Darstellung erkennbar und aufdringlich auf eine bloße sexuelle Stimulierung beim Betrachter ausgerichtet ist. Als Korrektiv greift die Frage ein, ob die Art der Darstellung die Hinnehmbarkeitsgrenze überschreitet. Sozial übliches Verhalten in Werbung und Film ist daher auch dann nicht pornographisch, wenn es zwar die sexuellen Sinne anspricht, hierbei aber von der Allgemeinheit als hinnehmbar akzeptiert wird.

Das gefundene Ergebnis kann auch im Zusammenhang mit privater Jugendpornographie überzeugen. Bei unkontrollierter Verbreitung konfrontiert, mobbt oder erpresst das soziale Umfeld den Darsteller mit der Teilnahme an einer pornographischen Darstellung. Angriffspunkt ist hierbei gerade, dass der Dargestellte in der Darstellung der Stimulation Dritter dient. Er wird damit zum Objekt, das den sexuellen Gelüsten Dritter zu dienen bestimmt ist. Diese Degradierung ist gerade Ausgangspunkt der missbilligenden Komponente der Konfrontation, die sich dadurch deutlich von anderen Konfrontationen mit peinlichen oder unangenehmen Situationen abhebt und in der die besondere Gefahr jugendpornographischer Inhalte besteht.[494]

Die Schriften der Ausgangsfälle sind hierunter subsumierbar – unabhängig davon, ob sie wie in den Fällen A und C in bloßer Bildform oder als Video vorliegen.[495] Diese sind zum Zweck der Stimulierung aufgezeichnet, bilden Geschlechtsorgane in erregender Weise ab und überschreiten die Grenze dessen, was im Rahmen allgemeiner Konfrontation noch hinzunehmen ist. Der pornographische Charakter ist in zahlreichen Fällen jugendlicher Sexualaufnahmen und Sexts anzunehmen, muss jedoch in jedem Einzelfall anhand der erarbeiteten Kriterien genau und kritisch geprüft werden. Zu beachten ist, dass bei weitem nicht jede Form von Sexting zugleich pornographisch ist. Im Gegenteil werden zahlreiche Bilder oder Videos, die als Sexts versendet werden, die

---

494 Vgl hierzu auch oben S. 80.

495 BVerwGE 113, 340 ff; siehe exemplarisch auch *Greco* RW 2011, 275 (291 f), der Playboy-Darstellungen als umfasst bezeichnet; auch Masturbation, wie in Fall A, ist typisch pornographisch und wird in 21 % der als pornographisch bezeichneten Filme dargestellt, vgl *Altstötter-Gleich* S. 12.

Schwelle zum Pornographischen nicht erreichen. Die Problematik rund um die Jugendpornographie beschränkt sich nicht auf das Phänomen Sexting, wenngleich beide wechselseitig eine bedeutende Rolle spielen.

3. Involvierung Jugendlicher

Nach der Feststellung des pornographischen Charakters ist nun die notwendige Involvierung eines Jugendlichen zu untersuchen.

a. Sexuelle Handlungen

Das Gesetz führt insofern sexuelle Handlungen „von, an oder vor" Jugendlichen an. Ausgehend vom Schutz der Jugend davor, in die Abhängigkeit der Pornoindustrie zu gelangen, wird rechtspolitisch angezweifelt, ob es notwendig ist, auch solche sexuellen Handlungen zu umfassen, die *vor* einem Jugendlichen vorgenommen werden.[496] Diese Entscheidung ist zwar mit guten Gründen kritisierbar, zumindest für den Bereich kommerzieller Pornographie aber als gesetzgeberische Entscheidung zu akzeptieren: Eine Verstrickung in das Gewerbe der Pornographie und daraus resultierender möglicher Druck auf den Jugendlichen ist auch dann nicht auszuschließen, wenn dieser in der dargestellten Handlung eine lediglich passive Rolle einnimmt und selbst keine sexuellen Handlungen vornimmt oder an ihm vorgenommen werden, sondern nur *vor* ihm.[497] Auch die Gefahr für die selbstbestimmte Lebensgestaltung und -führung kann unabhängig davon bestehen, ob der Jugendliche selbst die sexuellen Handlungen vornimmt. Er wird dennoch mit Pornographie in Verbindung gebracht und damit mit einer Schrift, die Teil einer Stimulierungsfunktion ist. Die Gefahr ist sicherlich geringer als bei eigenhändiger Vornahme der sexuellen Handlungen durch den Jugendlichen selbst, sie ist dennoch vorhanden oder kann zumindest nicht ausgeschlossen werden.[498] In diesem Zusammenhang ist auch auf Kategorien von Pornographie wie *Bukkake* hinzuweisen, bei denen die Frau vollkommen passiv sexuelle Handlungen an oder eben vor sich vornehmen lässt.

---

496 Schönke/Schröder-*Eisele* § 184c Rn 4; *Gercke/Brunst* Rn 343; *Gnüchtel* S. 231 f; *Hörnle* NJW 2008, 3521 (3523 f); *Laubenthal* Handbuch Rn 1072.

497 So auch *Palm* S. 166.

498 *Palm* S. 23.

b. Unbekleidet in unnatürlicher Körperhaltung

Ebenfalls nennt das Gesetz die Wiedergabe einer ganz oder teilweise unbekleideten jugendlichen Person in unnatürlich geschlechtsbetonter Körperhaltung und entspricht in dieser Hinsicht der Formulierung in § 4 Abs. 1 Nr. 9 JMStV und § 15 Abs. 2 Nr. 4 JuschG. Durch das Merkmal der Pornographie in § 184c wird diese Tatvariante in ihrem Anwendungsbereich gegenüber der Regelung im JMStV und im JuschG erheblich eingeschränkt.[499] Trotz der Einschränkung der Tatvariante durch das Merkmal des Pornographischen können auch Nacktaufnahmen durch eine gewisse und unbewusste Körperhaltung erkennbar auf Stimulation des Betrachters angelegt und daher durchaus pornographisch sein. Die unnatürliche Geschlechtsbezogenheit muss aber eindeutig zum Ausdruck kommen, regelmäßig indem der Eindruck eines sexuellen Anbietens erweckt wird.[500] Allerdings liegt bei einer aktiven Einnahme einer Haltung wieder eine sexuelle Handlung *von* einem Jugendlichen vor und die Tatvariante unter lit. a ist einschlägig.[501] Dies minimiert den Anwendungsbereich der Tatvariante noch einmal, da nur schwer Fälle konstruierbar sind, in denen ein sexuelles Anbieten erkennbar ist, diese Person aber gerade die Position nicht aktiv einnimmt. Der insoweit von der Gesetzesbegründung angeführte Beispielsfall des Schlafenden[502] kann insoweit nicht überzeugen, als der Gesetzeswortlaut eine unnatürliche Körperhaltung fordert, aber kaum abzustreiten sein wird, dass Bewegungen im Schlaf gerade im Gegenteil Ausdruck der natürlichsten Körperhaltung sind.[503]

Die Notwendigkeit der Existenz dieser Tatvariante ist daher durchaus in Zweifel zu ziehen. Nichtsdestoweniger ist sie zumindest nicht denknotwendig ausgeschlossen.

Bezüglich der Frage danach, wann ein teilweises Unbekleidet-Sein ausreicht, ist auf die Eigenschaft als Sexualdelikt abzustellen. Es ist eine Bewertung vorzunehmen, ob wenigstens eine sexualrelevante Stelle des Körpers unbekleidet ist. Auch eine nur teilweise Bekleidung einer Stelle kann aber zur Bejahung der Tatvariante ausreichen, so exemplarisch, wenn ein abdeckender Stoff nicht

---

499 Binder/Vesting-*Kaspar* JMStV § 4 Rn 62; *Liesching* BPJM-Aktuell 02/2015, 3 (5).

500 MüKo-*Hörnle* § 184b Rn 19; OLG Celle MMR 2007, 316 f; auf dieses Merkmal ist wohl die zu § 4 JMStV ergangene Rechtsprechung übertragbar, vgl *Liesching* BPJM-Aktuell 02/2015, 3 (5, Nachweise in Fn 15).

501 MüKo-*Hörnle* § 184b Rn 58, § 184c Rn 14; bereits das Spreizen der Beine stellt die Vornahme einer sexuellen Handlung dar, vgl BGHSt 43, 366 (368).

502 BT-Drucks. 18/2601 S. 30.

503 BeckOK-*Ziegler* § 184b Rn 4a; siehe auch *Krause* MMR 2016, 665 (667).

blickdicht ist, ein Stringtanga große Teile des Gesäßes sichtbar lässt oder nur Teile der weiblichen Brust bedeckt sind.[504] Es ist eine Einzelfallbewertung vorzunehmen.

c. Scheinproblematiken

In diesem Prüfungspunkt offenbaren sich die Scheinproblematiken, die bereits im Rahmen der Schutzzweckdiskussionen ausführliche Erörterungen gefunden haben.[505] Folgende Fälle sind denkbar:

Bezeichnung	***Tatsächliches Alter***	***Wirkt eindeutig wie***
Jugendlicher	Jugendlich	Jugendlich
Scheinerwachsener	Jugendlich	Erwachsen
Scheinjugendlicher	Erwachsen	Jugendlich

Mit der Rechtsprechung sind sämtliche angeführte Fälle unter die Norm zu subsumieren, weil die Darsteller tatsächlich jugendlich sind oder jedenfalls eindeutig so wirken.

Die materielle Erfassung Scheinjugendlicher soll vor allem Beweisschwierigkeiten vorbeugen. Dies kann aber nicht darüber hinwegtäuschen, dass damit materiell auch Erwachsene erfasst werden.[506] Eine Legitimation hierfür gelingt zumindest bei kommerzieller Pornographie über den Marktförderungsgedanken.

Nicht überzeugend in Bezug auf die Erfassung Scheinjugendlicher ist der Einwand der Widersprüchlichkeit, der häufig an folgendem Beispiel illustriert wird:[507] Ein bekannter und erwiesenermaßen erwachsener Darsteller, der eindeutig wie ein Jugendlicher wirkt, wird von der Norm erfasst. Bei einem unbekannt bleibenden Darsteller, der nur „halb" wie ein Jugendlicher aussieht, ist die Norm hingegen mit dem Zweifelssatz *in dubio pro reo* nicht anwendbar.[508] Dies mag zwar auf den ersten Blick widersprüchlich anmuten. Dennoch widerspricht dies nicht der materiellen Überzeugungskraft. Das materielle Recht ist es, das im Strafprozess verwirklicht wird.[509] Die vermeintliche Widersprüchlichkeit ergibt

504 *Liesching* BPJM-Aktuell 02/2015, 3 (5); siehe auch *Krause* MMR 2016, 665 (668).

505 Vgl auch die oben auf S. 70 ff angeführten Nachweise.

506 Zum identischen Problem bei Kinderpornographie SK-*Wolters/Greco* § 184b Rn 18.

507 Formuliert von *Kudlich* S. 93 ff; aufgegriffen von SK-*Wolters/Greco* § 184c Rn 8.

508 Siehe auch den ersten Leitsatz bei AG Bocholt MMR 2017, 568 sowie den Praxishinweis in der Anmerkung von *Püschel* FD-StrafR 2017, 390509.

509 *Peters* FS Welzel S. 416.

sich als bloße Konsequenz unseres Beweis- und Prozessrechts. Das Prozessrecht muss aber dem materiellen Recht dienen und nicht umgekehrt.[510]

Die Erfassung Scheinerwachsener kann hingegen nicht auf diese Weise begründet werden. Gleichwenn der konkrete Jugendliche sich durch die Existenz bestehenden Materials bei möglichen neuen Produktionen unter Druck gesetzt sieht, so ist dies nicht auf ein Bestehen des Marktes für Jugendpornographie zurückzuführen. Die Jugendlichkeit ist gerade nicht erkennbar und erreicht die Konsumenten des entsprechenden Marktes auch nicht. Hierfür kann dann das Individualrechtsgut der selbstbestimmten Lebensgestaltung und -führung greifen. Dennoch muss die Erfassung im Einzelfall vor dem einschlägigen Schutzgut begründet und dementsprechend ausgelegt werden.

Während bei kommerzieller Jugendpornographie über das Marktargument gemeinsam mit dem Individualrechtsgut der selbstbestimmten Lebensgestaltung und -führung die Erfassung der Fälle mit Scheinbezug begründbar ist, ist für private Jugendpornographie Gegenteiliges der Fall. Jugendliche und Scheinerwachsene können zwar paternalistisch vor den Gefahren kursierender Pornographie geschützt werden. Nicht zu begründen ist in diesem Zusammenhang allerdings die Erfassung Scheinjugendlicher, die als Erwachsene unter Bezugnahme ihrer Grundrechte nicht derart geschützt werden dürfen.

Aufgrund des Gesagten kann eine Legitimation nicht gelingen. Auch hier ergibt sich allerdings wieder das schon mehrfach angedeutete Dilemma des Gesetzgebers der Berücksichtigung internationalen Rechts. Völkerrechtliche Vorgaben beeinflussen in diesem Bereich stark die nationale Auslegung und erschweren eine dogmatisch saubere und überzeugende Anwendung.[511]

Genauer und sorgfältiger Prüfung ist stets der Vorsatz zu unterziehen.[512]

4. Ungeschriebenes Tatbestandsmerkmal

Einer Auffassung nach ist infolge verfassungskonformer Auslegung das Merkmal der *Fremdbestimmtheit* als ungeschriebenes Tatbestandsmerkmal zusätzlich zu den allgemeinen Merkmalen in den Tatbestand hineinzulesen.[513] Insofern liegen Gemeinsamkeiten mit *Schumanns* Auffassung zur Pornographie vor, der seine Ausführungen allerdings auf sämtliche Fälle von Pornographie erstreckt.

---

510 *Mitsch* NJW 2008, 2295 (2298); NK-*Renzikowski* § 184j Rn 3; vgl unten S. 164 ff.

511 Vgl hierzu ausführlich unten S. 185 ff.

512 Schönke/Schröder-*Eisele* § 184c Rn 5.

513 *Wüstenberg* UFITA 2009, 497 (513 f).

Ausgangspunkt der Argumentation ist das bestehende Grundrecht auf sexuelle Selbstbestimmung der Darsteller und die von dieser gedeckten freien Entscheidung zur Vornahme der dargestellten Handlung. Ausdrücklich hingewiesen wird auch auf die – seit Juli 2017 nicht mehr bestehende – Möglichkeit einer Ehe mit Minderjährigen, § 1303 Abs. 2 BGB aF. Diese Auffassung stützt sich auf die absurd anmutende Folge, innerhalb einer Ehe könne ansonsten eine Strafbarkeit der Jugendpornographie in Betracht kommen.[514]

Mit dieser Auffassung ist das Vorliegen von Pornographie in den zu betrachtenden Fällen abzulehnen. Es handelt sich stets um tatsächlich freiwillige Entscheidungen.

§ 184c ist gerade Ausfluss eines Paternalismus. Geschützt werden soll in erster Linie die sexuelle Selbstbestimmung des Jugendlichen, indem ihm die Freiheit abgesprochen wird, in die Aufnahme entsprechender Schriften einzuwilligen. Die Zulässigkeit der vorgenommenen Handlungen selbst ist insoweit unabhängig von ihrer medialen Fixierung zu betrachten. Auch Jugendlichen steht ein Recht auf sexuelle Selbstbestimmung zu, so dass sie sich straffrei auf sexuelle Kontakte einlassen können. Nach der Vornahme dieser Handlungen sind diese abgeschlossen und wirken in aller Regel nicht fort. Im Unterschied hierzu wird den Jugendlichen noch nicht zugetraut, sich über die Konsequenzen im Klaren zu sein, die die Existenz von Pornographie von ihnen mit sich bringt.[515] Dies ist es, wovor sie geschützt werden sollen. Die Norm stellt daher einen Ausgleich zwischen der Anerkennung des Rechts auf sexuelle Selbstbestimmung einerseits und dem Schutz der Jugendlichen vor Fremdbestimmung andererseits dar. Keinesfalls kann hieraus auf ein zusätzliches Merkmal geschlossen werden, welches diese Entscheidung des Gesetzgebers konterkariert, wie es mit einem ungeschriebenen Tatbestandsmerkmal der Fremdbestimmtheit der Fall wäre. Ansonsten bestünde kein Schutz vor den aufgeführten Gefahren bei freiwilliger Aufnahme.

Zudem argumentiert diese Ansicht ersichtlich ergebnisorientiert mit der Strafbarkeit innerhalb einer Ehe mit einem noch jugendlichen Partner. Offen bleibt aber, *weshalb* Pornographie auch innerhalb einer Ehe nicht bis zur Volljährigkeit des Partners untersagt sein soll. Im Gegensatz zur früher allgemeinen Meinung[516] besteht heute aus rechtlicher Sicht nicht einmal mehr eine

---

514 *Wüstenberg* UFITA 2009, 497 (513 f).

515 *Bottke* FS Buchner S. 142 spricht von der Chance, wiederholt sinnrezipiert aufgenommen und wiederholt zu werden, als Gegensatz zur Flüchtigkeit und des Vergessens.

516 BGH NJW 1967, 1078 (1079) führt sogar aus, dass die Frau ihren ehelichen Pflichten nicht bereits dadurch genügt, dass sie den Geschlechtsverkehr teilnahmslos über sich

Verpflichtung – und damit korrelierend ein Recht – auf Geschlechtsverkehr.[517] Die Verknüpfung von Ehe und Aufzeichnung von Pornographie geht über eine bloße Behauptung nicht hinaus und ist willkürlich. Zudem vermischt sie die Ebenen der Vornahme von sexuellen Handlungen und ihrer medialen Fixierung. Neben der mangelnden inhaltlichen Überzeugungskraft ist dem Argument aber spätestens mit der Neufassung des § 1303 BGB im Sommer 2017 der Nährboden entzogen worden.

Auch die Gefahr für die selbstbestimmte Lebensgestaltung und -führung besteht bei explizit-sexuellem Material gerade unabhängig davon, ob eine Fremdbestimmtheit zu erkennen ist. Die Freiwilligkeit der Selbstdegradierung zum Objekt zur sexuellen Stimulierung Dritter birgt auch einen Angriffspunkt von Konfrontationen und Mobbing.[518]

Die Fremdbestimmtheit ist daher überzeugender Weise als Tatbestandsmerkmal abzulehnen.

5. Schriftenbegriff

Um als Tatobjekt unter § 184c zu fallen, muss neben der inhaltlichen Komponente eine Schrift im Sinne des § 11 Abs. 3 vorliegen.[519] Die Schrift ist es zudem gerade das Bezugsobjekt, das pornographisch sein muss.

Der Verweis in § 184c Abs. 1 Nr. 1 auf § 11 Abs. 3 beschreibt keine Legaldefinition dafür, was unter einer Schrift zu verstehen ist.[520] Vielmehr erweitert er den vorausgesetzten Schriftenbegriff und stellt ihm Ton- und Bildträger,

---

ergehen lässt, sondern diesen in Zuneigung und Opferbereitschaft zu erdulden hat; siehe auch *Diederichsen* NJW 1977, 217 (218).

517 MüKo-*Roth* § 1353 BGB Rn 41, der zugleich aber mwN ausführt, dass die begründete Grundannahme bei einer Eheschließung besteht, stellt dar, dass ohne ausdrücklichen Verzicht jeder Heiratende davon ausgehen darf, dass sich der Partner dem Wunsch nach geschlechtlicher Erfüllung nicht verschließen werde.

518 Vgl zur Schuldzuweisung an das Opfer als Mitursache von Mobbing *Döring* ZfSf 2012, 4 (15 f).

519 Siehe zu der Erfassung von Darstellungsformen in anderen Ländern überblicksartig *Sieber* ZUM 2000, 89 (94); *Gercke* ZUM 2014, 641 (642 f) stellt dar, dass das deutsche Strafrecht mit diesem Erfordernis hinter internationalen Vorgaben zurückbleibt, die sämtlich nur auf den pornographischen Inhalt abstellen. Dem wird durch die grundlegende Änderung des § 184d begegnet; MüKo-*Hörnle* § 184d Rn 2; BT-Drucks. 18/2601 S. 16.

520 MüKo-*Radtke* § 11 Rn 166; NK-*Saliger* § 11 Rn 74; unklar bleibt daher, weshalb *Baier* ZUM 2004, 39 (40) wie selbstverständlich von einer Legaldefinition spricht.

Datenspeicher, Abbildungen und andere Darstellungen gleich. Die Formulierung zeigt, dass die aufgezählten Beispiele nicht Unterfälle einer Schrift sind, sondern solche der Darstellung. Auch die Schrift ist nur eine Art der Darstellung.[521] Da sie jedenfalls in der Vergangenheit lange den praktisch häufigsten Anwendungsfall bildete,[522] ist sie es, die in den Vorschriften des besonderen Teils zumeist Erwähnung findet.[523] Jedenfalls im Zusammenhang mit Pornographie trifft dies heute spätestens mit Beginn des Siegeszugs des Internets und des digitalen Zeitalters nicht mehr zu. Demnach würde es überzeugen, den Begriff in den Pornographiedelikten zu substituieren.

War in den bisherigen Ausführungen von Schriften die Rede, so war stets eine Schrift im weiten Sinne gemeint, also eine beliebige Darstellung im Sinne des § 11 Abs. 3. Eine Schrift im engeren Sinne liegt hingegen vor, wenn eine Schrift als selbständige Form der Darstellung gegeben ist.[524] Im folgenden Abschnitt ist diese Trennung strikt vorzunehmen.

Die verschiedenen Darstellungsformen stehen nicht exklusiv nebeneinander, sondern überschneiden sich teilweise.[525] Es genügt zur Anwendung, wenn sich das in Rede stehende Objekt unter wenigstens einen der Begriffe subsumieren lässt.

a. Schriften

Schriften sind Gedankenäußerungen durch Buchstaben, Bilder oder Zeichen, die durch Augen oder Tastsinn wahrnehmbar sind.[526] Erforderlich ist zudem eine feste Verkörperung.[527]

Nach einer Literaturauffassung ist zusätzlich dazu das Merkmal der Verbreitungsabsicht zu fordern.[528] Ein solches Verständnis schließt das Vorliegen einer Schrift für den Fall aus, dass ein Absender sich nur an einen Empfänger wendet.[529] Dies könnte eine Möglichkeit darstellen, um ausschließlich zu privaten

---

521 BT-Drucks. 13/7385 S. 36.

522 *Franke* GA 1984, 452 (454).

523 Vgl hierzu *Baumann* S. 148 ff mwN; siehe auch Schönke/Schröder-*Eser/Hecker* § 11 Rn 67.

524 Vgl zu der Begrifflichkeit auch *Heinrich* ZJS 2016, 132 (138 f).

525 *Franke* GA 1984, 452 (455) spricht davon, dass die „Begriffsgrenzen fließend" seien.

526 RGSt 47, 223 (224); BGHSt 13, 375 (376).

527 BGHSt 18, 63 (64); *Baumann* S. 154 f.

528 *Franke* GA 1984, 452 (454 ff), der sich in seiner Fn 52 unter anderem auf BGHSt 13, 375 stützt.

529 BGHSt 13, 375 f, wenngleich die Begründung für den Fall der Pornographie nicht überzeugen kann; *Heinrich* ZJS 2016, 132 (138, insb Fn 87) führt insoweit zutreffend

Zwecken hergestellte Jugendpornographie als Tatobjekt auszuschließen. Dieser ist gerade eigen, dass sie nur für einen bestimmten Empfänger hergestellt wird. Tatobjektsqualität und Tathandlung sind aber voneinander zu trennen und keinesfalls zu vermischen.[530] Das Tatobjekt muss unabhängig von der Tathandlung bestimmbar sein. Sollte sich der bestimmte Empfänger entschließen, jenes Tatobjekt an eine unbestimmte Vielzahl von Personen gelangen zu lassen, so hat sich dieses weder faktisch noch rechtlich verändert. Somit kann sich auch die Bewertung als Tatobjekt Schrift nicht ändern. Hinzu tritt, dass diese Auffassung zwar für Schriftenverbreitungstatbestände überzeugen mag.[531] Bei Kinder- und Jugendpornographie existieren aber gerade zahlreiche Tatvarianten, die auch vom Verbreiten unabhängige Taten erfassen.[532] Diese können nicht durch eine einschränkende Auslegung des Tatobjekts umgangen werden. Zudem führte eine Annahme dieses Erfordernisses zu absurden Ergebnissen:[533] Bekommt jemand pornographisches Material übergeben und will dies weiterleiten, so wäre er Täter. Stellt er es sogar her und besitzt es anschließend, fehlte es am tauglichen Tatobjekt.

Nicht zuzustimmen ist hingegen dem vorgebrachten systematischen Argument gegen die Literaturauffassung, § 184b enthalte eine Strafbarkeit, die zusätzlich zur kinderpornographischen Schrift eine Verwendungsabsicht erfordere, was zu einer Differenzierung der Merkmale führen müsse, da diese Voraussetzung ansonsten leerliefe.[534] Eine entsprechende Vorschrift liegt auch im Rahmen des § 184c vor, so dass seine Argumentation auch auf das Verbot der Jugendpornographie übertragbar ist. Inhaltlich könnte dies lediglich dann überzeugen, wenn sämtliche Darstellungen, die der Schrift gleichgestellt sind, mit dieser Auffassung eine Verwendungsabsicht erforderten. Die Literaturansicht bezieht sich eindeutig und ausschließlich auf den Schriftenbegriff im engeren Sinne.[535]

---

aus, dass die Entscheidung auf § 93 bezogen ist und für sonstige Verbreitungsdelikte nicht überzeugen und keinen Einfluss haben kann; siehe auch LK-*Hilgendorf* § 11 Rn 116; NK-*Saliger* § 11 Rn 75.

530 KG NStZ 2009, 446 (448, Rn 13); Schönke/Schröder-*Eisele* § 184 Rn 10.

531 *Heinrich* ZJS 2016, 132 (139) zieht den Schluss, dass eine Einschränkung richtigerweise auf Ebene der Tathandlung des Verbreitens erfolgen sollte.

532 *Baumann* S. 156.

533 Beispiel nach *Baumann* S. 156 f.

534 So aber *Baumann* S. 157.

535 *Franke* GA 1984, 452 (454 f) bezieht sich unmissverständlich auf die Schrift als eine Form der Darstellung, also auf den Schriftenbegriff im engeren Sinne und nicht im weiteren Sinne inklusive der Gleichstellungen des § 11 Abs. 3.

Für sämtliche Darstellungen mit Ausnahme der Schrift hätte das Merkmal dann noch eigenständige Bedeutung und es liefe nicht leer.

Bereits aus diesem – zugegebenermaßen ergebnisorientierten – Grund wäre das Einfallstor für Schriften der Ausgangsfälle kein umfassendes. Sie könnten immer noch unter weitere Darstellungen gefasst werden. Dennoch ist die Verbreitungsabsicht als zusätzliches Merkmal beim Schriftenbegriff aus den genannten Gründen abzulehnen.

b. Ton- und Bildträger

Ton- und Bildträger sind Gegenstände, die technisch gespeicherte Inhalte enthalten, die nur durch Hilfsmittel akustisch oder optisch wahrnehmbar sind.[536] Als Beispiele für Tonträger dienen Schallplatten,[537] Musik-CDs oder MP3-Spieler. Reine Bildträger sind für die Zwecke der Pornographie eher von historischer Bedeutung, so fallen hierunter unter anderem Magnetbänder oder Platten für Video-Recorder.[538] Beide Trägerformen können auch kombiniert vorkommen, beispielsweise als DVD.[539] Auch ein entsprechend bespielter USB-Stick kann Ton- und Bildträger sein.[540]

c. Darstellung

Unter einer Darstellung sind sinnlich wahrnehmbare Formen der Vergegenständlichung eines Hergangs oder eines Gedankens zur Übermittlung einer Vorstellung zu verstehen.[541] Der Begriff ist als Auffangtatbestand weit auszulegen.[542] Die Verkörperung[543] muss von gewisser Dauer sein, bloße Anzeigen auf einem Computerbildschirm genügen als solche nicht.[544]

536 Beck-OK-*Valerius* § 11 Rn 61.2.

537 RGSt 47, 223 (224 f).

538 Siehe *Franke* GA 1984, 452 (455 mwN).

539 LK-*Hilgendorf* § 11 Rn 118; *Heinrich* ZJS 2016, 132 (139).

540 *Heinrich* ZJS 2016, 132 (139).

541 RGSt 47, 404 (406 f); RG GA 1945, 400; BT-Drucks. 13/7385 S. 36.

542 RGSt 13, 375; 47, 404 (408); LK-*Hilgendorf* § 11 Rn 124; *Heinrich* ZJS 2016, 132 (139); MüKo-*Radtke* § 11 Rn 168; NK-*Saliger* § 11 Rn 80.

543 *Eisele* RdjB 2013, 212 (214).

544 *Sieber* JZ 1996, 494 (495).

d. Abbildung

Unter Abbildungen sind Wiedergaben der Außenwelt zu verstehen, die ohne Hilfsmittel unmittelbar durch Auge oder Tastsinn wahrgenommen werden können. Hierunter fallen Fotographien, Zeichnungen und Gemälde.[545] Nicht umfasst sind hingegen elektronisch gespeicherte Daten.[546]

e. Datenspeicher

1997 wurde der Aufzählung des § 11 Abs. 3 durch das Informations- und Kommunikationsdienste-Gesetz der Begriff des *Datenspeichers* hinzugefügt. Hierunter sind alle elektronischen, elektromagnetischen, optischen, chemischen oder auf sonstige Weise erfolgenden Aufzeichnungen von gedankliche Inhalte verkörpernden Daten zu verstehen, die durch technische Geräte für den Menschen wahrnehmbar gemacht werden können.[547] Als Beispiele werden Festplatten, Magnetbänder, USB-Sticks, CD-ROMs oder Festplatten eines Smartphones angeführt.[548] Dies bestätigt noch einmal, dass die Darstellungsformen sich nicht exkludieren, sondern nebeneinander bestehen und sich teils überschneiden.

Nicht von dem Begriff umfasst ist hingegen die Datei als solche. Der Gesetzgeber hat sich entschieden, mit dem Begriff des Datenspeichers bloß das Speichermedium selbst zu erfassen und an dem bereits den sonstigen Darstellungen eigenen Körperlichkeitskriterium nach wie vor festzuhalten.[549] Das Gesetz soll nur solche „Datenspeicher, die gedankliche Inhalte verkörpern", erfassen.[550] Daher ist dem BGH entschieden entgegen zu treten, wenn er von der „Gleichstellung der so gespeicherten Daten mit Schriften" spricht oder ausführt, dass digitalisierte Fotos, die ins Internet gestellt werden, „Datenspeicher in diesem Sinne; genauer: auf einem Speichermedium – in der Regel der Festplatte des Servers – gespeicherte Daten" seien.[551] Auch das OLG Hamburg liegt falsch, wenn es ausführt: „Zutreffend hat das AG die 18 Bilddateien und eine Videodatei als kinderpornografische Schriften i.S. von § 184b IV i.V. mit § 11 III StGB bewertet."[552]

---

545 RGSt 39, 183; 46, 390 (392); nach *Hörnle* NStZ 2010, 704 (705) ist bei diesem Merkmal nicht zwingend eine Körperlichkeit zu verlangen, allerdings ergeben sich bei fehlender Körperlichkeit Unstimmigkeiten mit der Tathandlung des Besitzes.

546 *Baumann* S. 159 mwN.

547 BT-Drucks. 13/7385 S. 36.

548 BT-Drucks. 13/7385 S. 36; *Baumann* S. 161 f; MüKo-*Radtke* § 11 Rn 172.

549 Vgl hierzu ausführlich *Baumann* S. 172 ff.

550 BT-Drucks. 13/7385 S. 36.

551 BGHSt 47, 55 (58); ablehnend auch *Spannbrucker* S. 106.

552 OLG Hamburg NJW 2010, 1893 (1894).

Ebenfalls fehl liegt der BGH, wenn er formuliert, der „Besitz der Bilddateien“[553] unterliege dem Verbot pornographischer Schriften. Auch in der Literatur sind die Formulierungen nicht immer sauber: „Besitz an kinderpornographischen Computerdateien besteht, wenn es zu einer gewissen Verkörperung gekommen ist“.[554]

Der Gesetzgeber sah eine Notwendigkeit zur Ergänzung der Aufzählung um den Begriff des Datenspeichers, um mit den technischen Neuerungen schritthalten zu können und klarzustellen, dass auch moderne Medien umfasst sein sollen.[555] Ein Großteil der zu erfassenden Objekte konnte bereits zuvor mit juristischer Auslegungsmethodik unter den Begriff der Darstellung gefasst werden.[556] Ein unmittelbares praktisches Bedürfnis zur Schaffung eines Begriffs für Objekte, die nun vom Datenspeicher erfasst werden, bestand demnach nicht.

Zutreffende Kritik erfährt nicht die Ergänzung des Katalogs, sondern die damit einhergehende Verwischung zwischen Schrift und Inhalt durch die Rechtsprechung. Zwar trennt das Gesetz nach wie vor klar zwischen den beiden Ebenen. Dies wird insbesondere auch an § 86 Abs. 1 deutlich, der die Tathandlungen des Verbreitens und des öffentlich zugänglich Machens nebeneinander normiert und damit zugleich die Differenzierung zwischen Inhalt und Schrift auch für die Datenspeicher beibehält.[557] Immer häufiger wird diese vom Gesetz unmissverständlich angelegte Trennung aber verworfen, wie sich insbesondere in BGHSt 47, 55 offenbart.[558] Eine solche Ungenauigkeit geht stets zulasten der Normadressaten sowie der Rechtsstaatlichkeit. Sie bedeutet eine Überschreitung des Wortlauts und damit einen Verfassungsverstoß gegen Art. 103 Abs. 2 GG.[559] So formuliert *Heinrich* anschaulich und zutreffend:[560]

> „Übertragen auf ein Glas Wasser bedeutet der Ansatz des BGH nichts anderes als die – ersichtlich unsinnige – Behauptung, das Wasser (der Inhalt, die Datei) sei das Glas (das

---

553 BGH NStZ 2005, 444 (445).

554 LK-*Laufhütte/Roggenbruck* § 184b Rn 8.

555 BT-Drucks. 13/7385 S. 36; vgl zur historischen und aktuellen Entwicklung *Heinrich* FS Wolter S. 612 f, 616 ff.

556 *Derksen* NJW 1997, 1878 (1881); *Sieber* JZ 1996, 494 (495).

557 So auch *Heinrich* FS Schünemann S. 601; *ders.* ZJS 2016, 132 (141); SK-*Stein/Deiters* § 11 Rn 107.

558 *Fischer* § 11 Rn 36a; *Heinrich* FS Schünemann S. 601; NK-*Saliger* § 11 Rn 78; SK-*Stein/Deiters* § 11 Rn 107.

559 *Heinrich* FS Schünemann S. 600; SK-*Stein/Deiters* § 11 Rn 107.

560 *Heinrich* ZJS 2016, 132 (141).

Gefäß, der Datenspeicher) – eine klare Überschreitung der Wortlautgrenze und damit ein eklatanter Verstoß gegen das Analogieverbot des Art. 103 Abs. 2 GG."

f. Anwendung

In Fall A ist der jugendpornographische Inhalt auf der Festplatte des technischen Geräts gespeichert, mit dem die M das Video angefertigt hat und auch das Empfangsgerät speichert ein empfangenes Video regelmäßig auf der Festplatte des Smartphones ab. Nach der Speicherung liegt jedenfalls auch bei J ein Datenspeicher mit jugendpornographischem Inhalt vor.[561] Taugliche Tatobjekte sind daher gegeben.

In Fall B fällt der USB-Stick jedenfalls unter den Begriff des Datenspeichers, aber auch unter den Bildträger dürfte sich das Speichermedium subsumieren lassen. In Fall C liegt ein klassisches, auf Papier gedrucktes und verkörpertes Foto vor, so dass jedenfalls eine Abbildung gegeben ist. Auch das Vorliegen einer Schrift erscheint vertretbar.

Fraglich ist, ob die Bewertung beim empfangenden Gerät anders ausfällt, wenn das Video mittels des Programms *Snapchat* oder eines vergleichbaren Programms übermittelt wird.[562] Diesem ist gerade eigen, dass gesendete Bilder und Videos sich selbst automatisch nach wenigen Sekunden wieder löschen. Welche Zeitdauer dies genau sein soll, kann vom Versender in Sekundenschritten frei gewählt werden, wobei die maximale Spanne bei 10 Sekunden liegt. Zwar gelingt die Löschung technisch bisher häufig nicht vollständig und die Dateien sind sehr wohl noch auf dem Speicher zu finden, so dass sie objektiv auch noch auf dem Datenspeicher vorhanden sind.[563] Der Vorsatz ist dann diesbezüglich aber genau zu prüfen, insbesondere das Bezugsobjekt muss hierfür stets klar sein.[564] Dennoch ist nicht ausgeschlossen, dass ein Programm geschrieben werden kann, dass eine tatsächliche und vollständige Löschung bewirken kann. Daher soll den folgenden Überlegungen dieser Idealfall zu Grunde gelegt werden.

Es könnte dem Tatobjekt am Merkmal der Dauerhaftigkeit fehlen. Sowohl die Darstellung als auch der Datenspeicher verlangen zwecks Beherrschbarkeit eine gewisse Dauerhaftigkeit der Verkörperung.[565] Das Problem der Dauerhaftigkeit

561 BGH NStZ-RR 2015, 139 (140).

562 So im Ergebnis wohl *Hüneke* ZJJ 2016, 135 (137).

563 Vgl den Artikel von *Mattgey* Snapchat: Sexting-App löscht Videos nicht, in Chip vom 06. August 2013; *Hüneke* ZJJ 2016, 135 (137).

564 Siehe hierzu exemplarisch *Hörnle* NStZ 2010, 704; AG Bocholt MMR 2017, 568 (569).

565 SK-*Stein/Deiters* § 11 Rn 105; SK-*Wolters/Greco* § 184 Rn 10.

lässt sich auf zwei mögliche Grundannahmen mit ihren jeweiligen Konsequenzen herunterbrechen: Einerseits genügt die Zeit von einigen Sekunden, um den Inhalt des Bildes oder Videos sinnlich wahrzunehmen. Sieht man die *Wahrnehmbarkeit des Inhalts* als den in der Verkörperung liegenden Zweck an, wäre das Vorliegen eines Tatobjekts zu bejahen. Sieht man hingegen die Gefährlichkeit in der *substanziellen Verankerung* beim Empfänger und der daraus resultierenden Möglichkeit der Reproduzierbarkeit,[566] wäre die Tatobjektsqualität in der Konsequenz abzulehnen.

Eine Festlegung auf eine konkrete Mindestzeitspanne lässt sich vorhandenen Ausführungen zum Merkmal der Dauerhaftigkeit nicht entnehmen. Es finden sich hingegen zahlreiche ausfüllungsbedürftige Aussagen, wie „[d]ie Anforderungen an die Dauerhaftigkeit sind nicht zu hoch anzusetzen“[567] oder sie seien „niedrig“[568] anzusetzen, der „vorübergehende“[569] Speicher genüge, die lediglich ganz „kurzfristige“[570] Ablage in Zwischenspeichern hingegen nicht. Einigkeit besteht lediglich dahingehend, dass Echtzeit-Übertragungen keine Datenspeicher darstellen, auch wenn zu ihrem Zweck kurzfristige Zwischenspeicher erfolgen.[571] Die herrschende Meinung bejaht eine Dauerhaftigkeit auch bei dem Vorliegen flüchtiger Speicher, also solcher, bei denen der Fortbestand der Speicherung von einer andauernden Energiezufuhr abhängt.[572] Dies wird teilweise abgelehnt, da der Fortbestand so von Zufälligkeiten abhängig gemacht werde.[573] In der zu diskutierenden Konstellation ist die dauerhafte Speicherung nicht einmal von solchen Zufälligkeiten abhängig, sondern von vorneherein vollständig ausgeschlossen. In der Folge wäre eine hinreichende Dauerhaftigkeit löschender Programme abzulehnen. Dies bedeutet nicht, dass das Gegenüber in der kurzen Zeitspanne kein Duplikat erstellen kann, welches sich dann dauerhaft verkörpert in seinem Besitz befindet. Ohne neue eigenständige Handlung hingegen ist eine dauerhafte Verkörperung ausgeschlossen.

---

566 *Heinrich* FS Schünemann S. 605 ff; Schönke/Schröder-*Sternberg-Lieben* § 86 Rn 14; siehe auch OLG Hamburg NJW 2010, 1893 (1896 f).

567 MüKo-*Radtke* § 11 Rn 172.

568 NK-*Saliger* § 11 Rn 78.

569 BT-Drucks. 13/7385 S. 36.

570 BT-Drucks. 13/7385 S. 36.

571 Siehe exemplarisch § 8 Abs. 2 TMG; *Heinrich* ZJS 2016, 132 (140); BT-Drucks. 13/7385 S. 36.

572 BGHSt 47, 55 (58); aA SK-*Wolters/Greco* § 184b Rn 32.

573 SK-*Stein/Deiters* § 11 Rn 106.

Normspezifisch wird der auf die Wahrnehmbarkeit abstellende Ansatz von dem Marktförderungsargument der Strafnorm der Jugendpornographie unterstützt. Zwar besteht bei bloßer Wahrnehmung noch keine Gefahr der Teilnahme am Markt durch Verbreitung, allerdings sorgen nicht speichernde Konsumenten für höhere Gewinne bei kommerziellen Anbietern. Diese Art von Kunden verfügen über keinen eigenen Vorrat an einschlägigem Material und werden die Anbieter immer wieder aufs Neue aufsuchen und dadurch aktiv am Markt teilnehmen.[574] Allerdings greift das Marktargument bei kommerzieller Pornographie, wohingegen das Programm *Snapchat* wohl in erster Linie private Pornographie betrifft.

Für beide Seiten sprechen überzeugende und am Rechtsgüterschutz orientierte Argumente. Diese Überlegung stellt in der Tat einen Grenzfall dar. Eine Verkörperung liegt für mehr als nur den Bruchteil einer Sekunde vor und ist zumindest wahrnehmbar. Selbst mit der Auffassung, die eine substanzielle Verankerung verlangt, bleibt aber danach zu fragen, ab welcher Zeitspanne diese ausreichend gegeben sein soll. Besteht eine Datei, die sich ohne Einflussmöglichkeit erst nach einigen Jahren sicher selbst löscht, sagt einem bereits das Judiz, dass hier wohl ein Datenspeicher nicht abzulehnen sein kann. Auch innerhalb des bis zu 10 Sekunden dauernden Zeitraums besteht nun einmal objektiv ein Datenspeicher mit dem entsprechenden Inhalt, unabhängig davon, für wie lange dies angelegt ist. Das Objekt ist während dieser Zeitspanne auch substanziell verankert. Daher ist das objektive Vorliegen eines tauglichen Tatobjekts zu bejahen. Nur in Ausnahmefällen, in denen nur für einen bereits nicht mehr wahrnehmbaren Bruchteil einer Sekunde eine Verkörperung besteht, sollte im Einzelfall positiv begründet festgestellt werden können, dass die Dauer nicht zur Begründung eines Tatobjekts genügt hat. Dann ist der Speicher in die Nähe der Echtzeit-Übertragung zu rücken. Dies dürfte erst bei dem bloßen Bruchteil einer Sekunde der Fall sein. Alle weiteren Überlegungen sollten sachgerecht auf Ebene der Tathandlung oder des subjektiven Tatbestands anzusiedeln sein.

g. Zusammenfassung

Der in § 184c verwendete Schriftenbegriff ist in Verbindung mit § 11 Abs. 3 weitestgehend umfassend. Zahlreiche denkbare Formen des Wahrnehmbaren sind durch Auslegung der Begriffe erfasst, ebenso wie Speichermedien, die mithilfe von Technik wahrnehmbar gemacht werden können. Ein zusätzliches Merkmal der Verbreitungsabsicht ist nicht zu fordern. Andererseits bereiten technische

574 OLG Schleswig NStZ-RR 2007, 41 (42 f).

Neuerungen dem weiten Schriftenbegriff des Strafgesetzbuchs zunehmend Schwierigkeiten. Insbesondere die moderne Art der Speicherung geht nicht zwingend mit der Konzeption des Gesetzes einher, welche ein körperliches Trägermedium voraussetzt - man denke nur an die Speicherung in so genannten Clouds. Noch ist das Strafgesetzbuch in der Lage, einen Großteil der auftretenden strafwürdigen Fälle abzudecken. In Zukunft kann die technische Entwicklung aber dazu führen, dass eine Erfassung nicht mehr ohne Verstoß gegen den Bestimmtheitsgrundsatz möglich ist.

6. Übertragung des Tatobjekts per Telemedien

Das bisher dargestellte Konzept der Schriften und Darstellungen ist traditionell darauf gerichtet, dass Inhalt und körperliches Speichermedium miteinander verbunden sind.[575] Die Gesetzesfassung ist originär nicht auf eine Erfassung moderner, körperloser, technischer Kommunikations- und Speichermöglichkeiten zugeschnitten. Diese zeichnen sich häufig dadurch aus, dass eine Weitergabe des Inhalts unabhängig vom konkreten Trägermedium erfolgt.[576] Zwar lässt sich ein Großteil der auftretenden Fälle durch § 11 Abs. 3 auffangen. Dies erfordert jedoch teils methodischen Aufwand und gelingt unter rechtsstaatlichen Gesichtspunkten nicht immer überzeugend. Aus diesem Grund reagierte der Gesetzgeber mit dem 49. Strafrechtsänderungsgesetz und erweiterte den Anwendungsbereich des § 184d um das Zugänglichmachen auch von Jugendpornographie mittels Kommunikations- und Telemedien.[577] Dies dient zum einen der Klarstellung und zum anderen der Offenheit gegenüber neuen technischen Entwicklungen.[578]

§ 184d richtet sich ausschließlich nach dem pornographischen Inhalt und verlangt keine verkörperte Darstellung mehr.[579] In den Ausgangsfällen ist ein solcher jeweils zu bejahen und kann daher Grundlage einer Tathandlung nach § 184d sein.

---

575 MüKo-*Hörnle* § 184d Rn 2.

576 MüKo-*Schäfer* § 131 Rn 43; vgl zu der Problematik der Trennung des Inhalts vom Trägermedium beispielsweise OLG Frankfurt NStZ 1999, 356 (358).

577 Vgl hierzu BR-Drucks. 422/14 S. 16.

578 BR-Drucks. 422/14 S. 38.

579 BT-Drucks. 18/2601 S. 16.

VI. Besitzstrafbarkeit

Die in dieser Monographie insbesondere zu betrachtende Tatbestandsvariante ist die des Besitzes als typische Konsumentenhandlung.[580] § 184c Abs. 3 sieht eine Strafe für denjenigen vor, der eine jugendpornographische Schrift besitzt oder es unternimmt, sich Besitz an einer solchen zu verschaffen.[581] Bei der Betrachtung dieser Tatvariante gilt es verschiedene Aspekte auseinander zu halten: Dies betrifft die Fragen nach dem Handlungsbegriff, dem materiellen Unrechtsgehalt sowie die nach der einfachrechtlichen Auslegung. Bei letzterem setzen sich insbesondere die im Rahmen des Tatobjekts aufgeworfenen Probleme der Körperlichkeit fort. Beim materiellen Unrechtsgehalt wiederum ist von Bedeutung, ob der Besitz einen eigenen materiellen Unrechtskern beinhaltet oder ein Fall zulässiger Vor- oder Nachverlagerung des Unrechts gegeben ist.

1. Geeignetheit

Aufgabe des Strafrechts ist nach ganz herrschender Auffassung der Schutz von Rechtsgütern.[582] Strafrecht darf ein Verhalten unter Strafe stellen, wenn es die Unversehrtheit von jenen Rechtsgütern bedroht. Eben daraus legitimiert sich der staatliche Eingriff in die Freiheitssphäre des handelnden Bürgers. Das Verhältnis des unter Strafe stehenden Verhaltens zum Rechtsgut muss demnach mindestens so ausgestaltet sein, dass es geeignet ist, das geschützte Rechtsgut zu beeinträchtigen.[583] Trifft dies nicht zu, fehlt dem Gesetzgeber die Legitimation, durch Strafen in die Freiheitssphäre des Bürgers einzugreifen. Ein dennoch bestehendes Verbot ist verfassungswidrig.[584] Im so genannten Inzest-Urteil tritt das Bundesverfassungsgericht dieser Ansicht insoweit entgegen, als es ausführt, von Verfassungs wegen gebe es keine gesteigerten Anforderungen an den mit der

---

580 Anders war dies gerade bei erstmaliger Einführung des Besitzverbotes im Rahmen der Kinderpornographie, siehe oben S. 44.

581 Unklar bleibt daher, wie *Lenz* S. 326 f zu der Aussage kommt, der bloße Besitz jugendpornographischer Schriften sei nicht unter Strafe gestellt, wenngleich dies *de lege ferenda* durchaus eine begrüßenswerte Überlegung sein kann.

582 Schönke/Schröder-*Eisele* Vor § 13 Rn 8 ff; SK-*Jäger* Vor § 1 Rn 1; vgl auch *Gnüchtel* S. 20 ff.

583 *Hohn* S. 25 ff.

584 BVerfGE 90, 145 (173); *Kindhäuser* FS Rengier S. 55 f.

Verbotsnorm verfolgten Zweck.[585] Unabhängig vom Streit um den Begriff und die Bedeutung des Rechtsguts ist es zutreffende und allgemeine Auffassung, dass das Verbot jedenfalls geeignet sein muss, den verfolgten Zweck zu erreichen. Mit der sexuellen Selbstbestimmung und der selbstbestimmten Lebensgestaltung und -führung stehen hier zwei Rechtsgüter im Mittelpunkt, so dass der Streit dahinstehen kann. Die folgenden Ausführungen stehen daher auch im Einklang mit der kein Rechtsgut fordernden Auffassung des Bundesverfassungsgerichts.

a. Nachverlagerung der Strafbarkeit

Entsprechend der eingangs angeführten Differenzierung soll hier zunächst chronologisch auf den dem Besitz vorgelagerten Erwerb eingegangen werden und die Frage, inwieweit es zulässig ist, den Täter wegen der Tathandlung des Besitzes zu bestrafen, wenn damit das Unrecht des Erwerbs erfasst werden soll. In den Gesetzesbegründungen zu den Besitzdelikten wird immer wieder deutlich, dass der Gesetzgeber Besitzstrafbarkeiten in erster Linie einführt, um den Strafverfolgungsbehörden den Nachweis des Erwerbs zu ersparen und zugleich den Eintritt der Verjährung zu umgehen.[586] Die Strafverfolgungsbehörden treffen den vermeintlichen Täter zumeist im Besitz des verbotenen Gegenstands an, so dass es zum Nachweis des Besitzes keiner gesonderten Nachforschungen mehr bedarf. Dies genügt nach geltender Rechtslage und –anwendungspraxis zur Verurteilung aus dem Delikt. Existierte die Strafbarkeit des Besitzes nicht und müsste der Nachweis geführt werden, dass ein vom Vorsatz umfasster Erwerb vorlag, würde dies häufig nur schwer gelingen. Der Einwand, man sei unwissentlich oder ungewollt in den Besitz geraten, wird oft nur schwer zu widerlegen sein.[587]

Ebendiese Ausführungen in den Gesetzesbegründungen bestätigen *e contrario* aber, dass auch der Gesetzgeber von einer inhaltlichen Trennung des Besitzes von dessen Erlangung ausgeht.

Bei Einführung der Besitzstrafbarkeit von Kinderpornographie nahm die Legislative an, die tatsächlichen Verhältnisse sähen so aus, dass entsprechende Videos in kleinen privaten Gruppen hergestellt und diese Amateurvideos

---

585 BVerfGE 120, 224 (241 f); *Stuckenberg* GA 2011, 653 (654 ff); siehe aber Sondervotum *Hassemer* BVerfGE 120, 255 ff.

586 *Eckstein* Besitz als Straftat S. 79; *Hochmayr* S. 2; vgl zum Opiumgesetz BT-Drucks. VI/1877 S. 9; zur Pornographie BT-Drucks. 12/3001 S. 4, 6; siehe auch *Hörnle* Grob anstößiges Verhalten S. 425; *Pastor* GA 2006, 793 (795 f); *Zieschang* S. 367; siehe zur Praxis in der Strafverfolgung *Meier* Kinderpornographie im Internet S. 379.

587 *Hochmayr* S. 1.

gedreht würden, um sie in entsprechendem kleinen Kreis weiter zu geben.[588] Zudem wurde klargestellt, dass die Verbreitung das eigentliche strafwürdige Übel sei. Lediglich aus Gründen der Beweisnot gegenüber den Verbreitenden, die sich nach voriger Gesetzeslage damit schützen konnten zu behaupten, sie verbreiteten entsprechende Schriften nicht, wurde eine Besitzstrafbarkeit für notwendig erachtet.[589]

Es war zunächst nicht die Intention, den Konsumenten einer Strafbarkeit auszusetzen, gleich wenn die Besitzstrafbarkeit diese nun in erster Linie trifft. Etwa zwei Drittel der strafrechtlich verfolgten Taten sind Konsumentenhandlungen und nur etwa ein Drittel solche des Anbietens.[590] Kriminologe *Meier* berichtet über das Dilemma der Praxis wie folgt:[591]

> „[...] Und wir konnten dann diejenigen verfolgen, die darauf zugegriffen haben. Und dieser eine, der es irgendwann hochgeladen hat, den haben wir nicht bekommen. Der hat nämlich Anonymisierungssoftware verwendet. Für uns ist es natürlich effektiver, diejenigen zu erwischen, die Kipo anbieten, zur Verfügung stellen und auch diese dann zu ermitteln. [...]".

Eine ausführliche Legitimation für diesen sich still vollziehenden Wandel der Schutzrichtung ist der Gesetzgeber bisher schuldig geblieben. Bei Einführung des Verbots von Jugendpornographie wurde die Tatvariante inklusive ihrer gewandelten Funktion bedenkenlos übertragen.

Klarzustellen ist zunächst, dass ein bloßer Erwerber keine Verantwortung für die dargestellte und somit zwingend in der Vergangenheit liegende Handlung tragen kann. Ließe man diese Erklärung zu, so würde man eine Art rückwirkende Anstiftung konstruieren, die mit Kausalitätsgesetzen nicht in Einklang zu bringen ist. Die dargestellte Handlung ist bereits abgeschlossen.[592] Daher muss die Trennung zwischen Pornographie- und Missbrauchstat konsequent beibehalten werden. Die Marktteilnehmer dürfen nicht im Sinne einer Verdachtsstrafe für

---

588 BT-Drucks. 12/3001, S. 5; 12/709 S. 2.

589 BT-Drucks. 12/3001 S. 4; siehe auch *Meier* Kinderpornographie im Internet S. 379; *Scheffler* FS Herzberg S. 633 ff; *Schroeder* JZ 1999, 827 (831) rückt das Unrecht in die Nähe der Beihilfe zum sexuellen Missbrauch von Kindern.

590 *Meier* FS Pfeiffer S. 475; das Verhältnis wird wohl bei Jugendpornographie ähnlich sein.

591 *Meier* Kinderpornographie im Internet S. 385. Auch auf S. 388 zeigt sich, dass das Ermitteln eines einfachen Konsumenten bedeutend einfacher ist als das der selbst auch verbreitenden oder missbrauchenden Täter.

592 *Jäger* FS Schüler-Springorum S. 233; *Neumann* FS Kargl S. 351; *Schroeder* ZRP 1990, 299 (300); *ders.* ZIS 2007, 444 (447).

den konkret dargestellten sexuellen Missbrauch belangt werden.[593] Das Unrecht der Tat ist daher auch nicht einer Beihilfe zum sexuellen Missbrauch entsprechend zu bewerten,[594] erst recht, da bei Jugendpornographie nicht notwendig sexueller Missbrauch dargestellt ist.

Ein Markt wird durch das Anbieten und Nachfragen von Produkten oder Leistungen zu einem solchen. Mit der Bezeichnung eines Marktes ist nicht notwendig eine Entgeltlichkeit der Leistungen oder eine Gewinnerzielungsabsicht der Anbietenden verbunden.[595] Ein Großteil der Aktivität geschieht in diesem Bereich gar unentgeltlich oder ist auf Tausch gerichtet.[596] Die Tathandlung des Erwerbs ist als unmittelbare Nachfragehandlung jedenfalls geeignet, einen Markt zu fördern,[597] wenngleich sich diese Annahme gewissen Bedenken ausgesetzt sieht. Zwischen Erwerb – als notwendigem Teil der Verbreitung – und der Schaffung eines Marktes lässt sich ein Zusammenhang herstellen. Auch dem Erwerb vorgeschaltete Aktivitäten wie das Unternehmen der Zugriffsverschaffung können insbesondere im Internet häufig nachverfolgt werden und sind beispielsweise anhand von Besucherzahlen auf Internetseiten nachvollziehbar und damit marktfördernd.[598] Das Bestehen des hierdurch geschaffenen und belebten Marktes trägt dazu bei, dass Kinder und Jugendliche künftig als Darsteller rekrutiert werden, und ist mithin geeignet, den Schutzzweck zu fördern.[599]

Die Handlung des Erwerbs ist als Teilnahme an der Verbreitung zudem durchaus geeignet, der unkontrollierten Verbreitung von privaten Schriften Vorschub zu leisten und dadurch in der oben erarbeiteten Weise das Rechtsgut der selbstbestimmten Lebensgestaltung und -führung mit der Handlungs- und Entschließungsfreiheit zu gefährden. Würde jeder den Erwerb verweigern, käme keine Verbreitung zustande. Erwerb stellt gerade das notwendige Gegenstück zur Verbreitung dar.

---

593 *Thiee* NK 2006, 131 (133).

594 So aber noch *Schroeder* JZ 1999, 827 (831).

595 *Meier* Kinderpornographie im Internet S. 385.

596 *Meier* FS Pfeiffer S. 475, im Rahmen von Kinderpornographie kann nur in 15% der erfassten Fälle nachgewiesen werden, dass ein Entgelt bezahlt wurde; siehe auch die Nachweise in Fn 277.

597 *Neumann* FS Kargl S. 349.

598 OLG Schleswig NStZ-RR 2007, 41 (42 f); *Heinrich* NStZ 2005, 361 (364 f).

599 So auch *Duttge/Hörnle/Renzikowski* NJW 2004, 1065 (1070); *Gropp* FS Otto S. 260; *Jäger* FS Schüler-Springorum S. 232 f.

aa. Kumulationsdelikte

Stand ursprünglich die Erfassung der Verbreitenden im Vordergrund, so erfasst der Straftatbestand heute auch und bei manchen Tathandlungen in erster Linie die Konsumenten. Die Verantwortlichkeit eines einzelnen Konsumenten für einen weltweiten Markt wird unter anderem unter dem Stichwort der *Kumulationsdelikte* diskutiert.[600] Die Handlung eines einzelnen ist isoliert betrachtet nicht geeignet, einen Markt als Erfolg herbeizuführen. Erst durch das kumulierte Verhalten zahlreicher Handelnder entsteht ein solcher. Die Frage rückt ins Zentrum des Interesses, da die Verantwortlichkeit des Einzelnen durch die Größe des Markts nur noch schwer unmittelbar beschrieben werden kann.[601] Im Kern geht es hierbei darum, ob der einzelne Bürger für sich eine Freiheit in Anspruch nehmen kann, die er anderen – wegen der eintretenden Folgen bei kumulativer Verwirklichung – abschreiben müsste.[602]

Angenommen, jeder müsste sein Verhalten danach ausrichten, selbst keine Straftat zu begehen, könnte sich aber nicht zugleich darauf verlassen, dass andere dies ebenso tun, so wäre die der eigenen Handlung entsprechende Handlung Dritter für den Täter berücksichtigungsfähig.[603] Dies gilt sowohl auf Ebene der Schaffung eines mittelbaren Risikos als auch auf der der Pönalisierung.[604] Dem ist aufgrund des sonst widersprüchlichen Verhaltens jedenfalls für den Bereich der kommerziellen Kinder- und Jugendpornographie zuzustimmen. Der Vertrauensgrundsatz besagt zwar, dass bei der Bestimmung der eigenen Handlungspflichten fremde Pflichtwidrigkeiten im Grundsatz nicht zu berücksichtigen sind. Diese Grundannahme wird jedoch für den Fall eingeschränkt, dass hinreichende Indizien vorliegen, die darauf hindeuten, dass andere sich pflichtwidrig verhalten werden.[605] Im Fall der kommerziellen Kinder- und Jugendpornographie bedient sich der Konsument typischerweise gerade eines erst durch zahlreiche Konsumenten bestehenden Marktes, um die tatbestandsmäßigen Handlungen auszuführen. Bestünde ein solcher Markt nicht, hätte er

---

600 Vgl allgemein zu Kumulationsdelikten *Hörnle* Grob anstößiges Verhalten S. 181 ff.

601 *Popp* ZIS 2011, 193 (200).

602 *Hefendehl* S. 190 ff; *Kuhlen* GA 1986, 389 ff; vgl auch *Hörnle* FS Schroeder S. 491 Fn 60 mwN; gegen eine Konstruktion als Kumulationsdelikt aufgrund des Charakters als abstraktes Gefährdungsdelikt *Neumann* FS Kargl S. 352 f.

603 *Lenckner* FS Baumann S. 137.

604 Schönke/Schröder-*Eisele* Vor § 13 Rn 101 f; *Schittenhelm* FS Lenckner S. 525; krit hingegen *Eckstein* Besitz als Straftat S. 261.

605 Vgl NK-*Puppe* Vor § 13 Rn 162 mwN.

erst gar nicht die Möglichkeit, entsprechende Schriften zu erwerben. Er macht sich das Bestehen des Marktes damit gerade zu Eigen.[606] Daher kann er sich in einem nächsten Schritt nicht auf die Rechtskonformität Dritter berufen, ohne sich des Vorwurfs des widersprüchlichen Verhaltens auszusetzen. Aufgrund dieser ansonsten bestehenden Widersprüchlichkeit kann er sich nicht auf den Vertrauensgrundsatz berufen.

Darüber hinaus wird vorgebracht die pauschale Behauptung des Schaffens eines Marktes durch Angebot und Nachfrage sei zur Bejahung einer Strafbarkeit ungenügend. Vielmehr müsse dem Täter im Einzelfall nachgewiesen werden, warum er persönlich für die zukünftige unmittelbare Verletzung des Rechtsguts zur Verantwortung gezogen werde.[607] Hierbei handelt es sich um den Ausfluss einer allgemein kritischen Einstellung gegenüber abstrakten Gefährdungsdelikten. Ihnen ist es gerade eigen, dass sie diesen Einzelfallnachweis nicht erfordern. Die Zulässigkeit entsprechender Normen ist inzwischen weitestgehend anerkannt.[608] Die zutreffende Kritik hieran sollte jedoch nicht in Vergessenheit geraten und stets das Bewusstsein beim Umgang mit derartigen Normen prägen. Dies gilt umso mehr in Fällen, in denen es sich, wie hier, aufgrund der Abhängigkeit vom Verhalten Dritter, nicht um typische Fälle abstrakter Gefährdungsdelikte handelt.[609]

Das über das Marktargument vorrangig zu schützende Rechtsgut der Jugendpornographie ist die sexuelle Selbstbestimmung. Jugendliche sollen davor bewahrt werden, durch die Verbreitung entsprechender Schriften in die Abhängigkeit der Pornoindustrie zu gelangen. Jedoch sind es nicht die Konsumenten, die die Jugendlichen unmittelbar zur Mitwirkung an der Herstellung jugendpornographischer Schriften bringen, wenngleich die Gefahr beim Unter-Druck-Setzen potentiell von Besitzenden ausgeht. Ein Konsument soll nach dem Marktargument aus dem Grund nicht konsumieren, dass hierdurch Ditte veranlasst werden könnten, das Rechtsgut der sexuellen Selbstbestimmung unmittelbar zu verletzen. Insofern wird den Konsumenten eine bloß mittelbare Rechtsgutsverletzung vorgeworfen. Allein diese nur mittelbare Verantwortung ist bereits nicht unbedenklich, da ein selbstständig handelnder Dritter den Zurechnungszusammenhang stört.[610] Die nur mittelbare Verantwortlichkeit für

606 Vgl auch *Hörnle* Grob anstößiges Verhalten S. 182.

607 *Hörnle* FS Schroeder S. 491; die Kausalität ablehnend auch *Schetsche/Schmidt S.* 54 f.

608 BVerfGE 83, 130 (141).

609 Siehe hierzu oben S. 62 f.

610 *Miehe* FS Honig S. 105; *Schroeder* Straftaten gegen das Strafrecht S. 27.

die Verletzung des Rechtsguts sollte gerade auch in der medialen Berichterstattung zu dem Thema stärker ins Bewusstsein gerufen werden. Dies würde einer Versachlichung der Thematik Vorschub leisten.

Im Rahmen der Kinderpornographie offenbart die Konstruktion über eine Bestrafung der Konsumenten zudem die Annahme der Ineffizienz bestehender Normen.[611] Eine Parallelen aufweisende Situation hat bereits bei Einführung des umfassenden Verbots der Kinderpornographie eine Rolle gespielt: Da die Zulässigkeit des Besitzes kinderpornographischer Schriften für Erwachsene zugleich bedeutete, dass Jugendliche aufgrund der allgemeinen Verkehrsfähigkeit faktisch leichter Zugang zu solchen Schriften bekommen konnten, sah sich der Gesetzgeber gezwungen, zur Effizienz des Verbots der Kinderpornographie gegenüber Jugendlichen diese umfassend auch für Erwachsene zu verbieten.[612] In diesen Zusammenhang passt das Zitat eines sachverständigen Staatsanwalts:

> „Wir brauchen eine Erhöhung des Strafrahmens für § 184 III, weil es unmöglich ist, an die unmittelbar Beteiligten heranzukommen."[613]

Für Jugendpornographie kann dies so aber bereits nicht gelten, da die Gefahr der unmittelbaren Rechtsgutsverletzung nicht notwendig die Schwelle zur Strafbarkeit erreicht. Es soll die Freiheit des Jugendlichen zur Entscheidung über die Vornahme sexueller Handlungen bewahrt werden.

Auch das Rechtsgut der selbstbestimmten Lebensgestaltung und-führung wird nicht unbedingt durch strafbewährte Handlungen gefährdet. Sofern Personen aus dem sozialen Nahbereich den Dargestellten mit der Wahrnehmung der Schrift konfrontieren und unter Umständen mobben, liegt auch hierin kein strafbares Verhalten. Die Schwelle zur Körperverletzung oder Beleidigung ist nicht notwendig oder regelmäßig erreicht.

Wie dargelegt, können Konsumentenhandlungen durchaus den Markt beleben, wenngleich die Verantwortlichkeit jedes Einzelnen verhältnismäßig gering ist.[614] Darüber hinaus bestehen generelle Bedenken gegenüber dieser weit von der unmittelbaren Verletzung des Rechtsguts entfernten Variante der Bestrafung.

---

611 *Maurach/Schroeder/Maiwald* § 92 Rn 15; *Schroeder* Straftaten gegen das Strafrecht S. 27.

612 Nach BT-Drucks. 6/1552 S. 35 gelte es, eine „breite Streuung" zu verhindern, siehe oben S. 42 f.

613 Zitiert nach *Schroeder* ZRP 1990, 299 (300), wobei § 184 Abs. 3 aF das Verbot der Kinderpornographie beinhaltete.

614 *Heinrich* NStZ 2005, 361 (362); *Hörnle* Grob anstößiges Verhalten S. 424; *Jäger* FS Schüler-Springorum S. 232; *Schroeder* NJW 1993, 2581 (2582).

Dennoch ist beispielsweise für den Erwerb als Handlung am Markt eine Belebung desselben nicht vollständig von der Hand zu weisen.

Für nicht kommerzielle Jugendpornographie kann dies hingegen nicht gelten: Hier handelt es sich um private Schriften, die stets nur für einen ausgewählten Adressatenkreis hergestellt werden. Nur durch unbefugte Weitergabe macht eine solche ungewollt im Bekanntenkreis die Runde. Dies wird keinesfalls durch einen Markt begünstigt, die Besitzerlangungen beruhen regelmäßig auf Zufälligkeiten und Gelegenheiten. Ein Anreiz, neue derartige Schriften zu fertigen, wird hierdurch nicht geschaffen.

bb. Parallele zur Hehlerei

Im Rahmen der Kinderpornographie wird häufig eine Parallele zur Hehlerei gezogen, deren Übertragbarkeit auf Jugendpornographie hier untersucht werden soll. Sollte sich dies als möglich erweisen, ist danach zu fragen, inwieweit die Annahmen für die Jugendpornographie fruchtbar gemacht werden können.

Das Phänomen der Hehlerei stellt einen ständigen Anreiz zur Begehung von Eigentumsdelikten dar. Könnte der Dieb seinen erworbenen Gegenstand nicht zu Geld machen, würde er solche Taten nicht – jedenfalls nicht in entsprechendem Umfang – begehen. Auch im Rahmen von Kinder- sowie kommerzieller Jugendpornographie schaffen die Abnehmer einen Anreiz zur Herstellung einschlägiger Schriften. Durch ihre Abnahme der Produkte bedingen sie einen Markt, für den es sich erst lohnt, neues Material herzustellen. Auf den ersten Blick bestehen daher Gemeinsamkeiten der Delikte.

Konsequent sieht das Gesetz für Hehlerei und Diebstahl mit einer Freiheitsstrafe bis zu fünf Jahren einen identischen Strafrahmen vor. Unschädlich für diesen Vergleich ist, dass der Diebstahl weitere qualifizierende Umstände mit erhöhendem Unrecht kennt.

Der Grundtatbestand der Kinderpornographie droht nur mit Freiheitsstrafe bis zu fünf Jahren, wohingegen der Grundtatbestand des sexuellen Missbrauchs von Kindern bei einer Mindeststrafe von sechs Monaten bis zu zehn Jahre Freiheitsstrafe androht. Anders als bei Diebstahl und Hehlerei entsprechen sich die Strafrahmen hier folglich nicht. Dieser erste formale Punkt spricht daher bereits gegen eine umfassende Vergleichbarkeit.

Weitere Bedenken ergeben sich aus der Betrachtung des Unrechts: Während beim Diebstahl und der Hehlerei jeder einzelne Gegenstand gestohlen werden muss und sich die Tat auf den konkreten Gegenstand beschränkt, lassen sich pornographische Schriften unproblematisch und beliebig oft vervielfältigen.[615] Wird ein technisches Gerät gestohlen, so ist der Hehler für die Vertiefung des Unrechts eben am Eigentum dieses einen konkreten Gegenstands verantwortlich. Überträgt man dies auf den Abnehmer von Kinder- und Jugendpornographie, so ergibt sich eine schrumpfende Verantwortung jedes Einzelnen für die Herstellung: Gibt es zehn Erwerber, so entspräche der Verantwortlichkeit jedes Einzelnen der Wert ein Zehntel. Gibt es tausend Erwerber, so verteilt sich die Verantwortlichkeit nach diesem Konzept auf tausend Schultern, also bei jedem Einzelnen auf ein Tausendstel.[616] Dies zeigt, dass insbesondere bei kleinen Märkten ein Zusammenhang durchaus noch nachvollziehbar hergestellt werden kann.[617] Je größer der Markt wird, umso problematischer wird die Verantwortlichkeit des einzelnen Erwerbers aber.[618] Anders als noch bei erstmaliger Einführung einer Besitz- und Erwerbsstrafbarkeit hat sich der Markt gewandelt und die tatsächlichen Begebenheiten zeigen heutzutage einen weltweiten Millionenmarkt für entsprechende Schriften auf.[619]

Hehlerei ist immer zugleich auch eine Perpetuierung der durch die Vortat geschaffenen rechtswidrigen Lage, Kinder- und Jugendpornographie hingegen nicht.[620]

Vor diesem Hintergrund ist es im Grundsatz zu begrüßen, dass der Strafrahmen für Handlungen der Kinderpornographie im Vergleich zu der missbrauchenden Handlung geringer ausfällt. Auch wenn das Verhältnis der Marktanteile des Einzelnen sicherlich nicht linear übertragbar ist, so erscheint das Verhältnis von 2:1 aber mit der mathematischen Überlegung *Schroeders* nicht vereinbar. Es

---

615 *Meier* Kinderpornographie im Internet S. 387.

616 *Schroeder* ZRP 1990, 299 (300); *Popp* ZIS 2011, 193 (200): „Minimum".

617 *Amelung/Funcke-Auffermann* StraFo 2004, 265 (270); aA *Neumann* FS Kargl S. 352.

618 *Böse* FS Schroeder S. 759 Fn 53; *Heinrich* NStZ 2005, 361 (362); *Hörnle* Grob anstößiges Verhalten S. 424; *dies.* FS Schroeder S. 480; *Jäger* FS Schüler-Springorum S. 232; *Schroeder* NJW 1993, 2581 (2582); die Kausalität vollständig bestreitend *Jung* Freilaw 04/2014, 1 (4); auch *Neumann* FS Kargl S. 352 bestreitet paradoxerweise die Kausalität zunächst vollständig. Im nächsten Schritt bejaht er dann aber die kumulative Kausalität der kollektiven Nachfrage. Dies kann jedoch nur dann zutreffen, wenn auch der singulären Nachfrage die Kausalität nicht in Gänze abgesprochen wird: Addiert man noch so oft den Wert Null, bleibt das Ergebnis Null. Addiert man hingegen häufig den Wert 0,001, so erhöht sich die Summe sehr wohl. So im Ergebnis auch *Gropp* FS Kühne S. 685.

619 *Gropp* FS Otto S. 260.

620 *Lenckner* FS Baumann S. 138, insb Fn 21.

bietet hingegen Vermutungen den Nährboden, die in der Materie eine Entfernung vom Tat- hin zum Täterstrafrecht erkennen.[621]

Der sexuelle Missbrauch selbst wird auch nicht durch die Aufzeichnung in die Gegenwart verlängert. Allerdings gibt es Stimmen, die dies für die in der Bildaufnahme liegende Rechtsverletzung annehmen.[622] Dies ist aus oben[623] genannten Gründen abzulehnen. Auch ist nochmals darauf hinzuweisen, dass eine rückwärtsgewandte Verantwortlichkeit für die dargestellte Handlung aus Kausalitätsgründen nicht möglich ist.

Eine Parallele zur Hehlerei ist bereits im Rahmen des § 184b abzulehnen und in der Folge erst recht bei § 184c, der nicht einmal einen sexuellen Missbrauch verlangt.

cc. Materielle Beweiserleichterung

Eng verknüpft mit dem im Strafrecht geltenden Schuldprinzip ist das Verbot der Verdachtsstrafe. Für eine solche ist in einem modernen Strafrecht kein Raum.[624] Ausgangspunkt der herkömmlichen Verwendung des Begriffs der Verdachtsstrafe ist die prozessuale Situation, in der es dem Staat obliegt, dem Bürger die strafrechtlich vorgeworfene Tat nachzuweisen. Alle Tatbestandsmerkmale müssen soweit nachgewiesen sein, dass das Gericht zu der objektiv nachvollziehbaren Überzeugung gelangt, der Täter habe die Tat so begangen. Es ist zwar keine absolute Sicherheit erforderlich, aber ein nach der Lebenserfahrung ausreichendes Maß an Sicherheit, das vernünftige Zweifel nicht aufkommen lässt.[625] Dies ist eng verknüpft mit dem Prinzip *in dubio pro reo* und nimmt seinen Ursprung in der Unschuldsvermutung.[626] Dies ergibt sich bereits aus dem Schuldprinzip.[627] Aus prozessualer Sicht bestehen in der vorliegenden Konstellation keine Unstimmigkeiten mit der Unschuldsvermutung: Festgeschriebene Tathandlung ist das Besitzen und eben jenes wird von den Strafverfolgungsbehörden dem

---

621 Siehe unten S. 181 ff.

622 *Popp* ZIS 2011, 193 (202), insb Fn 64; SK-*Wolters/Greco* § 184b Rn 2.

623 Siehe oben S. 70 ff.

624 *Eser* Die strafrechtlichen Sanktionen gegen das Eigentum S. 235; *Volk* S. 46; siehe bereits *Drost* NJW 1950, 126 (127).

625 BGH NStZ 2010, 292.

626 Siehe Art. 6 Abs. 2 EMRK; Art. 11 Abs. 1 AEMR; Art. 48 Abs. 1 GRCh; vgl zur historischen Entwicklung des Grundsatzes *Stuckenberg* Untersuchungen zur Unschuldsvermutung S. 11 ff.

627 *Frister* S. 69; 77 f.

notwendigen Beweisgrad entsprechend nachgewiesen[628] – der Täter hat nachgewiesenermaßen vorsätzlich besessen. Hier könnte aber eine weitere Dimension des Grundsatzes von Relevanz sein: Auf materieller Ebene kommt durchaus ein Verstoß gegen das Verbot der Verdachtsstrafe in Betracht, wenn ausschließlicher Strafgrund des Besitzes eine diesem vorgelagerte Handlung ist.[629] Ein Verstoß kann in der gegebenen Konstellation daher erst begründet werden, wenn ein materieller Unrechtskern weder in der Vorverlagerung noch im Besitz selbst zulässigerweise zu erblicken ist.

(1) Offene Beweiserleichterungen

Es wird zwischen offenen und verdeckten Beweiserleichterungen unterschieden. Beispiele für offene Beweiserleichterungen sind:[630]

- Der Tatbestand der Hehlerei wies bis zum 31.12.1974 noch die Formulierung aus, dass als Hehler bestraft werde, wer seines Vorteils wegen Sachen verheimlicht, ankauft, zum Pfande nimmt oder sonst an sich bringt oder zu deren Absatze bei anderen mitwirkt, von denen er weiß oder den Umständen nach annehmen muss, dass sie mittels einer strafbaren Handlung erlangt sind. Der Nachweis eines Vorsatzes in Bezug auf das Herrühren der Sache aus einer rechtswidrigen Vortat musste demnach nicht geführt werden. Es genügte das Vorliegen von Umständen, aufgrund derer der normale Bürger damit hätte rechnen können, dass etwas nicht stimmt. Somit war das Berufen auf Unwissenheit abgeschnitten und der Beweisgrundsatz, dass die Strafverfolgungsbehörde den Nachweis aller Tatbestandsmerkmale führen musste, in Bezug auf den Vorsatz ausgehebelt. Aus ebendiesen Bedenken heraus wurde das Verbot in dieser Form im Jahre 1974 aufgehoben.[631]
- § 245a bestrafte bis zum 31.10.1969 denjenigen, der Diebeswerkzeug in Besitz oder Gewahrsam hatte oder von einem anderen für sich verwahren ließ, wenn er einschlägig vorbestraft war und die Umstände nicht ergaben, dass das Werkzeug nicht zur Verwendung bei strafbaren Handlungen bestimmt war. Auch hier ging es darum, den Strafverfolgungsbehörden den Nachweis einer subjektiven Verwendungsabsicht zu ersparen. Die eigentliche Regel des

---

628 *Eckstein* Besitz als Straftat S. 262 beschränkt die Bedeutung des Verbots der Verdachtsstrafe hierauf und sieht daher folgerichtig in der Regelung auch keinen Verstoß hiergegen.

629 *Volk* S. 46: „‚Vermutungen' werden im materiellen Recht nicht geduldet."

630 Siehe zu folgenden Beispielen ausführlich auch *Hohn* S. 17 ff; *Frister* S. 78 ff.

631 BT-Drucks. 7/550 S. 253; *Stree* JuS 1976, 137 (144).

Nachweises der Verwendungsabsicht durch die Strafverfolgungsbehörden wurde umgekehrt. Ein Verfassungsverstoß wurde vom BGH hierin jedoch nicht gesehen:[632] Die Norm sei als abstraktes Gefährdungsdelikt ausgestaltet gewesen. Es werde somit nicht auf den Nachweis des Vorsatzes verzichtet. Die Ausgestaltung sei jedoch so, dass ein berufsmäßiger Eigentumsverbrecher eine Gefahr für die öffentliche Sicherheit darstelle, wenn er erst wieder über Hilfsmittel verfüge, die er zur Ausübung seines Handwerks benötige. Diese Argumentation entspricht jedoch stark dem Konzept eines Täterstrafrechts und überzeugt daher im Gefüge des deutschen Tatstrafrechts nicht. Im Übrigen lässt dies gerade die Frage offen, ob eine solche Erleichterung der Voraussetzungen der Strafbarkeit zulässig sein kann.

- Aus dem Rechtsfolgenbereich ist § 73d aF als Beispiel anzuführen, der bis zum 1. Juli 2017 den erweiterten Verfall anordnete, sofern Umstände die Annahme rechtfertigten, dass diese Gegenstände für rechtswidrige Taten oder aus ihnen erlangt worden sind. Auch hier genügte dem Wortlaut nach der Verdacht, dass die Gegenstände im Zusammenhang mit den Taten stehen. Wiederum war die Regel in Gestalt der Obliegenheit der Nachweisführung durch die Strafverfolgungsbehörde hier umgekehrt.[633] Diese Norm wurde verfassungskonform dahingehend ausgelegt, dass eine uneingeschränkte Überzeugung des Tatrichters zu fordern ist, dass die Gegenstände für rechtswidrige Taten oder aus ihnen erlangt worden waren.[634] Die Gesamtheit aller Umstände musste sich bei verständiger und unbefangener Beurteilung geradezu aufdrängen.[635] Im Übrigen ist bezüglich dieser Norm zu beachten, dass sie die Rechtsfolgen einer Tat betraf und keinen Strafcharakter hatte.[636] Sie verfolgte präventive Zwecke. Daher stellte sie auch keine strafähnliche Maßnahme dar und unterlag nicht dem Schuldgrundsatz.[637] Auch hier verzichtet die Neufassung in § 73a auf derartige Verdachtsformulierungen.

Eine solche offene Beweiserleichterung stellt das Besitzverbot nicht dar, das Gesetz erwähnt keine Verdachtserwägungen als Tatbestandsmerkmale.

---

632 BGH NJW 1967, 2367.

633 Die Gesetzesmaterialien geben gerade dies auch als Zweck aus, vgl BT-Drucks. 11/6623 S. 1.

634 BVerfGE 110, 1 (25 ff); BGH NStZ-RR 2004, 347 (348).

635 BGHSt 40, 371 (372).

636 AA *Eser* FS Stree und Wessels S. 844.

637 BVerfGE 110, 1 (13 ff); BT-Drucks. 11/6623 S. 5, 7; BR-Drucks. 74/90 S. 71; *Drost* NJW 1950, 126 (127).

(2) Verdeckte Beweiserleichterungen

Es kommt hingegen eine verdeckte Beweiserleichterung in Betracht. Dies ist der Fall, wenn materiell eine Handlung erfasst werden soll, die der tatbestandlichen vorgelagert ist und hierdurch den Strafverfolgungsbehörden den Nachweis erspart. Jedenfalls unrechtsfördernd sind die Tathandlungen des Erwerbs und des Verbreitens. Eingeführt wurde die Tathandlung des Besitzes, um den Strafverfolgungsbehörden den Nachweis des vorsätzlichen Erwerbs zu ersparen.[638] Regelmäßig könnte sich der Beschuldigte gegen den Vorwurf des Erwerbs durch die Behauptung zur Wehr setzen, er wisse nicht, wie er zu dem Besitz gekommen ist. Dies wird nur schwer zu widerlegen sein.[639] Somit wäre eine Verurteilung in vielen Fällen nicht möglich.

Besitz setzt regelmäßig dessen Erwerb voraus. Aus dieser Überlegung heraus wird häufig die Strafbarkeit des reinen Besitzes in den Tatbestand aufgenommen. Da dem Besitz regelmäßig ein vorsätzlicher Erwerb vorgeschaltet ist, ist der Besitz unter Strafe gestellt. Zwar mag diese Regel häufig zutreffen, sie ist aber keinesfalls zwingend. Gegenbeispiele hierfür können Fälle sein, in denen der aktuelle Besitzer bei Erwerb nicht dolos handelte, also nicht wusste, dass es sich bei der Schrift um eine jugendpornographische handelt oder bei Besitzbegründung nicht einmal vom Vorliegen der Schriften wusste.[640] Noch ist es jedenfalls auch denkbar, dass ein Erwerb bereits vor Einführung des Verbots im Jahr 2008 stattgefunden hat und somit zum Zeitpunkt des Erwerbs nicht strafbar war.[641] Die Strafbarkeit gründet demnach auf dem Verdacht, dass wer Besitzer einer jugendpornographischen Schrift ist, diese vorher auch strafbar erworben hat.[642] Die Bestrafung des Besitzes soll materiell eine Handlung erfassen, die diesem vorgelagert ist und hierdurch den Strafverfolgungsbehörden die Nachweispflicht ersparen. Da der Schluss nur die Regel darstellt, aber nicht zwingend ist, hält er

638 BT-Drucks 12/3001 S. 4, 6; siehe auch *Renzikowski* FS Beulke S. 526 f.

639 *Hochmayr* S. 1.

640 *Gropp* FS Otto S. 261 nennt das Beispiel des Erben; krit zur Strafbarkeit derartiger Fälle *Kühl* in Lackner/Kühl § 184b Rn 7; *Eckstein* NStZ 2011, 18 (22) bezeichnet die Besitzstrafbarkeit vor diesem Hintergrund jedenfalls als überflüssig; siehe auch *Eisele* RdjB 2013, 212 (219).

641 *Kudlich* Sexting S. 98; siehe hierzu LG Freiburg BeckRS 2014, 15836, wo es um zwei Dias ging, die bereits dreißig Jahre lang im Besitz des Angeklagten waren.

642 *Popp* ZIS 2011, 193 (203); *Volk* S. 46: „ ‚Vermutungen' werden im materiellen Recht nicht geduldet."; siehe aber *Eisele* Stellungnahme S. 18, der ohne Problematisierung ausführt, dass Besitz auch und gerade Fälle erfassen soll, in denen ein Erwerb unvorsätzlich stattgefunden hat.

materiell dem prozessualen Maßstab der Rechtsprechung nicht stand. Der angenommene Schluss lässt vernünftige Zweifel zu und ist zu weit von einer absoluten Sicherheit entfernt. Es handelt sich daher um einen Fall der materiellen, verdeckten Beweiserleichterung.

Selbst für den Fall aber, dass tatsächlich ein – nicht in der Verurteilung auftauchender – vorgelagerter Erwerb vorliegt und sich eine Verurteilung dennoch materiell nur auf den Besitz stützt, widerspricht dies zumindest auch dem Gerechtigkeitsempfinden. Illustriert wird dies am folgenden Zitat des reisenden Arztes *Albert Schweitzer*, mit dem er das innerste Rechtsgefühl der Einheimischen auf seiner Reise in Äquatorialafrika beschreibt:

> „Als gerecht empfindet er die Strafe aber nur, wenn er wirklich überführt ist und bekennen muß. Solange er noch mit irgendeinem Scheine von Glaubwürdigkeit leugnen kann, entrüstet er sich in ehrlichster Weise über die Verurteilung, auch wenn er tatsächlich schuldig ist. Diesem Zug an dem primitiven Menschen muß jeder, der mit ihm zu tun hat, Rechnung tragen."[643]

Sofern der Schluss vom Besitz auf den Erwerb zwingend wäre, müsste der Beschuldigte dies akzeptieren. Da diese Folgerung aber nicht zwingend ist, ist der Widerspruch zum Gerechtigkeitsempfinden begründet. Der von der Rechtsprechung angelegte Beweismaßstab ist insofern nichts anderes als eine prozessuale Ausprägung dieser Annahme. Der hier angesprochene Punkt ist das materielle Pendant.

Zutreffend wird vorgebracht, es sei dem Gesetzgeber unbenommen, Tatbestandsmerkmale zu formulieren, die von kriminalpolitischen Verdachtserwägungen getragen seien.[644] Dem ist inhaltlich nichts entgegenzusetzen. Zu beachten ist aber stets, dass das Strafprozessrecht dem materiellen Strafrecht dienen muss und nicht umgekehrt.[645] Prognostizierte Beweisschwierigkeiten führen zulässigerweise zur Eliminierung oder prozessfreundlicheren Gestaltung von Tatbestandsmerkmalen.[646] Die Grenze zur Unzulässigkeit liegt aber im Schuldstrafrecht.[647] Dies darf nicht zu einer Täuschung darüber führen, dass Strafrecht materiell dem Rechtsgüterschutz dienen muss und auch nur dementsprechend

643 *Schweitzer* S. 72.

644 *Eckstein* ZStW 117 (2005), 107 (115).

645 *Mitsch* NJW 2008, 2295 (2298); nachdrücklich NK-*Renzikowski* § 184j Rn 3.

646 *Stuckenberg* Untersuchungen zur Unschuldsvermutung S. 529; siehe auch *Peters* FS Welzel S. 418; *Lüderssen* ZStW 85 (1973) 288 ff.

647 In diesem Sinne auch *Neumann* FS Kargl S. 354 f.

ausgestaltet sein darf. Verdachtsstrafen sind unzulässig.[648] Dies beschränkt sich nicht nur auf den prozessualen Teil, in dessen Rahmen der Grundsatz *in dubio pro reo* gilt. Auch materiell ist ein Verbot eines Verhaltens nur legitim, wenn es geeignet ist, den Schutz des Rechtsguts zu fördern. Fehlt der Vorschrift diese Fähigkeit, so ist dies im Strafrecht zur Begründung eines Verbots unzureichend. Dies bedeutet nicht, dass der Gesetzgeber nicht Tatbestandsmerkmale wählen darf, die dem leichteren Nachweis zugänglich sind. Dennoch ist zu berücksichtigen, dass auch durch diese der Schutzzweck zumindest gefördert werden muss. Solange dem Besitzverbot kein eigener, originärer Unrechtsgehalt zukommt und keine zulässige Vorverlagerung gegeben ist, liegt ein Verstoß gegen das Verbot der Verdachtsstrafe vor. Ob dem Verbot ein eigener Unrechtskern zugrunde liegt oder ob auf eine nachgelagerte Handlung abgestellt werden kann, gilt es im Folgenden zu untersuchen.

b. Unrechtsgehalt Besitz

Die Rechtsprechung nimmt eine Subsidiarität der Besitzstrafbarkeit gegenüber dem Sich-Besitzverschaffen an.[649] Aus dem Auffangcharakter der Tathandlung wird teils der Schluss gezogen, Besitz solle im Wesentlichen gerade auch die Fälle des unvorsätzlich erlangten Besitzes erfassen und nicht nur den Nachweis des Erwerbs erübrigen.[650] Im Folgenden ist nach dem originären Unrechtsgehalt des Besitzes zu fragen und der daraus folgenden Zulässigkeit prozessfreundlicher Gestaltung des materiellen Strafrechts.

aa. Marktförderung

Der Erwerb kann einen Markt beleben, auch wenn dagegen erhebliche Bedenken angeführt wurden. Diese Bedenken gelten für den bloßen Besitz umso mehr, als dieser „marktneutral“[651] und daher keinesfalls geeignet ist, eine Nachfrage zu schaffen.[652] Unzutreffend ist daher die Behauptung unter Punkt 98 des explanatory report der Cybercrime-Konvention: „The possession of child pornography

---

648 *Eser* Die strafrechtlichen Sanktionen gegen das Eigentum S. 235; siehe auch SK-*Wolters/Greco* § 184c Rn 15, § 184b Rn 18.

649 BGH NStZ 2009, 208.

650 *Eisele* Stellungnahme S. 18.

651 *Hörnle* FS Schroeder S. 489; *dies.* FS Streng S. 26 insb Fn 11; SK^{8}-*Wolters* § 184b Rn 12a.

652 Schönke/Schröder-*Eisele* § 184b Rn 15; *ders.* RdjB 2013, 212 (219); *ders.* Stellungnahme S. 19; MüKo-*Hörnle* § 184b Rn 2; *dies.* Grob anstößiges Verhalten S. 473; *Neumann* FS Kargl S. 353; *Popp* ZIS 2011, 193 (198 ff); *Scheffler* FS Herzberg S. 639.

stimulates demand for such material."[653] Auch eine teilweise erfolgende Gleichsetzung des Erwerbs mit dem Besitz[654] ist daher kritisch zu sehen. Jedenfalls missverständlich ist auch die Ausführung des Bundesverwaltungsgerichts: „Wer kinderpornographische Schriften besitzt (§184b Abs. 4 Satz 2), trägt durch seine Nachfrage nach solchen Darstellungen zum schweren sexuellen Missbrauch von Kindern (§ 176a Abs. 2) und damit zum Verstoß gegen ihre Menschenwürde und körperliche Unversehrtheit bei."[655] Diese Aussage ist bereits in ihrem Axiom – Besitz und Nachfrage gleichzusetzen – fehlerhaft. Für die Nachfrage gilt dieser Satz, für den Besitz hingegen nicht.

Der reine Besitz ist ungeeignet, den Schutzzweck der Marktverhinderung zu fördern und so das Rechtsgut der sexuellen Selbstbestimmung zu schützen.

bb. Private Verbreitung

Fraglich ist, ob ein Verbot des reinen Besitzes geeignet ist zu verhindern, dass Jugendliche durch die gestreute Kenntnisnahme der Bilder im privaten Umfeld in ihrer Lebensführung eingeschränkt werden. Die Aufnahmen selbst finden faktisch freiwillig statt. Oftmals werden pornographische Sexts zur Hingabe an eine oder mehrere bestimmte Personen hergestellt. Solange sich diese lediglich bei diesen Personen befinden und das der Hingabe zugrundeliegende Verhältnis besteht, besteht für das Rechtsgut des Darstellers noch keine konkrete Gefahr.

Problematisch wird die Situation für die selbstbestimmte Lebensgestaltung und -führung zum einen erst, wenn das Motiv für die Hingabe der entsprechenden Aufnahmen nachträglich entfällt. In diesem Zusammenhang ist aber auf den zivilrechtlichen Anspruch auf Löschung entsprechender Aufnahmen hinzuweisen.[656] Werden intime Aufnahmen in einer Beziehung angefertigt und endet die Beziehung, so wird mit der Rechtsprechung davon ausgegangen, dass bereits bei Hingabe der Bilder konkludent miterklärt werde, die Berechtigung zum Besitz bestehe nur für den Zeitraum, den die Beziehung dauere. Nach einer Trennung besteht daher regelmäßig ein Löschungsanspruch.[657] Geschieht die

653 *Übersetzt*: Der Besitz von Kinderpornografie regt die Nachfrage nach derartigem Material an; so auch *Scheffler* FS Herzberg S. 639 f.

654 *Neumann* FS Kargl S. 350.

655 BVerwG NVwZ 2011, 299 (301, Rn 19).

656 BGHZ 207, 163; LG Frankfurt a. M., Urt. v. 21.12.2017 – 2-03 O 130/17 = BeckRS 2017, 141348, Rn 50 ff.

657 Dies berücksichtigt *Kudlich* StV 2012, 560 (563) bei seiner Kritik am „lebenslange[n]" Besitzrecht nicht.

Hingabe nicht innerhalb einer Liebesbeziehung, ist auf das sonstige, der Gabe zugrundeliegende Verhältnis abzustellen. Hieraus ergibt sich jeweils, wann ein Löschungsanspruch bestehen soll. Der Löschungsanspruch ist Ausfluss des allgemeinen Persönlichkeitsrechts, das von § 184c aber gerade nicht geschützt wird. Es erscheint auch nicht notwendig, diesen zivilrechtlichen Anspruch strafrechtlich durch ein Besitzverbot abzusichern. § 201a Abs. 1 Nr. 4 regelt genau diesen Fall mit einer Strafbarkeit der unbefugten Weitergabe.[658] Dies gilt unabhängig von der Minderjährigkeit des Darstellers, erfasst aber auch Jugendliche. Gestützt wird die hier vertretene Auffassung zudem von § 184c Abs. 4, der aus strafrechtlicher Sicht ein lebenslanges Besitzrecht gewährt.[659] Selbst in Fällen, in denen ausdrücklich und lebenslang kein strafrechtliches Verbot besteht, kann ein zivilrechtlicher Löschungsanspruch bestehen.

Zum anderen kann das Rechtsgut des Darstellers gefährdet werden, wenn die Aufnahmen unbefugt weitergegeben werden und nicht mehr kontrollierbar ist, wer den Besitz der Fotos innehat und wer davon auszuschließen ist.[660] Das Bundesverfassungsgericht gewährt jedem ein Recht darauf, geschlechtliche Beziehungen zu einem Partner nicht offenbaren zu müssen, sondern selbst darüber befinden zu können, ob, in welcher Form und wem Einblick in die Intimsphäre und das eigene Geschlechtsleben gewährt wird.[661] Das Übel bei privater Jugendpornographie liegt gerade in der unkontrollierten Verbreitung. Der reine Besitz stellt keine Gefahr dahingehend dar, dass ein unkontrollierter Zugang der Öffentlichkeit oder weiterer Personen besteht. Der mit Einverständnis des Darstellers erlangte Besitz verletzt die Lebensführung des Jugendlichen nicht. Besitz haben zunächst nur diejenigen, denen der Jugendliche den Besitz überlassen hat. Sobald eine Verbreitung vorliegt, kommen die Verbreitungsvarianten in Betracht. Für den Fall, dass der überlassene Besitz nicht mehr gewünscht ist, kommt ein Löschungsanspruch aus § 1004 BGB in Betracht.[662]

Der reine Besitz ist nicht in strafrechtlich relevanter Weise geeignet, die selbstbestimmte Lebensgestaltung und -führung zu gefährden.

---

658 LK-*Valerius* § 201a Rn 27; MüKo-*Graf* § 201a Rn 60; so auch *Lenz* S. 382 für Fälle des Sexting.

659 Schönke/Schröder-*Eisele* § 184c Rn 9; LK-*Laufhütte/Roggenbruck* § 184c Rn 8; die Legitimation anzweifelnd Matt/Renzikowski-*Eschelbach* § 184c Rn 9.

660 *Döring* S. 24; siehe auch die Nachweise in Fn 232.

661 BVerfGE 117, 202 (233); BVerfG NJW 2015, 1506 f Rn 29

662 BGHZ 207, 163.

cc. Zwischenergebnis

Der bloße Besitz hat keinen eigenen, originären und materiellen Unrechtsgehalt.

dd. Verjährung

Ebenfalls kritisch ist die Besitzstrafbarkeit vor dem Hintergrund der Verjährung zu sehen. Liegt der strafrechtlich zu machende Vorwurf im Erwerb oder der Verbreitung des Gegenstandes und müsste auch dieser richtigerweise zur Anklage gebracht werden, träte im Regelfall gemäß § 78 Abs. 3 Nr. 4 nach fünf Jahren Verjährung ein und eine Verurteilung könnte nicht mehr erfolgen. Wird hingegen an die Tathandlung des Besitzes angeknüpft, wird diese Regelung der Verjährung umgangen. Dieser dauert fort und bildet immer wieder einen neuen Anknüpfungspunkt, so dass faktisch nie Verjährung stattfindet.[663] Dies ist bedenklich, wenn ausschließlicher, materieller Unrechtsanknüpfungspunkt der Erwerb ist.[664] Besonders prekär wäre dies, wenn Verjährung ein subjektives Recht des Beschuldigten darstellte.

Die Problematik findet ihre wesentliche Entsprechung im Rahmen der Konkurrenzen der Strafbarkeit der Unterschlagung, § 246. Hierbei ist umstritten, ob in jeder wiederkehrenden Betätigung des Zueignungswillens eine erneute Zueignung zu sehen ist oder nur die erstmalige strafbare Zueignung tatbestandsmäßig ist. Für eine Lösung auf Tatbestandsebene wird unter anderem vorgebracht, ansonsten begründe jede erneute Zueignung die Strafbarkeit neu und für diese laufe jeweils auch eine eigene und neue Verjährungsfrist. Dadurch käme dem Täter die Verjährung faktisch niemals zugute.[665]

Die überwiegende Auffassung lehnt einen Anspruch und damit zugleich ein subjektives Recht des Täters auf das Bestehen von Verjährung ab.[666] Demnach wäre die Situation zwar bedenklich, sie erreichte aber nicht die Schwelle zu einem weiteren Verstoß gegen Rechte des Beschuldigten.

Stellte die Verjährung hingegen ein subjektives Recht des Beschuldigten dar, so nähme ihm die Umgehung ebendieses. Zusätzlich zu dem Verstoß gegen das Verbot der Verdachtsstrafe verletzte die tatbestandliche Erfassung des Besitzes

---

663 Vgl hierzu LG Freiburg BeckRS 2014, 15836, wo sich zwei Dias bereits seit dreißig Jahren im Besitz des Angeklagten befanden.

664 Diese Ausführungen erlangen erst dann Bedeutung, wenn der Unrechtsgehalt weder zulässigerweise in einer Vor- oder Nachverlagerung gesehen werden kann noch im Besitz selbst.

665 BGHSt 14, 38 (46); vgl *Arzt/Weber/Heinrich/Hilgendorf* § 15 Rn 45.

666 BGHSt 2, 300 (307), NK-*Saliger* Vor § 78 Rn 7.

dann das Recht des Beschuldigten auf Verjährung. Auch die Ausführungen des BGH[667] zur Unterschlagung legen den Schluss nahe, dass dieser in der Verjährung eine subjektiv-rechtliche Komponente erblickt. Er sieht den Verlust der Verjährung als Argument gegen die Konkurrenzlösung bei der Unterschlagung an. Ginge er nicht von diesem subjektiven Einschlag aus, so wäre das Anführen der Verjährung unergiebig und hätte keinen Argumentationswert.

Für die Verjährung als subjektives Recht spricht in erster Linie die subjektive Ausgestaltung der Verjährungsunterbrechung gemäß § 78c Abs. 4.[668] Andererseits liegt die Verjährung vorrangig im Rechtsfrieden und damit im staatlichen Interesse begründet. Daher handelt es sich zutreffend um ein dem Beschuldigten zufällig zu Gute kommendes Institut.[669] Hierfür spricht auch das Urteil des Bundesverfassungsgerichts, nach dem bei rückwirkender Aufhebung der Verjährungsvorschriften kein Verstoß gegen Rechte der Beschuldigten vorliegt.[670]

Es liegt daher als Folge der Rechtsnatur der Verjährung kein zusätzlicher Verstoß gegen Vorschriften zur Verjährung als Recht des Beschuldigten vor. Dennoch ist die zweifelsohne vorliegende Umgehung der Verjährung kritisch zu sehen.

c. Vorverlagerung der Strafbarkeit

Da ein Abstellen auf dem Besitz vorgelagerte Handlungen eine unzulässige materielle Beweiserleichterung darstellt und der Besitz keinen eigenen originären Unrechtsgehalt hat, ist zu untersuchen, ob – im Sinne einer Vorverlagerung der Straftat – auf ein zeitlich nachfolgendes Ereignis abgestellt werden kann. Als solches kommt die Verbreitung in Betracht. Die Verbreitung ist als Handlung sowohl geeignet, den Markt zu fördern und damit die sexuelle Selbstbestimmung zu gefährden, als auch die selbstbestimmte Lebensgestaltung und -führung zu gefährden.

Ein erster kritischer Einwand ergibt sich aus der dem Verbot des § 184c zu Grunde liegenden Richtlinie 2011/92/EU. Deren Art. 5 Abs. 8 sieht vor, dass ausschließlich zum persönlichen Gebrauch hergestellte fiktive Jugendpornographie von einer Strafbarkeit ausgenommen werden kann, wenn sie sich ausschließlich zu diesem Zweck im Besitz des Herstellers befindet, zum Zweck der Herstellung

---

667 BGHSt 14, 38 (46).

668 *Krack* S. 296.

669 LK-*Schmid* Vor § 78 Rn 9; SK-*Wolter* Vor § 78 Rn 5; für eine Berücksichtigung des unschuldig Verdächtigen siehe *Schneider* FS Germann S. 211 f.

670 BVerfGE 25, 269 ff.

kein pornographisches Material verwendet wurde und „the act involves no risk of dissemination of the material".[671] Dies impliziert zugleich, dass die Richtlinie davon ausgeht, nicht mit jedem bloßen Besitz sei zugleich die Gefahr einer Verbreitung verbunden. Sie setzt vielmehr voraus, dass es auch Fälle gibt, in denen zwar besessen wird, aber zugleich gerade keine Gefahr der Verbreitung besteht.

Bei Verboten, die sich über eine Vorverlagerung der Strafbarkeit legitimieren, ist generell auf einen Wandel der Funktion des Strafrechts hinzuweisen. Während Strafrecht traditionell auf eine repressive Funktion beschränkt ist, kommt ihm so zwangsläufig eine präventive Funktion zu.[672] Lehnt man eine solche präventive Funktion des Strafrechts bereits im Grundsatz ab,[673] so wird man nur schwer zu einer Zulässigkeit des Legitimationsansatzes kommen. In Betracht kommt ein solcher nur, wenn man eine auch präventive Funktion des materiellen Strafrechts mit der Entwicklung seit Ende des 20. Jahrhunderts anerkennt, wie dies insbesondere mit Blick auf die Strafzwecke in verschiedenen Abstufungen überwiegend der Fall ist.[674]

Zu untersuchen ist, inwieweit eine solche Vorverlagerung zulässig ist. Der Gesetzgeber hat den Gedanken in diesem Zusammenhang nur hilfsweise angeführt.[675] Zentrales Anliegen war stets das Erfassen des Besitzes als dem Erwerb nachgelagerte Handlung.[676] Sofern sich das Verbot durch eine Erfassung der Gefahr nachgelagerter Verbreitung legitimieren lässt, ist dies in der Folge auch bei der Auslegung und Anwendung zu berücksichtigen. Beispielsweise bei der Strafzumessung muss es dem Täter dann zugutekommen, wenn er keinesfalls die Absicht der Verbreitung hatte oder Vorkehrungen getroffen hat, die eine ungewollte Verbreitung verhindern oder das Risiko hierfür eingrenzen, er also einen Vermeidewillen betätigt hat. Ein solcher kann sich beispielsweise im Belegen des Zugriffs auf die Datei mit einem Passwort offenbaren.

In der Praxis stellt dies bei privater Jugendpornographie den Schwerpunkt der von dieser ausgehenden Gefahr dar. Ohne Besitz eines pornographischen Bildes, der dessen Existenz logisch voraussetzt, besteht schon nicht die theoretische Möglichkeit der Verbreitung. Existenz und Besitz schaffen erst die Gefahr

---

671 *Übersetzt*: mit der Handlung keine Gefahr der Verbreitung des Materials verbunden ist; so auch *Böse* FS Schroeder S. 755.

672 Krit zur derartigen Entwicklung *Heinrich* ZStW 121 (2009), 94 (123 ff).

673 Hierfür plädierend *Landau* NStZ 2007, 121 f; wohl auch *Heinrich* ZStW 121 (2009), 94 (123 ff).

674 *Rieß* JR 2006, 269 (275).

675 BT-Drucks. 12/3001 S. 6.

676 BT-Drucks. 6/1877 S. 9; 12/3001 S. 4, 6.

der unkontrollierten Verbreitung.[677] Dies ist es auch, wovor Aufklärungsinstitutionen Jugendliche warnen.[678]

In der neueren Literatur gibt es Bestrebungen, den Besitz vollständig vom Zugriff des Strafrechts auszunehmen.[679] Bloßer Besitz betrifft hiernach einen Kernbereich der Privat- und Autonomiesphäre, dessen Unrechtscharakter sich meist allein über entfernteste Folgen begründen lässt und nicht aus dem bloßen Besitz selbst heraus.[680] Zutreffender Ausfluss dieser Bestrebungen ist es, die Zulässigkeit der Besitzstrafbarkeit mit diesen Erwägungen zu beschränken. Die Autonomiesphäre als Ausfluss des unantastbaren Kernbereichs privater Lebensgestaltung gesteht jedem Bürger einen Bereich zu, der einzig und allein seiner Disposition unterliegt, was von Seite des Staates zu respektieren ist.[681] Auch das Bundesverfassungsgericht anerkennt einen solchen absolut geschützten Kernbereich privater Lebensgestaltung, der einer Abwägung mit dem Strafverfolgungsinteresse nicht zugänglich ist, solange kein Sozialbezug vorliegt.[682] Sofern ein Gegenstand *per se* gefährlich ist, verlässt er die bloße Autonomiesphäre und eine Beschränkung der Strafbarkeit ist mit diesem Gedanken nicht zu legitimieren. Mit den Worten des Bundesverfassungsgerichts liegt dann ein Sozialbezug vor. Ist der Gegenstand aber nicht *per se* gefährlich, so ist eine Strafbarkeit des bloßen Besitzes als unverhältnismäßiger Eingriff in diese Autonomiesphäre des Bürgers unzulässig.[683] Vor den Geboten der Rechtsstaatlichkeit und der Autonomiesphäre

---

677 Siehe auch OLG Hamburg NJW 2010, 1893 (1896 f).

678 Vgl *saferinternet.at* Safer sexting – geht das überhaupt?; *klicksafe.de* Sexting worum geht's? – „Sexting ist nicht per se schlecht"; *dies.* Was kann schief gehen? Risiken und Nebenwirkungen von Sexting; *Stephanie* BRAVO Dr. Sommer.

679 Siehe zu einem universell strafrechtlichen Ansatz *Greco* Strafbarer Drogenbesitz S. 75, 78, der diese Frage als eine der Rechtsgutsüberlegungen vorgelagerte ansieht, vgl S. 87; SK-*Wolters/Greco* § 184d Rn 8.

680 Siehe *Greco* GA 2010, 622 (637) für den Bereich des Selbstdopings; SK-*Wolters/Greco* § 184b Rn 31; *Greco* Strafbarer Drogenbesitz S. 80 f für eine Bezeichnung als Autonomiesphäre.

681 *Greco* ZIS 2008, 234 (237 f), der seine Auffassung durch die Rechtsprechung des Bundesverfassungsgerichts in BVerfGE 90, 255 (260) und BVerfGE 109, 279 (313) gestützt sieht.

682 BVerfGE 109, 279 (2. Leitsatz und S. 319). Die Ausführungen zu den dem Urteil zugrundeliegenden prozessrechtlichen Fragen sind insofern auf die materielle Ebene übertragbar.

683 Mit *Greco* Strafbarer Drogenbesitz S. 87 ist die Frage zu stellen, ob das Verbot dem Individuum gegenüber gerechtfertigt werden kann; siehe auch unten S. 243 f; in BVerfGE 109, 279 (391) verknüpfen auch die Richterinnen *Jaeger* und *Hohmann-Dennhardt* in ihrem Sondervotum diese zwei Elemente; *Weissenberger* AJP 1998, 311

sind daher – je nach Eigenschaften des Gegenstands – zusätzliche Voraussetzungen an die subjektive Tatseite zu stellen, um eine grundrechtlich notwendige Begrenzung der Besitzstrafbarkeit zu gewährleisten.[684]

Folgende Fallgruppen weisen einen ausreichenden Sozialbezug auf und verlassen die Autonomiesphäre. Sie haben sich als zulässig herauskristallisiert und können den Schutzzweck bereits bei Vorliegen von bloßem Besitz beeinträchtigen:[685]

- Besitz eines **gefährlichen** Gegenstands, der *aus sich heraus* gefährlich ist
  Bsp: Besitz radioaktiver Stoffe bei schlechten Sicherheitsbedingungen
- Besitz eines **potentiell gefährlichen** Gegenstands, der die Möglichkeit der zukünftigen Begehung eines Delikts mit der besessenen Sache begründet
  Bsp: Unbefugter Besitz von Schusswaffen
- Besitz eines Gegenstands, der **ausschließlich auf Deliktsbegehung** ausgerichtet ist
  Bsp: Besitz von Materialien, die zur Fälschung von Geld oder Wertzeichen dienen; Besitz von Computerprogrammen, die auf die Begehung eines Computerbetrugs gerichtet sind
- Besitz eines Gegenstandes, der **aus einem Delikt stammt**
  Bsp: (Regelmäßig)[686] Besitz von Kinderpornographie

Folgende Kategorie genügt vor dem Rechtsstaatsprinzip und der Privatsphäre nicht den Anforderungen an einen verhältnismäßigen Eingriff in Grundrechte des potentiellen Täters, sofern der bloße Besitz bestraft werden soll. Hier muss ein zusätzliches subjektives Merkmal zur Begrenzung der Strafbarkeit hinzutreten, um den Sozialbezug herzustellen.[687]

- Besitz eines **neutralen** Gegenstands[688]

---

(318) führt aus, dass „im Strafrecht üblicherweise nur der Besitz von gefährlichen Gegenständen [...] unter Strafe gestellt ist"; so auch *Schroeder* NJW 1993, 2581 (2582).

684 *Ambos* FS Yamanaka S. 223 f.

685 Vgl zu der Einordnung auch *Pastor* GA 2006, 793 (797 ff); zu einer abweichenden Kategorisierung siehe *Eckstein* Besitz als Straftat S. 67 ff; siehe dazu aber *Pastor* GA 2006, 793 (797 ff, insb Fn 26).

686 Siehe BT-Drucks. 16/3439 S. 11; *Reinbacher/Wincierz* ZRP 2007, 195 (196); *Schumann* ZIS 2015, 234 (238).

687 *Ambos* FS Yamanaka S. 223 f; *Baumann* S. 128 ff.

688 Streitbares Beispiel, das bereits dem alten römischen Recht bekannt war: Besaß jemand in Tötungsabsicht Gift, so wurde er wie ein Mörder bestraft, vgl *Eckstein* ZStW 117 (2005), 107 Fn 1 mwN.

Gröber gegliedert finden sich in den Fallgruppen zwei grundlegende Aspekte wieder: Die Struktur der Vorverlagerung der Strafbarkeit und die der Anschlusstat. Auch für die Anschlusstat ist aber nicht ausgeschlossen, dass sie zugleich im Sinne einer Vorverlagerung eine Nachfrage am Markt verhindern will, weshalb sie auch hier anzuführen ist.[689]

Es ist nun danach zu fragen, welche Qualität einer jugendpornographischen Schrift zukommt und ob eine Bestrafung des bloßen Besitzes als Vorverlagerung einer Gefahr legitim ist.

aa. Gefährlicher Gegenstand

Damit der Besitz unter die erste Kategorie gefasst werden kann, muss ein Gegenstand vorliegen, der ohne weiteres Zutun aus sich heraus zu einem Schadenseintritt führen kann; der Gegenstand muss *per se* gefährlich sein.[690] Einer Kategorisierung des Besitzverbots jugendpornographischer Schriften unter die erste Fallgruppe steht entgegen, dass die Gefahr nicht von der reinen Existenz des Gegenstands ausgeht. Eine – wie auch immer gelagerte – Gefahr kann denknotwendig lediglich für den Fall einer hinzutretenden Handlung bestehen.

bb. Potentiell gefährlicher Gegenstand

Auch die zweite Kategorie erfasst Gegenstände, die aus sich heraus – also *per se* – gefährlich sind. Im Gegensatz zur ersten Kategorie geht die Gefahr hier allerdings nicht direkt und ohne Zutun menschlichen Verhaltens von der Sache aus. Vielmehr begründet gerade erst der bestimmungsgemäße Gebrauch des Gegenstands – zumindest in aller Regel – die Gefahr einer Rechtsgutsverletzung. Die Gefährlichkeit wohnt dem Gegenstand hier inne, muss aber durch menschliches Verhalten erst noch aktiviert werden.[691]

Einer der Gründe für die Einführung der Besitzstrafbarkeit im Rahmen der Kinderpornographie – auf die sich der Gesetzgeber im Rahmen der Schaffung der Jugendpornographie stets berufen hat – war es, den Verbreitenden zu erfassen, der eine Masterkopie bei sich lagerte und sich vor einer Bestrafung mit der Behauptung schützte, es handele sich um eine private Kopie.[692] Daher könnte der Gedanke der Vorverlagerung herangezogen werden, um zu begründen, dass einem Verbreiten stets Besitz vorgelagert sein muss und dieser somit die

689 *Pastor* GA 2006, 793 (798 f).

690 *Ambos* FS Yamanaka S. 223; *Baumann* S. 123, 125.

691 *Baumann* S. 126.

692 BT-Drucks. 12/3001 S. 4.

Möglichkeit der zukünftigen Begehung eines Delikts begründe.[693] Auch bei privater Pornographie bergen erst die Existenz und der Besitz der Schriften die Gefahr der unkontrollierten Verbreitung. Da aber mit jedem Gegenstand eine rechtsgutsverletzende Verwendung denkbar ist[694] und von jeder noch so versteckt vorgenommenen Handlung indirekt auch Dritte betroffen sein können,[695] werden von der zweiten Kategorie richtigerweise nur solche Gegenstände erfasst, deren *bestimmungsgemäßer* Gebrauch die Gefahr hervorruft.[696] Ansonsten liefe die Abgrenzung des neutralen vom potentiell gefährlichen Gegenstand zugunsten der zweiten Kategorie leer und die rechtsstaatlich notwendige Begrenzung der Strafbarkeit würde umgangen. Der bestimmungsgemäße Gebrauch erscheint als Abgrenzungskriterium sachgerecht. Ist eine unerlaubte und gefährliche Verwendung nur denkbar und nicht im bestimmungsgemäßen Gegenstand angelegt, so darf eine Bestrafung nur bei weiteren Anhaltspunkten erfolgen. Diese müssen die Gefahr beispielsweise durch zusätzliche subjektive Komponenten konkretisieren, damit kein Fall der unzulässigen Verdachtsstrafe vorliegt. So ersetzen sie die fehlende Gefährlichkeit der bestimmungsgemäßen Verwendung.[697] Auf die bloße Gefahr einer möglichen Verbreitung kann daher in der Folge nicht abgestellt werden, da sie der Sache nicht in diesem Sinne immanent ist.

Dies wird auch durch einen Vergleich mit der typischen Fallkonstellation der zweiten Kategorie – dem unbefugten Besitz von Schusswaffen – bestätigt. Hier liegt die besondere Gefahr für Rechtsgüter Dritter gerade in der bestimmungsgemäßen Verwendung durch den Besitzer. Der gefährliche Gebrauch ist in der Sache selbst angelegt. Hierdurch verlässt der Besitz des Gegenstands die autonome Sphäre und entfaltet Außenwirkung. Es geht bei dieser Fallgruppe darum, das mit dem Gebrauch typischerweise einhergehende Schadensrisiko zu minimieren.[698] Dass der Gesetzgeber auch im rechtmäßigen Gebrauch von Waffen

---

693 BT-Drucks. 12/3001 S. 6; dem steht wohl *Böse* FS Schroeder S. 755 entgegen: Dieser nimmt für den Fall der fiktiven Kinderpornographie an, dass keine Gefahr für das Rechtsgut bestehe, wenn diese lediglich für den eigenen Konsum hergestellt wurde. Dies impliziert, dass aus der Existenz und dem bloßen Besitz solcher Schriften nicht zugleich die Gefahr der Verbreitung resultiert; jedenfalls dass diese nicht so groß ist, dass sie strafrechtsrelevant sein kann.

694 Siehe exemplarisch die Auslegung des Begriffs gefährlicher Gegenstand bei NK-*Paeffgen/Böse* § 224 Rn 14a.

695 *Greco* Strafbarer Drogenbesitz S. 79.

696 Siehe *Ambos* FS Yamanaka S. 224.

697 *Ambos* FS Yamanaka S. 226.

698 *Ambos* FS Yamanaka S. 224.

eine stets immanente Gefahr erkennt, zeigt sich insbesondere in den zahlreichen und detailreichen Vorschriften zur präventiven Sicherung bei ihrer Nutzung.[699]

Löst man sich von der moralisch determinierten negativen Bewertung von Minderjährigenpornographie und der Tabuisierung von Pornographie im Allgemeinen, so gelangt man zu dem Ergebnis, dass jugendpornographische Schriften keine solch gefährlichen Gegenstände sind. Zwar kann für einfache pornographische Schriften – also zugleich auch jugendpornographische – durchaus eine Gefahr durch die Wirkung beim Betrachter nicht ausgeschlossen werden.[700] Der Gesetzgeber schätzt die Gefährlichkeit allgemeiner Pornographie jedoch nicht derart hoch ein, dass er ein Besitzverbot im Rahmen des § 184 für notwendig erachtet. Der speziell die Jugendpornographie betreffende Charakter weist hingegen keine darüberhinausgehende Gefährlichkeit auf.[701] Seine nachfolgende bestimmungsgemäße Verwendung, also das Anschauen und Konsumieren, ist über das allgemeine Pornographieverbot hinaus ungefährlich. Somit liegt ein neutraler Gegenstand vor, der – wie alle neutralen Gegenstände – durchaus einem *dual use* unterliegen kann.[702] Der bestimmungsgemäße Gebrauch des Konsums ist daher vor dem Hintergrund der Rechtsgüter ungefährlich und verlässt den Bereich bloßer Privatheit nicht. Abweichend kann eine Bewertung nach Analyse der Wirkungsforschung für Kinderpornographie ausfallen.

Im Rahmen der Kinderpornographie wird kindlichen Missbrauchsopfern teils kinderpornographisches Material vorgeführt, um sie durch Vermittlung des Gefühls, das Kommende sei richtig und normal, gefügig zu machen.[703] Daher könnte ein weiterer Ansatz der Vorverlagerung die Möglichkeit des Besitzenden sein, die Schrift zu einem Missbrauch zu verwenden. Dieser Ansatz ist auf Jugendliche bereits im Ausgangspunkt nicht übertragbar. Anders als bei Kindern ist der Beginn sexuellen Verhaltens für diese Altersgruppe tatsächlich normal. Auch faktisch wird wohl Jugendlichen zum Missbrauch kein entsprechendes Video vorgeführt werden und der Effekt würde wohl nicht dem bei Kindern entsprechen.

---

699 Vgl exemplarisch die allgemeine Waffengesetz-Verordnung.

700 *Ambos* FS Yamanaka S. 223 fasst Pornographie wohl vor diesem Hintergrund unter die *per se* gefährlichen Gegenstände.

701 Siehe oben S. 85 f.

702 Vgl zu dem Begriff *Ambos* FS Yamanaka S. 224.

703 BT-Drucks. 12/3001 S. 6; *Palm* S. 93; *Popp* ZIS 2011, 193 (199); *Weissenberger* AJP 1998, 311 (317).

Somit kommt Jugendpornographie keine potentiell gefährliche Eigenschaft in diesem Sinne zu und ein Verbot des reinen Besitzes kann hieraus nicht legitimiert werden.

cc. Gegenstand in Zusammenhang mit Delikten

Die zwei bleibenden Kategorien, die eine Bestrafung des bloßen Besitzes legitimieren, müssen im zwingenden Zusammenhang mit der Begehung von Delikten stehen. Jugendpornographie geht nicht notwendig ein Missbrauch voraus, so dass die Voraussetzungen nicht vorliegen. Auch ist eine jugendpornographische Schrift nicht ausschließlich auf Deliktsbegehung ausgelegt.

dd. Neutraler Gegenstand

Ist der Gegenstand neutral, muss aus Gründen der Rechtsstaatlichkeit und der Wahrung der Privatsphäre eine deliktische Absicht hinzutreten, damit der Gesetzgeber den Besitz unter Strafe stellen darf.[704] Diese subjektive Komponente ersetzt dann die Gefährlichkeit des Gegenstandes.[705] Auf eine mutmaßliche Gefährlichkeit des Täters kann in unserem Tatstrafrecht hingegen nicht abgestellt werden.

Bei Jugendpornographie ist zutreffend von einem solchen neutralen Gegenstand auszugehen. Das Gesetz genügt den Anforderungen an diese Fallgruppe somit nicht, da es keine subjektive Komponente in Form beispielsweise einer Verbreitungsabsicht fordert,[706] die auch dem eigentlich verfolgten Zweck der Beweiserleichterung zuwiderlaufen würde.

Gestützt wird diese Auffassung auch durch die bereits angeführte Richtlinie 2011/92/EU, in deren Art. 5 Abs. 8 ausgeführt wird, den Mitgliedstaaten stehe es frei, den Besitz zu ausschließlich privaten Zwecken unter Strafe zu stellen, „provided that the act involves no risk of dissemination of the material."[707] Auch das Europäische Parlament geht folglich davon aus, dass ein Besitz bestehen kann, ohne dass hieraus zugleich im Sinne einer Vorverlagerung zwingend eine Gefahr der Verbreitung besteht.

---

704 Vgl hierzu *Ambos* FS Yamanaka S. 224 ff; einige Rechtsordnungen erfordern zur Strafbarkeit des Besitzes ausnahmslos eine Verbreitungsabsicht, vgl *Sieber* ZUM 2000, 89 (98).

705 Siehe *Ambos* FS Yamanaka S. 225.

706 SK-*Wolters/Greco* § 184c Rn 3.

707 *Übersetzt*: sofern mit der Handlung keine Gefahr der Verbreitung des Materials verbunden ist.

ee. *Täterstrafrecht – Feindstrafrechtliche Tendenzen*

Rechtsstaatlich muss sich zur Bestrafung des Besitzes bei fehlender Gefährlichkeit des Gegenstandes die Gefährlichkeit des Besitzers manifestieren. Die geltende Rechtslage gibt dies nicht her und auch rechtspolitisch gehen die Tendenzen in die bedenkliche Richtung, eine Manifestation der Gefährlichkeit des Besitzers nicht zu fordern. Die Ausgestaltung der Tatbestände zur Kinder- und Jugendpornographie mit der Erfassung des bloßen Besitzes legen den Verdacht nahe, dass sich das Strafrecht in diesem Bereich von einem Tatstrafrecht entfernt und hin zu einem Täterstrafrecht wandelt.[708] So lassen sich für Kinder- und Jugendpornographie sowie für den gesamten Bereich der Sexualdelikte feindstrafrechtliche Elemente feststellen.[709] Es scheint dem Gesetzgeber und der Rechtsprechung sowie den Staatsanwaltschaften darauf anzukommen, die Gruppe der Pädophilen und Hebephilen zu erfassen und unabhängig davon einer Bestrafung zuzuführen, ob sie ein Rechtsgut verletzt haben oder nicht.[710] Die Sicherungs- und Bekämpfungsfunktion scheint bedeutender als die rechtsstaatliche und schuldangemessene repressive Ahndung von Straftaten. Dies verdeutlicht umso mehr die Notwendigkeit einer rechtsstaatlichen Begrenzung der Besitzstrafbarkeit.

Feindstrafrechtliche Tendenzen in diesem Deliktsbereich zeigen sich exemplarisch an einem Fall, mit dem sich das Landgericht Limburg zu befassen hatte:[711] Der Beschuldigte hatte nachgewiesenermaßen fünf Filme erworben, in denen nackte Kinder und Jugendliche zwischen 11 und 18 Jahren zu sehen waren. Sexuelle Handlungen wurden nicht dargestellt und auch nach Einschätzung des Bundeskriminalamtes waren die Filme ausdrücklich nicht kinder- oder

---

708 Für Kinderpornographie kann sich eine Zulässigkeit möglicherweise aus der Fallgruppe „Besitz eines Gegenstands, der aus einem Delikt stammt" ergeben. Dies wurde hier nicht eingehender untersucht. Dies unterstellt, schwächt dies die folgenden Ausführungen in Bezug auf diese, beseitigt derartige Bedenken aber nicht vollständig.

709 *Hörnle* GA 2006, 80 (84 f); *Morguet* S. 97 f; *Steiger* S. 331 ff; siehe auch *Brüggemann* S. 514; *Jakobs* HRRS 2004, 88 (92).

710 Vgl ausführlich *Gropp* FS Kühne S. 688 f; dies spiegelt sich auch in Entscheidungen wieder, in denen für den Besitz einschlägiger Schriften der Begriff „verabscheuenswürdig" verwandt wird, vgl BVerwG NJW 2001, 240 (241); VGH München BeckRS 2012, 52507, Rn 52; 2013, 45317 Rn 83, wenngleich es sich hier nicht um Strafurteile, sondern um disziplinarrechtliche Entscheidungen handelt; siehe zu dem Aspekt des Täterstrafrechts für die Wirkung von Kinderpornographie SK-*Wolters/Greco* § 184b Rn 3.

711 LG Limburg Urt. v. 03.02.2015 – 1 Qs 160/14.

jugendpornographisch.[712] Aus dem Erwerb dieser Filme hatte die Staatsanwaltschaft einen Verdacht abgeleitet, der Beschuldigte besitze auch kinderpornographisches Material und beantragte eine Durchsuchung der Person und der Wohnung. Der Schluss ist in dieser Form bereits zumindest in seiner Pauschalität bedenklich, da das Alter der Darsteller in den Filmen überwiegend und im Schwerpunkt jugendlich war und gerade nicht kindlich. Die Unverletzlichkeit der Wohnung steht durch Art. 13 GG unter gesondertem Schutz und verlangt aufgrund des Gewichts des Eingriffs Verdachtsgründe, die über vage Anhaltspunkte und bloße Vermutungen hinausreichen.[713] Eine Durchsuchung darf insbesondere nicht der Ermittlung von Tatsachen dienen, die den Verdacht erst begründen, sondern setzt einen Verdacht ihrerseits voraus.[714] Auch legales Verhalten kann den Verdacht einer Straftat begründen, allerdings nur dann, wenn weitere Umstände hinzutreten.[715] Auch wenn das Amtsgericht die Durchsuchung zunächst noch ablehnte, gestattete das Landgericht sie unter Hinweis auf den kriminalistischen Erfahrungssatz, männliche Erwachsene mit sexueller Präferenz für Kinder, die bereits Kontakt zu Vertreibern von strafbarer Kinderpornographie gefunden haben, erwerben aufgrund ihres sexuellen Aufsuchverhaltens auch strafbares Material. Dieser kriminalistische Erfahrungssatz stellte im Fall die weiteren verdachtsbegründenden Umstände dar.

> „Eng verbunden mit der Tatsache der leichten Verfügbarkeit im Internet in Verbindung mit entsprechenden Neigungen ist es äußerst unwahrscheinlich, dass sich entsprechende Konsumenten nur legalen Materials bedienen."[716]

> „Der Tatverdacht resultiert unter anderem aus der sexuellen Präferenz des Beschuldigten für Kinder und Jungendliche [sic]."[717]

An dieser Stelle soll keine Bewertung stattfinden, ob ein solcher kriminalistischer Erfahrungssatz tatsächlich ausreichen kann, um von einem legalen Verhalten auf

---

712 Zwar galt zum Zeitpunkt der Beantragung des Durchsuchungsbeschlusses die neue Fassung des § 184b noch nicht, zum Zeitpunkt des Beschlusses des Landgerichts galt allerdings bereits die erweiterte Fassung, nach der schon die Wiedergabe eines ganz oder teilweise unbekleideten Kindes in unnatürlich geschlechtsbetonter Körperhaltung zur Tatbestandsverwirklichung ausreicht. Auch der heutige § 201a Abs. 3 konnte noch nicht berücksichtigt werden.

713 BVerfG NJW 2011, 291.

714 BVerfG NJW 2015, 581.

715 BVerfG NJW 2014, 3085.

716 Ausführung des Sachverständigen, abgedruckt in Rn 14 des Beschlusses.

717 Rn 30 des Beschlusses.

einen hinreichenden Verdachtsgrad des Vorliegens einer Straftat zu schließen. Dennoch illustriert dieser Fall, dass große Anstrengungen und äußerst eingriffsintensive Ermittlungsmaßnahmen für das Verfolgen einer Straftat unternommen werden, für die nur vage Anhaltspunkte bestehen und die auch bei Erhärten des Verdachts ein vergleichsweise geringes eigenes Unrecht darstellt. Zudem muss, wie bereits angedeutet, die Frage gestellt werden, ob hier nicht sogar nur ein Verdacht des Besitzes von Jugendpornographie begründet sein kann. Dies würde das Unrecht der Tat, derer er verdächtigt wird, noch einmal senken. Sowohl der stattgebende Beschluss als auch die Ausführungen des Sachverständigen stützen daher die Annahme, dass die Sicherung und Bekämpfung von Pädophilen und Hebephilen eine nicht zu unterschätzende Rolle spielen. Der Schluss vom Besitz legaler Darstellungen auf das Vorliegen einer Straftat sollte daher stets kritisch auf eine eigene bloß moralische Bewertung des legalen Verhaltens hin überprüft werden.

Beim Jugendpornographieverbot zeigt sich dies zudem normativ insbesondere an der reinen Besitzstrafbarkeit und der Unternehmung der Besitzverschaffung, aber auch an der Neuregelung von § 201a Abs. 3, der seit 2015 bereits die Herstellung von Bildaufnahmen nackter Minderjähriger zu kommerziellen Zwecken unter Strafe stellt.[718] Das dargestellte Konzept zur Besitzstrafbarkeit verlangt eine Substitution der fehlenden Gefährlichkeit des Gegenstands durch die Gefährlichkeit des Besitzers, die sich jedenfalls in seinem subjektiven Willen manifestiert. Sie kann nicht durch eine bloß mutmaßliche Gefährlichkeit ersetzt werden, wie es bei der Erfassung des bloßen Besitzes naheliegt.[719] Geschieht dies doch, liegt ein klassischer Fall des Täterstrafrechts vor.[720] Feindstrafrechtliche Elemente sollten deskriptiv als Warnsignal verstanden werden und sind normativ in einem Rechtsstaat mit unserem Grundgesetz entschieden abzulehnen.[721]

Feindstrafrecht ist symbolisches Strafrecht und verfolgt als solches vier Zwecke, die sich sowohl im Kinder- als auch im Jugendpornographieverbot erkennen lassen. Es verfolgt eine Abgrenzungsfunktion, eine Vereinfachungsfunktion, eine Publizitätsfunktion und eine Sicherheitsfunktion.[722]

---

718 *Steiger* S. 331.

719 *Ambos* FS Yamanaka S. 225.

720 Vgl. *Ambos* FS Yamanaka S. 225 ff.

721 Vgl. *Hörnle* GA 2006, 80 (89 ff); insofern wird hier einem denunziatorisch-kritischem Verständnis des Begriffs Feindstrafrecht gefolgt, vgl dazu *Greco* GA 2006, 96 (102, 110 ff).

722 *Morguet* S. 199 f, vgl zum folgenden auch *Steiger* S. 337 ff.

- *Abgrenzungsfunktion*: Mit symbolischem Feindstrafrecht wird keine Tat, sondern ein Tätertyp identifiziert, der nicht als Gleicher, sondern als Anderer definiert wird.[723] Es etikettiert bestimmte Tätertypen als Feinde und grenzt sie so von den Bürgern ab.[724] Diese Abgrenzung dient dazu, gegen den als moralisch böse dämonisierten Täter[725] härter eingreifen zu können und die Kräfte gegenüber dem Feind zu bündeln.[726] Als solche dienen im zu untersuchenden Bereich Pädophile und Hebephile, deren Neigungen sich bereits in der Unternehmung der Besitzverschaffung sowie des Besitzes manifestieren und sie so als Feinde kennzeichnen. Dies lässt sich an einer Entschließung des Bundesrats vom 14. März 2014 unter dem Titel „Kinder- und Jugendschutz verbessern" illustrieren: Hiernach soll der Erwerb von Nacktaufnahmen Kinder- und Jugendlicher aus dem Grund verboten werden, dass diese auf Pädophile stimulierend wirken.
- *Vereinfachungs- und Publizitätsfunktion*: Komplexere Formen von deliktischen Phänomenen – ein solches stellt das Jugendpornographieverbot mit seiner nur sehr mittelbaren Legitimation, den Scheinproblematiken und den zwei Rechtsgütern unzweifelhaft bereits von Grund auf dar – sind der Öffentlichkeit gegenüber leichter zu präsentieren, wenn die Komplexität der Probleme nur selektiv dargelegt wird.[727] Im Bereich der Sexualdelikte wird zudem häufig allgemein von Sexualstraftätern als Tätergruppe gesprochen, obwohl es sich hierbei keinesfalls um eine homogene Deliktsgruppe handelt.[728] In diesen Zusammenhang passt auch die bereits erwähnte Vermischung von Pornographie- mit Missbrauchsdelikten. Während sich die Delikte rund um die mediale Fixierung des Missbrauchs durch zahlreiche Mittelbarkeiten von einer originären Rechtsgutsverletzung entfernen und von diesem Gesichtspunkt her hinter den Missbrauchsdelikten auch vom zurechenbaren Unrecht her zurückbleiben, werden Täter dennoch über einen Kamm geschert und bei Begehung von vergleichsweise harmloseren Delikten überstigmatisiert, wenn sie einheitlich als Sexualstraftäter wahrgenommen werden und damit mit gewichtigeren Straftaten in Verbindung gebracht werden.[729] Diese

723 *Cancio Melia* ZStW 117 (2005) 267 (276); *Kunz* FS Schöch S. 361.
724 *Cancio Melia* ZStW 117 (2005) 267 (281, 284).
725 *Cancio Melia* ZStW 117 (2005) 267 (284).
726 *Kunz* FS Schöch S. 361; *Schneider* S. 728; siehe auch *Steiger* S. 338.
727 *Morguet* S. 238 f.
728 *Steiger* S. 33 ff, 339.
729 Vgl nochmals *Hörnle* FS Streng S. 26 ff; BVerwG NVwZ 2015, 1680 (1682 f); *Meier* FS Pfeiffer S. 469; *Thiee* NK 2006, 131 (133); für eine deutliche Unterscheidung auch im Unrechtsgehalt *Gropp* FS Kühne S. 687 f.

vereinfachte Wahrnehmung erleichtert Begründungen für Strafschärfungen und weitere Vorverlagerungen.[730] Dieses Phänomen wird noch einmal verstärkt durch die Berichterstattung in den Medien.[731] Überproportional auftretende und unsachliche Berichte über schwere Sexualdelikte leisten der Kriminalitätsfurcht Vorschub und verzerren die Wahrnehmung des tatsächlichen Kriminalitätsaufkommens in Quantität sowie Qualität.[732]

- *Sicherheitsfunktion*: Die Abgrenzung der Gleichen von den Anderen führt zu einem gesellschaftlichen Kollektivbewusstsein und fördert das Gefühl des Zusammenhalts und der Stärke gegenüber den Feinden.[733] Zum anderen fördert das Demonstrieren von Handlungsmacht das Sicherheitsgefühl, indem der Eindruck erweckt wird, die Bedrohung sei klar ausgemacht und man müsse gegenüber den ausgemachten Feinden hart vorgehen.[734]

Vor dem Hintergrund des Gesagten und den feindstrafrechtlichen Tendenzen im Pornographiestrafrecht Minderjähriger ist es umso bedeutender, sich auch solch sensible Themen betreffend vor Augen zu führen, dass das Tatstrafrecht eine wichtige rechtsstaatliche Errungenschaft ist.[735] Niemand sollte bestraft werden, weil er pädophil ist[736] und damit erst recht nicht, weil er hebephil ist.[737] Bestraft werden sollte ausschließlich, wer das Rechtsgut eines Minderjährigen verletzt, zunächst unabhängig von dem Vorhandensein sexueller Neigungen und Präferenzen. Die bloße Tatsache, dass jemand pädophile oder hebephile Neigungen hat, macht ihn nicht zum Täter. Positiv ist in diesem Zusammenhang exemplarisch die Kampagne der Berliner Charité „Kein Täter werden" anzuführen, die das Ziel des Konzepts wie folgt erklärt:[738]

---

730 *Morguet* S. 239.

731 Vgl in diesem Zusammenhang nochmals die Programmankündigung der ARD für „Exclusiv im Ersten: Schattenwelt": „Kinderpornografie – kaum ein Verbrechen ist verabscheuenswürdiger", unter http://programm.ard.de/?sendung=2810612336799801, zuletzt abgerufen am 02. August 2018.

732 *Morguet* S. 239 f; *Steiger* S. 339.

733 *Morguet* S. 240.

734 *Cancio Melia* ZStW 117 (2005) 267 (270); *Morguet* S. 241.

735 *Heinrich* ZStW 121 (2009), 94 (118 f); NK-*Paeffgen/Zabel* Vor §§ 32 ff Rn 223 bringen das Feindstrafrecht als Täterstrafrecht in Zusammenhang mit Unrechtsregimen wie das Hitlers, Stalins und Pol Pots.

736 *Palm* S. 15.

737 Ausführlich und überzeugend gegen eine Bestrafung bloßer Gedanken *Greco* Strafbarer Drogenbesitz S. 81 f.

738 https://www.kein-taeter-werden.de/story/ziele-2.html, zuletzt abgerufen am 14. Mai 2018.

> „Vorrangiges Ziel im Rahmen der Behandlung ist die Akzeptanz der sexuellen Präferenz sowie deren Integration in das sexuelle Selbstbild. Darauf basierend soll den Teilnehmern ein breites und effektives Repertoire an Verhaltensstrategien vermittelt werden, die es ihnen ermöglichen, diesen Bereich ihres Lebens adäquat zu bewältigen und insbesondere die sexuellen Impulse gegenüber Kindern effektiv zu kontrollieren."

Ein abweichendes Verständnis unterstellte pädo- und hebephilen Menschen allein aufgrund ihrer sexuellen Präferenzen eine generelle Gefährlichkeit, Sexualdelikte zu begehen. Der in diesem Zusammenhang teilweise vorgebrachte und auf Gleichheitsgesichtspunkten beruhende Einwand, auch heterosexuellen Männern werde vom Gesetz eine solche Gefährlichkeit nicht unterstellt,[739] kann für Jugendpornographie zusätzlich zu dem Gesagten aus einem weiteren Grund nicht überzeugen: Heterosexuellen steht, jedenfalls im Gegensatz zu Menschen mit pädophilen Neigungen,[740] eine legale Art der Triebbefriedigung zur Verfügung.[741] Eine solche Möglichkeit bietet sich aber auch Menschen mit hebephilen Neigungen, was die hier vertretene Auffassung weiter stärkt.

ff. Zusammenfassung

Das Verbot des Besitzes von Jugendpornographie wird in den Gesetzesbegründungen nicht vorrangig über die Vorverlagerung der Gefahr der Verbreitung begründet. Die Praxis hingegen sieht hier gerade die Gefahr für Jugendliche. Umso erstaunlicher ist es, dass dieser Aspekt bisher in den Gesetzesbegründungen kaum Beachtung gefunden hat und das Verbot auch nicht hiernach ausgerichtet ist. Dennoch ist die Möglichkeit der Bestrafung des bloßen Besitzes kritisch zu betrachten und im Ergebnis als unzulässig zu bewerten. Zur Rechtsgutsverletzung muss menschliches Verhalten in Form der Verbreitung hinzutreten. Der Gegenstand Jugendpornographie ist nicht aus sich heraus gefährlich. Daher darf er vor dem Hintergrund der Autonomiesphäre und des Rechtsstaatsprinzips nicht isoliert bestraft werden.

Folgt man diesem Verständnis nicht, ist zu beachten, dass die genannten Kritikpunkte bei der Anwendung dennoch Beachtung finden muss. So ist es beispielsweise strafmildernd zu berücksichtigen, wenn keine Gefahr der Verbreitung bestand, da der Täter bloßer Konsument war und keine Verbreitungsabsicht hatte oder hiergegen gar Vorkehrungen getroffen hatte.

---

739 *Gropp* FS Kühne S. 688 f.

740 *Meier* Kinderpornographie im Internet S. 387.

741 Siehe auch *Palm* S. 24.

d. Fazit

Die Tathandlung des reinen Besitzes ist nicht geeignet, die Schutzzwecke zu fördern. Zum einen ist Besitz marktneutral und kann demnach keinen Markt fördern. Zum anderen liegt die Gefahr für die selbstbestimmte Lebensgestaltung und -führung gerade nur in der Verbreitung durch Unbefugte. Es kann richtigerweise auch nicht auf den regelmäßig vorhergehenden Erwerb abgestellt werden, ebenso wenig wie auf eine Gefahr späterer Verbreitung. Ein Verstoß gegen die Vorschriften zur Verjährung liegt zwar vor. Da kein subjektives Recht eines Beschuldigten auf Verjährung besteht, ist der Verlust zwar zu kritisieren, im Ergebnis aber nicht zu beanstanden. Ausgemachten feindstrafrechtlichen Elementen im Verbot von Jugendpornographie ist mit Skepsis zu begegnen.

2. Allgemeine Einwände gegen Besitzstrafbarkeit

Konstitutives Merkmal eines jeden Tatbestands ist das Vorliegen einer Handlung. Bereits im Kindesalter wissen sich die Jüngsten gegen einen Vorwurf damit zu verteidigen, dass sie erwidern „Ich habe doch nichts gemacht". Die kindliche Bezeichnung des „Machens" ist dann in dem Sinne zu verstehen, dass keine Handlung vorliegt. Ohne eine solche kann eben auch kein Vorwurf gegen sie erhoben werden. Es gilt das Prinzip, dass Strafe nur aufgrund menschlichen Verhaltens angedroht und verhängt werden darf.[742] Unter Handlung kann jedenfalls jede willensgesteuerte Körperbewegung verstanden werden, ebenso wie ein Unterlassen. Besitzen passt jedoch auf den ersten Blick nicht so recht in dieses Muster, beschreibt es doch eher einen Zustand.[743] Die genaue dogmatische Einordnung ist nach wie vor[744] ungeklärt, wenngleich in jüngerer Vergangenheit ein Problembewusstsein für dieses Feld entstanden ist, was sich in dem Erscheinen verschiedener Werke zu dem Thema widerspiegelt.[745]

a. Ausgangspunkt Wortlaut

Grammatisch gesehen bezeichnet Besitzen ein Verhalten. Tatsächlich beschreibt der Begriff hingegen eine Beziehung zwischen zwei Personen oder einer Person

---

742 *Ambos* FS Yamanaka S. 228; *Eckstein* Besitz als Straftat S. 123, 170, 192 ff; *Struensee* FS Grünwald S. 714 f.

743 SK-*Wolters/Greco* § 184b Rn 30 f.

744 *Schroeder* NJW 1993, 2581 ff.

745 Siehe *pars pro toto*: *Eckstein* Besitz als Straftat; *Lagodny* Strafrecht vor den Schranken der Grundrechte; *Hochmayr* Strafbarer Besitz von Gegenständen.

zu einer Sache oder Eigenschaften einer Person, demnach einen Zustand. Dies wird vom Gesetz auch so bestätigt, wenn in den zivilrechtlichen Vorschriften Besitz als Herrschaftsbeziehung beschrieben wird: „Der Besitz einer Sache wird durch die Erlangung der tatsächlichen Gewalt über eine Sache erworben" (§ 854 Abs. 1 BGB) oder „Wer eine Sache als ihm gehörend besitzt, ist Eigenbesitzer" (§ 872 BGB).[746]

b. Zusammenhängende Handlungen

Insbesondere bei § 854 Abs. 1 BGB wird deutlich, dass sich Besitz zumeist über dessen Erwerb charakterisiert. Besitz beschreibt somit den Zustand ab dessen Erlangung bis zu dem Zeitpunkt, in dem er wieder aufgegeben wird. Eine Beschränkung der Bedeutung des Besitzes auf den Erwerb ist daher mit dem Gesetz nicht vereinbar,[747] wie bisher bereits in anderem Zusammenhang aufgezeigt wurde und im Folgenden aus der Perspektive des Handlungsbegriffs zu zeigen sein wird. Auch auf die Besitz-Bewahrung, also auf Handlungen, die dem Verlust des Besitzes vorbeugen, kann als Handlung des Besitzens ebenso wenig abgestellt werden wie auf Verwendungen der Sache, denn diese lassen notwendigerweise weitere Verhaltensweisen und damit zweifelsfreie Handlungen neben den reinen Besitz treten. Das Gesetz stellt jedoch gerade nicht auf diese ab, sondern eben auf den Besitz.[748]

c. Unterscheidung im Gesetz

Das Gesetz unterscheidet zwischen dem Erwerb und dem Besitz als solchem: So kennt § 29 Abs. 1 Nr. 1 BtMG den Erwerb und das sich sonstige Verschaffen, in § 29 Abs. 1 Nr. 3 aber auch den Besitz. Auch in § 51 Abs. 1 WaffG wird zwischen dem Erwerb und dem Besitz unterschieden. Auch der für diese Arbeit insbesondere relevante § 184c trennt in seinem Abs. 3 zwischen dem Unternehmen sich den Besitz zu verschaffen und dem Besitz als solchem. Somit ist klar gezeigt, dass

---

746 *Struensee* FS Grünwald S. 715 f.

747 *Struensee* FS Grünwald S. 717; dies erkennt auch *Lagodny* S. 325; aA SK[8]-*Wolters* § 310 Rn 5 „Das Verwahren (Innehaben des Gewahrsams) ist keine Handlung; vielmehr gilt ein entsprechender Befund als unwiderleglicher Beweis dafür, dass der Verwahrer den betreffenden Gegenstand sich zuvor verschafft hat"; BT-Drucks. 6/1877 S. 9: „Mit dem „Besitzen" eines Betäubungsmittels wird nicht etwa ein Zustand unter Strafe gestellt, sondern ein kausales Verhalten, nämlich die Herbeiführung oder Aufrechterhaltung dieses Zustands."

748 Spindler/Schuster-*Gercke* § 184b Rn 23; so auch *Struensee* FS Grünwald S. 717 f.

als Anknüpfungspunkt des strafrechtlichen Vorwurfs und der strafrechtlichen Handlung des Besitzens nicht auf die Erlangung des Besitzes abgestellt werden kann, da dieser eine gesondert unter Strafe gestellte Handlung beschreibt.[749] Hinzu kommt, dass ein Abstellen auf den Erwerb auch nicht immer angemessen ist, was sich insbesondere in Fällen zeigt, in denen der Erwerb keine schuldhaft begangene tatbestandsmäßige Handlung bedeutet: Sei es, weil zum Zeitpunkt des Erwerbs noch eine Erlaubnis bestand, die später weggefallen ist, wie beispielsweise im Waffenrecht. Sei es, weil zum Zeitpunkt des Erwerbs eine Strafbarkeit noch nicht bestand, wie beispielsweise beim Besitz von Jugendpornographie vor der Einführung des Verbots im Jahre 2008. Sei es, weil bei Besitzerwerb noch kein Vorsatz in Bezug auf die Qualität der Sache vorlag. Der Besitz definiert sich daher nicht über den Erwerb, sondern stellt eine eigene, neben dem Erwerb bestehende Kategorie dar.

d. Beweiserleichterung

In den Gesetzesbegründungen zu den Besitzdelikten wird immer wieder deutlich, dass der Gesetzgeber Besitzstrafbarkeiten in erster Linie einführt, um den Strafverfolgungsbehörden den Nachweis des Erwerbs zu ersparen und den Eintritt der Verjährung zu umgehen.[750] In der Praxis wird der vermeintliche Täter zumeist im Besitz des verbotenen Gegenstands angetroffen, so dass jedenfalls der Nachweis des Besitzes erbracht ist. Dies genügt zur Verurteilung aus dem Delikt. Existierte die Strafbarkeit des Besitzes nicht und müsste der Nachweis geführt werden, dass beispielsweise die vom Vorsatz umfasste Tathandlung des Erwerbs vorliegt, so würde dies häufig nicht gelingen. Der beispielhafte Einwand, man sei ungewollt in den Besitz geraten, ist rechtlich relevant und wird nur schwer zu widerlegen sein.[751] Dies bedeutet aber zugleich, dass der Gesetzgeber selbst davon ausgeht, die Erlangung des Besitzes und der Besitz seien zwei zu unterscheidende Dinge.

Sofern in der Literatur aus dem Gesagten sogar ein Eingeständnis abgeleitet wird, der Gesetzgeber gestehe hierdurch ein, dass Besitzen keine Handlung sei,[752] ist dies unzutreffend, da dieser Schluss kein notwendiger ist. Durch eine

---

749 Spindler/Schuster-*Gercke* § 184b Rn 23; siehe auch *Ambos* FS Yamanaka S. 230 f.

750 *Eckstein* Besitz als Straftat S. 79; *Hochmayr* S. 2; vgl zum Opiumgesetz BT-Drucks. 6/1877 S. 9; zur Pornographie BT-Drucks. 12/3001 S. 4, 6; siehe auch; *Hörnle* Grob anstößiges Verhalten S. 425; *Pastor* GA 2006, 793 (795 f); *Zieschang* S. 367.

751 *Hochmayr* S. 1.

752 *Struensee* FS Grünwald S. 717.

bloße sachliche Trennung ist noch keine Aussage darüber getroffen, ob Besitz nicht auch selbst eine Handlung sein kann.

Der BGH hat hingegen bereits 1978 ausgeführt,

> „dass nicht etwa ein Zustand, sondern ein kausales Verhalten, nämlich die Herbeiführung oder Aufrechterhaltung dieses Zustands unter Strafe gestellt werden sollte".[753]

Das Berufen auf die Herbeiführung des Zustands Besitz ist aber auch vor dem Handlungsbegriff ungenau und unzulässig.

e. Besitz und Grundgesetz

Zweifel am Vorliegen einer Handlung führten zu Verfassungsbeschwerden Angeklagter, die wegen einschlägiger Besitzdelikte verurteilt wurden.[754] Als kollidierende Vorschriften wurden insbesondere Art. 103 Abs. 2 GG und das im Grundgesetz angelegte Schuldprinzip vorgebracht.

aa. Tatbegriff des Art. 103 Abs. 2 GG

Gemäß Art. 103 Abs. 2 GG kann eine Tat nur bestraft werden, wenn die Strafbarkeit gesetzlich bestimmt war, bevor die Tat begangen wurde. Vorauszusetzen ist also, dass eine Tat vorliegt. Es wird im Sinne der Beschwerdeführer vertreten, dass Tat nur im Sinne menschlichen Verhaltens, nicht aber im Sinne einer Gesinnung oder Zustandsverantwortlichkeit verstanden werden kann.[755]

Einen solchen Verfassungsverstoß hat das Bundesverfassungsgericht jedoch wiederholt mit guten Gründen abgelehnt: Eine Beschränkung des Tatbegriffs des Art. 103 Abs. 2 GG auf willensgetragene Körperbewegungen ist dem Grundgesetz nicht zu entnehmen. Für den verfassungsrechtlichen Tatbegriff kann kein strafrechtlicher maßgebend sein. Bereits auf einfach-rechtlicher Ebene lässt sich der Handlungsbegriff nicht unmittelbar dem Gesetz entnehmen, sondern ist Ergebnis einer umstrittenen Strafrechtsdogmatik. Keinesfalls will der Verfassungsgeber sich auf einen einfach-rechtlichen Handlungsbegriff festlegen.[756]

Darüber hinaus ist auch ein Verstoß gegen den allgemeinen Bestimmtheitsgrundsatz des Art. 103 Abs. 2 GG nicht zu erkennen: Das Verbot steht ausdrücklich im Gesetz und dies auch zeitlich vor Tatbegehung. Es ist zu erkennen,

---

753 BGHSt 27, 380 (381).

754 Siehe BVerfG NJW 1994, 2412; 1995, 248.

755 *Kingreen/Poscher* Rn 1219; *Lagodny* S. 323; *Wüstenberg* TKMR 2003, 4 (7).

756 BVerfG NJW 1994, 2412 f; 1995, 248 f; Maunz/Dürig-*Remmert* GG Art. 103 Abs. 2 Rn 55.

welche Verhaltensweisen unter den Begriff des Besitzens fallen. Damit genügt das Gesetz den Anforderungen an *lex praevia, certa, stricta* und *scripta.*[757]

bb. Schuldprinzip

Das Schuldprinzip nimmt seinen Ursprung im Rechtsstaatsprinzip und Art. 1 GG. Demnach setzt Strafe Schuld voraus.[758] Schuld wiederum bedeutet die Vorwerfbarkeit eines Ereignisses infolge seiner Beherrschbarkeit.[759] Bloße Gesinnungen[760] oder bloße Erfolge[761] genügen zur Begründung einer Strafbarkeit nicht. Besitzstrafbarkeit besteht aus den Elementen Sachherrschaft, Herrschaftswille und Besitzvorsatz, so dass diese weder eine bloße subjektive Gesinnung unter Strafe stellt noch die lediglich objektive Erfolgsverursachung.[762] Vor diesem Hintergrund liegt demnach keine Unvereinbarkeit mit dem Schuldprinzip vor.

f. Konstruktionen

Trotz aller einschlägigen Kritik ist zu beantworten, ob es eine Möglichkeit gibt, den Besitz dogmatisch möglichst widerspruchsfrei zu konstruieren und hieraus Schlüsse für die Gesetzesauslegung und -anwendung zu ziehen.[763] Hierfür werden im Wesentlichen drei Konzepte vorgeschlagen: Die eigenständige Kategorie der Zustandshaftung,[764] das Erfolgs-Dauerdelikt,[765] sowie die Unterlassung der Besitzbeendigung.[766]

---

757 *Ambos* FS Yamanaka S. 235.

758 Vgl *Frister* S. 18 ff.

759 *Lampe* S. 227.

760 *Baumann/Weber/Mitsch/Eisele* § 18 Rn 1, § 3 Rn 80.

761 *Jescheck/Weigend* S. 23.

762 So auch *Eckstein* ZStW 117 (2005), 107 (114).

763 Die folgenden Ausführungen haben keinen Anspruch auf Vollständigkeit und Generalisierbarkeit auf alle Fälle von Besitzstrafbarkeit, sondern stellen einen Versuch dar, sich der komplexen Problematik für hier relevante Fälle zu nähern. Vgl zu einer umfassenden Auseinandersetzung mit der Problematik die Monographien *Eckstein* Besitz als Straftat und *Hochmayr* Strafbarer Besitz von Gegenständen.

764 *Eckstein* Besitz als Straftat; *Ambos* FS Yamanaka S. 234, der zugleich das Verständnis als Unterlassen auf S. 231 in Fn 56 als herrschende Meinung darstellt.

765 *Hochmayr* S. 63 ff, 136 ff; aA wohl *Stuckenberg* FS von Heintschel-Heinegg S. 440.

766 OLG Zweibrücken NJW 1986, 2841 f; SK[8]-*Wolters* § 184b Rn 12a; ausdrücklich ablehnend *Ambos* FS Yamanaka S. 230.

aa. Kein Verhalten

Einer Ansicht nach lässt sich Besitzen nicht als Verhalten erfassen und ist in der Konsequenz als Tathandlung für einen Straftatbestand unzulässig.[767] Auf die Besitzverschaffung als aktives Tun kann aus den genannten Gründen nicht abgestellt werden. Auf das Unterlassen der Besitzbeendigung könne nicht zurückgegriffen werden, da ansonsten der Nachweis der Möglichkeit der Entledigung geführt werden müsse, was dem Zweck der Besitzstrafbarkeit zur Beweiserleichterung gerade entgegenliefe. Zudem schließe der Wortlaut des Besitzens als Beschreibung eines Zustands ein Verhalten aus.[768] Hiernach ist eine Besitzstrafbarkeit stets und absolut unzulässig.

bb. Zustandshaftung

Die Ansicht, die für den Besitz eine eigene Kategorie der Zustandshaftung begründen will, geht im Wesentlichen auf die Monographie *Ecksteins*[769] zurück. Im Gegensatz zur zuvor dargestellten Ansicht geht diese Ansicht einen Schritt weiter und kreiert eine neue Kategorie der Verantwortlichkeit, die das Verhaltenserfordernis zur Strafbarkeitsbegründung überwindet. Neben die Möglichkeit, sich aus einem Verhalten heraus strafbar zu machen, soll die des Zustands treten.[770] Gegen diese neue Kategorie spräche jedoch, wenn sich der Besitz unter eine der herkömmlichen Kategorien fassen ließe. Dann bestünde keine Notwendigkeit, eine solche neue zu schaffen.

cc. Erfolgs-Dauerdelikt

Die den Besitz als Erfolgs-Dauerdelikt einordnende Ansicht geht im Wesentlichen auf die Monographie *Hochmayrs*[771] zurück. Hiernach ist an die Aufrechterhaltung des andauernden Zustands anzuknüpfen. Dies ist jedoch unzutreffend: Ausgangspunkt ist gerade, dass an den bloßen Besitz angeknüpft wird und nicht an eine diesen aufrechterhaltende Handlung. Der bloße Besitz, der zur Tatbestandsverwirklichung hinreichend ist, benötigt keine ihn aufrechterhaltenden Handlungen, um vom Wortlaut umfasst zu sein.

---

767 *Lagodny* S. 325 ff; *Struensee* FS Grünwald S. 717 ff.

768 *Struensee* FS Grünwald S. 717 ff.

769 *Eckstein* Besitz als Straftat.

770 BT-Drucks. 6/1877 S. 9 lehnt eine solche Bestrafung des Zustands für den Besitz von Betäubungsmitteln ausdrücklich ab; so auch BR-Drucks. 665/70 S. 16.

771 *Hochmayr* S. 63 ff.

dd. Unterlassen

Des Weiteren wird vorgeschlagen, den Besitz als Unterlassensdelikt zu verstehen. Dem Täter wird bei dieser Konstruktion vorgeworfen, es unterlassen zu haben, den verbotenen Besitz aufzugeben.[772] So führt das OLG Zweibrücken[773] aus, dass es

> „dem Täter letztlich zum Vorwurf gemacht [wird], daß er es unterlässt, den Besitz [...] aufzugeben und es bei der Möglichkeit des unmittelbaren Zugriffs [...] beläßt."

Gegen diese Ansicht wird vorgebracht, ein Unterlassensdelikt setze eine abstrakt-generelle Regel voraus. Sehe man im Besitzen bestimmter Sachen ein Unterlassen, so müsse die vom Gesetz geforderte Handlung abstrakt definiert werden als Nichtaufgeben der tatsächlichen Sachherrschaft, was beim Besitz nicht ausdrücklich der Fall ist. Wenn hiergegen vorgebracht wird, dies sei „absurd" und „selbstverständlich auch vom Wortsinn nicht umfaßt",[774] ist dies unsachlich und kann nicht überzeugen. Die kritischen Stimmen vermögen jedoch nicht zu erklären, weshalb der Ausdruck des Besitzens nicht eine solch abstrakt-generelle Regel darstellen kann.

Weitere Kritik erfährt diese Ansicht insbesondere aus der Fragestellung heraus, in welcher Weise eine Beendigung des Besitzes erfolgen müsse. Zuzustimmen ist dem insoweit, als gesetzlich nicht ausdrücklich normiert ist, wie eine Besitzaufgabe auszusehen hat.[775] Dieses Argument betrifft die Bestimmtheit des Art. 103 Abs. 2 GG. Eine konkrete, beispielhafte Aufzählung über Möglichkeiten der Entledigung ist jedoch nicht vonnöten. Es wird kaum zu widerlegen sein, dass jeder Besitzer unerlaubter Sachen weiß, wie sein Besitz gesetzeskonform aufgegeben werden kann. Sei es durch Vernichten des Datenträgers, Verbrennen des Gegenstands im Kamin oder Entsorgen in der Mülltonne.[776] Bei Sachen, von denen eine weitere Gefahr ausgeht, wird eine Variante zu wählen sein, die nicht dazu führt, dass der Gegenstand anderen zugänglich wird oder weitere Gefahren begründet. Für die Frage der Besitzbeendigung wäre jedoch auch dies als

772 *Harms* NStZ 2003, 646 (647); *Schreibauer* S. 304; SK-*Wolters/Greco* § 184b Rn 30; siehe auch MüKo-*Hörnle* § 184b Rn 41 und Schönke/Schröder-*Eisele* § 184b Rn 15; *Hörnle* Grob anstößiges Verhalten S. 425; *dies.* FS Streng S. 26, insb Fn 11; *Stuckenberg* FS v. Heintschell-Heinegg S. 439; bedenklich oder zumindest unklar daher BGH NStZ 2007, 95.

773 OLG Zweibrücken NJW 1986, 2841 f.

774 *Struensee* FS Grünwald S. 719.

775 *Lagodny* S. 327; so auch *Ambos* FS Yamanaka S. 232.

776 *Scheinfeld* GA 2007, 721 (725); siehe auch *Ziemann/Ziethen* JR 2011, 67 f.

ausreichend anzusehen.[777] Im Zweifel kann sich hierüber auch bei entsprechenden staatlichen Stellen informiert werden. Zu unbestimmt ist diese Verhaltensanforderung daher jedenfalls nicht.

Ebenfalls nicht durchgreifend ist der Einwand, dem Täter müsse bei einem solchen Verständnis die Möglichkeit der Beendigung des Besitzes nachgewiesen werden. Die Einführung der Besitzstrafbarkeit findet zwar zumeist vor dem Hintergrund der Beweiserleichterung statt, die somit konterkariert würde. Die materielle Frage nach strafbaren Tathandlungen kann aber nicht aus dem Grund abgelehnt werden, dass zur Bestrafung im Strafverfahren der Nachweis hierüber erbracht werden muss. Dies ist logische Folge der materiellen Konstruktion und kann in einem Rechtsstaat kein Argument darstellen. Eine Straflosigkeit ist für den Fall der Nicht-Erbringbarkeit überzeugende Konsequenz: Kann dem Täter nicht aufgezeigt werden, wie er sich rechtmäßig alternativ hätte verhalten können, kann ihm strafrechtlich kein Vorwurf gemacht werden. Zudem gelingt mit dieser Auffassung eine Erklärung, weshalb ein Täter in dem Zeitraum straffrei bleibt, bis er sich unverzüglich bei einer entsprechenden Stelle darüber informiert, wie eine Entledigung aussehen könnte und notwendig weiter besitzt.[778] Es sind zudem nur schwerlich Fälle konstruierbar, in denen es nicht gelingen wird, einen solchen Nachweis zu erbringen.

Durchgreifende Argumente gegen eine Konstruktion des Besitzes als Unterlassensdelikt können nicht vorgebracht werden. Vielmehr trifft ein derartiges Verständnis den Kern des zu machenden Vorwurfs. Es ist daher vorzugswürdig, den Besitz als Unterlassen der Besitzbeendigung zu verstehen.

g. Zusammenfassung

Die Tathandlung des Besitzes ist vor dem Hintergrund des Handlungsbegriffs zutreffend als Unterlassensdelikt zu konstruieren. Dies hat zur Konsequenz, dass mit dem Vorwurf des Besitzes ein Aufzeigen der Möglichkeiten einhergehen muss, inwieweit der Täter sich der Sache hätte entledigen können. In der Praxis wird dies regelmäßig keine größeren Schwierigkeiten bereiten. Ein Problem mit dem strafrechtlichen Handlungsbegriff besteht nicht. Ein Konflikt mit dem Tatbegriff des Grundgesetzes kann ebenfalls nicht festgestellt werden.

3. Anwendung Tathandlung Besitz

Im Sinne des Verbots von Jugendpornographie ist Besitz die Unterlassung der zumutbaren Aufgabe der tatsächlichen Sachherrschaft über einen

---

777 *Scheinfeld* GA 2007, 721 (725).

778 Siehe zur Auseinandersetzung mit dieser Problematik auch *Hochmayr* S. 136 f.

körperlichen Gegenstand, getragen von einem Besitzwillen für eine nicht unerhebliche Dauer.

a. Besitzwille

Das Merkmal des *Besitzwillens* hat eine tatbestandsbeschränkende Funktion. Wäre es nicht Teil des Besitzbegriffs, so griffe die allgemeine Vorsatzregel und es genügte zur Bejahung des Besitzes *dolus eventualis*.[779] Dies bedeutete, es reichte für eine Strafbarkeit aus, wenn der Täter es für möglich hielte und in Kauf nähme, dass sich in einer umfangreichen neu erworbenen Sammlung, Kartons auf dem Speicher, der Sammlung des Erblassers oder irgendwo auf einer gebraucht erworbenen Festplatte jugendpornographisches Material befände.[780] Auch das allgemeine Vorsatzerfordernis in Bezug auf das Tatobjekt würde an diesem Ergebnis nichts ändern. Der Besitzwille ist als einschränkendes Merkmal zu einer Beschränkung der Strafbarkeit daher sinnvoll und richtigerweise zu fordern.[781] Die Gegenansicht verzichtet hingegen auf einen besonderen Besitzwillen.[782] Dies kann jedenfalls bezüglich solcher Tatbestände, die über den bloßen Besitz hinaus Anforderungen an die inhaltliche Qualität des besessenen Gegenstands stellen, nicht überzeugen. Fraglich und zugleich umstritten ist aber, in welcher Ausprägung und Intensität ein Besitzwille zu fordern ist. Hierfür wird sowohl vertreten, dass positive Kenntnis vom Inhalt genüge, als auch, dass eine Besitzabsicht zu fordern sei.[783]

Über das Merkmal des Besitzwillens versuchen Autoren Einwände einfließen zu lassen, die richtigerweise im Rahmen der Konstruktion des Besitzes als Unterlassensdelikt zu verorten sind:[784] Es wird vorgebracht, die unverzügliche Rückgabe, Vernichtung oder Ablieferung schließe einen Besitzwillen aus.[785] Dies vermischt aber zum einen objektive Anhaltspunkte, von denen aus Rückschlüsse auf subjektive Elemente gezogen werden können, mit den subjektiven Merkmalen selbst. Zum anderen kann dies auch materiell nicht überzeugen. Jemand,

---

779 Siehe OLG Oldenburg MMR 2011, 118.

780 Siehe zu den Beispielen *Gropp* FS Otto S. 261; MüKo-*Hörnle* § 184b Rn 42; vgl OLG Oldenburg MMR 2011, 118.

781 Die Gesetzesbegründung verweist insoweit auf die Regelung in § 29 BtMG: BGHSt 26, 117; 27, 380; 30, 279.

782 *Hochmayr* S. 79 ff, die sich ausführlich gegen ein subjektives Gewahrsamselement ausspricht.

783 *Eckstein* Besitz als Straftat S. 103 ff; Schönke/Schröder-*Eisele* § 184b Rn 15; gegen ein Genügen bloßer Kenntnis OLG Karlsruhe NStZ-RR 1998, 27; KG NStZ-RR 1996, 345.

784 *Baale* NStZ 1987, 214 f; *Eckstein* Besitz als Straftat S. 104 ff.

785 *Baale* NStZ 1987, 214 (215).

der unfreiwillig die Sachherrschaft über einen Gegenstand erlangt hat, bildet für die Zeit bis er sich dessen entledigen kann, sehr wohl einen Herrschaftswillen. Dies zeigt sich insbesondere an dem Willen, andere vom Zugriff auszuschließen: Entdeckt ein Familienvater am Samstagabend im Nachlass des Erbonkels kinderpornographisches Material und beschließt, es bei nächster Gelegenheit am Montagmorgen der Polizei abzuliefern, so wird er – allein schon aus dem Willen heraus, seine Kinder vom Zugriff auszuschließen – tatsächlich einen Herrschaftswillen bilden. Noch klarer wird dies, wenn ein Vater seinem Sohn die bei ihm entdeckten Betäubungsmittel wegnimmt und diese bis zur nächsten Möglichkeit der Ablieferung bei der Polizei oder sonstigen Vernichtung vom Zugriff des Sohns abschirmt. Die Bildung dieses Herrschaftswillens kann ihm im Ergebnis nicht zum Vorwurf gereichen. Dies kann nicht über das Merkmal des Herrschaftswillens geschehen, da er einen solchen gerade bildet. Die Anforderung an die Nicht-Aufgabe der tatsächlichen Sachherrschaft tritt als objektives Merkmal vielmehr neben den Besitzwillen.

Da es zur verfolgten restriktiven Handhabung des Besitzbegriffes genügt, ein Bewusstsein im Sinne von Kenntnis über den Inhalt der Darstellung zu fordern, sollten die Anforderungen hieran darüber hinaus nicht verschärft werden.

b. Nicht unerhebliche Dauer

Einschränkend wird zudem verlangt, dass die Zugriffsmöglichkeit zeitlich für eine nicht unerhebliche Dauer bestehen muss.[786] Während beim Tatobjekt ein solches nur in absoluten Ausnahmefällen abgelehnt wurde, kommt diese Einschränkung hier wohl häufiger zum Tragen. Bei den diskutierten Fällen der Anwendung in Bezug auf *Snapchat* wird die Schwelle zur erheblichen Dauer wohl nicht überschritten sein, auch bei flüchtigen Arbeitsspeichern ist das Merkmal regelmäßig abzulehnen.

4. Fazit

Das Besitzverbot ist in seiner bestehenden Ausgestaltung unzulässig. Materiell ist es weder über eine Vor- oder Nachverlagerung legitimierbar noch kommt ihm ein eigenständiger Unrechtsgehalt zu. Vor dem Handlungsbegriff ist der Besitz als Unterlassensdelikt zu konstruieren. Einfach-rechtlich ist ein Besitzwille in Form von Kenntnis über den Inhalt der Darstellung zu fordern.

---

786 Spindler/Schuster-*Gercke* § 184b Rn 23; BT-Drucks. 12/3001 S. 5 f unter Verweis auf das BtMG; siehe auch *Weber* BtMG Rn 1365.

VII. Sonstige Tathandlungen

Liegt der Schwerpunkt der Ausführungen auf der Besitzstrafbarkeit als typischer Konsumentenhandlung, so sind andere Tathandlungen dennoch nicht zu vernachlässigen. Als solche kommen insbesondere das Verbreiten und die Fremd- sowie Eigenbesitzverschaffung aus § 184c in Betracht. Aus § 184d ist das Zugänglich-Machen in den Fokus zu rücken.

1. Verbreiten

Pornographische Schriften verbreitet nach zutreffender Ansicht, wer sie ihrer Substanz nach – also körperlich – einem größeren Personenkreis zugänglich macht, wobei dieser nach Zahl und Individualität unbestimmt oder jedenfalls so groß sein muss, dass er für den Täter nicht mehr kontrollierbar ist.[787] In dieser Definition spiegelt sich die Konzeption des Gesetzes wider, nach der auf ein verkörpertes Trägermedium mit jugendpornographischem Inhalt abzustellen ist. Dieses Körperlichkeitskriterium ist mit der herrschenden Meinung auch unverzichtbar.[788] Zwar erfindet der BGH unter Verzicht auf das vom Gesetz vorausgesetzte Körperlichkeitserfordernis einen internetspezifischen Verbreitungsbegriff, nach dem ein Verbreiten im Internet immer dann vorliegt, wenn die Datei auf dem Rechner des Internetnutzers angekommen ist, sei es im Arbeitsspeicher oder auf einem permanenten Speichermedium. Dies begründet er im Wesentlichen mit der Gleichstellung von Schriften und Datenspeichern. Gerade die Einbeziehung des flüchtigen und unkörperlichen Arbeitsspeichers zeige, dass es nicht mehr auf eine Verkörperung ankomme.[789] Dieses Verständnis ist jedoch nicht mit dem Gesetz zu vereinbaren, das gerade zwischen Daten und Datenspeichern unterscheidet und auf eine körperliche Verbreitung abstellt.[790] Gerade

---

787 BGH NJW 1999, 1979 (1980 f); BayOblG JZ 2002, 410 (411); BGH NStZ-RR 2015, 139 f; siehe aber BGHSt 47, 55 (58 ff); BGH NStZ-RR 2014, 47.

788 *Kühl* in Lackner/Kühl § 74d Rn 5.

789 BGHSt 47, 55 (59).

790 *Bornemann* MMR 2012, 157 (158); *Eisele* RdjB 2013, 212 (215); *Kudlich* Sexting S. 97; *ders.* JZ 2002, 310 (311); vgl ausführlich zu den Einwänden *Heinrich* FS Schünemann S. 600 ff sowie S. 605 ff zur Darstellung eines Konzeptes, dass bloß auf ein körperliches Vorliegen beim Absender sowie bei den Empfängern abstellt; *ders.* ZJS 2016, 569 (583); für eine Vereinbarkeit der Auslegung mit dem Wortlaut des Gesetzes, aber diese dennoch ablehnend *Hilgendorf/Valerius* Rn 303.

dies hat er durch die Einführung des Datenspeichers noch einmal bestätigt. Wenn der BGH hieraus den gegenteiligen Schluss zieht, ist dies unzutreffend.[791] Dies wird noch einmal bestätigt durch § 1 Abs. 2 S. 2 JuschG, der das elektronische Verbreiten dem gegenständlichen ausdrücklich gleichstellt.[792] Sofern der Norm ein über die Klarstellung hinausgehender Charakter nicht abgesprochen wird, spricht dies für eine Auslegung des Verbreitensbegriffs im Strafgesetzbuch, die das Körperlichkeitserfordernis weiterhin fordert.

Einer Auffassung nach können Abbildungen auch dann verbreitet werden, wenngleich ihre stoffliche Verkörperung immobil bleibt.[793] Auch dieses Verständnis ist aber nicht mit dem Körperlichkeitskonzept des Gesetzes vereinbar.[794]

Mit der 2015 erfolgten Reform des § 184d dürfte das praktische Bedürfnis entfallen sein, den Begriff des Verbreitens in dieser bedenklichen Weise auszuweiten.[795]

In Fall A kommt bereits mangels körperlicher Weitergabe des Tatobjekts richtigerweise ein Verbreiten nicht in Betracht. Zusätzlich dazu scheitert eine Subsumtion unter die Tathandlung – wie in den Fällen B und C auch – aufgrund der Individualisierung des Empfängers. Die Schriften sind nicht dazu gedacht, sie einem größeren Personenkreis zugänglich zu machen.[796]

2. Besitzverschaffung

Sofern das Tatobjekt der pornographischen Schrift in den traditionellen körperlichen Formen vorliegt, ergeben sich keine normspezifischen Schwierigkeiten hinsichtlich des Merkmals der Besitzverschaffung. Der Täter erlangt oder vermittelt die Sachherrschaft über das Bild, die Videokassette, die CD, die DVD oder den USB-Stick.[797]

Diskussionsbedürftig ist aber die Besitzverschaffung mittels moderner Medien. Wenn eine Übertragung von Inhalten über das Internet stattfindet, so wird hierzu die Körperlichkeit für den Übertragungsvorgang aufgegeben.[798] Die

---

791 *Bornemann* MMR 2012, 157 (158 f) erkennt hierin sogar einen Verfassungsverstoß gegen Art. 103 Abs. 2 GG.

792 *Popp* ZIS 2011, 193 (195 f).

793 MüKo-*Hörnle* § 184 Rn 19.

794 Schönke/Schröder-*Eser/Hecker* § 11 Rn 74.

795 SK-*Wolters/Greco* § 184 Rn 22.

796 BVerfG NJW 2012, 1498 (1500); BGH NStZ-RR 2015, 139; *Eisele* RdjB 2013, 212 (215).

797 Eine vergleichbare Aufzählung findet sich auch bei *Gercke* CR 2010, 798 (800).

798 *Derksen* NJW 1997, 1878 (1882); *Gercke* Handbuch Rn 327; *Kudlich* StV 2012, 560; *Popp* ZIS 2011, 193 (195).

Übertragung endet regelmäßig damit, dass die Datei auf einem Datenspeicher des Empfängers neu gespeichert wird. An diesem körperlichen Datenspeicher bestand aber bereits zuvor Besitz. Somit wurde hieran kein neuer Besitz verschafft. Auch wer selbst Dateien auf seinen Datenspeicher überträgt, hatte zuvor bereits Besitz an diesem körperlichen Datenspeicher.[799] Eine Besitzverschaffung setzt aber die Begründung neuen Besitzes voraus, es darf zuvor kein Besitz des Täters bestanden haben.[800] Bei der Fremdbesitzverschaffung muss der Täter sich des den Inhalt wiedergebenden Trägermediums entäußern und dem anderen Besitz hieran verschaffen. Eine bloße Inhaltsvermittlung genügt nicht.[801] Daher wird konsequenterweise vertreten, dass für die Fälle der Übertragung von Inhalten mittels moderner Medien Besitzverschaffungsvarianten von vorneherein ausscheiden.[802]

Von dieser Prämisse ausgehend sind Überlegungen dahingehend anzustellen, ob eine Anwendung der Tathandlung bei den typischen und massenhaft auftretenden Fällen über das Internet dennoch überzeugend gelingen kann.

a. Zivilrechtsakzessorietät

Zunächst ist zu überlegen, ob der Datenspeicher zivilrechtsakzessorisch eine neue Sache entsprechend des § 950 Abs. 1 S. 1 BGB darstellen kann, an dem im Falle der Speicherung neuer Besitz begründet[803] und hieran Besitz verschafft werden kann. So ist nach der Verkehrsauffassung darüber zu entscheiden, ob die Sache vor und nach dem zu betrachtenden Ereignis eine neue ist.[804] Zur Konkretisierung der Verkehrsanschauung sind verschiedene Kriterien vorgeschlagen worden, die zur näheren Bestimmung herangezogen werden können. So wird teils das Wertverhältnis zwischen Edukt und Produkt herangezogen,[805] teils ein anderer Verwendungszweck der Sache[806] oder die Frage danach, ob die Sache einen neuen Namen erhält.[807] All dies sind mögliche Indizien für die Frage, ob die Verkehrsanschauung von einer neuen Sache ausgeht. Angewandt auf die

---

799 *Popp* ZIS 2011, 193 (201).

800 BT-Drucks. 12/3001 S. 6; *Gercke* Handbuch Rn 326.

801 *Mitsch* Medienstrafrecht § 3 Rn 11.

802 *Harms* NStZ 2003, 646 (648); *Hörnle* NStZ 2010, 704 (705).

803 Vgl hierzu ausführlich *Baumann* S. 192 ff.

804 BGHZ 20, 159 (163); OLG Köln NJW 1997, 2187; OLG Stuttgart NJW 2001, 2889 (2890).

805 Soergel-*Henssler* § 950 BGB Rn 7.

806 MüKo-*Füller* § 950 BGB Rn 8.

807 BeckOK-*Kindl* § 950 BGB Rn 5.

Fälle der Pornographie Minderjähriger ist jedoch zu konstatieren, dass eine Festplatte auch nach der Speicherung wohl auch sprachlich eine Festplatte bleibt.[808] Es handelt sich daher richtigerweise nicht um eine neue Sache. Über zivilrechtsakzessorische Ansätze kann eine Besitzverschaffung daher hier nicht begründet werden.

b. Tatbestandsqualität

Neu ist der bloße Inhalt der auf dem Datenspeicher gespeicherten Daten. Es ist daher möglich zu formulieren, dass jedenfalls die Einheit aus körperlichem Gegenstand und Inhalt so zuvor nicht besessen wurde.[809] Dies gelte auch dann, wenn zuvor bereits qualifizierte Inhalte auf dem Datenspeicher vorhanden waren. Anknüpfungspunkt sei lediglich die neue Datei. *De facto* läuft dies auf die Beantwortung der Frage hinaus, ob die Kontamination eines schon im Besitz befindlichen Datenträgers der Besitzverschaffung gleichzustellen ist.[810] Um sich der Richtigkeit des Ansatzes zu nähern, ist zunächst auf ein eindeutig körperliches Beispiel zurückzugreifen:

Eine Person besitzt ein Buch mit leeren Seiten. In dieses zeichnet sie kinderpornographische Darstellungen.[811] Bereits zuvor bestand Besitz an dem Buch. Durch die Zeichnung hat sie nun einen kinderpornographischen Inhalt geschaffen.[812] Fraglich ist aber, ob sie sich auch den Besitz an einer solchen verschafft hat. Teils wird hierzu auf die Tatbestandsqualität abgestellt.[813] Vor der Zeichnung besaß der Täter kein kinderpornographisches Buch. Durch den neuen Inhalt entsteht ein taugliches Tatobjekt und hieran verschaffe er sich auch den Besitz. Dies könne auch dadurch geschehen, dass er selbst dem Tatobjekt erst die taugliche Eigenschaft verleihe. Der Inhalt beeinflusst demnach die tatsächlichen Umstände.

---

808 MüKo-*Füller* § 950 BGB Rn 10; so auch *Baumann* S. 193; wohl auch BGH GRUR 2016, 109 (110) am Beispiel der Tonbänder; aA LAG Chemnitz MMR 2008, 416 (417); OLG Karlsruhe CR 1987, 19.

809 Siehe hierzu *Baumann* S. 193.

810 Vgl zu der Fragestellung *Kudlich* Sexting S. 98.

811 Vgl zu diesem Beispiel *Baumann* S. 195 ff.

812 Die Frage nach der Erfassung fiktiver Pornographie durch die Strafnorm wird hier vernachlässigt. Das Augenmerk wird insoweit auf die abstrakte Frage gelegt, wie eine Besitz-Verschaffung begründet werden kann.

813 *Baumann* S. 197; *Popp* ZIS 2011, 193 (201 f); auch BGHSt 43, 366 (368) geht davon aus, dass die Herstellung und das sich Besitz Verschaffen miteinander einhergehen.

Diese Überlegung ist erkennbar ergebnisorientiert und kann methodisch aus den zuvor bereits genannten Überlegungen heraus nur wenig überzeugen.[814] Das Gesetz stellt gerade auf die Verkörperung des Inhalts und nicht auf den Inhalt selbst ab. Diese Entscheidung darf durch den Rechtsanwender nicht konterkariert werden. An dieser Stelle offenbart sich gerade auch die Problematik der strikten Orientierung des Gesetzgebers am Schriftenbegriff.[815] Und auf die Weitergabe und Verbreitung von Schriften stellt das Gesetz auch traditionell ab.[816] Zuzustimmen ist daher *Gercke*,[817] der als Beispiel für einen klassischen Fall der Besitzverschaffung das Nehmen eines Buches mit kinderpornographischen Fotos aus einem Regal nennt. Hier verschafft sich der Täter Besitz an dem körperlichen Gegenstand mit Tatbestandsqualität. Gerade dies geschieht jedoch beim Download oder Empfangen einer Datei nicht. Dies ist Konsequenz der Konzeption des Gesetzes.

Die Fälle der Besitzverschaffung in der analogen Welt sind daher vor dem Hintergrund der Konzeption des Gesetzes auch nicht mit der Kontamination eines im Besitz befindlichen Datenträgers gleichzustellen. Dies stellt eine unzulässige Analogie zu Lasten des Täters dar.

c. Fazit

Vor dem Hintergrund der fortschreitenden Technologisierung der Welt wird es zunehmend schwieriger, die strafwürdigen Fälle mit der Konzeption des Gesetzes zu erfassen. Zwar gelingt dies in der geltenden Fassung soweit noch. Die Schwierigkeiten erhöhen sich jedoch, wenn an der Anknüpfung an einen gegenständlichen Informationsträger festgehalten wird. Die Rettungsversuche, mit technischer Argumentation den Arbeitsspeicher zu erfassen, entfernen sich weit von der Konzeption des Gesetzes.[818] Längst ist nicht mehr die gegenständliche Verbreitung des Informationsträgers entscheidend, sondern vielmehr das Übertragen des dargestellten Inhalts.[819] Dennoch hält das Gesetz, zumindest in

814 Auch der Gesetzgeber scheint dies zu erkennen, vgl BT-Drucks. 18/2601 S. 16.

815 Im Ergebnis ebenso *Gercke* Handbuch Rn 327; *ders.* In Spindler/Schuster § 184b Rn 21; aA OLG Hamburg NJW 2010, 1893 (1896); *Baumann* S. 198.

816 Siehe BGH NJW 2000, 2911; OLG Frankfurt NStZ 1999, 356 (358).

817 *Gercke* Handbuch Rn 327.

818 BGHSt 47, 55; BT-Drucks. 13/7385 S. 36; siehe auch BGH NStZ 2005, 444; 2007, 95; *Eckstein* ZStW 2005, 107 (117 ff); vgl zum Browser-Cache OLG Hamburg NJW 2010, 1893 (1893).

819 *Heinrich* FS Schünemann S. 597.

§ 184c, weiterhin daran fest.[820] Zu bedenken ist aber, dass bei detaillierterer technischer Begründung des Tatobjekts zugleich die Anforderungen an den Nachweis des Vorsatzes hieran steigen. Es ist daher in Zweifel zu ziehen, dass auch in Zukunft durch Auslegung sämtliche Fälle, die der Gesetzgeber erfassen will, mit der Konzeption des § 184c zu erfassen sein werden.

Der Gesetzgeber selbst scheint die Problematik sensibel zu erkennen und die Schwäche des Gesetzes einzugestehen, was die hier vertretene Auffassung weiter stützt. Eben aus diesem Grund wurde § 184d grundlegend novelliert und erfasst in seiner neuen Form die strittigen Fälle, ohne dafür den Schriftenbegriff systemwidrig zurechtbiegen zu müssen.[821] Damit gesteht der Gesetzgeber zugleich ein, dass die Lösungen der Rechtsprechung rechtsstaatlich zweifelhaft sind und auf Dauer auch kein tragfähiges Modell zur Erfassung von harter Pornographie per moderne Medien darstellen. Durch eine Erfassung der Fälle in § 184d besteht auch keine Notwendigkeit mehr, § 184c Abs. 3 Var. 1 in dieser bedenklichen Weise weit auszulegen.[822]

Richtigerweise wäre daher in Fall A eine Strafbarkeit wegen des Verschaffens von Besitz abzulehnen. Gleichwohl nimmt die Rechtsprechung die Tathandlung der Fremdbesitzverschaffung wohl auch weiterhin an.

3. Tathandlungen § 184d

Aus § 184c wird gemäß § 184d Abs. 1 S. 1, Abs. 2 S. 2 auch bestraft, wer es unternimmt, einen jugendpornographischen Inhalt mittels Telemedien abzurufen oder wer einen entsprechenden Inhalt einer anderen Person per Telemedium zugänglich macht.

a. Zugänglich-Machen

Einer anderen Person ist ein Inhalt zugänglich gemacht, wenn ihr die Möglichkeit eröffnet wird, sich durch Wahrnehmung von ihr Kenntnis zu verschaffen.[823] Hierbei geht das Zugänglich-Machen inhaltlich über das Merkmal der Besitz-Verschaffung hinaus. Es muss keine Herrschaft über den jugendpornographischen

---

820 Siehe *Gercke* ZUM 2014, 641 (642 f), der darstellt, dass es international üblich ist, an den Darstellungsinhalt anzuknüpfen.

821 BT-Drucks. 18/2601 S. 16; MüKo-*Hörnle* § 184d Rn 2.

822 Siehe exemplarisch MüKo-*Hörnle* § 184b Rn 27, die darstellt, dass die Problematik seit dem 49. Strafrechtsänderungsgesetz nicht mehr entscheidungsrelevant ist. Für Altfälle ist sie aber in Rn 28 weiterhin anderer Auffassung.

823 BT-Drucks. 18/2601 S. 24.

Inhalt desjenigen bestehen, der den Zugang erfährt. Vielmehr genügt bereits die bloße Möglichkeit, auf die Inhalte zuzugreifen.[824]

Eine Literatur-Auffassung will die Norm nicht auf solche eigenen privaten pornographischen Inhalte und Sextings anwenden.[825] Zur Begründung wird ausgeführt, es handele sich hierbei um das Ausleben einer Intimbeziehung auf Distanz[826] und gehöre daher zum Kernbereich privater Lebensgestaltung, der vom Zugriff des Staates ausgenommen sei. Ergebnisorientiert und rechtspolitisch ist dies ein bedenkenswerter Ansatz, der im Gesetz aber keinen Anhaltspunkt findet. Sofern dem Rechtsgrund der Strafe eine Außenwirkung zukommt, kann das Argument der Privatheit nicht überzeugen.[827] Systematisch spricht zudem § 184d Abs. 2 S. 2 HS 2 gegen dieses Verständnis, da hier gerade eine ausdrückliche Regelung für einen solchen Fall getroffen wird, der sich systematisch ausdrücklich nicht auf Abs. 1 bezieht.

Diese Tatvariante kommt in der Praxis auch für Konstellationen wie in Fall A in Betracht, wenn dem Partner ein Foto oder Video gesendet wurde und die Datei beim Empfänger angelangt ist oder aber automatisch verarbeitet und angezeigt wird.

b. Abrufen

Abgerufen werden jugendpornographische Inhalte, wenn der Nutzer die Übertragung der Daten durch Telemedien veranlasst und sich dadurch die Möglichkeit der Kenntnisnahme von ihrem Inhalt verschafft.[828] Ein Abruf ist nicht gegeben, wenn jemand lediglich passiv vor einem Bildschirm sitzt und eine Abbildung geschickt bekommt.[829] Auch das bloße nachfolgende Betrachten ist nicht erfasst.[830] Gleiches gilt auch für den Fall, dass der Empfänger zwar um die Zusendung gebeten hat, bei der Übertragung aber passiv bleibt.[831]

Sind in Fall A die Einstellungen des Programms oder des Geräts hingegen so beschaffen, dass J zunächst ein nur schemenhaftes Bild angezeigt bekommt, bei dem er aber erkennt, dass es ein pornographisches sein wird, und klickt er aktiv

---

824 MüKo-*Hörnle* § 184d Rn 14.
825 SK-*Wolters/Greco* § 184d Rn 8.
826 *Hüneke* ZJJ 2016, 135 (173).
827 Siehe oben S. 136 ff.
828 BT-Drucks. 18/2601 S. 34.
829 SK-*Wolters/Greco* § 184d Rn 7.
830 MüKo-*Hörnle* § 184d Rn 30.
831 MüKo-*Hörnle* § 184d Rn 29.

hierauf, um es herunterzuladen und vollständig angezeigt zu bekommen, so ist die Tatvariante einschlägig.

c. Telemedien

Die Norm stellt auf Tathandlungen mittels der Übertragungsmedien Telemedium und Rundfunk ab. Diese Übertragungsformen sollen den traditionellen Schriftenbegriff ersetzen, auch wenn hierfür nicht mehr an das Tatobjekt selbst angeknüpft wird. Sie sollen den Gesamtbereich der technisch möglichen Übertragungsmedien abdecken.[832] Der Begriff der Telemedien vereint die zuvor bundesrechtlich geregelten Teledienste und die landesrechtlich geregelten Mediendienste.[833] *Telemedien* sind elektronische Informations- und Kommunikationsdienste unter Ausschluss des Rundfunks und des technischen Vorgangs des Aussendens, Übermittelns und Empfangens von Signalen.[834] Dies ergibt sich aus der Legaldefinition des § 1 Abs. 1 S. 1 des Telemediengesetzes (TMG), der zugleich Telekommunikationsdienste nach § 3 Nr. 24 Telekommunikationsgesetz (TKG) – sofern diese ganz in der Übertragung von Signalen über Telekommunikationsnetzen bestehen –, telekommunikationsgestütze Dienste nach § 3 Nr. 25 TKG und Rundfunk nach § 2 Abs. 1 S. 1 Rundfunkstaatsvertrag (RStV) von dem Begriff ausnimmt. Bestätigt wird dieses Begriffsverständnis durch § 2 Abs. 1 S. 3 RStV.

Von Bedeutung ist daher die Bestimmung dessen, was unter den Begriff der Telekommunikationsdienste des § 3 Nr. 24 TKG zu fassen ist. Ein weites Verständnis umfasst auch so genannte Over-the-top-Dienste (OTT-Dienste), also Dienste, die über das offene Internet erbracht werden.[835] Demnach würden auch Messaging-Dienste wie das zahlreich genutzte Whats-App[836] oder Google-Mail[837] hierunter – und demnach nicht zu den Telemedien – zu fassen sein. Dies würde im Ergebnis zu einer starken Beschränkung der Anwendbarkeit des § 184d führen und dadurch dem erwähnten Zweck zuwiderlaufen, den Gesamtbereich der möglichen Übertragungsmedien zu erfassen. Auch aus diesem Grund ist

---

832 *Fischer* § 184d Rn 2.

833 *Bornemann* S. 195.

834 MüKo-*Hörnle* § 184d Rn 9.

835 Vgl zum Begriff *Kühling/Schall* CR 2015, 641 (642 f).

836 *Kühling/Schall* CR 2015, 641; das OLG Hamm MMR 2016, 425 bestätigt, dass per Kurznachrichtendienst versandte Mitteilungen Schriften im Sinne des § 11 Abs. 3 sind, ausdrücklich auch Nachrichten des Dienstes Whats-App. Es lässt jedoch offen, unter welche Variante solche zu fassen sind.

837 VG Köln MMR 2016, 141.

Vorschlägen zuzustimmen, *de lege ferenda* den Begriff der Telemedien durch den der „Informations- und Kommunikationstechnik“ zu ersetzen.[838] Das weite Verständnis von Telekommunikationsdiensten ist ersichtlich vom Ergebnis getragen, OTT-Dienste dem Telekommunikationsrecht zu unterstellen:[839] Anbieter von Telekommunikationsdiensten sind gesetzlich starken Regulierungen unterworfen. Anbieter von OTT-Diensten sind hiervon nicht betroffen, obwohl sie in direktem Wettbewerb zu Telekommunikationsanbietern stehen. Aus dieser Wettbewerbsüberlegung heraus wäre es daher unter Umständen wünschenswert, wenn auch OTT-Dienste den Regulierungen unterworfen wären. Dies verkennt jedoch, dass der Gesetzgeber Telemedien eine geringere Relevanz für die öffentliche Meinungsbildung zuspricht und sie daher schwächeren Regelungen unterwirft.[840] Sofern eine Regulierung von OTT-Diensten gewünscht ist, muss der Gesetzgeber aktiv werden. Entsprechende Dienste sind daher richtigerweise keine Telekommunikationsdienste. Sämtliche Messaging-Dienste können daher Telemedien sein.[841]

Nach einer Literaturauffassung fallen Übermittlungen an einzelne Personen nicht unter den Begriff der Verbreitungsmedien und somit auch nicht unter den der Telemedien.[842] Demnach würde § 184d nur eine Verbreitung an eine Vielzahl von Personen erfassen. Dieses Verständnis leitet sich von dem des Rundfunks ab. Hiergegen spricht aber bereits § 2 Abs. 2 Nr. 13 RStV, der den Begriff der Telemedien, die an die Allgemeinheit gerichtet sind, legal definiert. Dies zeigt, dass dem bloßen Begriff des Telemediums keine Größe eines Empfängerkreises zugrunde liegen muss und eben nicht nur massenhafte Verbreitungen umfasst sein können. Diese Auffassung wird zudem von § 184d Abs. 2 S. 2 HS 2 gestützt, der die Regelungen zu ausschließlich zur privaten Nutzung hergestellten Schriften für entsprechend anwendbar erklärt. Würde diese Art von Schriften bereits aus dem Begriff der Telemedien fallen, liefe die Regelung leer. Der Tatbestand spricht in seiner Ausgestaltung daher gegen ein solches Verständnis.

In Fall A nutzen die Beteiligten in Form des Chats ein modernes Kommunikationsmittel, das unter den Begriff der Telemedien fällt. M macht dem J per Telemedium einen pornographischen Inhalt gemäß § 184c zugänglich, § 184d Abs. 1 S. 1. J unternimmt es (je nach konkreter Ausgestaltung des Programms[843]),

---

838 *Eisele* Stellungnahme S. 13, 21; MüKo-*Hörnle* § 184d Rn 9.

839 Vgl ausführlich *Schuster* CR 2016, 173 (174 ff).

840 *Bornemann* S. 5.

841 *Altstötter-Gleich* S. 7.

842 *Fischer* § 184d Rn 2; MüKo-*Schäfer* § 130 Rn 73; aA MüKo-*Hörnle* § 184d Rn 10, 15.

843 Siehe oben S. 163.

einen pornographischen Inhalt gemäß § 184c mittels Telemedium abzurufen, § 184d Abs. 2 S. 2.

4. Allgemeines Pornographieverbot

Zu prüfen ist, ob der Tatbestand des allgemeinen Pornographieverbots in den relevanten Konstellationen der Ausgangsfälle tatbestandlich einschlägig sein kann.

a. Einer Person unter achtzehn Jahren Anbieten, Überlassen oder Zugänglich Machen

§ 184 Abs. 1 Nr. 1 stellt es unter Strafe, einem Minderjährigen eine pornographische Schrift anzubieten, zu überlassen oder zugänglich zu machen. Der Täterkreis ist insoweit nicht auf Erwachsene beschränkt, so dass eine Strafbarkeit hieran nicht scheitert.[844] Die empfangenden Personen sind in den Ausgangsfällen jeweils minderjährig. Auch in der Praxis wird dies keine Ausnahme darstellen.

- *Überlassen* bezeichnet das Verschaffen von Gewahrsam für einen Dritten an einer Sache, an der zuvor eigener Gewahrsam bestanden hat.[845]
- *Zugänglichmachen* liegt vor, wenn die Möglichkeit eröffnet ist, sich durch Wahrnehmung Kenntnis vom Inhalt zu verschaffen.[846] Eines konkreten Zugriffs bedarf es hierfür nicht, so dass bei Internetsachverhalten bereits der bloße Upload genügt, sofern ein Zugriff hierauf bereits möglich ist.[847] Einer körperlichen Weitergabe bedarf es nicht.[848]
- *Anbieten* umfasst die sich objektiv zeigende Bereitschaft, dem Gegenüber das Tatobjekt zu überlassen oder zugänglich zu machen.[849]

In Ausgangsfall A wurde dem J die pornographische Schrift durch M zugesandt, so dass er sie auf seinem Gerät sinnlich wahrnehmen konnte. M hat sie ihm somit zugänglich gemacht. In Fall B wird der Y Gewahrsam an einem USB-Stick als Datenspeicher mit pornographischem Inhalt verschafft, ihr dieser mithin überlassen. Auch dem T wird in Fall C Gewahrsam an dem gedruckten Bild

---

844 MüKo-*Hörnle* § 184 Rn 7.
845 BGHSt 28, 294.
846 MüKo-*Hörnle* § 184 Rn 32.
847 BGHSt 47, 55 (60); *Heinrich* ZJS 2016, 132 (145).
848 *Derksen* NJW 1997, 1878 (1881).
849 MüKo-*Hörnle* § 184 Rn 31.

verschafft, ihm also eine pornographische Schrift überlassen. Tatbestandlich ist § 184 Abs. 1 Nr. 1 daher grundsätzlich einschlägig.

b. An einen anderen ohne Aufforderung gelangen lassen

§ 184 Abs. 1 Nr. 6 verbietet es, pornographische Schriften an jemand anderen gelangen zu lassen, ohne von diesem hierzu aufgefordert worden zu sein. Die fehlende Körperlichkeit während eines Übertragungsvorgangs per moderne Medien schließt die Tatvariante nicht aus, da eine Verschaffung von Gewahrsam beim Empfänger genügt.[850]

Eine mögliche nachträgliche Billigung ist nicht geeignet, den Tatbestand entfallen zu lassen.[851]

Auf den ersten Blick könnte der Tatbestand die Ausgangsfälle erfassen. Eine ausdrückliche Aufforderung dahingehend, ein entsprechendes Bild oder Video zuzusenden oder zu überreichen, findet bei realitätsnahem Verständnis der Situationen wohl oft nicht statt. Der Wortlaut ist insoweit auch eindeutig, wenn er eine Aufforderung verlangt.[852] Fraglich ist daher, wie Fälle zu behandeln sind, in denen bei Vornahme der Tathandlung ein inneres Einverständnis zwar vorliegt, aber dennoch keine ausdrücklich ausgesprochene Aufforderung gegeben ist. Ein bloß inneres Einverständnis ist grundsätzlich unbeachtlich.[853] Eine Tatbestandsverwirklichung wird demgegenüber in Fällen abgelehnt, in denen zuvor von den Beteiligten bereits pornographische Abbildungen ausgetauscht wurden.[854] Hier wird aus dem vorausgegangenen, einvernehmlichen und auf Aufforderung beruhenden Verhalten der Schluss gezogen, auch in der aktuellen Situation sei wohl ein Konfrontationswille gegeben. Nicht weniger kann es dann relativ aber überzeugen, wenn dieser Schluss aus dem persönlichen Verhältnis der Beteiligten gezogen wird. Im Sinne der Möglichkeit eines konkludenten Einverständnisses liegt demnach dann kein Fall des § 184 Abs. 1 Nr. 6 vor, wenn aufgrund der Situation und dem persönlichen Verhältnis der Beteiligten offensichtlich klar und selbstverständlich ist, dass eine Konfrontation mit privater Pornographie bei Ergreifung der Initiative von einem der Beteiligten nicht unerwünscht ist, auch wenn in der konkreten Situation keine ausdrückliche Aufforderung vorliegt.[855]

---

850 BGH NStZ 2005, 688; MüKo-*Hörnle* § 184 Rn 60.

851 Schönke/Schröder-*Eisele* § 184 Rn 53; MüKo-*Hörnle* § 184 Rn 63; *Schreibauer* S. 264.

852 *Laubenthal* Handbuch Rn 1020.

853 *Kühl* in Lackner/Kühl § 184 Rn 6c; MüKo-*Hörnle* § 184 Rn 62; *Laubenthal* Handbuch Rn 1020; *Laufhütte* JZ 1974, 46 (48 f).

854 MüKo-*Hörnle* § 184 Rn 62 aE.

855 Vgl in diesem Zusammenhang *Kindhäuser* FS Tiedemann S. 585, 587.

Dies deckt sich im Ergebnis mit der Auffassung, nach der in einer derartigen Konstellation eine deliktsspezifische restriktive Auslegung vorzunehmen ist.[856]

In der Folge liegen in der Praxis der Strafverfolgung Schutzbehauptungen nahe, der Täter sei von dem Vorliegen eines Einverständnisses ausgegangen, was den Beteiligten auch konkludent klar gewesen sei. In diesem Fall sind vom Täter die Umstände anzuführen, welche die Fehlvorstellung begründet haben, wobei dies keinen Verstoß gegen die Unschuldsvermutung darstellt.[857]

Zu problematisieren ist auch die Zuständigkeit zur Aufforderung. Fraglich ist, ob insoweit eine Aufforderung durch den Jugendlichen genügt oder ob auf die Eltern als gesetzliche Vertreter zu rekurrieren ist. Zuständig ist grundsätzlich der Inhaber des betroffenen Rechtsguts,[858] also im Fall der Pornographie der Konfrontierte mit seinem sexuellen Selbstbestimmungsrecht. Ist dieser einwilligungsreif, besitzt er also ein ausreichendes Maß an geistiger und seelischer Reife einzuschätzen und zu ermessen, welche Konsequenzen sein Einverständnis hat, so ist das Recht jedenfalls auch durch ihn persönlich auszuüben.[859] Von einer solchen Einwilligungsreife ist bei Jugendlichen regelmäßig auszugehen, auch wenn ihnen der Kontakt mit Pornographie vom Gesetz grundsätzlich untersagt wird. Das Unrecht der Taten nach § 184 Abs. 1 Nr. 1 und 6 ist aber voneinander zu unterscheiden. Für eine vorliegende Einwilligungsreife spricht zum einen die Zulässigkeit der Vornahme sexueller Handlungen und zum anderen die Gesetzesbegründung zu § 184c Abs. 4,[860] die eine solche Einwilligungsfähigkeit zur Straflosigkeit impliziert. Innerhalb dieses Rahmens ist eine Einzelfallprüfung über die Einwilligungsreife vorzunehmen.

Demnach liegt in den Ausgangsfällen regelmäßig kein Fall von § 184 Abs. 1 Nr. 6 vor. Es ist jeweils davon auszugehen, dass das Gegenüber innerlich einverstanden war und dies den Beteiligten auch konkludent bewusst war. Dennoch ist eine Strafbarkeit aus dieser Variante nicht ausgeschlossen, wenn Jugendliche pornographische Bilder an andere versenden und die gefundenen Voraussetzungen eines konkludenten Einverständnisses nicht vorliegen.

---

856 *Schreibauer* S. 264.

857 *Schreibauer* S. 264; SK-*Wolters/Greco* § 184 Rn 69; siehe auch SK-*Wolters/Noltenius* § 177 Rn 72.

858 *Mitsch* ZJS 2012, 38 (40).

859 *Mitsch* ZJS 2012, 38 (40 f).

860 BT-Drucks. 16/9646, S. 18.

VIII. Tatbestandsausschluss

§ 184c Abs. 4 normiert einen Tatbestandsausschluss für die Tatvarianten der Herstellung, des Sich-Besitzverschaffens und des Besitzes für den Hersteller der Schrift in Bezug auf solche jugendpornographischen Schriften, die mit Einwilligung der dargestellten Personen und ausschließlich zum persönlichen Gebrauch hergestellt wurden. Der ausschließlich persönliche Gebrauch wird nicht dadurch ausgeschlossen, dass der Hersteller dem Darsteller die Schrift zukommen lassen will, ebenso wenig wie durch eine Weitergabe an einen vom Darsteller bestimmten und diesem vertrauten Empfänger.[861] Für den Hersteller ergibt sich hieraus vor dem Strafrecht ein lebenslanges Besitzrecht, wenngleich daneben ein zivilrechtlicher Löschungsanspruch bestehen kann.[862]

Mit dem Tatbestandsausschluss wollte der Gesetzgeber Hersteller privilegieren, die sich mit dem Darsteller innerhalb einer sexuellen Beziehung befinden.[863] Dies hat entgegen der Intention der Legislative keine Entsprechung im maßgeblichen Gesetzeswortlaut gefunden, so dass der Ausschluss in der geltenden Fassung auch auf Personen anzuwenden ist, die in keinem Liebesverhältnis zueinanderstehen,[864] wie in Fall C. Ein anderes Verständnis bedeutete eine unzulässige Analogie zu Lasten des Täters.

Da der Wortlaut klar zwischen Hersteller und Darsteller unterscheidet, muss dies auch in der Rechtsanwendung geschehen. Ist der Darsteller selbst zugleich Hersteller, liegt der Schluss nahe, der Tatbestandsausschluss gelte auch für ihn. Aus der Gesetzesbegründung ergibt sich jedoch, dass der Tatbestandsausschluss ausschließlich greifen soll, wenn eine vom Hersteller verschiedene Person dargestellt ist.[865] Dies ist damit zu erklären, dass der Gesetzgeber davon ausging, der Darsteller sei bereits *per se* auf keinen Fall vom Verbot umfasst, unabhängig davon, wer Hersteller sei. Fallen Darsteller und Hersteller auseinander, so greift der Tatbestandsausschluss unmittelbar ausschließlich für den Hersteller.

---

861 MüKo-*Hörnle* § 184c Rn 19.

862 BGHZ 207, 163; Schönke/Schröder-*Eisele* § 184c Rn 9; LK-*Laufhütte/Roggenbruck* § 184c Rn 8.

863 BT-Drucks. 16/3439 S. 9.

864 *Gercke* ZUM 2009, 526 (528); MüKo-*Hörnle* § 184c Rn 18.

865 BT-Drucks. 16/9646, S. 18; Satzger/Schluckebier/Widmaier-*Hilgendorf* § 184c Rn 11, der dies vor dem Hintergrund der fehlenden Strafwürdigkeit kritisiert.

Fraglich ist, ob eine Erweiterung auf den Darsteller im Wege der Analogie möglich ist oder ob eine Strafbarkeit für den Darsteller tatsächlich von vorneherein ausscheidet, wie es der Gesetzgeber – jedenfalls für das Besitzverbot – behauptet hat.[866] Zudem sind sowohl die Situationen zu untersuchen, in denen ein Jugendlicher in der Schrift dargestellt ist, sowie diejenigen, in denen zwei jugendliche Partner zu sehen sind.

1. Ein jugendlicher Darsteller

Zunächst gilt es Fälle zu betrachten, in denen die Schriften durch die Darstellung eines einzelnen Jugendlichen zu jugendpornographischen werden. Da der Wortlaut eindeutig nur den Hersteller erfasst, ist danach zu fragen, ob der Darsteller tatsächlich *per se* – methodisch durch eine teleologische Reduktion – von einer Strafbarkeit auszunehmen ist, wie es der Gesetzgeber angenommen hat. Unter Beachtung des Gewaltenteilungsprinzips ist dies dann möglich, wenn das vorgenommene Verhalten unter keinen Umständen geeignet sein kann, das geschützte Rechtsgut zu verletzen oder dem Schutzzweck zu widersprechen.[867]

Erste Voraussetzung für eine solche Ausnahme vom Tatbestand ist, dass es ausschließlich um den Schutz individueller Rechtsgüter des Darstellers geht. Sollte dies der Fall sein, drohte ansonsten eine Sanktionierung des Schutzobjekts.[868]

a. Kommerzielle Jugendpornographie

Bei kommerzieller Jugendpornographie geht es aber mit dem Marktargument gerade auch und schwerpunktmäßig um den Schutz der sexuellen Selbstbestimmung aller Jugendlichen und nicht nur um den des konkreten Darstellers.[869] Sofern eine solche kommerzielle Schrift vorliegt, ist eine Handlung des Jugendlichen demnach durchaus in der Lage, dem Schutzzweck entgegen zu stehen.[870] Ein Tatbestandsausschluss, wie ihn der Gesetzgeber voraussetzt, greift somit nach richtiger und konsequenter Auffassung nicht.[871] Dies ist gerade die

866 BT-Drucks. 16/3439, S. 9.

867 Vgl *Rüthers/Fischer/Birk* Rn 888, 902f, 888; krit *Silva Sanchez* S. 21 ff.

868 *Palm* S. 158; SK-*Wolters/Greco* § 184c Rn 14.

869 Siehe oben S. 98.

870 *Reinbacher/Wincierz* ZRP 2007, 197; so auch überzeugend OLG Innsbruck 6 Bs 309/14p für die österreichische Rechtslage, die in den hierfür relevanten Punkten mit der deutschen Rechtslage übereinstimmt.

871 AA *Palm* S. 172, 158 die die Problematik und für eine teleologische Reduktion plädiert; so auch *Kudlich* Sexting S. 101; siehe MüKo-*Hörnle* § 184c Rn 20, die nicht

Konsequenz aus der Mittelbarkeit der gesetzlichen Konstruktion. Ein abweichendes Verständnis würde die Konstruktion der Strafbarkeit als solche gerade in Zweifel ziehen, bei der es auch aus Kausalitätsgründen gerade nicht um eine Verantwortlichkeit für die dargestellte Handlung geht.[872]

b. Private Jugendpornographie

Bei ausschließlich für die private Nutzung hergestellten Schriften gilt dies hingegen nicht. Hier geht es ausschließlich um Individualrechtsgüter des Dargestellten. Rechtsgüter Dritter sind nicht betroffen.

Für die Tatvarianten des Besitzens sowie des Sich-Besitzverschaffens bleibt es auch bei dem gefundenen Ergebnis. Diese zielen einzig und allein auf den Eigenbesitz des Darstellers ab. Von ihm geht keine Gefahr für sich selbst im Sinne des Schutzzwecks aus.

Für die Tathandlung der Fremdbesitzverschaffung kann dies jedoch auf den ersten Blick nicht überzeugen. Zwar bestimmt der Darsteller selbst, wem er den Besitz verschafft. Der Schutzzweck wird aber gerade durch dieses Verhalten aktiviert. Durch den Besitz bei einem Dritten sieht sich die selbstbestimmte Lebensgestaltung und -führung der faktischen Gefahr der unkontrollierten Verbreitung der Schrift ausgesetzt. Eine Verletzung des Rechtsguts ist damit denkbar, was einer teleologischen Reduktion entgegenstehen könnte.

Eine in einigen Punkten vergleichbare Konstellation kennt das Gesetz im Rahmen der Körperverletzungsdelikte in § 228. Auch hier geht es im Ausgangspunkt darum, dem Rechtsgutsträger eine Disposition über die Verletzung eines Individualrechtsguts abzusprechen. Anders als bei § 228 geht es im vorliegenden Fall aber um eine Gefährdung gerade durch den Rechtsgutsträger selbst und nicht um eine solche durch Dritte. Auch wenn diese Gefährdung erst noch durch Dritte eigenverantwortlich durch Verbreitung aktiviert werden muss, geht es um eine Bestrafung des Schutzobjektes selbst. Dies ist mit strafrechtlichen Grundsätzen nicht zu vereinbaren. Anders als bei kommerzieller Jugendpornographie kommen hier auch ausschließlich Rechtsgüter des Darstellers in Betracht, um

---

darauf eingeht, dass es nicht (nur) um den Schutz des Dargestellten geht; ebenso Schönke-Schröder-*Eisele* § 184c Rn 9; *ders.* Stellungnahme S. 20; auch SK-*Wolters/Greco* § 184c Rn 14 gehen in diesem Zusammenhang nicht gesondert auf das Marktargument ein. Zwar entkräften sie in Rn 5 das Nachfrageargument, beseitigen es aber nicht vollständig.

872 Siehe Fn 592.

dessen Strafbarkeit es gerade geht. Daher erscheint in diesem Zusammenhang eine teleologische Reduktion überzeugend.

Entsprechendes gilt für eine Fremdbesitzverschaffung durch den Hersteller zugunsten des Darstellers.

c. Zwischenfazit

Bei ausschließlich zum persönlichen Gebrauch hergestellten jugendpornographischen Schriften macht sich der Darsteller nicht strafbar, jedenfalls wenn er der einzig dargestellte Jugendliche ist.

d. Strafbarkeit des „Beschenkten"

Spiegelbildlich zur diskutierten Konstellation bleibt nach einer Strafbarkeit des Beschenkten zu fragen, dem der Besitz verschafft wurde, wie in Fall A. Es wird vertreten, in solchen Fällen über § 184c Abs. 4 hinaus eine teleologische Reduktion des § 184c Abs. 3 vorzunehmen.[873] Diese Auffassung überzeugt. Es liegt – auch aus Sicht des Gesetzgebers – kein strafwürdiges Verhalten vor. Es wäre daher widersprüchlich, den Beschenkten als *notwendig Beteiligten* an dem als nicht strafwürdig erachteten Geschehen einer Strafbarkeit auszusetzen.

Praktische Konsequenz einer abweichenden Auffassung wäre, dass ein solcher Austausch – obwohl vom Gesetzgeber nicht missbilligt – seltener stattfindet und so die Ausübung grundrechtlich gesicherter Verhaltensweisen unverhältnismäßig erschwert würde. Aus Gründen der Rechtssicherheit wäre zu wünschen, dass der Gesetzgeber die Regelung eindeutig gestaltet.

De lege ferenda stützt ein derartiges Verständnis wiederum mit Blick auf den Rechtsgüterschutz die zur Vorverlagerung durch Besitzstrafbarkeit vertretene Auffassung: Sobald neben den bloßen Besitz eine subjektive Komponente in Form einer Verbreitungsabsicht tritt, ist sein Verhalten nicht mehr von einer teleologischen Reduktion des Tatbestands begünstigt. Vielmehr machte er sich ab dem Zeitpunkt strafbar, in dem er einen Willen zur Verbreitung bildet. Aber auch ein weiterer Aspekt stützt aus Gesichtspunkten des Rechtsgüterschutzes die Auffassung zum Besitz: Aus der teleologischen Reduktion ergibt sich überzeugenderweise nach dem Rechtsgedanken des § 184c Abs. 4 ein lebenslanges Besitzrecht. Bildet der Besitzende daher *de lege lata* nachträglich einen Verbreitungswillen – wie dies bei der so genannten *revenge porn* wohl nicht

873 Schönke-Schröder-*Eisele* § 184c Rn 9; MüKo-*Hörnle* § 184c Rn 20; *Kudlich* Sexting S. 99; *Palm* S. 172.

selten vorkommen wird[874] –, so macht er sich nicht vorverlagert bereits durch den bloßen Besitz strafbar. Nach geltendem Recht liegt eine Strafbarkeit erst vor, wenn die Schrift tatsächlich verbreitet wird. Mit der hier vertretenen Auffassung bestünde aber kein Bedürfnis, einen Beschenkten lebenslang vom Besitzverbot auszunehmen. Sobald ein Verbreitungswille neben den Besitz träte, läge strafbares Verhalten vor. Dies bedeutete eine erstrebte Vorverlagerung und führte zu sachgerechteren Ergebnissen, insbesondere vor dem vom Gesetzgeber bemühten umfassenden Rechtsgüterschutz.

2. Mehrere jugendliche Darsteller

Abweichend muss eine Bewertung ausfallen, wenn in der Schrift mehrere Jugendliche dargestellt sind. Dies kann beispielsweise der Fall sein, wenn sich, wie in Fall B, ein jugendliches Liebespaar beim Sexualakt aufzeichnet.

Verschafft einer der Dargestellten dem anderen den Besitz an der Schrift, steht das Rechtsgut einer weiteren Person in Rede, so dass der Tatbestandsausschluss als ausschließliches Schutzobjekt nicht greifen kann. Meist wird einer der Jugendlichen als Hersteller anzusehen sein, so dass für ihn der Tatbestandsausschluss des Abs. 4 greift. In aller Regel wird es aber dem Zufall überlassen sein, wer von beiden sein Aufnahmegerät zur Verfügung stellt, die Kamera hält und einstellt, also die Schrift herstellt. Es stellte daher eine ungerechtfertigte Ungleichbehandlung dar, wenn der eine Partner in den Genuss des Tatbestandsausschlusses käme und der andere nicht. Da infolge der Gefährdung eines fremden Rechtsguts durch eine teleologische Reduktion das Ergebnis methodisch nicht zu erreichen ist, kann für diese Konstellation Abs. 4 analog angewandt werden. Zwar ist der Wortlaut dieser Ausnahmevorschrift eng und klar gefasst. Der Ungleichbehandlungsgedanke hilft bezüglich des Sich-Besitzverschaffens und des Besitzes aber richtigerweise darüber hinweg.

Trotz des gefundenen Ergebnisses über eine Analogie zu Abs. 4 liegt es auch hier am Gesetzgeber, Klarheit zu schaffen.

---

874 *Revenge Porn* bezeichnet eine Verbreitung meist im Nachgang einer Beziehung, um sich durch diese an dem Dargestellten zu rächen; LG Kiel NJW 2007, 1002; *Gillespie* HRLR 2013, 623 (640); *saferinternet.at* Elternratgeber Sexualität & Internet S. 16; siehe auch *Cheng* Sexting eskaliert.

3. Analogie § 184d

Der Tatbestandsausschluss des § 184c Abs. 4 gilt nur für ausgewählte Tathandlungen nach § 184c. Aufgrund der Verweisung des § 184d Abs. 2 S. 2 HS 2 gilt dieser entsprechend für Taten nach § 184d Abs. 2. Da er aber eindeutig auf die Tathandlung des Unternehmens des Zugriffs beschränkt ist, kann hier methodisch nicht auf eine Analogie zurückgegriffen werden, die etwaige sonstige Tathandlungen des § 184d erfasst.[875] Die systematische Stellung im Gesetz steht dem insoweit entgegen.

Das gefundene Ergebnis kann nicht im Sinne des Gesetzgebers gewesen sein und sollte schnellstmöglich einer Korrektur unterzogen werden. Im Übrigen gilt das zu § 184c Abs. 4 Gesagte auch hier.

4. Fazit

Fall A

M	~~Herstellung~~	~~§ 184c Abs. 1 Nr. 3~~
	~~Fremdbesitzverschaffung~~, (Zugänglich-Machen)	~~§ 184c Abs. 1 Nr. 2~~ (iVm § 184d Abs. 1 S. 1)
	~~Besitz und Eigenbesitzverschaffung~~	~~§ 184c Abs. 3 Var. 2 und 1~~
	~~Allgemeines Pornographieverbot~~	~~§ 184 Abs. 1 Nr. 1 und 6~~
J	~~Besitz, (Unternehmen des Abrufs per Telemedien)~~	~~§ 184c Abs. 3 Var. 2 (iVm § 184d Abs. 2 S. 2)~~

Fall B

X	~~Herstellung~~	~~§ 184c Abs. 1 Nr. 3~~
	~~Besitz~~	~~§ 184c Abs. 3~~
	~~Fremdbesitzverschaffung~~, (Zugänglich-Machen)	~~§ 184c Abs. 1 Nr. 2~~ (iVm § 184d Abs. 1 S. 1)
	~~Allgemeines Pornographieverbot~~	~~§ 184 Abs. 1 Nr. 1~~
Y	~~Besitz~~	~~§ 184c Abs. 3 Var. 2~~
	~~Unternehmen der Besitzverschaffung~~	~~§ 184c Abs. 3 Var. 1~~

875 So auch MüKo-*Hörnle* § 184d Rn 15.

Fall C

R	~~Herstellung~~	~~§ 184c Abs. 1 Nr. 3~~
	~~Fremdbesitzverschaffung~~, (Zugänglich-Machen)	~~§ 184c Abs. 1 Nr. 2~~ (iVm § 184d Abs. 1 S. 1)
	Allgemeines Pornographieverbot	§ 184 Abs. 1 Nr. 1
S	~~Besitz und Eigenbesitzverschaffung~~	~~§ 184c Abs. 3 Var. 1 und 2~~
	~~Fremdbesitzverschaffung~~	~~§ 184c Abs. 1 Nr. 2~~
	~~Allgemeines Pornographieverbot~~	~~§ 184 Abs. 1 Nr. 1 und 6~~
T	~~Besitz~~	~~§ 184c Abs. 3 Var. 2~~

IX. Tatbestandsmäßigkeit

An dieser Stelle ist ein Zwischenfazit zu ziehen, inwieweit die Ausarbeitungen zu den Tatbestandsmerkmalen und der Tatbestandsstruktur die Subsumtion zu Beginn der Ausführungen einem anderen Ergebnis zuführen.

1. Tatobjekt

Die eingangs noch nicht näher betrachtete Frage nach der jugendpornographischen Qualität der Schrift kann nun beantwortet werden. Versendet ein Jugendlicher ein so genanntes Sext, verschenkt er innerhalb einer Partnerschaft erotisches Bildmaterial oder Ähnliches, so kann entsprechend der unter dem Abschnitt zur Pornographie gemachten Ausführungen durchaus ein pornographischer Charakter der Schrift gegeben sein und ein taugliches Tatobjekt vorliegen. Hier ist jedoch im Einzelfall eine genaue Bewertung anhand der gefundenen Kriterien vorzunehmen.

2. Allgemeines Pornographieverbot

Neben dem Verbot der Jugendpornographie aus § 184c kommt auch eine Strafbarkeit aus dem allgemeinen Pornographieverbot in Betracht. Da die Eigenschaft als pornographisch auch Voraussetzung der jugendpornographischen Schrift ist, liegt stets auch hierfür ein taugliches Tatobjekt vor. Zwar ist § 184c gegenüber § 184 spezieller, sobald ein jugendpornographisches Tatobjekt vorliegt, jedoch gilt dies nicht für die Tatvarianten des § 184 Abs. 1 Nr. 1 und 6.[876] Diese erfassen das Anbieten, Überlassen oder Zugänglichmachen einer pornographischen Schrift an eine Person unter achtzehn Jahren sowie das Gelangen Lassen an eine andere Person, ohne von dieser hierzu aufgefordert worden zu sein. Diese beiden Tathandlungen sind demnach trotz Vorliegens einer jugendpornographischen Schrift zu prüfen. Insbesondere vor dem Hintergrund des Konfrontationsschutzes, aber auch vor dem des Jugendschutzes kann es keinen Unterschied machen, ob der Betrachter pornographisches Material mit erwachsenen oder jugendlichen Darstellern wahrnimmt.[877]

---

876 LK-*Laufhütte/Roggenbruck* § 184 Rn 54.

877 *Gnüchtel* S. 227.

Grundsätzlich sind die Verbote der §§ 184c, 184d konkurrenzrechtlich *lege specialis* gegenüber dem allgemeinen Pornographieverbot. Sofern ein jugendpornographisches Tatobjekt vorliegt, sperren die Spezialvorschriften das allgemeine Verbot in seiner Anwendung mit Ausnahme der § 184 Abs. 1 Nr. 1 und 6.[878] Diese Tatvarianten sind daher nach wie vor selbstständig auf ihr Unrecht hin zu überprüfen.

In den vom Gesetzgeber für nicht strafwürdig erachteten Fällen privater Jugendpornographie ist der Straftatbestand des § 184 Abs. 1 Nr. 1 aber regelmäßig notwendig mitverwirklicht. Dies gilt jedenfalls für den gesetzgeberischen Idealfall, in dem beide Partner minderjährig sind. Eine Erfassung der Handlung durch § 184 Abs. 1 Nr. 1 würde daher dem Zweck des § 184c Abs. 4 zuwiderlaufen. Obwohl die Spezialität generell nicht für Tathandlungen nach § 184 Abs. 1 Nr. 1 gilt, ist für Fälle des § 184c Abs. 4 davon eine Ausnahme zu machen. Liegt ein Fall des § 184c Abs. 4 vor, sperrt dies die Anwendbarkeit des § 184 Abs. 1 Nr. 1.

Für § 184 Abs. 1 Nr. 6 bleibt es allerdings bei dem gefundenen Ergebnis: § 184 Abs. 1 Nr. 6 dient einem von § 184c verschiedenen Zweck. Auch liegt anders als bei Nr. 1 keine notwendige Mitverwirklichung im Rahmen des § 184c Abs. 4 vor. Wer eine jugendpornographische Schrift ausschließlich zu privaten Zwecken herstellt und diese seinem Partner zugänglich macht, hat die Vorgaben zu beachten, die der Konfrontationsschutz nach § 184 Abs. 1 Nr. 6 aufstellt. Regelmäßig wird jedoch ein tatbestandsausschließendes konkludentes Einverständnis vorliegen.

3. Jugendpornographie

Die bisherigen Ausführungen haben gezeigt, dass in vielfacher Hinsicht Bedenken in Bezug auf die Ausgestaltung und die Legitimation des Tatbestands bestehen. Zahlreiche nicht strafwürdige Konstellationen können überzeugend durch Auslegung von einer Strafbarkeit ausgenommen werden. Für die Ausgangsfälle gehen sämtliche Beteiligte nach der hier vertretenen Auffassung weitestgehend straffrei aus. Die Ausnahme bilden Strafbarkeiten nach § 184d Abs. 1.

Dieses Ergebnis hat jedoch keinen Bestand, wenn man nur bei einer der vertretenen Rechtsauffassungen von hiesigem Verständnis abweicht. Für Tathandlungen rund um den kommerziellen Bereich von Jugendpornographie kann darüber hinaus auch nach hier vertretener Auffassung keine Straffreiheit für Tathandlungen des Darstellers begründet werden.

---

878 MüKo-*Hörnle* § 184c Rn 24, § 184b Rn 55, § 184a Rn 15; wohl auch Schönke/Schröder-*Eisele* § 184a Rn 8, § 184b Rn 19 für Kinderpornographie.

X. Sozialadäquanz

Bei ausschließlich zum persönlichen Gebrauch angefertigten Schriften kann zwar nach hiesigem Verständnis im Zusammenhang mit gewöhnlichem und entwicklungsbedingtem Verhalten weitgehend Straffreiheit begründet werden. Dies beruht jedoch größtenteils auf zumindest streitbaren Analogien und Tatbestandseinschränkungen. Es würde daher für die Beteiligten erhebliche Rechtssicherheit bedeuten, wenn zusätzlich auch die Feststellung getroffen werden könnte, dass das vorgenommene Verhalten – für den Fall, dass es vom Rechtsanwender doch unter den Tatbestand subsumiert werden sollte – sozial adäquat und auch aus diesem Grund heraus straffrei ist.[879]

Zwar sieht auch die Gesetzesbegründung zur Korrektur unbilliger Ergebnisse eine Möglichkeit der Begrenzung von strafrechtlichen Konsequenzen für den Fall vor, dass das Unrecht der Tat gering ist. Auf Rechtsfolgenseite kann hiernach mit dem Rechtsgedanken des § 182 Abs. 4 aF[880] für diesen Fall von Strafe abgesehen werden.[881] Zum einen hat dies im Gesetz jedoch keinen Niederschlag erhalten, so dass das Absehen von Strafe *e contrario* § 182 Abs. 6 gerade im Rahmen des § 184c keine Anwendung finden kann. Zum anderen liegt nach der Konstruktion weiterhin ein materiell strafbares Verhalten vor, dessen Unrecht zwar gering, aber dennoch gegeben ist. Bei Vorliegen von Sozialadäquanz ist hingegen gerade kein Unrecht gegeben und der Täter macht sich dementsprechend bereits auf materieller Ebene nicht strafbar.

Zunächst gilt es daher zu skizzieren, was Sozialadäquanz im strafrechtlichen Sinne ist, welche rechtlichen Folgen sich aus ihrem Vorliegen ergeben können und welche Voraussetzungen inhaltlich an sie zu stellen sind.[882] Sodann ist eine

---

879 Dies geschieht in dem Bewusstsein, dass ein Ausscheiden aus dem Tatbestand bereits durch einfache Auslegung dazu führt, dass ein Verhalten richtigerweise begrifflich nicht mehr als sozialadäquat bezeichnet werden kann, vgl *Klug* FS Eb. Schmidt S. 260 ff; siehe auch *Zipf* ZStW 82 (1970), 633 (638).

880 Inzwischen normiert in § 182 Abs. 6.

881 BT-Drucks. 16/3439 S. 9.

882 Im Rahmen dieser Monographie kann das Thema der Sozialadäquanz in seiner Problematik nur angerissen werden. Die folgenden Ausführungen haben keinen Anspruch auf Vollständigkeit. Sie sollen lediglich Grundlage zur anschließenden Anwendung im Rahmen hiesiger Fallkonstellationen sein. Vgl mit umfassenderem Anspruch zu dem Thema die Monographie von *Wolski* Soziale Adäquanz.

Subsumtion der Ausgangskonstellationen unter die Voraussetzungen vorzunehmen.

1. Sozialadäquanz im Strafrechtssystem

Am Problem der Sozialadäquanz offenbaren sich zahlreiche Grund- und Systemfragen des Strafrechts, wie insbesondere die des Verbrechensaufbaus.[883] Dass das Vorliegen von Sozialadäquanz überhaupt rechtlich relevant sein kann, ist inzwischen weitestgehend anerkannt.[884] Unter den anerkennenden Stimmen ist wiederum umstritten, ob die Sozialadäquanz Auswirkung auf den Tatbestand,[885] die Rechtswidrigkeit[886] oder die Schuld[887] haben soll.[888]

a. Anerkennung des Instituts

Erstmalige Erwähnung findet der Gedanke der Sozialadäquanz im Jahre 1939 bei *Welzel*.[889] Hiernach scheiden aus dem Unrechtsbegriff alle Handlungen aus, die sich funktionell „innerhalb der geschichtlich gewordenen Ordnung des Gemeinschaftslebens eines Volkes bewegen".[890] Es ist im Ergebnis auch kaum zu bezweifeln, dass sich nicht strafbar macht, wer Verhaltensweisen übt, „die vollkommen legal sind, allgemein toleriert werden, sich im Rahmen des allgemeinen Lebensrisikos bewegen oder Risiken bloß in rechtlich unbeachtlicher Weise

---

883 Vgl exemplarisch zu einer Auseinandersetzung mit der Lehre von den negativen Tatbestandsmerkmalen anhand der sozialen Adäquanz *Hirsch* ZStW 74 (1962) 78 (79 ff).

884 *Altermann* FS Eisenberg S. 234 mwN; *Gallas* ZStW 67 (1955), 22; siehe *Wolski* S. 138, die das Problem ins Prozessrecht, insbesondere §§ 153, 153a StPO, verlagert; für *Roxin* AT § 10 Rn 38 hat die Sozialadäquanz lediglich historischen Wert als Vorläufer der objektiven Zurechnung; *Cancio Meliá* GA 1995, 179 (180).

885 Hier ist wiederum strittig, ob dies lediglich Auswirkung auf die Auslegung einzelner Tatbestandsmerkmale haben soll oder als teleologische Reduktion dem Tatbestand nachfolgt; siehe Schönke/Schröder-*Eisele* Vor § 13 Rn 70; *Gracia Martin* FS Tiedemann S. 210; *Hirsch* ZStW 74 (1962) 87; *Klug* FS Eb. Schmidt S. 255 ff; *Krauß* ZStW 76 (1964), 48; *Roxin* AT § 10 Rn 36, 40; *Zipf* ZStW 82 (1970), 633 ff, 647 ff; aus der Rechtsprechung OLG München NStZ 1985, 549 (550); LG Berlin, Beschluss vom 18.12.2009 – 518 Qs 60/09.

886 OLG Celle NStZ 1993, 291 (292); *Klug* FS Eb. Schmidt S. 255 ff; ablehnend Schönke/Schröder-*Eisele* Vor § 13 Rn 70.

887 *Roeder* S. 65 ff; ablehnend Schönke/Schröder-*Eisele* Vor § 13 Rn 70.

888 *Zipf* ZStW 82 (1970), 639.

889 *Welzel* ZStW 58 (1939) 516.

890 *Welzel* ZStW 58 (1939) 516.

erhöhen“[891] oder von der Allgemeinheit gebilligt und daher in strafrechtlicher Hinsicht im sozialen Leben gänzlich unverdächtig, weil im Rahmen der sozialen Handlungsfreiheit liegende[892] sind.[893]

Dennoch bleibt fraglich, ob der sozialen Adäquanz eigenständige Bedeutung zukommt oder ob sich diese in der Auslegung anderer Tatbestandsvoraussetzungen erschöpft, wie der objektiven Zurechnung[894] oder des erlaubten Risikos[895].[896] Zweiteres Verständnis unterstellt, ist die Kategorie der Sozialadäquanz eine bloße inhaltsleere Hülle. So kann sie keine potentiell strafrechtlich bedeutsame Eigenschaft eines Verhaltens negieren.[897]

Die Problematik der Frage nach der Bedeutung der Sozialadäquanz – und zugleich Nährboden für ablehnende Auffassungen – ist die des Gewaltenteilungsprinzips.[898] Der Gesetzgeber hat klare und differenzierte Regeln aufgestellt, im Rahmen derer zur Tatbestandsmäßigkeit oder -losigkeit zu gelangen ist.[899] Der Rechtsanwender läuft daher regelmäßig Gefahr, Entscheidungen der Legislative zu unterlaufen, wenn er eine Strafbarkeit nach Bejahung des Tatbestands als sozial adäquates Verhalten ablehnt.[900] Darüber hinaus wird vorgebracht die Sozialadäquanz sei zu unbestimmt,[901] sie laufe Gefahr, allgemein übliches Fehlverhalten für tatbestandslos zu erklären und die Garantiefunktion des Tatbestands vor dem Hintergrund des Rechtsstaatsprinzips auszuhebeln.[902]

Unbestritten ist, dass es wohl kaum einen Tatbestand geben wird, bei dem kein Bedürfnis für ein regulatives Prinzip besteht, das die sinngemäße Einschränkung der strafwürdigen Fälle gegenüber einem zu weit gefassten Gesetzeswortlaut

891 *Rengier* AT § 13 Rn 51.

892 BGHSt 23, 226 (228).

893 *Altermann* FS Eisenberg S. 236; *Kindhäuser* FS Rengier S. 49.

894 *Roxin* AT § 10 Rn 38 ff; *Cancio Meliá* GA 1995, 179 (180); ablehnend *Gracia Martin* FS Tiedemann S. 217.

895 Vgl *Knauer* ZStW 126 (2014), 844 (856 f) mwN.

896 *Eser* FS Roxin S. 208; für eine teleologische Reduktion Schönke/Schröder-*Eisele* Vor § 13 Rn 70; siehe zu weiteren Bereichen, in denen Gedanken der Sozialadäquanz ihren Niederschlag finden *Altermann* FS Eisenberg S. 237 ff.

897 *Kindhäuser* FS Rengier S. 57

898 *Hirsch* ZStW 74 (1962) 78 (86).

899 *Zipf* ZStW 82 (1970), 633 (637).

900 *Hirsch* ZStW 74 (1962), 78 (93).

901 *Altermann* FS Eisenberg S. 236 mwN in Fn 22; LK-*Rönnau* Vor § 32 Rn 51.

902 Vgl zu den Einwänden *Eser* FS Roxin S. 206; siehe auch *Knauer* ZStW 126 (2014), 844 (853).

ermöglicht.[903] Eindeutig für das Institut der Sozialadäquanz spricht daher, dass es in der Lage ist, ersichtlich nicht strafwürdige Fälle auf materieller Ebene im Ergebnis von einer Strafbarkeit auszunehmen.[904] Die Lehre von der Sozialadäquanz kann zudem gewisse objektive Anhaltspunkte für eine solche Entscheidung bieten.[905] Während Auslegungen im Rahmen der objektiven Zurechnung oder des erlaubten Risikos nicht ausdrücklich als Probleme der tatsächlichen Übung und normativen Akzeptanz diskutiert werden, wird bei einer Eigenständigkeit der Sozialadäquanz klar herausgestellt, dass zunächst formal tatbestandsmäßiges Verhalten vorliegt. Sodann wird ausdrücklich diskutiert, ob das zu prüfende Verhalten dennoch hingenommen werden soll, *gerade weil* es üblich und akzeptiert ist. Die klare Benennung des Grundes der Ausnahme minimiert die Gefahr einer Willkür bei der Auslegung des Tatbestands und stellt den Vorteil dieses Verständnisses dar.

Die in den Auseinandersetzungen mit der Materie angeführten Beispielsfälle zeigen, dass es um eine heterogene Gruppe von Delikten geht.[906] Es finden sich hierunter exemplarisch Fahrlässigkeits-, Erfolgs-, Sonder-, Dauerdelikte und viele mehr. Deliktstypische Gemeinsamkeiten lassen sich nur schwer feststellen.[907] Somit sind auch die Erklärungsansätze der einzelnen Kategorien für die im Ergebnis zu begründende Straffreiheit abweichende. Während teils eine Rechtsgutsverletzung trotz formeller Subsumtion unter den Tatbestand nicht gegeben ist, wird in anderen Fällen die Rechtsgutsverletzung selbst als adäquat angesehen.[908] Auch das Geringfügigkeitsprinzip wird berücksichtigt.[909] Hinzu kommt, dass es sowohl normierte als auch übergesetzliche Anwendungsfälle gibt.[910]

---

903 *Schaffstein* ZStW 72 (1960), 369 (377).

904 *Schaffstein* ZStW 72 (1960), 369 (377).

905 *Eser* FS Roxin S. 209; *Schaffstein* ZStW 72 (1960), 369 (377 f); *Gracia Martin* FS Tiedemann S. 215; *Altermann* FS Eisenberg S. 236 stellt dar, dass Bedenken inzwischen durch inhaltliche Konkretisierung durch Rechtsprechung und Literatur ausgeräumt sind; siehe auch *Zipf* ZStW 82 (1970), 633 (636 Fn 4).

906 *Gracia Martin* FS Tiedemann S. 208; *Knauer* ZStW 126 (2014), 844 (860 f); siehe *Altermann* FS Eisenberg S. 237 ff; *Hirsch* ZStW 74 (1962), 78 (87 ff).

907 *Altermann* FS Eisenberg S. 243 erkennt trotz gewisser Unterschiede ein einheitliches Prinzip eines Strafbarkeitsausschlusses auf der Grundlage der Sozialadäquanz eines Verhaltens.

908 *Zipf* ZStW 82 (1970), 633 (635 f).

909 AA *Gracia Martin* FS Tiedemann S. 215.

910 Vgl *Altermann* FS Eisenberg S. 237 ff.

Die in der Diskussion um die Sozialadäquanz angeführten Beispiele bleiben häufig rein theoretisch. Die Strafverfolgungsbehörden bringen sie meist nicht zur Anklage, so dass Gerichte nur selten mit derartigen Fällen befasst werden.[911] Auch die Ausgangsfälle werden wohl häufig nicht von einem Richter entschieden werden müssen. Dennoch ist es dem Bürger nicht zumutbar, strafbare Handlungen zu begehen und darauf hoffen zu müssen, nicht angeklagt zu werden.[912] Entsprechung findet dieser Gedanke in der Rechtsprechung des Bundesverfassungsgerichts zur Subsidiarität der Verfassungsbeschwerde bei straf- und bußgeldbewehrten Normen.[913] Dass derartige Fragen zudem nicht immer rein theoretisch bleiben, zeigen Fälle wie der eingangs dieser Monographie angeführte aus Dänemark.[914] Auch hier muss klar sein, welche Person sich durch welche Handlungen materiell strafbar gemacht hat. Aufgabe des Gesetzgebers und der Rechtswissenschaft ist es, dies auf ein normativ tragfähiges Fundament zu stellen. Dafür ist die Sozialadäquanz ein probates Mittel.

Sofern auf Tatbestandsebene eine Unrechtsverwirklichung bereits durch Auslegung ausgeschlossen werden kann, spricht nichts gegen einen solchen Ausschluss. Denkbar wäre ein solcher in den Konstellation entsprechend der Ausgangsfälle über das erlaubte Risiko. Das Institut der Sozialadäquanz kann ausschließlich ergänzend zur positiven Rechtsordnung greifen. Es ist gerade Aufgabe des Strafrechts als geschriebenes Recht, inadäquates Verhalten zu erfassen und sozial adäquates Verhalten von der Subsumtion auszuschließen. Wenn dies im Einzelfall nicht gelingt und ein Verhalten dennoch formal dem Tatbestand unterfällt, kann die Sozialadäquanz korrigierend greifen und so die geschriebene Rechtsordnung ergänzen.[915]

b. Dogmatische Einordnung

Für die dogmatische Einordnung werden sämtliche denkbaren Auffassungen vertreten.[916] *Welzel* selbst ging zunächst davon aus, dass bei Vorliegen von

911 *Peters* FS Welzel S. 421; vgl hierzu auch *Wolski* S. 139.

912 Siehe in diesem Zusammenhang auch die bereits angesprochene Ausführungen des Gesetzgebers in BT-Drucks. 16/3439 S. 9, nach denen auf Rechtsfolgenseite von Strafe abgesehen werden können soll, wenn das Unrecht der Tat gering ist.

913 BVerfGE 20, 283 (290); 46, 246 (256); 81, 70 (82 f).

914 Siehe oben S. 3.

915 *Gracia Martin* FS Tiedemann S. 209; *Zipf* ZStW 82 (1970), 633 (637); *Altermann* FS Eisenberg S. 236 nennt die Sozialadäquanz einen „im Bereich des Strafrechts heute nahezu allgemein anerkannten Rechtsgedanken".

916 Den dogmatischen Standort überlässt der Gesetzgeber in BT-Drucks. 5/2860 S. 9 der Rechtsprechung; vgl hierzu auch die Darstellung bei *Peters* FS Welzel S. 420 f mwN;

Sozialadäquanz der Tatbestand entfiele. Später änderte er diese Auffassung und ordnete das Institut als Rechtfertigungsgrund ein. Wiederum später kehrte er zu der Auffassung zurück, es handele sich um einen Tatbestandsausschluss.[917] Auch für die im Gesetz normierten Sozialadäquanzklauseln ist umstritten, ob diese tatbestandsausschließend oder rechtfertigend wirken, so dass ein generalisierbarer Schluss hieraus nicht gezogen werden kann.[918]

Wenn die Sozialadäquanz nicht zu einer bloßen inhaltsleeren Hülle verkommen soll, ist sie nur dann zu bemühen, wenn die Behauptung im Raum steht, ein Verhalten sei gerade nicht sozialadäquat.[919] Diese Funktion übernimmt hier die formale Erfüllung des Tatbestandes. Sofern also sozialadäquates Verhalten bereits im Rahmen der Tatbestandsmerkmale durch Auslegung vom Tatbestand auszunehmen ist, liegt kein Bedürfnis vor, noch festzustellen, das Verhalten sei sozial adäquat gewesen.[920] Teils wird vor diesem Hintergrund auch in der Begrifflichkeit unterschieden und für bereits nicht unter den Tatbestand fallende Handlungen von Sozialkongruenz anstelle von Sozialadäquanz gesprochen.[921] Dieses Verständnis wird auch durch eine sprachliche Analyse des Begriffs bestätigt. Bei der Sozialadäquanz handelt es sich um ein *Hosenwort*: Man kommt erst dann in die Lage zu behaupten, etwas sei sozial adäquat, wenn die Behauptung, es sei nicht sozial adäquat, zur Debatte steht. Man nutzt es also, um die gegenteilige Aussage zu negieren. Bei der Aussage hat der gegenteilige Ausdruck gerade *die Hosen an*.[922]

Wurde der Tatbestand formal verwirklicht, kann anschließend die soziale Adäquanz ergänzend das gefundene Ergebnis korrigieren. Es steht durch die Tatbestandsverwirklichung die Behauptung zur Debatte, der Täter habe den im Tatbestand verkörperten Unwert verwirklicht.[923] Diese gilt es durch die Aussage, das Verhalten sei sozial adäquat gewesen, zu negieren.

BGHSt 23, 226 (228) lässt die Frage, ob die Sozialadäquanz den Tatbestand ausschließt oder aber rechtfertigend wirkt, ausdrücklich offen; siehe aber auch OLG Celle NStZ 1993, 291 (292); siehe zudem die Nachweise in den Fußnoten 885, 886, 887.

917 Vgl zu dieser Entwicklung *Peters* FS Welzel S. 419 f mwN.

918 Siehe exemplarisch NK-*Paeffgen* § 86 Rn 38 mwN.

919 *Kindhäuser* FS Rengier S. 57.

920 Siehe *Gracia Martin* FS Tiedemann S. 213 f.

921 *Klug* FS Eb. Schmidt S. 260 ff; siehe auch *Zipf* ZStW 82 (1970), 633 (638); ablehnend *Hirsch* ZStW 74 (1962), 78 (86).

922 Siehe hierzu und zum Folgenden *Kindhäuser* FS Rengier S. 50 f, der sich hierfür einer Begrifflichkeit *John Langshaw Austin*s bedient.

923 Siehe zur Relevanz der Unterscheidung zwischen Tatbestand und Rechtswidrigkeit *Kindhäuser* FS Rengier S. 51 ff; siehe auch *Würtenberger* FS Rittler S. 129.

Ob dies durch eine der formellen Tatbestandsverwirklichung nachfolgende teleologische Tatbestandsreduktion geschieht oder durch eine Rechtfertigung, ist für hiesige Zwecke von nachrangiger Bedeutung.[924] Auch in Bezug auf das Notwehrrecht entsprechen sich beide Lösungen.[925]

c. Voraussetzungen

Welzel formuliert zunächst, Unrecht sei dadurch gekennzeichnet, dass es aus der sittlichen Ordnung des tätigen Gemeinschaftslebens herausfalle. Demgegenüber sei jedes Verhalten eben kein Unrecht, das sich innerhalb des Rahmens der geschichtlich gewordenen sozialethischen Ordnung des Gemeinschaftslebens bewege.[926]

Erste zentrale Voraussetzung ist daher das Vorliegen einer tatsächlich häufigen Übung des Verhaltens. Die tatsächliche Verbreitung einer Übung allein kann aber keinesfalls zur Einschlägigkeit genügen, da ansonsten faktische Observanz mit sozialer Adäquanz verwechselt würde. Nur weil es überhandnähme, dass Menschen ständig andere Menschen töteten oder alle Berufstätigen Steuern hinterzögen, macht es das Verhalten noch nicht zu einem erlaubten.[927] Die tatsächliche Übung eines Verhaltens ist demnach notwendiges, aber nicht hinreichendes Kriterium. Hinzutreten muss die soziale Angemessenheit und Anerkennung dieses Verhaltens.[928] Diese Zweistufigkeit kann dem Begriff auch sprachlich entnommen werden. Sozial bedeutet hierbei, dass es eine tatsächlich von großen Teilen der Gemeinschaft vorgenommene Handlung sein muss. Adäquanz bezeichnet die normative Billigung des Verhaltens.[929]

2. Subsumtion

Im Folgenden ist danach zu fragen, ob das Versenden von Sexts und die Gabe von ausschließlich zu privaten Zwecken hergestellter Jugendpornographie eine solche tatsächlich verbreitete Übung darstellt und zugleich normativer Akzeptanz unterliegt.

---

924 BGHSt 23, 226 (228); *Gracia Martin* FS Tiedemann S. 209 geht mit der herrschenden Meinung davon aus, dass die Sozialadäquanz als Strafbarkeitsausschließungsgrund auf Ebene des Unrechts greift.

925 Vgl *Zipf* ZStW 82 (1970), 633 (641 ff); siehe auch *Roeder* S. 77 f.

926 *Welzel* ZStW 58 (1939), 491 (515 ff).

927 Vgl auch *Greco* Strafbarer Drogenbesitz S. 77.

928 OLG Hamm NJW 1973, 716 (718 f); *Zipf* ZStW 82 (1970), 633 ff.

929 *Altermann* FS Eisenberg S. 233; *Eser* FS Roxin S. 211.

a. Tatsächliche Übung

Der tatsächlich häufigen Übung des Verhaltens kann sich durch Studien und daraus entwickelten Statistiken genähert werden. Für den vorliegenden Bereich liegen mit der *JIM-Studie*, einer Studie von *saferinternet.at* und einer Untersuchung von *Vogelsang* drei unabhängige Untersuchungen aus dem deutschsprachigen Raum hierzu vor.[930] Demnach haben zahlreiche junge Menschen bereits sexualbezogene Aufnahmen von sich gemacht, diese versendet und an ausgewählte Personen weitergegeben:

- Die *JIM-Studie* aus dem Jahre 2015[931] bestätigt, dass jeder vierte Jugendliche angibt, entsprechende Bilder seien schon einmal in seinem Freundes- und Bekanntenkreis verschickt worden. Unter den 18- bis 19-Jährigen trifft dies sogar auf jeden Dritten zu. Die Aussage dieser Studie ist jedoch begrenzt, da aus forschungsethischen Gründen von der Frage nach dem Versenden eigener Aufnahmen abgesehen wurde.
- Nach einer Studie von *saferinternet.at* aus dem Jahre 2015[932] haben 33 % der Jugendlichen bereits mindestens einmal privat Nacktfotos geschickt bekommen. 51 % aller Befragten kennen zumindest jemanden, der schon einmal eine Nacktaufnahme von sich an andere geschickt hat; unter den Mädchen lag die Quote gar bei 62 %. 16 % der Befragten – also etwa jeder Sechste der Jugendlichen – hat bereits einmal selbst Nacktaufnahmen von sich hergestellt.
- Bei einer Untersuchung von *Vogelsang* aus dem Jahre 2016[933] gaben 27,6 % der Befragten an, schon ein- oder mehrmals ein eigenes Sext verschickt zu haben. 54,7 % haben bereits ein- oder mehrmals Sexts erhalten. Von den 27,6 %, die bereits mindestens einmal ein Sext versendet haben, gaben 54,3 % an, dass Empfänger der feste Freund bzw. die feste Freundin waren, 25,7 %, dass es an einen Fremden aus dem Internet ging, 21,4 %, dass es an andere Freunde und Bekannte ging und 20 %, dass sie es dem besten Freund bzw. der besten Freundin gesendet haben.

Auch wenn die Zahlenwerte im Detail nur schwer vergleichbar sind, da im Einzelnen ein abweichende Verständnis dessen zu Grunde gelegt wurde, was genau unter Sexting fällt, nicht jedes Sext zugleich pornographisch ist und der Versuchsaufbau jeweils ein anderer war, erreichen dennoch alle drei Studien eine

930 Vgl auch zu internationalen Studien *Vogelsang* S. 112 ff.

931 Vgl JIM-Studie 2015, S. 51.

932 *Saferinternet.at* Aktuelle Studie.

933 *Vogelsang* S. 272 ff.

Quote, bei der man davon sprechen kann, die Weitergabe von Sexts an ausgewählte Dritte werde tatsächlich häufig geübt.[934] Aber auch ausländische Studien zeigen, dass das Verhalten nicht bloß von einer zu vernachlässigenden Minderheit vorgenommen wird.[935] Die Aussagen beschränken sich insoweit auch nicht auf das Austauschen innerhalb einer Liebesbeziehung, die Häufigkeit ist jedoch innerhalb einer Liebesbeziehung höher.[936]

b. Normative Akzeptanz

Neben die rein tatsächliche Übung muss die normative Akzeptanz des Verhaltens treten. Damit ein Verhalten als sozialadäquat angesehen werden kann, muss es sozial anerkannt und angemessen sein.[937] Die Bestimmung dessen, was normativ akzeptiert ist, bereitet Schwierigkeiten, da eine solche Akzeptanz nirgends verbindlich und ausdrücklich schriftlich normiert sein muss und einheitliche Wert- und Moralvorstellungen in unserer pluralistischen Gesellschaft nur schwer bestimmbar sind. Selbst wenn eine solche Normierung in Form von Richtlinien oder internen Anweisungen vorliegt,[938] liefert dies keine Gewähr für eine Dauerhaftigkeit der Regel des Verhaltens und entfaltet auch keine verbindliche Außenwirkung, solange es nicht zum Gewohnheitsrecht erstarkt. Dennoch soll eine solche gesellschaftliche Akzeptanz im Ergebnis differenziertes *lex scripta* von einer Anwendung ausnehmen. Auch vor dem Hintergrund des Rechtsstaats- und des Gewaltenteilungsprinzips ist eine Prüfung dieser normativen Akzeptanz daher mit äußerster Sorgfalt vorzunehmen. Damit eine solche im Ergebnis einschlägig sein kann, muss die Akzeptanz nahezu allgemeine Meinung und weitestgehend unbestritten sein, wenngleich das Vorhandensein abweichender Meinungen nicht zwangsläufig zu einer Ablehnung der Annahme führen muss.

Aufgrund der Heterogenität der auftretenden Fälle ist für jede Konstellation aufs Neue zu schauen, ob und wie eine normative Akzeptanz überprüft und

---

934 Auf die Problematik der Vergleichbarkeit weist auch *Vogelsang* S. 110 hin, siehe auch S. 111 Fn 1; die Studie von *saferinternet.at* wird von den Herausgebern entsprechend bewertet: „Die Studienergebnisse zeigen sehr deutlich, dass **Sexting eine häufige Facette des Beziehungs- und Sexuallebens von Jugendlichen geworden ist**"; abweichend bewertet *Döring* S. 22 vergleichbare Zahlen der JIM-Studie aus dem Jahre 2014; siehe auch die Zusammenstellung bei *Dekker/Koops/Briken* S. 44 ff mit einer von hiesiger Auffassung abweichenden Bewertung.

935 *Vogelsang* S. 125.

936 *Vogelsang* S. 116 f.

937 OLG Hamm NJW 1973, 716 (718 f).

938 *Knauer* ZStW 126 (2014), 844 (861, 863).

festgestellt werden kann. Für hiesige Konstellationen bietet es sich an, auf die Empfehlungen von anerkannten Aufklärungsinstitutionen sowie auf Auffassungen von Gesetzgebungsinstanzen und pädagogischer Literatur zu rekurrieren. Größtenteils wird die Akzeptanz aus Anlass des Phänomens Sexting diskutiert. Zu beachten ist aber stets, dass Sexts nicht notwendig zugleich Pornographie sind.

Tatsächlich sprechen sich vereinzelte Stimmen ausdrücklich gegen eine solche Akzeptanz aus und insbesondere in der ersten Zeit nach Auftreten des Phänomens mit medienwirksamen Suizidfällen hatte der so genannte Devianzkurs eine Vielzahl von Verfechtern.[939] Diese ablehnende Haltung wird jedoch von einer erdrückenden Zunahme der Anerkennung als normale und zeitgenössische Form der Intimkommunikation abgelöst.[940] Immer häufiger werden die positiven Aspekte einvernehmlichen Sextings hervorgehoben:

> „Das Schreckgespenst der Pornoindustrie versagt daneben auch bei intimen Aufnahmen, die im Rahmen einer festen Beziehung aufgenommen wurden. Solche Aufnahmen lassen weder physische noch psychische Schäden oder gar gesellschaftliche Ächtung erwarten."[941]

> „Durch den Fokus auf negative Konsequenzen von Sexting wird häufig außer Acht gelassen, dass die Mehrheit der Bilder und Nachrichten mit sexuellen Inhalten im Einverständnis zwischen Jugendlichen und ohne schädliche Folgen ausgetauscht wird […] und bereits positive assoziierte Aspekte identifiziert wurden […]. Auch wird laut Kritikern das Vergnügen, welches Sexting Jugendlichen und Erwachsenen bereitet, nicht ausreichend berücksichtigt […]. Besonders um tatsächlich schädliche und nicht einvernehmliche Prozesse erkennen zu können, ist es unabdingbar anzuerkennen, dass Sexting in beiderseitigem Einverständnis und schadlos stattfinden kann […]. Ebenso muss der Entwicklungsaspekt bei Jugendlichen mitbedacht werden: Jugendliche konsumieren Medien nicht nur, sie gestalten sie auch […], wobei Neugier, Identitätssuche und das Überschreiten normativer Grenzen eine besondere Rolle spielen […]. Durch den technologischen Fortschritt bietet sich Kindern und Jugendlichen ein größerer Raum zur Selbstdefinition und Entwicklung alternativer Identitätsformen […][. G]leiches gilt in gewissem Maße auch für Sexting. Zusätzlich dient es möglicherweise auch der Infragestellung konventioneller Vorstellungen über die sexuelle Entwicklung von Kindern und Jugendlichen […], die gerade für Jugendliche besondere Bedeutsamkeit haben könnte."[942]

---

939 *Dekker/Koops/Briken* S. 46; den Devianzkurs darstellend *klicksafe.de* Wie kann man mit Sexting umgehen? Haltung einnehmen; vgl ausführlich *Döring* S. 23 ff mwN.

940 *Döring* ZfSf 2012, 4 (7 und 20); dazu und zugleich als Plädoyer hierfür *dies.* Warum Sexting unter Jugendlichen (k)ein Problem ist; vgl auch ausführlich *dies.* S. 25 ff mwN.

941 *Geiger* S. 92.

942 *Dekker/Koops/Briken* S. 47 mwN.

Ausgangspunkt ist zunächst, dass Jugendliche derartiges Verhalten nicht in dem Bewusstsein vornehmen, etwas Unübliches oder normativ Abweichendes zu tun, sondern 31 % aller von *saferinternet.at* befragter Jugendlichen es als „normal" empfinden, ihrem Partner Nacktaufnahmen zu schicken.

Institutionen, die sich der Aufklärung Jugendlicher verschrieben haben, empfehlen Jugendlichen zudem nicht, das Verhalten vollständig zu unterlassen. Vielmehr wird auf die Gefahren hingewiesen, die derartige Handlungen mit sich bringen und zur vorsichtigen Ausübung des Verhaltens gemahnt.[943] Eine abweichende normative Bewertung erfährt erst die Weitergabe und die damit einhergehende, sich verwirklichende Gefahr rascher und unkontrollierter Verbreitung mit dem steten Hinweis, dass es *safer sexting* in absoluter Form nicht gibt.[944] Verhaltensweisen rund um die Erstellung und den Austausch mit ausgewählten Vertrauenspersonen erfahren hingegen keine negative Bewertung.

> „Die Krux bei der Sache: **Safer Sexting gibt es nicht!** Gleichzeitig ist Sexting Teil einer selbstbestimmten Sexualität geworden. Deshalb ist es umso wichtiger, über die Risiken aufzuklären und Tipps zur Minimierung von Risiken zu geben."[945]

Zwar kann dies auch einer Deutung zugeführt werden, dass die Institutionen sich der Aussichtslosigkeit des Rates, das Verhalten zu unterlassen, beugen und in diesem Bewusstsein wenigstens zur Achtsamkeit raten.[946] Dann würden aber entsprechende Hinweise bestehen. Gegenteiliges ist aber meist der Fall. So wird in der Aktuellen Studie von *saferinternet.at*[947] abschließend sogar für eine Entkriminalisierung plädiert und ausgeführt:

> „Hier gibt es nach Ansicht von Kinder- und Jugendorganisationen einen **Änderungsbedarf zur Entkriminalisierung von Sexting, wenn niemand zu Schaden kommt.**"

---

943 Siehe *Stephanie* BRAVO Dr Sommer; *klicksafe.de* Was kann schief gehen? Risiken und Nebenwirkungen von Sexting; siehe auch *Projuventute* Merkblatt für Jugendliche – „Was ist gefährlich an Sexting"; *dies.* Factsheet S. 2; *profamilia* Sexting; siehe auch *Marion Kaufmann* Sexting: Nacktbilder auf dem Schulhof.

944 JIM-Studie S. 51; siehe zum Normalitätsdiskurs *klicksafe.de* Wie kann man mit Sexting umgehen? Haltung einnehmen; siehe auch oben S. 78 ff.

945 *Saferinternet.at* Aktuelle Studie.

946 So wohl Vertreter des Devianzkurses, diesen aber zugleich ablehnend *klicksafe.de* Wie kann man mit Sexting umgehen? Haltung einnehmen.

947 *Saferinternet.at* Aktuelle Studie.

Auch die JIM-Studie 2015 führt in der Veröffentlichung aus, dass einvernehmliches und vertrauliches Austauschen von Aufnahmen im Rahmen einer Beziehung als harmlos zu bewerten ist.[948]

Diese Anerkennung findet zudem ausdrücklichen Zuspruch in der Aufnahme dieser Erwägungen in die Gesetzesbegründung zum Jugendpornographieverbot. Es ist hiernach nicht strafwürdig, wenn Jugendliche innerhalb einer sexuellen Beziehung im gegenseitigen Einverständnis pornographische Schriften von sich herstellen und austauschen.[949] Auch die Lanzarote-Konvention sowie die Richtlinie der EU erkennen die Zulässigkeit und Akzeptanz derartigen Verhaltens an, wenn sie für solche Konstellationen gerade das Ziel von Straffreiheit verfolgen.

Auch ein Urteil des BGH zum Begriff des Verbreitens von Jugendpornographie wird in der Literatur dahingehend verstanden: In der Entscheidung führte das Gericht aus, zum Verbreiten im Sinne des § 184c Abs. 1 Nr. 1 genüge es nicht, dass ein jugendpornographisches Bild per Chat an eine Person versendet werde, vielmehr setze Verbreiten einen nicht mehr individualisierbaren Personenkreis als Empfänger voraus.[950] „Dahinter steckt offensichtlich der Gedanke, dass der Austausch von intimen Bildern in der Jugend grundsätzlich ein akzeptiertes Verhalten darstellt, und somit strafrechtliches Einschreiten nicht geboten ist."[951]

Trotz aller Schwierigkeiten, mit denen die Feststellung normativer Akzeptanz bereits ihrer Natur nach verbunden ist, streiten die dargestellten Aspekte für eine normative Akzeptanz. Fraglich ist aber, welches Verhalten genau von der Akzeptanz umfasst ist. Zweifelsohne bezieht es sich auf solche Jugendpornographie, bei der sich die Akteure innerhalb einer echten Liebesbeziehung befinden.[952] Es stellt sich aber die Frage, ob die Akzeptanz auch auf diese Fälle beschränkt ist oder ob die Akzeptanz darüber hinausgeht.

Das angeführte Zitat von *Geiger* ist insoweit in seiner Aussage auf Liebebeziehungen beschränkt.[953] Die Gesetzesbegründung wird regelmäßig ebenfalls so verstanden, dass eine Liebesbeziehung zwischen den Beteiligten vorliegen muss. Im Wortlaut führt diese jedoch aus: „Nicht strafwürdig erscheint allerdings der Fall, dass Jugendliche innerhalb einer sexuellen Beziehung in gegenseitigem

948 JIM-Studie S. 51.

949 BT-Drucks. 16/3439 S. 9.

950 BGH NStZ-RR 2015, 1439 f.

951 *Lenz* S. 337.

952 *Lenz* S. 337 spricht beim Austausch intimer Selbstportraits innerhalb einer Beziehung von „der idealen Situation".

953 *Geiger* S. 92.

Einverständnis pornographische Schriften von sich herstellen und austauschen."[954] Dass eine traditionelle Liebesbeziehung vorliegen muss, ergibt sich hieraus in der Form jedoch nicht zwingend. Viel eher ist eine Lesart vertretbar, nach der die Formulierung der sexuellen Beziehung weit zu verstehen ist, insbesondere auch vor dem Hintergrund des Neutralitätgebots des Staates. Es muss sich demnach nicht um die klassische Form einer Liebesbeziehung handeln. Der Ausdruck der Beziehung beschreibt vielmehr, dass die Beteiligten sich nicht nur flüchtig kennen dürfen und der Austausch gerade Ausdruck des auch ansonsten bestehenden Verhältnisses ist. Zudem muss ihre Beziehung auch außerhalb der Hingabe von Sexts sexuelle Bezüge aufweisen oder der Anbahnung solcher dienen. Auch die Aufklärungsinstitutionen sprechen nicht von einer derartigen zusätzlichen Voraussetzung einer traditionellen Liebesbeziehung. Vielmehr ist hier regelmäßig die Rede von *Vertrauen* zwischen den Akteuren.[955] Im Ergebnis ist daher wohl noch von einer normativen Akzeptanz auszugehen, wenn sich die Beteiligten kennen, vertrauen und der Austausch auf einen intimen Kreis von Personen beschränkt ist. Keinesfalls akzeptiert ist das Versenden, wenn sich die Akteure noch nicht einmal persönlich kennen.

3. Zwischenergebnis

Dem Institut der sozialen Adäquanz ist eigenständige Bedeutung beizumessen. Ist ein Tatbestand formell verwirklicht, kann im Ergebnis eine Strafbarkeit ausscheiden, wenn das vorgenommene Verhalten die Voraussetzungen der Sozialadäquanz erfüllt. Hierzu zählen sowohl die tatsächliche Übung des Verhaltens als auch die normative Akzeptanz. Genau zu prüfen ist im Einzelfall aber, ob die konkrete Tathandlung beide Voraussetzungen erfüllt. Die Handlungen der Ausgangsfälle sind wohl jeweils hierunter subsumierbar, auch wenn sich die Beteiligten nicht in einer Liebesbeziehung befinden. Sofern sich die Beteiligten vertraut sind oder in der Anbahnungsphase einer Liebesbeziehung befinden, spricht einiges dafür, die Handlungen noch als normativ akzeptiert zu bewerten. Bei der Bewertung ist eine Orientierung an den dargestellten Grundannahmen zu empfehlen.

---

954 BT-Drucks. 16/3439 S. 9.

955 *Klicksafe.de* Tipps für Jugendliche Eltern und Pädagogen „Bevor Du erotische Selfies schießt, frag Dich, ob Du der Person, der Du die Aufnahmen schickst, wirklich vertrauen kannst und willst."; auch *profamilia* Sexting, empfiehlt die Prüfung der Vertrauenswürdigkeit und beschränkt die Empfehlungen nicht auf Liebesbeziehungen; siehe auch *Vogelsang* S. 155.

3. Kapitel – Internationale Vorgaben

XI. Völkerrecht

Die bisherigen Auseinandersetzungen fanden im Wesentlichen vor dem Hintergrund deutscher Strafrechtsdogmatik statt und hatten schwerpunktmäßig auch die Legitimation innerhalb des nationalen Strafrechtssystems im Blick. Die Umsetzung des Verbots von Jugendpornographie wurde und wird aber wesentlich auch von internationalen Vorgaben und Verträgen beeinflusst. Im folgenden Kapitel ist sich diesen internationalen Vorgaben zuzuwenden, um anschließend einen Gesetzesvorschlag zu unterbreiten, der im Einklang mit den völkerrechtlichen Verpflichtungen steht.

Für die Bundesrepublik gibt es vier solche internationalen Werke, wobei die unter 5. genannte Richtlinie – beziehungsweise der ihr vorausgehende und unter 3. erwähnte Rahmenbeschluss – zugleich das bedeutendste Werk für die Gesetzesgeschichte war und die geltende Fassung am stärksten prägt. Sämtliche Werke mit Ausnahme des Rahmenbeschlusses sind in Kraft und beanspruchen Geltung.

1. *Fakultativprotokoll* betreffend den Verkauf von Kindern, die Kinderprostitution und die Kinderpornographie vom 25. Mai 2000 zum Übereinkommen über die Rechte des Kindes vom 20. November 1989,
2. Übereinkommen über Computerkriminalität vom 8. November 2001 (*Cybercrime-Konvention*),
3. (*Rahmenbeschluss* 2004/68/JI vom 22. Dezember 2003),
4. *Lanzarote-Konvention* vom 25. Oktober 2007,
5. *Richtlinie* des europäischen Parlaments und des Rates vom 13. Dezember 2011 zur Bekämpfung des sexuellen Missbrauchs und der sexuellen Ausbeutung von Kindern sowie der Kinderpornografie sowie zur Ersetzung des Rahmenbeschlusses 2004/68/JI des Rates.

Teilweise waren die Werke in ihrer Entstehung voneinander abhängig und nehmen ausdrücklich aufeinander Bezug. So wird exemplarisch in der Präambel der Lanzarote-Konvention ausdrücklich auf die Cybercrime-Konvention verwiesen: „Recalling in particular […] and the Convention on Cybercrime (ETS No. 185), especially Article 9 thereof“.[956] Auch die Richtlinie verfolgte das Ziel einer

956 *Übersetzt*: unter Hinweis insbesondere […] auf das Übereinkommen über Computerkriminalität (SEV Nr. 185), insbesondere dessen Artikel 9.

Angleichung der Definition von Kinderpornographie an die im internationalen Bereich übliche Begriffsbestimmung.[957]

1. Fakultativprotokoll

Das Fakultativprotokoll zum Übereinkommen über die Rechte des Kindes vom 20. November 1989 geht auf die UN-Generalversammlung zurück. Die UN stellt ein weltweites Bündnis dar. Das Protokoll gilt in 173 Staaten.

a. Kinderpornographie

Kinderpornographie im Sinne des Protokolls „means any representation, by whatever means, of a child engaged in real or simulated explicit sexual activities or any representation of the sexual parts of a child for primarily sexual purposes."[958] Vom Begriff des Kindes sind alle Personen unter 18 Jahren umfasst. Die Definition der Kinderpornographie erfasst auch fiktive Darstellungen. Die Scheinproblematik greift das Protokoll nicht auf, so dass Scheinminderjährige nicht von der Pönalisierungspflicht umfasst sind.

b. Tathandlungen

Art. 3 Abs. 1 lit. c. des Fakultativprotokolls verpflichtet die Vertragsstaaten, „[p]roducing, distributing, disseminating, importing, exporting, offering, selling or possessing for the above purposes"[959] unter Strafe zu stellen. Eine Pflicht zur Bestrafung der Tathandlung Besitz besteht daher nur, sofern dieser einer der anderen Tathandlungen dient – dem Herstellen, Vertreiben, Verbreiten, Einführen, Ausführen, Anbieten oder Verkaufen.[960] Dies wäre mit der im nationalen Kontext geäußerten Kritik an der Bestrafung des bloßen Besitzes vereinbar. Um im Sinne einer Vorverlagerung auf den Besitz abzustellen, sollte ein subjektives Merkmal hinzutreten.[961]

---

957 *Hecker* Europäisches Strafrecht 11. Kap. Rn 35.

958 *Übersetzt*: jede Darstellung eines Kindes, gleichviel durch welches Mittel, bei wirklichen oder simulierten eindeutigen sexuellen Handlungen oder jede Darstellung der Geschlechtsteile eines Kindes zu vorwiegend sexuellen Zwecken.

959 *Übersetzt*: das Herstellen, Vertreiben, Verbreiten, Einführen, Ausführen, Anbieten, Verkaufen oder Besitzen zu einem der oben angeführten Zwecke.

960 Siehe auch UNICEF Handbuch S. 22.

961 Dennoch empfiehlt der Ausschuss für die Rechte des Kindes es den Vertragsstaaten, den bloßen Besitz zu bestrafen, vgl UNICEF Handbuch S. 22 mwN.

Während man sprachlich zunächst den Eindruck gewinnen könnte, die Verknüpfung mit der Konjunktion „or“ sehe keine Pflicht zur kumulativen Bestrafung sämtlicher Tathandlungen vor, ergibt sich bei einem genaueren Blick anderes: Sämtliche Tathandlungen von der Herstellung bis zum Verkauf sind unter Strafe zu stellen, ebenso wie der Besitz zu einem der angeführten Zwecke. Eine andere Lesart würde auch dem Zweck des Vertrags zuwiderlaufen.

Eine Ausnahme von der Pflicht zur Bestrafung für Fälle des ausschließlich privaten Gebrauchs Sexualmündiger sehen die Artikel des Protokolls nicht vor.

c. Verfolgte Ziele

Die Erwägungsgründe ergeben, dass es Hauptziel des Werkes ist, Kinder vor organisierter, insbesondere grenzüberschreitender, kommerzieller Pornographie zu schützen. Dies wird an Formulierungen wie „to reduce consumer demand for the sale of children, child prostitution and child pornography“[962], dem Schutz vor „economic exploitation“[963], „international traffic of children for the purpose of [...] child pornography“[964], „significant and increasing sex tourism, to which children are especially vulnerable, as it directly promotes the sale of children, childprostitution and child pornography“[965] oder „growing availability of child pornography on the Internet and other evolving technologies“[966] deutlich. Zur Erreichung dieser Ziele wird allgemein auf Pornographie Minderjähriger, ohne Differenzierung der Privatheit der Schriften und der Sexualmündigkeit der Darsteller, abgestellt.

Die Taten müssen „fully covered“[967] vom nationalen Strafrecht umfasst sein. Auch in der Einleitung wird von einem „holistic approach“[968] gesprochen. Diese Formulierungen deuten insoweit darauf hin, dass den Staaten nur wenig Spielraum gelassen werden soll, was die Notwendigkeit der einzelnen Maßnahmen und Tatbestände betrifft.

---

962 *Übersetzt*: um die Nachfrage, die zum Verkauf von Kindern, zur Kinderprostitution und zur Kinderpornographie führt, zu verringern.

963 *Übersetzt*: wirtschaftlicher Ausbeutung.

964 *Übersetzt*: internationalem Kinderhandel zum Zwecke der Kinderpornographie.

965 *Übersetzt*: bedeutendem und steigendem Sextourismus der Kinder besonders verwundbar macht, weil er den Verkauf von Kindern, die Kinderprostitution und die Kinderpornographie unmittelbar fördert.

966 *Übersetzt*: zunehmende Verfügbarkeit von Kinderpornographie über das Internet und andere neue Technologien.

967 *Übersetzt*: in vollem Umfang.

968 *Übersetzt*: ganzheitlicher Ansatz.

Das Vertragswerk geht daher über das zur Erreichung der Ziele Notwendige hinaus, wenn es auch den Bereich freiwilliger, selbstbestimmter Pornographie Minderjähriger umfasst, der entwicklungsbedingt ubiquitäres und anerkanntes Verhalten betrifft.

2. Cybercrime-Konvention

Das Übereinkommen über Computerkriminalität vom 8. November 2001 geht auf den Europarat zurück. Somit gilt das Werk in erster Linie regional für 43 Mitgliedstaaten des Europarats. Dem haben sich 13 Staaten angeschlossen, die keine Mitglieder des Europarats sind. Sämtliche Staaten gehören zugleich auch der UN an.

Der Regelungsbereich der Konvention betrifft digitale Inhalte. Der Großteil der zirkulierenden Pornographie ist digital.[969] Eine zwischen digitaler und nicht-digitaler Pornographie differenzierende Regelung ist daher nur wenig sinnvoll. Auch im Folgenden ist daher trotz des Anknüpfungspunkts Computer davon auszugehen, dass die Konvention denselben umfassenden Regelungsbereich betrifft wie die weiteren Werke.

a. Kinderpornographie

Im Sinne der Konvention sind kinderpornographisch alle pornographischen Visualisierungen von „a minor engaged in sexually explicit conduct“[970], „a person appearing to be a minor engaged in sexually explicit conduct“[971] oder „realistic images representing a minor engaged in sexually explicit conduct“.[972] Zwar sieht das Vertragswerk einen für sämtliche Tathandlungen geltenden ausdrücklichen Vorbehalt für die Bestrafung der zweiten und dritten Erscheinungsform – Pornographie Scheinminderjähriger und fiktive Pornographie – vor.[973] Hiervon hat die Bundesrepublik Deutschland jedoch keinen Gebrauch gemacht. Die Konvention erlaubt es zudem ausdrücklich, eine andere Altersgrenze als die von 18 Jahren zu benennen, wenngleich ein Alter von 16 Jahren nicht unterschritten werden darf.

969 *Dekker/Koops/Briken* S. 34 mwN.

970 *Übersetzt:* einer minderjährigen Person bei eindeutig sexuellen Handlungen.

971 *Übersetzt:* einer Person mit dem Erscheinungsbild einer minderjährigen Person bei eindeutig sexuellen Handlungen.

972 *Übersetzt:* real erscheinender Bilder, die eine minderjährige Person bei eindeutig sexuellen Handlungen zeigen.

973 Vgl zu Vorbehalten in Völkerverträgen Maunz/Dürig-*Nettesheim* Art. 59 GG Rn 119.

b. Tathandlungen

Die Cybercrime-Konvention schreibt in ihrem Art. 9 Abs. 1 den Vertragsstaaten vor, das „producing child pornography for the purpose of its distribution“[974], „offering or making available“[975], „distributing or transmitting“[976], „procuring [...] for oneself or for another person“[977] und „possessing“[978] von Kinderpornographie im Zusammenhang mit Computersystemen unter Strafe zu stellen.[979] Den Vertragsstaaten wird wiederum in Art. 9 Abs. 4 die Möglichkeit eines Vorbehalts eingeräumt, die Selbst- und Fremdbesitzverschaffung sowie den Besitz von der Verpflichtung durch die Konvention auszunehmen. Hiervon hat die Bundesrepublik Deutschland ebenfalls keinen Gebrauch gemacht.

c. Verfolgte Ziele

Anders als bei den übrigen internationalen Vorgaben steht hier nicht der Kindesschutz im Fokus des Vertrages, sondern die zunehmende Bedrohung für zahlreiche Rechtsgüter durch Computersysteme. Da sich die Konvention ausdrücklich auf weitere völkerrechtliche Verträge beruft, ist zur Zielsetzung des Art. 9 auf die Ziele des Fakultativprotokolls Bezug zu nehmen.[980] Daher geht auch die Konvention, ebenso wie bereits das Fakultativprotokoll, ihrem Wortlaut nach über das zur Zweckerreichung Notwendige hinaus.

Gegenüber dem Fakultativprotokoll ist die Vorgabe der Bestrafung nicht so streng. Vielmehr weist Art. 9 die Wendung „as may be necessary“ aus.[981] Den Vertragsstaaten ist durch diese Formulierung ein Spielraum eröffnet, eigene Erwägungen zur Notwendigkeit konkreter Regelungen zu berücksichtigen. Auch wenn kein ausdrücklicher Tatbestandsausschluss vorgesehen ist, so wäre es vor dem Hintergrund dieser Wendung denkbar, durch Auslegung zu einer Restriktion zu kommen. Insbesondere die ausschließlich zur privaten Nutzung hergestellte Jugendpornographie kann wohl als nicht mit den Zielen der Vereinbarung kollidierend von einer strafrechtlichen Regelung ausgenommen werden.

---

974 *Übersetzt:* Herstellen zum Zweck der Verbreitung.

975 *Übersetzt:* Anbieten oder Verfügbarmachen.

976 *Übersetzt:* Verbreiten oder Übermitteln.

977 *Übersetzt:* Selbst- oder Fremdbesitzbeschaffen.

978 *Übersetzt:* Besitzen.

979 Siehe hierzu auch *Spannbrucker* S. 102 f.

980 Siehe *Spannbrucker* S. 101 f.

981 *Übersetzt:* wie es notwendig erscheint.

Auch Erwägungen zur Erfassung des Besitzes mit hinzutretendem subjektivem Merkmal lässt diese Formulierung zu.

3. Rahmenbeschluss

Der EU-Rahmenbeschluss vom 22. Dezember 2003 wurde 2011 durch eine Richtlinie ersetzt und gilt daher nicht mehr.

4. Lanzarote-Konvention

Die Lanzarote-Konvention wurde am 25. Oktober 2007 vom Europarat verabschiedet und stammt daher vom selben Autor wie die Cybercrime-Konvention. Sie gilt für 42 Mitgliedstaaten des Europarats und weist in der Folge eine hohe Kongruenz mit dem Geltungsbereich der Cybercrime-Konvention auf. Sie ist ebenfalls regional begrenzt konzipiert. Die Bundesrepublik Deutschland hat die Konvention am 18. Dezember 2015 ratifiziert, in Kraft getreten ist sie am 1. März 2016. Auch wenn sie damit als letztes der vier in Deutschland geltenden Werke in Kraft getreten und dem Rahmenbeschluss nachgefolgt ist, so wurde sie dennoch vor der Richtlinie verabschiedet und ist in der Chronologie an dieser Stelle zu verorten.

a. Kinderpornographie

Kinderpornographie im Sinne der Konvention ist „any material that visually depicts a child engaged in real or simulated sexually explicit conduct or any depiction of a child's sexual organs for primarily sexual purposes."[982] Somit ist auch fiktive Pornographie von den Vorgaben erfasst. Scheinminderjährige hingegen werden im Vertragstext nicht ausdrücklich erwähnt. Fiktive Pornographie kann in Bezug auf die Tathandlungen der Herstellung sowie des Besitzens durch die ausdrücklich eingeräumte Möglichkeit eines Vorbehalts von der Verpflichtung ausgenommen werden, Art. 20 Abs. 3 der Konvention. Von diesem Vorbehalt hat die Bundesrepublik Deutschland Gebrauch gemacht.

---

982 *Übersetzt*: jedes Material mit der bildlichen Darstellung eines Kindes bei wirklichen oder simulierten eindeutig sexuellen Handlungen oder jede Abbildung der Geschlechtsteile eines Kindes zu vorwiegend sexuellen Zwecken.

b. Tathandlungen

In Art 20 Abs. 1 sieht die Konvention vor, dass die Vertragsparteien das „producing child pornography",[983] „offering or making available",[984] „distributing or transmitting",[985] „procuring […] for oneself or for another person",[986] „possessing"[987] und „knowingly obtaining access, through information and communication technologies"[988] unter Strafe stellen müssen. Hierbei ist auffällig, dass die Tathandlungen im Wesentlichen denen der Cybercrime-Konvention entsprechen. Allerdings existieren zwei Unterschiede: Zum einen wird der Katalog um die Verschaffung von Zugriff durch Informations- und Kommunikationstechnologien ergänzt. Zum anderen fällt bei der Tathandlung der Herstellung die subjektive Zwecksetzung der Verbreitung weg. Somit hat sich die Verpflichtung zur Bestrafung erweitert, woraus sich aber keine inhaltliche Kollision der Werke ergibt. Wer der späteren Lanzarote-Konvention entspricht, erfüllt auch die Voraussetzungen der Cybercrime-Konvention.

Eine Restriktionsmöglichkeit sieht hingegen Art. 20 Abs. 3 der Konvention vor, nach dem sich jede Vertragspartei vorbehalten kann, die Herstellung sowie den Besitz nicht unter Strafe zu stellen, wenn die beteiligten Minderjährigen nach nationalem Recht sexualmündig und die Bilder von ihnen mit ihrer Zustimmung sowie allein zu ihrem persönlichen Gebrauch hergestellt worden sind und sich in ihrem Besitz befinden. Die Bundesrepublik Deutschland hat sich dieses Recht vorbehalten und hierbei auf die Freigabe sexueller Handlungen ab 14 Jahren – mit dessen Erreichen nach nationalem Recht die Sexualmündigkeit eintritt – berufen. Zu beachten ist allerdings, dass es sich hierbei bloß um eine Vorbehaltsmöglichkeit und nicht um eine ausdrücklich eingeräumte Ausnahmemöglichkeit für sämtliche Vertragsstaaten handelt.

Die zugelassene Vorbehaltsregelung ist sehr eng gefasst. So umfasst sie zwar einen Tatbestandsausschluss für den Darsteller, jedoch nur für solche Fälle, in denen sich die Bilder in seinem Besitz befinden. Eine Weitergabe im Rahmen einer sexuellen Beziehung kann somit nach dem Wortlaut der Konvention nicht ausgenommen werden. In ihrem Vorbehalt formuliert die Bundesrepublik

---

983 *Übersetzt*: Herstellen von Kinderpornographie.

984 *Übersetzt*: Anbieten oder Verfügbarmachen.

985 *Übersetzt*: Verbreiten oder Übermitteln.

986 *Übersetzt*: Selbst- oder Fremdbesitzverschaffen.

987 *Übersetzt*: Besitzen.

988 *Übersetzt*: wissentliche Verschaffen von Zugriff mit Hilfe von Informations- und Kommunikationstechnologien.

Deutschland, dass die auf Einwilligung gestützte Produktion und der damit einhergehende Besitz Jugendlicher von pornographischen Materialien, die tatsächliche Tätigkeiten darstellen, insbesondere in Beziehungen zwischen jugendlichen Paaren stattfinden können, ohne dass dies notwendigerweise eine Bedrohung für rechtlich geschützte Interessen darstellt. Somit schöpft die Bundesrepublik Deutschland die Möglichkeiten der Lanzarote-Konvention aus, um private Schriften vom Tatbestand ausnehmen zu können.

c. Verfolgte Ziele

Auch bei der Lanzarote-Konvention liegt den Erwägungen der Schutz vor organisierter, missbrauchender Kinderpornographie zu Grunde. Sie soll Kinder vor sexueller Ausbeutung schützen, insbesondere durch Verbote der Kinderpornographie und der Kinderprostitution sowie vor allen Formen des sexuellen Missbrauchs, einschließlich der Handlungen, die im Ausland begangen werden. Diese können die Gesundheit und die psychosoziale Entwicklung des Kindes zerstören. Auch die Lanzarote-Konvention weist auf die Verhinderung des Missbrauchs von Kindern durch die Verbote der Kinderpornographie hin.

Wiederum ist daher festzustellen, dass die dieser Monographie zu Grunde liegende Fallgruppe privater Jugendpornographie nicht mit den Zielen des Werks kollidiert, wie sich unter anderem sogar an der Vorbehaltsmöglichkeit zeigt. Diese ist jedoch zu eng gefasst und auch in ihrer Ausgestaltung gerade nur als Vorbehalt zu kritisieren, so dass auch die Lanzarote-Konvention über das zur Erreichung des Zwecks Erforderliche hinausgeht.

5. Richtlinie

Die Richtlinie ist das für § 184c zentrale und bedeutendste Werk. Der Rahmenbeschluss 2004/68/JI als ihr unmittelbarer Vorgänger war ausdrücklicher Initiator für die Schaffung der Norm. Daher gehen die Erwägungen auch wesentlich auf dieses Werk zurück. Autor der Richtlinie ist das Europäische Parlament als Organ der EU. Daher stellen die 28 Mitgliedstaaten eine Teilmenge des Europarats dar, auf den die Cybercrime-Konvention und die Lanzarote-Konvention zurückgehen. Ebenfalls sind sämtliche Mitgliedstaaten auch Teil der UN.

a. Kinderpornographie

Kinderpornographie im Sinne der Richtlinie ist „any material that visually depicts a child engaged in real or simulated sexually explicit conduct“[989], „any depiction of the sexual organs of a child for primarily sexual purposes“[990], „any material that visually depicts any person appearing to be a child engaged in real or simulated sexually explicit conduct or any depiction of the sexual organs of any person appearing to be a child, for primarily sexual purposes“[991] oder „realistic images of a child engaged in sexually explicit conduct or realistic images of the sexual organs of a child, for primarily sexual purposes“.[992] Der Begriff des Kindes ist im Einklang mit den sonstigen Werken definiert als jede Person unter 18 Jahren und entspricht damit dem Begriff des Minderjährigen im deutschen Recht.

Art. 5 Abs. 7 stellt es den Mitgliedstaaten frei, Pornographie mit Scheinjugendlichen von der Jugendpornographie vollständig auszunehmen. Für fiktive Pornographie ist in Art. 5 Abs. 8 hingegen lediglich für die Tathandlungen des Besitzens und der Herstellung eine Ausnahme von der Verpflichtung vorgesehen, wenn das pornografische Material vom Hersteller ausschließlich zum persönlichen Gebrauch hergestellt worden ist und sich ausschließlich zu diesem Zweck im Besitz des Täters befindet. Dies gilt jedenfalls, solange zum Zweck der Herstellung kein sonstiges pornographisches Material verwendet wurde und mit der Handlung keine Gefahr der Verbreitung des Materials verbunden ist.[993]

b. Tathandlungen

Die Richtlinie schreibt den Mitgliedsstaaten in Artikel 5 Abs. 2 bis 6 vor, „Acquisition or possession“,[994] „knowingly obtaining access, by means of information

989 *Übersetzt*: jegliches Material mit Darstellungen eines Kindes, das an realen oder simulierten eindeutig sexuellen Handlungen beteiligt ist.

990 *Übersetzt*: jegliche Darstellung der Geschlechtsorgane eines Kindes für primär sexuelle Zwecke.

991 *Übersetzt*: jegliches Material mit Darstellungen einer Person mit kindlichem Erscheinungsbild, die an realen oder simulierten eindeutig sexuellen Handlungen beteiligt ist, oder jegliche Darstellung der Geschlechtsorgane einer Person mit kindlichem Erscheinungsbild für primär sexuelle Zwecke.

992 *Übersetzt*: realistische Darstellung eines Kindes, das an eindeutig sexuellen Handlungen beteiligt ist, oder realistische Darstellung der Geschlechtsorgane eines Kindes für primär sexuelle Zwecke.

993 Damit könnte die dargestellte Kritik von *Böse* FS Schroeder S. 755 ihren Weg in das Gesetz finden.

994 *Übersetzt*: Erwerb oder Besitz.

and communication technology",[995] „Distribution, dissemination or transmission",[996] „Offering, supplying or making available"[997] und „production"[998] von Minderjährigenpornographie unter Strafe zu stellen.

Der Wortlaut der Richtlinie lässt zunächst Raum für eine Lesart, die eine zwingende Umsetzung eines Besitzverbots vorsieht: In Bezug auf die Tathandlungen der Kinderpornographie verfolgt sie eine enumerative Technik, in der sie fünf Tathandlungskategorien zusammenfasst. Die den Besitz erwähnende Kategorie erfasst zwar ausdrücklich des Wortlauts „Acquisition or possession".[999] Auch die französische Fassung enthält eine alternativ anmutende Formulierung mit „L'acquisition ou la détention".[1000] Dennoch kann der Wortlaut im systematischen Zusammenhang nicht alternativ verstanden werden. Vielmehr streitet dieser dafür kumulativ beide erwähnten Tathandlungen einer Strafbarkeit auszusetzen. Hierfür spricht insbesondere Artikel 7 Abs. 2, nach dem „any oft the offences referred to in [...] Article 5 (4), (5) and (6)"[1001] auch im Versuch unter Strafe zu stellen sind. Insbesondere der Begriff *any* spricht für eine derartige Lesart, der so viel bedeutet wie alle, jede, sämtliche. Jedenfalls die Absätze 4 und 5 weisen zudem auch dieselbe mit *oder* verknüpfte Aufzählung von Tathandlungen auf. Auch inhaltlich kann daher nur eine kumulative Lesart überzeugen.[1002]

Allerdings besitzt die Union keine allgemeine Strafrechtssetzungskompetenz und es gilt der Grundsatz der Subsidiarität, aus dem das strafrechtliche Schonungsgebot hergeleitet wird.[1003] Zudem gewähren Richtlinien den Mitgliedstaaten gemäß Art. 288 AEUV einen generellen Umsetzungsspielraum. In der Folge ist es herrschende Meinung,[1004] dass die unionsrechtliche Anweisungskompetenz nicht so weit reicht, dass den Mitgliedstaaten per Richtlinie detaillierte Vorgaben zu konkreten Tatbestandsvoraussetzungen gemacht werden dürfen,

995 *Übersetzt*: bewussten Zugriff mittels Informations- und Kommunikationstechnologie.

996 *Übersetzt*: Verteilung, Verbreitung oder Weitergabe.

997 *Übersetzt*: Anbieten, Liefern oder zugänglich Machen.

998 *Übersetzt*: Herstellung.

999 *Übersetzt*: Erwerb oder Besitz.

1000 *Übersetzt*: den Erwerb oder den Besitz.

1001 *Übersetzt*: jede der in Artikel 5 Abs. 4 bis 6 genannten Straftaten.

1002 Diese Form der Auslegung des Normtextes geht auf ein Gespräch mit Prof. *Stuckenberg* zurück.

1003 *Ambos* Internationales Strafrecht § 9 Rn 19.

1004 Die Bewertung als herrschend wurde insoweit von *Ambos* Internationales Strafrecht § 11 Rn 38 übernommen.

ohne dass ihnen ein Umsetzungsspielraum verbleibt.[1005] Andernfalls drohte auf diesem Weg eine Umgehung der fehlenden Strafrechtssetzungskompetenz.[1006] Zutreffend und überzeugend können nur eine Festlegung von Zielvorgaben und eine Angleichung von Ahndungseffekten erfolgen.[1007] Bereits aus diesem Grund heraus kann keine zwingende Vorgabe bestehen den reinen Besitz unter Strafe zu stellen, wenn grundrechtliche Erwägungen es gebieten, zusätzliche Merkmale zu fordern, und die Zielvorgaben dadurch zugleich nicht beeinträchtigt werden.

Darüber hinaus bestünden bei einer Verpflichtung zur Erfassung des reinen Besitzes auch auf europäischer Ebene grundrechtliche Bedenken: Nach der Solange II – Rechtsprechung des Bundesverfassungsgerichts[1008] verzichtet dieses bei Akten der Europäischen Union zwar auf eine Prüfung der Vereinbarkeit mit Grundrechten anhand des deutschen Grundgesetzes, solange auf europäischer Ebene ein wirksamer Grundrechtsschutz gewährleistet ist, der in seinem Wesensgehalt dem deutschen Grundrechtsschutz vergleichbar ist und sich nicht aus nationalem Umsetzungsspielraum ergibt.[1009] Das national verletzte Grundrecht der Privatsphäre sowie das Rechtsstaatsprinzip[1010] unterliegen aber auch auf europäischer Ebene dem besonderen Schutz des Rechts. Die für Akte der Europäischen Union geltende Grundrechte-Charta der EU (EU-GrRCh) und die Europäischen Konvention für Menschenrechte (EMRK) sehen insoweit in Art. 8 der EMRK und Art. 7 der EU-GrRCh entsprechend des Grundgesetzes die Gewährleistung des Privatlebens vor.[1011] In der Präambel der EU-GrRCh wird zudem Bezug auf die Rechtsstaatlichkeit genommen. Insbesondere da sich die gefundenen Verstöße gegen Grundrechte auch aus einem universell strafrechtlichen Ansatz zur Privatsphäre ergeben, beanspruchen sie über nationales Recht hinaus Geltung und überzeugen auch in Bezug auf die Gewährleistungen der EMRK und der EU-GrRCh.[1012] Auch auf europäischer Ebene verstößt die zwingende Vorgabe eines reinen Besitzverbots – jedenfalls für Pornographie

1005 *Ambos* Internationales Strafrecht § 11 Rn 38; *Eisele* JZ 2008, 251 (254); *Hecker* Europäisches Strafrecht 8. Kap. Rn 55.

1006 *Rosenau* ZIS 2008, 9 (15).

1007 Vgl ausführlich *Ambos* Internationales Strafrecht § 11 Rn 38 mwN auch zur Gegenansicht.

1008 BVerfGE 73, 339; BVerfG NJW 2009, 2267 (2285).

1009 *Hecker* Europäisches Strafrecht 9. Kap. Rn 6 f.

1010 Siehe oben S. 173 ff.

1011 Siehe zum Verhältnis der EU-GrRCh zur EMRK *Rönnau/Wegner* GA 2013, 561 (577 f).

1012 *Greco* Strafbarer Drogenbesitz S. 75, 78.

Jugendlicher zwischen 14 und 17 Jahren – somit gegen Grundrechte. Diese Erwägungen gelten insoweit bezüglich der EMRK auch für die Lanzarote- sowie die Cybercrime-Konvention.

Eine entscheidende Möglichkeit die Strafbarkeit zu beschränken bietet Art. 8 Abs. 3 der Richtlinie. Nach diesem liegt es im Ermessen der Mitgliedstaaten zu entscheiden, ob die Herstellung, der Erwerb und der Besitz Anwendung finden, wenn das Kind das Alter der sexuellen Mündigkeit erreicht hat und die Pornographie „produced and possessed with the consent of those children and only for the private use of the persons involved, in so far as the acts did not involve any abuse".[1013] Das Alter der sexuellen Mündigkeit definiert Art. 2 lit. b. als das Alter, unterhalb dessen die Vornahme sexueller Handlungen mit einem Kind nach dem nationalen Recht verboten ist. Im deutschen Recht entspricht dies einem Alter von 14 Jahren.

c. Verfolgte Ziele

Sämtliche Erwägungsgründe auch dieser internationalen Vorgabe betonen, dass gerade die industrielle, kommerzielle und organsierte Kinderpornographie von der Richtlinie erfasst und bekämpft werden soll.[1014] Daher stehen die dieser Arbeit zu Grunde liegenden Fälle nicht in Widerspruch zu den Zielen der Richtlinie. Dies wird gestützt durch Erwägungsgrund 3: „Child pornography, which consists of images of child sexual abuse"[1015] heißt es dort. Notwendig wird das Vorgehen gegen Kinderpornographie aus Sicht der Normgeber, weil Missbrauch und Pornographie miteinander verknüpft sind. Ist dies nicht der Fall, so geht der Ansatz ins Leere. Widersprüchlich erscheint diese Aussage zudem, da Art. 8 Abs. 3 der Richtlinie gerade einen Fall vor Augen hat und regelt, der keinen Missbrauch bedeutet.

Erwägungsgrund 20 betont, dass die Richtlinie „does not govern Member States' policies with regard to consensual sexual activities in which children may be involved and which can be regarded as the normal discovery of sexuality in the course of human development".[1016] Dadurch soll auch den „different cultural

---

1013 *Übersetzt*: hergestellt und besessen wird mit dem Einverständnis der dargestellten Kinder und ausschließlich zum persönlichen Gebrauch der betreffenden Personen, sofern die Handlungen nicht mit Missbrauch verbunden sind.

1014 Siehe auch *Hecker* Europäisches Strafrecht 11. Kap. Rn 34 f.

1015 *Übersetzt*: Kinderpornographie, das heißt die bildliche Darstellung von sexuellem Missbrauch von Kindern.

1016 *Übersetzt*: nicht die Maßnahmen der Mitgliedstaaten hinsichtlich im gegenseitigen Einvernehmen erfolgender sexueller Handlungen regelt, an denen Kinder beteiligt

and legal traditions and of new forms of establishing and maintaining relations among children and adolescents, including through information and communication technologies“[1017] Rechnung getragen werden. Derartige Sachverhalte fallen bereits nicht in den Geltungsbereich der Richtlinie. Fraglich ist, ob hiermit auch Fälle der Pornographie gemeint sein können. Der Erwägungsgrund spricht ausdrücklich nur von „sexual activities“.[1018] Diesbezüglich trennt die Richtlinie jedoch streng zwischen sexuellen Handlungen und pornographischen Darstellungen hiervon. Die Definition dessen, was unter Pornographie zu verstehen ist, hängt gar davon ab, dass ein „sexually explicit conduct“[1019] dargestellt wird. Für eine Ausklammerung der Ausgangsfallkonstellationen aus der Anwendbarkeit der Richtlinie könnte die Wendung sprechen, dass „new forms of establishing and maintaining relations among children and adolescents, including through information and communication technologies“[1020] Rechnung getragen wird. „These issues fall outside of the scope of this Directive.“[1021] Wenngleich für diese Auslegung der Wortlaut des Erwägungsgrundes streitet, spricht hiergegen aus systematischer Sicht Art. 8 Abs. 3. Dieser bildet die Voraussetzungen dafür, dass einverständliche private Schriften vom Tatbestand ausgenommen werden können. Gleichzeitig impliziert er damit, dass auch solche Darstellungen zunächst von der Richtlinie umfasst sind.

Bereits aus kompetenzrechtlicher Sicht ist diese Art der Regulierung aber unzulässig. Zwar zielen die Erwägungsgründe auf Fälle kommerzieller Pornographie Minderjähriger ab. Das Prinzip der begrenzten Einzelermächtigung verlangt jedoch für die geregelten Bereiche sämtlich eine Übertragung der Kompetenz. Art. 83 EUV überträgt diese für den Bereich besonders schwerer Kriminalität worunter die sexuelle Ausbeutung von Kindern und organisierte Kriminalität fällt. Hierunter sind Fälle der privaten Pornographie wohl nicht zu fassen, so dass eine Mitregelung privater Pornographie kompetenzwidrig ist. Für

---

sein können und die der normalen Entdeckung der Sexualität im Laufe der menschlichen Entwicklung zugeordnet werden können.

1017 *Übersetzt*: unterschiedlichen kulturellen und rechtlichen Traditionen und neuen Formen der Herstellung und Pflege von Beziehungen unter Kindern und Jugendlichen, einschließlich solcher via Informations- und Kommunikationstechnologien.

1018 *Übersetzt:* sexuellen Handlungen.

1019 *Übersetzt:* sexuell explizites Verhalten.

1020 *Übersetzt:* neuen Formen der Herstellung und Pflege von Beziehungen unter Kindern und Jugendlichen, einschließlich via Informations- und Kommunikationstechnologien.

1021 *Übersetzt:* Diese Sachverhalte fallen nicht in den Geltungsbereich dieser Richtlinie.

diesen Bereich kann die Richtlinie daher nur eingeschränkte bis keine Bedeutung haben.

6. Fazit

	Fakultativ-protokoll	**Cybercrime-Konvention**	**Lanzarote-Konvention**	**Richtlinie**
Normgeber	UN Generalversammlung	Europarat	Europarat	Europäisches Parlament
Geltungsgebiet	Weltweit (173 Staaten)	Europa (43+13 Staaten)	Europa (42 Staaten)	EU (28 Staaten)
Existiert seit	25. Mai 2000	08. November 2001	25. Oktober 2007	13. Dezember 2011
Minderjährigenpornographie	✓	✓	✓	✓
(Reines) Besitzverbot	×	✓	✓	✓
Scheinminderjährige	×	✓	×	✓
Ausnahmemöglichkeit	-	×	-	✓
Vorbehaltsmöglichkeit	-	✓	-	-
Fiktivpornographie	✓	✓	✓	✓
Ausnahmemöglichkeit	×	×	×	✓
Vorbehaltsmöglichkeit	×	✓	✓	-
Private Jugendpornographie	✓	✓	✓	(✓)
Ausnahmemöglichkeit	×	×	×	✓
Vorbehaltsmöglichkeit	×	×	✓	-

Die völkerrechtlichen Vorgaben verfolgen jeweils das Ziel, die sexuelle Ausbeutung von Kindern und Kinderhandel zu ebendiesem Zweck zu bekämpfen, was vor dem Hintergrund des Art. 31 des Wiener Übereinkommens über das Recht der Verträge (WVK) bei der Auslegung zu berücksichtigendes Ziel ist. Sie tun dies durch einen umfassenden, ganzheitlichen Ansatz. Pornographie mit Kindern ist in den Vertrags- oder Mitgliedsstaaten in sämtlichen Erscheinungsformen zu verbieten. Indem in den meisten Staaten die Vorschriften zum Herstellungsverbot sowie die zur Bestrafung der Verbreitenden und Konsumenten angeglichen werden, soll der Markt für derartige Produkte weitest möglich eingedämmt und bekämpft werden und so eine Ausbeutung von Kindern zu sexuellen Zwecken verhindert werden.

Eine erste Erkenntnis ist, dass diese Zielsetzungen nicht im Widerspruch zu den dieser Arbeit zu Grunde liegenden Fallkonstellationen stehen, unabhängig davon, ob jeweils eine Ausnahmeregelung vorgesehen ist. Während die Völkerrechtswerke die sexuelle Ausbeutung von und den Handel mit Kindern eindämmen wollen, geht es bei privater Jugendpornographie um eine Abwägung paternalistischen Schutzes mit der anzuerkennenden Selbstbestimmung während der zunehmenden körperlichen und seelischen Reifung im Jugendalter.

a. Minderjährigenpornographie

Sämtliche Werke sehen eine umfassende Bestrafung von Minderjährigenpornographie vor. Das Schutzalter ist hierbei stets 18 Jahre, wobei beispielsweise die Cybercrime-Konvention ein abweichendes Schutzalter ermöglicht, welches wiederum 16 Jahre nicht unterschreiten darf. Wer von der ausdrücklich zugelassenen Ausnahmemöglichkeit Gebrauch macht, läuft aber Gefahr, sich völkerrechtswidrig gegen die Werke zu stellen, die eine solche Ausnahme so nicht vorsehen. Hier ist insbesondere das Fakultativprotokoll zu nennen, das zeitlich von vor der Cybercrime-Konvention stammt und daher zumindest hätte Berücksichtigung finden können. Die Cybercrime-Konvention ist damit liberaler ausgestaltet als neuere Werke.

b. Besitzstrafbarkeit

Alle vier Werke sehen eine Bestrafung der Tathandlung des Besitzes vor. Das Fakultativprotokoll nennt als einziges zusätzliche Voraussetzungen im Sinne von hinzutretenden subjektiven Komponenten. Da jedoch das Anknüpfen der Strafbarkeit an geringere Voraussetzungen dem jedenfalls genügt, kollidiert eine Bestrafung des Besitzes ohne Vorliegen weiterer Merkmale nicht mit dem Fakultativprotokoll.

Hinzuweisen ist auch auf die Gewährleistungen von Grundrechten auf europäischer Ebene, an denen sich auch die Cybercrime-Konvention und die Lanzarote-Konvention messen lassen müssen. Sofern diese eine Strafbarkeit des Besitzes auch für Jugendpornographie vorsehen, ist dies aus grundrechtlicher Sicht ebenfalls kritisch zu bewerten.[1022]

c. Scheinminderjährige

Wenig gleichförmig ist die Behandlung von Scheinminderjährigen. Während das Fakultativprotokoll solche nicht von einer Pönalisierungspflicht umfasst, tut es die Cybercrime-Konvention doch, sieht aber die Möglichkeit des Vorbehalts vor. Ein Widerspruch ist hierin noch nicht zu sehen, da insofern lediglich eine Erweiterung der Strafbarkeitspflicht vorliegt. Wer der Cybercrime-Konvention

---

1022 Siehe oben S. 173 ff, 243.

genügt, genügt zugleich dem Fakultativprotokoll. Die Lanzarote-Konvention erwähnt eine Erfassung von Scheinminderjährigen nicht. Demgegenüber sieht die Richtlinie sowohl eine Erfassung Scheinminderjähriger als auch eine ausdrückliche Ausnahmemöglichkeit hiervon vor. Wer von dieser Möglichkeit Gebrauch macht und zugleich die Cybercrime-Konvention vorbehaltlos unterzeichnet hat, stellt sich in Widerspruch zu letzterer Verpflichtung.

d. Fiktivpornographie

Sämtliche Werke sehen eine Erfassung von fiktiver Pornographie vor. Das Fakultativprotokoll sieht diesbezüglich auch keine Ausnahmemöglichkeit vor. Die Cybercrime-Konvention hingegen normiert in Art. 9 Abs. 4 eine Vorbehaltsmöglichkeit zur Erfassung fiktiver Pornographie, ebenso wie die Lanzarote-Konvention. Insofern stehen die Vertragswerke in Widerspruch zueinander. Wer von dem Vorbehalt in der Cybercrime-Konvention oder der Lanzarote-Konvention Gebrauch macht, verstößt gegen das Fakultativprotokoll. Zwar handelt es sich bloß um die Möglichkeit eines Vorbehalts, das Ausschöpfen einer solchen eingeräumten Möglichkeit darf jedoch nicht zu völkerrechtswidrigem Verhalten führen.

Auffällig ist, dass sich die Cybercrime-Konvention in ihrer Präambel sogar ausdrücklich auf das Übereinkommen der Vereinten Nationen über die Rechte des Kindes, zu dem auch das Fakultativprotokoll gehört, beruft. Eine Kollision der Vorgaben oder ein bewusstes Abweichen kann trotz objektiven Vorliegens nicht intendiert gewesen sein.

Die Richtlinie hingegen sieht eine ausdrückliche Ausnahmemöglichkeit vor. Hieraus ergibt sich ein Widerspruch zu sämtlichen anderen Vertragstexten, insbesondere, da die EU-Mitgliedstaaten zugleich Verpflichtete aus den anderen drei Werken sind. Wer die ersten drei Werke vorbehaltslos unterzeichnet hat, kann von der vorgesehenen Ausnahmemöglichkeit keinen Gebrauch machen, ohne sich der Gefahr einer Völkerrechtswidrigkeit auszusetzen.

e. Private Jugendpornographie

Während die zwei neueren Werke – Richtlinie und Lanzarote-Konvention – erkennen, dass ein umfassendes Verbot über das zur Zielerreichung Notwendige hinausgeht[1023] und in der Folge Möglichkeiten vorsehen, den Besitz und die Herstellung von Schriften, die ausschließlich privaten Zwecken dienen und

1023 Siehe zur daraus folgenden Kompetenzwidrigkeit der Richtlinie oben S. 246.

konsensual vorgenommene Handlungen Sexualmündiger zeigen, von einer Strafbarkeit auszunehmen, kennen das Fakultativprotokoll und die Cybercrime-Konvention derartige Ausnahmen nicht. Wer also von der Vorbehaltsmöglichkeit in der Lanzarote-Konvention oder der Ausnahmemöglichkeit in der Richtlinie Gebrauch macht, stellt sich damit in Widerspruch zu den älteren zwei Werken, die dies nicht vorsehen. Auffällig ist, dass die Cybercrime-Konvention und die Lanzarote-Konvention gar vom selben Autor stammen. Auch für die Mitgliedstaaten des Europarates gilt das Fakultativprotokoll umfassend. Dies hätte die absurde Konsequenz, dass sich Staaten, die von den Restriktions- oder Vorbehaltsmöglichkeiten Gebrauch machen, völkerrechtswidrig verhalten und sich damit sogar gegen Normen stellen, die derselbe Normgeber erlassen hat. Aber auch bei der Richtlinie kann nicht davon ausgegangen werden, dass das Europäische Parlament seine Mitglieder zu völkerrechtswidrigem Verhalten veranlassen wollte.

Dennoch ist fraglich, wie das Verhältnis der widerstreitenden Regelungen zueinander zu verstehen ist. Da es den Staaten zuzugestehen ist, die Möglichkeiten einer Konvention auszuschöpfen, kann insbesondere aufgrund des identischen Normgebers und des entsprechenden regionalen Geltungsbereichs nicht angeführt werden, es sei jedem Staat überlassen, seine eigenen völkerrechtlichen Verpflichtungen zu überblicken und sich nicht zu widersprüchlichem Verhalten zu verpflichten. Man könnte daher vertreten, dass für die sich widersprechenden Bereiche die *lex posterior* Regel gilt und sich die Lanzarote-Konvention gegenüber dem Fakultativprotokoll und der Cybercrime-Konvention durchsetzt. Hierfür sprächen eine Fortentwicklung des Rechtsdenkens und eine Erkenntnis dahingehend, dass bisher eine Verpflichtung zur Überkriminalisierung stattgefunden hat. Dies mag inhaltlich zwar zutreffen, wurde im Rahmen der Ziele der Lanzarote-Konvention so aber zumindest nicht geäußert und kann auch aufgrund der regionalen Bezüge gegenüber dem Fakultativprotokoll nicht überzeugen. Ein anderes denkbares Verständnis wäre, dass die Lanzarote-Konvention die in der Cybercrime-Konvention verwandte Klausel „as may be necessary“[1024] ausfüllt und dieses eingeräumte Ermessen nun nicht mehr abweichend ausgeübt werden darf. Auch dies hätte aber Erwähnung finden müssen. Jedenfalls kann die Auslegung keinem eindeutigen Ergebnis zugeführt werden. Die Lanzarote-Konvention schweigt hierzu.

1024 *Übersetzt*: wie es notwendig erscheint.

Regelmäßig geht der internationale Trend dahin, Pönalisierungen zu erweitern.[1025] Bemerkenswert ist daher, dass – entgegen dieser allgemeinen Tendenz – scheinbar erkannt wurde, dass bisherige Pönalisierungspflichten zu weit gingen. In den neueren Werken hat sich daher eine Liberalisierungstendenz niedergeschlagen, die bestimmte Regelungsbereiche ausdrücklich für von der Verpflichtung ausnahmefähig erklärt.

Aber nicht nur zwischen den neueren zwei Werken bestehen im Verhältnis zu den zwei älteren Diskrepanzen, auch zwischen der Richtlinie und der Lanzarote-Konvention sind solche festzustellen. So ist in erster Linie auf die unterschiedliche Ausgestaltung als ausdrückliche Ausnahmeregelung in der Richtlinie hinzuweisen und demgegenüber die bloße Vorbehaltsmöglichkeit in der Lanzarote-Konvention. Wer die Lanzarote-Konvention vorbehaltslos unterzeichnet hat, setzt sich in Widerspruch zu dieser, wenn er von den ausdrücklichen Ausnahmemöglichkeiten der Richtlinie Gebrauch macht. Hierbei ist aber zu beachten, dass sich für die Richtlinie aufgrund ihrer Rechtsnatur eine Vorbehaltsmöglichkeit nicht anbietet. Sie stellt einen Rechtsakt im Rahmen der Europäischen Union dar.

Auch darüber hinaus weichen die Lanzarote-Konvention und die Richtlinie inhaltlich in der Ausgestaltung voneinander ab. Während die Richtlinie die Tathandlungen des Besitzes, der Herstellung und des Erwerbs im Ausnahmetatbestand von einer Verpflichtung zur Bestrafung ausnimmt, bleibt die Möglichkeit der Lanzarote-Konvention hierhinter zurück und nennt den Erwerb nicht. Zwar verpflichtet die Lanzarote-Konvention zuvor nicht zur Erfassung des Erwerbs, die Ausnahme erstreckt sich aber auch nicht auf die Tatvariante der Besitzverschaffung, die das Pendant zum Erwerb darstellt.

Fraglich ist, wie die geltende Rechtslage in Deutschland, die in § 184c Abs. 4 einen Ausnahmetatbestand vorsieht, in die Auseinandersetzung einfließen zu lassen ist.[1026] Diese wurde bislang nicht als mit Völkerrecht unvereinbar gerügt. Somit scheint die nationale Situation auch vor dem Hintergrund der Cybercrime-Konvention, der Lanzarote-Konvention und dem Fakultativprotokoll zumindest nicht als völkerrechtswidrig angesehen zu werden, wenngleich die Wortlaute Raum für derartige Vermutungen lassen. Bei der Auslegung von völkerrechtlichen Verträgen ist die spätere Übung bei der Anwendung des Vertrags

1025 *Cancio Melia* ZStW 117 (2005) 267 (269 ff); *Scheffler* FS Schwind S. 129 ff; *Silva Sanchez* S. 2 f, der hierfür den Begriff der Expansion aufgreift, siehe bei ihm auch S. 39 ff.

1026 Nicht umfassend umgesetzt wurde allerdings der Tatbestandsausschluss in § 184d, der auf die Variante des Abs. 2 S. 2 beschränkt ist. Eine Erstreckung auch auf Fälle des Abs. 1 wäre möglich und wünschenswert.

zu berücksichtigen, wenn sich aus ihr die Übereinstimmung über die Auslegung ergibt, Art. 31 Abs. 3 lit. b WVK. Gleichwohl ist zu beachten, dass diese Auslegungsregel primär Verträge im Blick hat, die zwischenstaatliche Belange regeln.

f. Wiener Übereinkommen über das Recht der Verträge

Von Bedeutung könnte in diesem Zusammenhang Art. 30 WVK sein. Dessen Absatz 3 bestimmt, dass im Falle einer Widersprüchlichkeit der zeitlich frühere Vertrag nur insoweit Anwendung findet, wie er mit dem späteren Vertrag vereinbar ist. Dies gilt allerdings unmittelbar nur, wenn sämtliche Vertragsparteien des früheren Vertrags zugleich Vertragsparteien des neuen Vertrags sind. Angewendet auf den vorliegenden konkreten Fall führt dies nicht weiter, da chronologisch die Zahl der beteiligten Parteien ausnahmslos weniger werden. Auch Absatz 4 kann insoweit nicht weiterhelfen, da er Regelungen betrifft, die sich zwischen Staaten auswirken. Hier geht es aber um die Umsetzung materiellen Strafrechts, das keine konkreten Beziehungen zu konkreten anderen Staaten betrifft, sondern innerstaatliches Recht.

g. Ergebnis

Die Werke verfolgen kein einheitliches Regelungskonzept und weisen in der Folge Widersprüche im Detail auf. Auch die Auslegungsregeln der WVK stoßen hier in der Anwendung an ihre Grenzen. Die im Verlauf der Monographie aufgezeigte unklare Lage besteht daher nicht nur national, sondern findet sich auch auf internationaler Ebene wieder. Auch hier ist keine einheitliche Linie erkennbar, deren Vorhandensein wünschenswert wäre. Zu bedauern ist insbesondere, dass die Werke zu den Widersprüchen schweigen.

Die Unstimmigkeiten können im Rahmen dieser Monographie mit dem Schwerpunkt auf nationalen Aspekten nicht vollends aufgelöst werden. Der Mangel eines einheitlichen internationalen Konzepts erleichtert die ohnehin im Detail problematische einfach-rechtliche Situation nicht. Der Gesetzesvorschlag wird sich insofern ausschließlich an der Richtlinie orientieren und deren Vorgaben aufgreifen. Dennoch bestehen erhebliche Bedenken bezüglich der Widersprüche der Werke und der Kompetenz in Form einer Richtlinie den Bereich privater Jugendpornographie zu regeln.

4. Kapitel – Fazit

XII. Zusammenfassung in Thesen und Fazit

1. Das Verbot der Jugendpornographie fristet seit seiner Einführung im Jahre 2008 ein Schattendasein neben dem der Kinderpornographie. Häufig bleibt es bei der Erwähnung, dass für dieses die Ausführungen zur Kinderpornographie entsprechend gelten. Dennoch sind die zwei Säulen der **Legitimation** der Kinderpornographie – Wirkungsforschung und mittelbare Förderung des Missbrauchs durch Marktteilnahme – **nicht** oder zumindest nicht ohne starke Modifikation auf das Verbot der Jugendpornographie **übertragbar**, da sexuelle Handlungen mit Jugendlichen im Ausgangspunkt nicht *per se* einen sexuellen Missbrauch bedeuten. Das Recht gestattet die Vornahme von sexuellen Handlungen mit Jugendlichen im Grunde. Die Bedienung des Markts bedeutet in der Folge nicht notwendig zugleich einen Missbrauch.
2. Das Verbot der Jugendpornographie stellt in seiner aktuellen Fassung einen einheitlichen Tatbestand dar, der materiell **zwei verschiedene Verbote** umfasst. Einerseits betrifft dies den Bereich kommerzieller Jugendpornographie, andererseits erfasst es private Jugendpornographie. Ersteres Verbot schützt vorrangig das Rechtsgut der sexuellen Selbstbestimmung, indem es Jugendlichen die Mitwirkung bei kommerzieller Jugendpornographie untersagt. Hierdurch sollen Jugendliche zum einen gar nicht erst in Versuchung geführt werden, sich zur Erlangung des schnellen Geldes pornographisch und somit dauerhaft medial fixieren zu lassen. Zum anderen soll die Entscheidung für zugestandene sexuelle Handlungen freigehalten werden, indem die Entstehung einer Machtsituation verhindert wird. Eine solche wird für den Fall unterstellt, dass jemand sexuell explizite Aufnahmen des Gegenübers besitzt. Der zweite Bereich schützt die selbstbestimmte Lebensgestaltung und -führung. Im Versenden von eigenen Sexualaufnahmen an ausgewählte Personen ist kein strafwürdiges Verhalten zu erblicken. Dennoch besteht bei unkontrollierter Verbreitung eine Gefahr für das Rechtsgut. Es wird daher vorgeschlagen, **zwei Tatbestände** zu schaffen: Während der eine Tatbestand in § 184c den Bereich der kommerziellen Pornographie erfasst und auf diesen zugeschnitten ist, kann beispielsweise ein neuer § 238a den Bedürfnissen der unkontrollierten Verbreitung von privater Jugendpornographie Rechnung tragen und an die Bedürfnisse angepasst werden. So kann insbesondere dem immer häufiger auftretenden Phänomen des Sexting sachgemäß Rechnung getragen werden. Aber auch Fallkonstellationen wie die fiktiver Pornographie oder solche Scheinerwachsener oder Scheinjugendlicher können so sachgemäßer und rechtsgutorientierter Behandlung zugeführt werden.

3. **Pornographie** ist anhand des **Konfrontationsschutzes** im Einklang mit dem allgemeinen Grundverständnis des Begriffs zu **bestimmen**. Ein Verbot ist aus dem Grund legitim, dass sich der Konfrontierte durch das Triebhafte des Sexuellen einer Situation ausgesetzt sieht, in der er seiner Selbst ausgeliefert ist. Pornographie erfasst daher in der Konsequenz solche sexuellen Inhalte, die objektiv erkennbar auf die Stimulation des Betrachters abzielen und hierbei die Grenzen des von der Gesellschaft Akzeptierten überschreitet. Das gesellschaftlich Akzeptierte ist anhand eines allgemeinen Moralempfindens zu bestimmen. Ein Problem mit der Abwendung von Moral als Strafbarkeitserwägung ist aus dem Grund nicht gegeben, dass sie die Strafbarkeit nicht begründet, sondern vielmehr begrenzt. Nicht abzustellen ist zur Definition auf den Jugendschutz. Auffassungen, die dies dennoch tun, laufen stets Gefahr, Strafwürdigkeitserwägungen in die juristische Auslegung einfließen zu lassen.
4. Das Gesetz folgt in den traditionellen Vorschriften zur Pornographie einem auf die **Verkörperung** der Inhalte abstellenden Konzept. Hieraus ergeben sich zahlreiche Probleme, insbesondere vor dem Hintergrund der digitalen Entwicklung und moderner Kommunikation, die immer häufiger unkörperlich erfolgt. Solange das Gesetz auf den Schriftenbegriff des § 11 Abs. 3 rekurriert, muss auch der Gesetzesanwender dies berücksichtigen. Zwar entschärft § 184d diese Problematik inzwischen. Dennoch ist eine systematische und grundlegende Neuordnung der gesamten Pornographiedelikte vor diesem Hintergrund unbedingt notwendig. Zeitgemäß wäre es – im Einklang mit zahlreichen völkerrechtlichen Vorgaben – auf die Verkörperung des jugendpornographischen Inhalts zu verzichten und ausschließlich auf den Inhalt abzustellen. In der jetzigen Fassung stellt der Abschnitt zur Pornographie einen unsystematischen **Flickenteppich** dar.
5. Die Bestrafung des reinen Besitzes ist vor dem Hintergrund des Rechtsgüterschutzes sowie der Rechtsstaatlichkeit und des Schutzes der Privatsphäre kritisch zu sehen. Da **Besitz** als Zustand eine marktneutrale Größe ist, kann das in ihm verkörperte Unrecht nicht aus ihm selbst heraus abgeleitet werden. Auf den vorgelagerten Erwerb kann materiell wegen der **materiellen Komponente des Verbots von Verdachtstrafen** ebenso wenig abgestellt werden wie auf die Gefahr nachgelagerter Verbreitung. Letztere Annahme fußt insbesondere auf der Erwägung, dass Jugendpornographie als solche einen **neutralen Gegenstand** darstellt, der nur bei Hinzutreten weiterer subjektiver Merkmale die **Autonomiesphäre** des Täters verlässt und unter **rechtsstaatlichen** Gesichtspunkten bestraft werden darf. Dies gilt ebenso für eine Überprüfung anhand europäischer Grundrechte.

6. **Besitz** ist als **Unterlassendelikt** zu konstruieren. Dem Täter wird zum Vorwurf gemacht, es unterlassen zu haben, sich des Besitzes zu entledigen.
7. Entgegen der Einschätzung des Gesetzgebers ist der Darsteller für den Bereich kommerzieller Jugendpornographie nicht als Schutzobjekt des Tatbestands der Jugendpornographie von einer Strafbarkeit ausgeschlossen. Die Art der Konstruktion führt dazu, dass der dargestellte Jugendliche gerade nicht Schutzobjekt des Tatbestands ist, sondern sämtliche Jugendliche geschützt werden. Der Ausnahmetatbestand des § 184c Abs. 4 kann aufgrund des eindeutigen Wortlauts auch nicht auf ihn angewandt werden. Hier besteht Nachbesserungsbedarf, sofern von einer fehlenden Strafwürdigkeit des Darstellers ausgegangen wird.
8. Bereits nach der bestehenden Rechtslage gelingt es mit methodischen Kunstgriffen die Strafbarkeit weitestgehend auf **strafwürdige Fälle** zu begrenzen. Spätestens das Institut der **Sozialadäquanz** kann tatbestandlich gefundene Ergebnisse korrigieren. Der Austausch von Sexts auch durch Jugendliche wird tatsächlich häufig geübt und ist in gewissem Rahmen auch normativ akzeptiert. Eindeutige Regelungen im Gesetz wären vor dem Hintergrund der Rechtsstaatlichkeit und Rechtssicherheit wünschenswert.
9. Ein liberales Strafrecht kann nicht dem Schutz vor sämtlichen existenten Gefahren für Rechtsgüter dienen oder ein solch umfassendes Konzept verfolgen. Vielmehr ist in einem liberalen Staat auch auf die Eigenverantwortlichkeit des Einzelnen abzustellen. Neben einem staatlichen Konzept, das über ein Strafgesetzbuch strafwürdiges und rechtsgutsverletzendes Verhalten erfasst, ist es von kaum zu unterschätzender Bedeutung, jungen Menschen Medienkompetenz, aber auch Selbstbewusstsein und Eigenverantwortlichkeit zu vermitteln. Dies beginnt in den Familien und geht über die Schulen bis hin zu den Sportvereinen. Nicht sämtlichen Verletzungen von Rechtsgütern sollte mit dem scharfen Schwert des Strafrechts begegnet werden.
10. Die **völkerrechtlichen Vorgaben** sind als solche **inkonsistent** und stehen in **Widerspruch** zueinander, obwohl teils derselbe Verfasser hinter den Werken steht. Ein einheitliches Konzept auf dieser Ebene würde die intendierte Vereinheitlichung der Rechtsordnungen wesentlich begünstigen. Zudem gehen die Vorgaben über das zur Zielerreichung Notwendige hinaus, wenn sie ohne Differenzierung sämtliche Fälle von Pornographie Minderjähriger erfassen. Sofern die Richtlinie Regelungen zu privater Jugendpornographie trifft, ist dies darüber hinaus kompetenzwidrig.

XIII. Gesetzesvorschlag

Hier soll abschließend ein Vorschlag unterbreitet werden, wie im Einklang mit dem Erarbeiteten ein Straftatbestand aussehen könnte, der sich möglichst widerspruchsfrei in das Strafgesetzbuch einfügt. Von den internationalen Vorgaben wird die Richtlinie inklusive des zu dieser Gesagten berücksichtigt:

§ 184c Kommerzielle Jugendpornographie

(1) Mit Freiheitsstrafe bis zu einem Jahr oder mit Geldstrafe wird bestraft, wer einen jugendpornographischen Inhalt erwirbt, abruft, abzurufen unternimmt, auf einen solchen mittels Informations- oder Kommunikationstechnologie zugreift oder einen solchen in der Absicht besitzt, ihn zu einem der Zwecke dieses Absatzes oder des Absatzes 2 zu verwenden.
(2) Mit Freiheitsstrafe bis zu zwei Jahren oder mit Geldstrafe wird bestraft, wer einen jugendpornographischen Inhalt vertreibt, verbreitet, weitergibt, anbietet, liefert oder sonst zugänglich macht.
(3) Mit Freiheitsstrafe bis zu drei Jahren oder mit Geldstrafe wird bestraft, wer einen jugendpornographischen Inhalt herstellt.
(4) [1]Jugendpornographisch im Sinne dieser Norm ist ein pornographischer (§ 184) Inhalt, der sexuelle Handlungen von, an oder vor einer vierzehn, aber noch nicht achtzehn Jahre alten Person, oder die Wiedergabe einer ganz oder teilweise unbekleideten vierzehn, aber noch nicht achtzehn Jahre alten Person in unnatürlich geschlechtsbetonter Körperhaltung zum Gegenstand hat und nicht lediglich zu ausschließlich privaten Zwecken mit Einwilligung des Darstellers hergestellt wurde. [2]Umfasst sind auch wirklichkeitsnahe Darstellungen sowie solche, die den eindeutigen Anschein erwecken, der Darsteller sei minderjährig.
(5) Die Strafe ist nach § 49 Abs. 1 zu mildern, wenn die dargestellte Person
   1. den eindeutigen Anschein erweckt, volljährig zu sein oder
   2. der Darsteller erwiesenermaßen wahr zum Zeitpunkt der Aufnahme bereits volljährig war.
(6) …

§ 238a Private Jugendpornographie

(1) Mit Freiheitsstrafe bis zu zwei Jahren oder mit Geldstrafe wird bestraft, wer einen jugendpornographischen Inhalt
   1. der Öffentlichkeit zugänglich macht,
   2. verbreitet,

3. in Verbreitungsabsicht besitzt,
4. vorrätig hält oder anbietet.

(2) Jugendpornographisch im Sinne dieser Norm ist ein pornographischer (§ 184) Inhalt, der als tatsächliches Geschehen sexuelle Handlungen von, an oder vor einer vierzehn, aber noch nicht achtzehn Jahre alten Person, oder die Wiedergabe einer ganz oder teilweise unbekleideten vierzehn, aber noch nicht achtzehn Jahre alten Person in unnatürlich geschlechtsbetonter Körperhaltung zum Gegenstand hat und ausschließlich zu privaten Zwecken mit Einwilligung des Darstellers hergestellt wurde.

(3) …

Literaturverzeichnis

61MinutenSex (Hrsg), SEXTING – So geht's richtig!, https://www.youtube.com/watch?v=Ji1Y-eKIH7k, zuletzt abgerufen am 02. August 2018

Albrecht, Hans-Jörg; *Hotter, Imke*, Rundfunk und Pornographieverbot – Eine (auch rechtsvergleichende) Untersuchung zur Reichweite des Pornographieverbots im Rundfunk im weiteren Sinne, 2002

Allhutter, Doris, Dispositive digitaler Pornografie – Zur Verflechtung von Ethik, Technologie und EU-Internetpolitik, 2009

Altenhain, Karsten; *Liesching, Marc*; *Ritz-Timme, Stefanie*; *Gabriel, Peter*, Kriterien der „Scheinminderjährigkeit" im Rahmen des Strafverbots der Jugendpornographie, BPJM-Aktuell 2009, 3

Altermann, Christian, Sozialadäquanz und Strafrecht – eine Bestandsaufnahme, in Festschrift für Ulrich Eisenberg zum 70. Geburtstag, Müller, Henning Ernst; Sander, Günter; Valkova, Helena (Hrsg), 2009, S. 233

Altstötter-Gleich, Christine, Pornographie und neue Medien Eine Studie zum Umgang Jugendlicher mit sexuellen Inhalten im Internet, 2006

Ambos, Kai, Besitz als Straftat und die Funktion der subjektiven Tatseite, in Rechtsstaatliches Strafen Festschrift für Prof. Dr. Dr. h.c. mult. Keiichi Yamanaka zum 70. Geburtstag am 16. März, Joerden, Jan; Schmoller, Kurt (Hrsg), 2017, S. 223

Internationales Strafrecht, 5. Auflage, 2018

Amelung, Knut, Über Freiheit und Freiwilligkeit auf der Opferseite der Strafnorm, GA 1999, 182

Amelung, Daniel; *Funcke-Auffermann, Niklas*, Die erneute Reform des Sexualstrafrechts – 2. Teil, StraFo 2004, 265

Arzt, Gunther; *Weber, Ulrich*; *Heinrich, Bernd*; *Hilgendorf, Eric*, Strafrecht Besonderer Teil Lehrbuch, 3. Auflage, 2015

Baale, Jochen, Der Besitzwille im Betäubungsmittelrecht, NStZ 1985, 214

Baier, Helmut, Die Bekämpfung der Kinderpornografie auf der Ebene von europäischer Union und Europarat, ZUM 2004, 39

Bauer, Fritz, Grundgesetz und „Schmutz- und Schundgesetz", JZ 1965, 41

Baumann, Jürgen (Begr); *Weber, Ulrich*; *Mitsch, Wolfgang*; *Eisele, Jörg*, Strafrecht Allgemeiner Teil Lehrbuch, 12. Auflage, 2016

Baumann, Jan, Besitz an Daten, 2015

von Heintschel-Heinegg, Bernd (Hrsg), Beck'scher Online Kommentar StGB, 37. Edition, 2018

Berger, Christian, Jugendschutz im Internet: „Geschlossene Benutzergruppen" nach § 4 Abs. 2 Satz 2 JMStV Am Beispiel personalausweiskennziffergestützter Altersverifikationssysteme, MMR 2003, 773

Bergmann, Marie Christine; *Krieg, Yvonne*; *Baier, Dirk*, Sexting im Jugendalter, ZJJ 2016, 139

Binder, Reinhart; *Vesting, Thomas* (Hrsg), Beck'scher Kommentar zum Rundfunkrecht, 4. Auflage, 2018

Bockelmann, Paul, Öffentlichkeit und Strafrechtspflege, NJW 1960, 217

Bohnert, Joachim; *Krenberger, Benjamin*; *Krumm, Carsten* (Hrsg), Ordnungswidrigkeitengesetz Kommentar, 5. Auflage, 2018

Böse, Martin, Die Europäisierung der Strafvorschriften gegen Kinderpornographie, in Festschrift für Manfred Seebode zum 70. Geburtstag am 15. September 2008, Schneider, Hendrik; Kahlo, Michael; Kleczewski, Diethelm; Schumann, Heribert (Hrsg), 2008, S. 751

Bornemann, Roland, Der „Verbreitensbegriff" bei Pornografie in audiovisuellen Mediendiensten Straferweiternd im Internet und strafverkürzend im Rundfunk?, MMR 2012, 157

Ordnungswidrigkeiten in Rundfunk und Telemedien, 2018

Borries, Eva, „Generation Porno? Jetzt entscheide ich"!, tv diskurs 67, 2014, 24

Bosch, Nikolaus; *Eisele, Jörg*; *Eser, Albin* et al (Hrsg), Schönke/Schröder Strafgesetzbuch: StGB, 29. Auflage, 2014

Botica, Melania, Mobbing auf Facebook & Co Warum sich Jugendliche im Netz gnadenlos schikanieren, Focus Online 16.05.2013, https://www.focus.de/familie/mobbing/mobbing-auf-facebook-co-warum-sich-jugendliche-im-netz-schikanieren_id_2541457.html, zuletzt abgerufen am 02. August 2018

Bottke, Wilfried, Bemerkungen zur Verbreitung pornographischer Schriften (§§ 184 – 184c StGB), in Festschrift für Herbert Buchner zum 70. Geburtstag; Bauer, Jobst-Hubertus; Kort, Michael; Möllers, Thomas; Sandmann, Bernd (Hrsg), 2009, S. 141

Exhibitionistische Handlungen und Erregung öffentlichen Ärgernisses, Vergleichende Strafrechtswissenschaft, in Frankfurter Festschrift für Andrzej J. Szwarc zum 70. Geburtstag, Joerden, Jan; Scheffler, Uwe; Sinn, Arndt; Wolf, Gerhardt (Hrsg.) 2009, S. 297

Sexualhoheit und Strafrecht: Sexualstrafrecht aus Opfersicht, in Die Stellung des Opfers im Strafrechtssystem, Schünemann, Bernd; Dubber, Markus Dirk (Hrsg), 2000, S. 231

Zum Rechtsgut der §§ 174 StGB, in Festschrift für Harro Otto zum 70. Geburtstag am 1. April 2007, Dannecker, Gerhard (Hrsg), 2007, S. 535

Brendsen, Eva Maria, Sexting unter Jugendlichen: Ich will was von dir sehen, in FAZ vom 17.02.2014, http://www.faz.net/aktuell/gesellschaft/sexting-unter-jugendlichen-ich-will-was-von-dir-sehen-12804044.html, zuletzt abgerufen am 02. August 2018

Brenk, Margot, Kinderpornografie im Internet – Erfahrungen der AG „Nadelöhr", in Kriminalpolizei Ausgabe Dezember 2002, S. 1

Brüggemann, Johannes A. J., Entwicklung und Wandel des Sexualstrafrechts in der Geschichte unseres StGB – Die Reform der Sexualdelikte einst und jetzt, 2013

Bundesministerium des Inneren (Hrsg), Polizeiliche Kriminalstatistik 2015, Version 7.0, https://www.bmi.bund.de/SharedDocs/downloads/DE/publikationen/themen/sicherheit/pks-2015.pdf?__blob=publicationFile&v=2, zuletzt abgerufen am 02. August 2018

Bundschuh, Claudia, Pädosexualität, 2001

Busch, Ralf, Strafrechtlicher Schutz gegen Kinderpornographie und Missbrauch, NJW 2015, 977

Cancio Meliá, Manuel, Feind„strafrecht"?, ZStW 117 (2005), 267

Finale Handlungslehre und objektive Zurechnung Dogmengeschichtliche Betrachtungen zur Lehre von der Sozialadäquanz, GA 1995, 179

„*Cheng*", Sexting eskaliert – Aufklärungs Video, https://www.youtube.com/watch?v=0fDAWNLbKPI, zuletzt abgerufen am 02. August 2018

Deblitz, Thorsten, Die Strafbarkeit der Werbung für pornographische Schriften, 1995

Deiters, Mark, Buchbesprechung: Besitz als Straftat von Ken Eckstein, GA 2004, 58

Dekker, Arne; *Koops, Thula*; *Briken, Peer*, Sexualisierte Grenzverletzungen und Gewalt mittels digitaler Medien, 2016

Derksen, Roland, Strafrechtliche Verantwortung für in internationalen Computernetzen verbreitete Daten mit strafbarem Inhalt, NJW 1997, 1878

Diamond, Milton; *Jozifkova, Eva*; *Weiss, Petr*, Pornography and Sex Crimes in the Czech Republic, Arch Sex Behav 2011, 1039

Diederichsen, Uwe, Die allgemeinen Ehewirkungen nach dem 1. EheRG und Ehevereinbarungen, NJW 1977, 217

Döring, Nicola, Der aktuelle Diskussionsstand zur Pornografie-Ethik: Von Anti-Porno- und Anti-Zensur- zu Pro-Porno-Positionen, ZfSf 2011, 1

Erotischer Fotoaustausch unter Jugendlichen: Verbreitung, Funktionen und Folgen des Sexting, ZfSf 2012, 4

Mobilität und mobiler Mediengebrauch im Kontext der Entwicklungsbedingungen von Heranwachsenden, in vernetzt_öffentlich_aktiv, Wagner, Ulrike (Hrsg), 2014, S. 51

Pornographie-Kompetenz: Definition und Förderung, ZfSf 2011, 228

Sexting. Aktueller Forschungsstand und Schlussfolgerungen für die Praxis, in „Gewalt im Netz“ Sexting, Cybermobbing & Co, BAJ (Hrsg), 2015, S. 15

Warum Sexting unter Jugendlichen (k)ein Problem ist, http://medienbewusst.de/handy/20140729/warum-sexting-unter-jugendlichen-kein-problem-ist.html, zuletzt abgerufen am 02. August 2018

Discher, *Thomas*, Die Peep-Show-Urteile des BVerwG – BVerwGE 64, 274, und BVerwG, NVwZ 1990, 668, JuS 1991, 642

Döll, *Yves*, Schutz vor Sexting – Aber wie?, FamRZ 2017, 1728

Dreher, *Eduard*, Die Neuregelung des Sexualstrafrechts eine geglückte Reform?, JR 1974, 45

Drost, *Hans*, Die Einziehung in dem neuen Wirtschaftsstrafrecht, NJW 1950, 126

Duttge, *Gunnar*; *Hörnle*, *Tatjana*; *Renzikowski*, *Joachim*, Das Gesetz zur Änderung der Vorschriften über die Straftaten gegen die sexuelle Selbstbestimmung NJW 2004, 1065

Eckstein, *Ken*, Besitz als Straftat, 2001

Grundlagen und aktuelle Probleme der Besitzdelikte – EDV, EU, Strafrechtsänderungsgesetze, Konkurrenzen, ZStW 117 (2005), 107

Ist das „Surfen“ im Internet strafbar? Anmerkungen zum Urteil des OLG Hamburg vom 15.2.2010, NStZ 2011, 18

Eisele, *Jörg*, Anmerkung, JZ 2008, 251

Pornografische Inhalte in modernen Kommunikationsmedien, RdjB 2013, 212

Schriftliche Stellungnahme zur Sachverständigenanhörung im Ausschuss für Recht und Verbraucherschutz des Deutschen Bundestages zum Entwurf eines … Gesetzes zur Änderung des Strafgesetzbuchs – Umsetzung europäischer Vorgaben zum Sexualstrafrecht, 2014

Eisele, *Jörg*; *Franosch*, *Reiner*, Posing und der Begriff der Kinderpornografie in § 184b StGB nach dem 49. Strafrechtsänderungsgesetz, ZIS 2016, 519

Engels, *Stefan*, Kinder- und Jugendschutz in der Verfassung – Verankerung, Funktion und Verhältnis zum Elternrecht, AöR 1997, 212

Eser, Albin, Die strafrechtlichen Sanktionen gegen das Eigentum: Dogmatische und rechtspolitische Untersuchungen zu Einziehung, Unbrauchbarmachung und Gewinnverfall, 1969

Neue Wege im Kampf gegen die organisierte Kriminalität? Kritische Bemerkungen zu aktuellen Reformbemühungen, in Beiträge zur Rechtswissenschaft Festschrift für Walter Stree und Johannes Wessels zum 70. Geburtstag; Küper Wilfried, Welp Jürgen (Hrsg), 1993, S. 833

Fischer, Thomas, Kommentar zum StGB, 66. Auflage, 2018

Franke, Einhard, Strukturmerkmale der Schriftenverbreitungstatbestände des StGB, GA 1984, 452

Frister, Helmut, Schuldprinzip, Verbot der Verdachtsstrafe und Unschuldsvermutung als materielle Grundprinzipien des Strafrechts, 1988

Frommel, Monika, Die Verschärfung des sexuellen Missbrauchs von Jugendlichen und die Kriminalisierung des Besitzes von sog. Jugendpornografie, NK 2008, 45

Gallas, Wilhelm, Studien zum System des Strafrechts, ZStW 67 (1955), 22

Geiger, Robert, Auswirkungen europäischer Strafrechtsharmonisierung auf nationaler Ebene – Eine rechtsvergleichende Untersuchung am Beispiel des Rahmenbeschlusses 2004/68/JI zur Bekämpfung der sexuellen Ausbeutung von Kindern und der Kinderpornographie, 2012

Gercke, Marco, Defizite des „Schriften"-Erfordernisses in Internet-bezogenen Sexual- und Pornographiedelikten, CR 2010, 798

Die Entwicklung des Internetstrafrechts im Jahr 2008, ZUM 2009, 526

Die Entwicklung des Internetstrafrechts 2013/14, ZUM 2014, 641

Lex Edathy? Der Regierungsentwurf zur Reform des Sexualstrafrechts, CR 2014 687

Gercke, Marco; *Brunst, Phillip* (Hrsg), Praxishandbuch Internetstrafrecht; 2009

Polizei dein Partner – Gewerkschaft der Polizei (Hrsg), Sexting – Nacktfotos im Netz, https://www.polizei-dein-partner.de/infos-fuer/eltern/detailansicht-eltern/artikel/sexting-nacktfotos-im-internet.html, zuletzt abgerufen am 02. August 2018

Gillespie, Alisdair, Adolescents, Sexting and Human Rights, HRLR 2013, 623

Gnüchtel, Ralf, Jugendschutztatbestände im 13. Abschnitt des StGB, 2013

Goltdammer, Theodor, Die Materialien zum Strafgesetzbuch für die preußischen Staaten: aus den amtlichen Quellen nach den Paragraphen des Gesetzbuches zusammengestellt, 1852

Gracia Martin, Luis, Zur Struktur von „sozialadäquaten Handlungen" und ihre sachlogische Eingliederung im Verbrechensaufbau, in Strafrecht und

Wirtschaftsstrafrecht – Dogmatik, Rechtsvergleich, Rechtstatsachen – Festschrift für Klaus Tiedemann zum 70. Geburtstag, Sieber Ulrich; Dannecker, Gerhard; Kindhäuser, Urs; Vogel, Joachim; Walter, Tonio (Hrsg), 2008, S. 205

Graupner, Helmut, Stellungnahme für die öffentliche Anhörung des Rechtsausschusses des Bundestages am 18.06.2007 zum Gesetzesentwurf der Bundesregierung zur Umsetzung des Rahmenbeschlusses des Rates der Europäischen Union zur Bekämpfung der sexuellen Ausbeutung von Kindern und der Kinderpornografie (BT-Drs. 16/3439)

Greco, Luis, Zur Strafwürdigkeit des Selbstdopings im Leistungssport, GA 2010, 622

Strafbare Pornografie im liberalen Staat – Grund und Grenzen der §§ 184, 184 a – d StGB, RW 2011, 275

Strafbarer Drogenbesitz, Privatsphäre, Autonomie, in Grenzenlose Vorverlagerung des Strafrechts, Hefendehl, Roland (Hrsg), 2010, S. 73

Über das so genannte Feindstrafrecht, GA 2006, 96

Was lässt das Bundesverfassungsgericht von der Rechtsgutslehre übrig?, ZIS 2008, 234

Greger, Reinhard, Die Video-Novelle 1985 und ihre Auswirkungen auf StGB und GjS, NStZ 1986, 8

Grimm, Petra; *Rhein, Stefanie*; *Müller, Michael*, Stand der Forschung in Porno im Web 2.0. Die Bedeutung sexualisierter Web-Inhalte in der Lebenswelt von Jugendlichen, Niedersächsische Landesmedienanstalt (Hrsg), 2010, S. 13

Gropp, Walter, Besitzdelikte und periphere Beteiligung – Zur Strafbarkeit der Beteiligung an Musiktauschbörsen und des Besitzes von Kinderpornographie, in Festschrift für Harro Otto, Dannecker, Gerhard; Langer, Winrich; Ranft Otfried, Schmitz, Roland; Brammsen, Jörg (Hrsg) 2007, S. 249

Die Strafbarkeit des Konsums von Kinder- und Jugendpornographie, in Festschrift für Hans-Heiner Kühne zum 70. Geburtstag Esser, Robert; Günther, Hans-Ludwig; Jäger, Christian; Mylonopoulos, Christos; Öztürk, Bahri (Hrsg), 2013, S. 679

Gsell, Beate; *Krüger, Wolfgang*; *Lorenz, Stephan*; *Reymann, Christoph* (Hrsg), Beck'scher Online Kommentar BGB, 2018

Häberle, Peter (Hrsg), Erbs/Kohlhaas Strafrechtliche Nebengesetze, 217. Ergänzungslieferung, 2017

Hanack, Ernst-Walter, Die Reform des Sexualstrafrechts und der Familiendelikte, NJW 1974, 1

Empfiehlt es sich, die Grenzen des Sexualstrafrechts neu zu bestimmen?, Gutachten A zum 47. Deutschen Juristentag, 1968

Zur verfassungsmäßigen Bestimmtheit und strafrechtlichen Auslegung des Begriffs „unzüchtige Schrift“ (§ 184 Abs. 1 Nr. 1 StGB, Art. 103 Abs. 2 GG), JZ 1970, 41

Handelsblatt (Hrsg), „Wann Sex-Werbung funktioniert“ aus der Reihe „Wie wir beim Einkaufen betrogen werden“, http://www.handelsblatt.com/unternehmen/handel-konsumgueter/marketing-maschen-wann-sex-werbung-funktioniert/6317938-3.html, zuletzt abgerufen am 02. August 2018

Harms, Sven, Ist das „bloße“ Anschauen von kinderpornographischen Bildern im Internet nach geltendem Recht strafbar?, NStZ 2003, 646

Haushahn, Hermann, Jugendalkoholismus, 1996

Hecker, Bernd, Europäisches Strafrecht, 5. Auflage, 2015

Die richtlinienkonforme und die verfassungskonforme Auslegung im Strafrecht, JuS 2014, 385

Heilborn, Kohler, Strafgesetzgebung – Gesetz, betreffend Aenderungen und Ergänzungen des Strafgesetzbuches. Vom 25. Juni 1900, GA 1900, 277

Heinrich, Bernd, Die Grenzen des Strafrechts bei der Gefahrprävention, ZStW 121 (2009), 94

Heinrich, Manfred, Beiträge zum Medienstrafrecht in ZJS

Teil 2: Die Verbreitung von Pornographie gemäß § 184 StGB – Teil 1, ZJS 2016, 132

Teil 3: Die Verbreitung von Pornographie gemäß § 184 StGB – Teil 2, ZJS 2016, 297

Teil 5: Das „Verbreiten“ als Tathandlung im Medienstrafrecht, ZJS 2016, 569

Teil 6: „Zugänglichmachen“ und „öffentliches Begehen“ als Tathandlungen im Medienstrafrecht, ZJS 2016, 698

Der Gegenstandsbereich des Medienstrafrechts, in Gesamte Strafrechtswissenschaft in internationaler Dimension Festschrift für Jürgen Wolter zum 70. Geburtstag am 7. September 2013, Zöller, Mark; Küper, Wilfried; Roxin, Claus (Hrsg), 2013, S. 603

Neue Medien und klassisches Strafrecht – § 184b IV StGB im Lichte der Internetdelinquenz, NStZ 2005, 361

Rechtsgutszugriff und Entscheidungsträgerschaft, 2002

Strafrecht als Rechtsgüterschutz – ein Auslaufmodell? Zur Unverbrüchlichkeit des Rechtsgutsdogmas, in Festschrift für Claus Roxin zum 80. Geburtstag am 15. Mai 2011 Strafrecht als Scientia Universalis, Heinrich, Manfred; Jäger, Christian; Schünemann, Bernd (Hrsg), 2011, S. 131

Zum Verhältnis von Jugendschutz und Konfrontationsschutz im Rahmen des § 184 StGB, in Strafrecht Jugendstrafrecht Kriminalprävention in

Wissenschaft und Praxis Festschrift für Heribert Ostendorf zum 70. Geburtstag am 07. Dezember 2015, Rotsch Thomas; Brüning, Janique; Schady, Jan (Hrsg), 2015, S. 399

Zur Strafbarkeit des Verbreitens von Schriften im Internet in Festschrift für Bernd Schünemann zum 70. Geburtstag am 1. November 2014; Hefendehl, Roland; Hörnle, Tatjana; Greco, Luis (Hrsg), 2014, S. 597

Hefendehl, Roland, Kollektive Rechtsgüter im Strafrecht, 2002

Herdegen, Matthias; *Herzog, Roman*; *Klein, Hans*; *Scholz, Rupert* (Hrsg), Maunz/Dürig Grundgesetz-Kommentar, 2017, 81. Ergänzungslieferung

Hilgendorf, Eric, Überlegungen zur strafrechtlichen Interpretation des Ubiquitätsprinzips im Zeitalter des Internet, NJW 1997, 1873

Hilgendorf, Eric; *Valerius, Brian*, Computer- und Internetstrafrecht, 2012

Hirsch, Hans Joachim, Soziale Adäquanz und Unrechtslehre, ZStW 74 (1962), 78

Hochmayr Gudrun, Strafbarer Besitz von Gegenständen: Zur Reichweite der Strafdrohungen für den (blossen) Besitz von Waffen, Suchtmitteln, Kinderpornographie, etc, 2005

Hohn, Kristian, Die Zulässigkeit materieller Beweiserleichterungen im Strafrecht, 2000

Hörnle, Tatjana, Anmerkung zu BverwG v. 20. 2. 2002, JZ 2002, 1062

Anschlussdelikte als abstrakte Gefährdungsdelikte – Wem sind Gefahren durch verbotene Märkte zuzurechnen?, in Festschrift für Friedrich-Christian Schroeder zum 70. Geburtstag, Hoyer, Andreas; Müller, Henning E., Pawlik, Michael; Wolter, Jürgen (Hrsg), 2006, S. 477

Anmerkung zu OLG Hamburg: Besitz von Internet-Kinderpornografie, NStZ 2010, 704

Deskriptive und normative Dimensionen des Begriffs „Feindstrafrecht", GA 2006, 80

Die Umsetzung des Rahmenbeschlusses zur Bekämpfung der sexuellen Ausbeutung von Kindern und der Kinderpornographie, NJW 2008, 3521

Grob anstößiges Verhalten, 2005

Neue Medienangebote und alte Pornographieverbote, KritV 2003, 299

Pornographische Schriften im Internet: Die Verbotsnormen im deutschen Strafrecht und ihre Reichweite, NJW 2002, 1008

Sexuelle Selbstbestimmung: Bedeutung, Voraussetzungen und kriminalpolitische Forderungen, ZStW 127 (2015), 851

Sexueller Missbrauch von Kindern: Reges Interesse in der Politik und den Sozialwissenschaften; unzureichende Schutzzweckdiskussion in der

Strafrechtswissenschaft, in Festschrift für Ulrich Eisenberg zum 70. Geburtstag, Müller, Henning Ernst; Sander, Günther; Valkova, Helena (Hrsg), 2009, S. 321

Stellungnahme für den Rechtsausschuss des Deutschen Bundestags zum Entwurf eines Gesetzes zur Umsetzung des Rahmenbeschlusses des Rates der Europäischen Union zur Bekämpfung der sexuellen Ausbeutung von Kindern und der Kinderpornographie, BT-Drs. 16/3439 für die Sitzung am 18. Juni 2007

Straf- und disziplinarrechtliche Konsequenzen von Verurteilungen wegen Kinderpornographie, in Festschrift für Franz Streng zum 70. Geburtstag, Safferling, Christopher; Kett-Straub, Gabriele; Jäger, Christian, Kudlich, Hans (Hrsg), 2017, S. 41

Hörnle, Tatjana; *Kremnitzer, Mordechai*, Human dignity as a protected interest in criminal law, ILR 2011, 143

Huber, Joachim, 40 Jahre „Reifezeugnis“ Der „Tatort“ mit Tabubruch, Tagesspiegel vom 23.03.2017, http://www.tagesspiegel.de/medien/40-jahre-reifezeugnis-der-tatort-mit-tabubruch/19549034.html, zuletzt abgerufen am 02. August 2018

Hüneke, Arnd, Das Internet – ein „Milliardenmarkt“ für Kinderpornographie?, Unimagazin Zeitschrift der Leibniz Universität Ausgabe 1/2 2012 S. 50

Kinderschutz und Strafrecht, FPR 2012, 428

Sexting – eine Short Message über die rechtliche Einordnung, ZJJ 2016, 135

Jäger, Herbert, Strafgesetzgebung und Rechtsgüterschutz bei Sittlichkeitsdelikten, 1957

Irrationale Kriminalpolitik, in Albrecht, in Festschrift für Horst Schüler-Springorum: Zum 65. Geburtstag, Albrecht, Peter-Alexis; Ehlers, Alexander; Lamott, Franziska; Pfeiffer, Christian; Schwind, Hans D; Walter, Michael (Hrsg), 1993, S. 229

Jakobs, Günther, Bürgerstrafrecht und Feindstrafrecht, HRRS 2004, 88

Jescheck, Hans-Heinrich; *Weigend, Thomas*, Lehrbuch des Strafrechts Allgemeiner Teil, 5. Auflage, 1996

Joecks, Wolfgang; *Miebach, Klaus* (Hrsg), Münchener Kommentar zum StGB, 3. Auflage, 2017

Jung, Johanna, Das Strafrecht an seinen Grenzen: Die Strafbarkeit der Kinderpornografie, Freilaw 04/2014, 1

Kannen, Günter, Am Handy-Pranger: Wie schützen wir Schüler vor Sexting?, in FAZ vom 14.09.2014, http://www.faz.net/aktuell/feuilleton/

nacktbilder-in-der-schule-was-tun-gegen-sexting-13150067.html, zuletzt abgerufen am 14. Mai 2018

Kaufmann, *Marion*, Sexting: Nacktbilder auf dem Schulhof, in Märkische Allgemeine vom 01.12.2013, http://www.maz-online.de/Brandenburg/Sexting-Nacktbilder-auf-dem-Schulhof, zuletzt abgerufen am 02. August 2018

Kindhäuser, *Urs*, Konkludentes Täuschen, in Strafrecht und Wirtschaftsstrafrecht – Dogmatik, Rechtsvergleich, Rechtstatsachen – Festschrift für Klaus Tiedemann zum 70. Geburtstag, Sieber, Ullrich; Dannecker, Gerhard; Kindhäuser, Urs, Vogel, Joachim; Walter, Tonio (Hrsg), 2008, S. 579

Rationaler Rechtsgüterschutz durch Verletzungs- und Gefährdungsverbote, in Aufgeklärte Kriminalpolitik oder Kampf gegen das Böse? Band I, Lüderssen, Klaus (Hrsg), 1998, S. 263

Schuld und Strafe. Zur Diskussion um ein „Feindstrafrecht", in Festschrift für Friedrich-Christian Schroeder zum 70. Geburtstag, Hoyer, Andreas; Müller, Henning E., Pawlik, Michael; Wolter, Jürgen (Hrsg), 2006, S. 81

Welzels Konzeption sozialer Adäquanz – normtheoretisch betrachtet, in Festschrift für Rudolf Rengier zum 70. Geburtstag, in Hecker, Bernd; Weißer, Bettina; Brand, Christian (Hrsg), 2018, S. 49

Kindhäuser, *Urs*; *Neumann*, *Ulfrid*; *Paeffgen*, *Hans-Ullrich* (Hrsg), Nomos Kommentar StGB, 5. Auflage, 2017

Nomos Kommentar StGB, 4. Auflage, 2013, zitiert: NK^{4}-*Bearbeiter*

Klicksafe.de (Hrsg) – http://www.klicksafe.de/ (zuletzt abgerufen am 02. August 2018)

Sexting worum geht's?, http://www.klicksafe.de/themen/problematische-inhalte/sexting/sexting-worum-gehts/

Tipps für Jugendliche Eltern und Pädagogen zum Thema Sexting, http://www.klicksafe.de/themen/problematische-inhalte/sexting/tipps-fuer-jugendliche-eltern-und-paedagogen/

Was kann schief gehen? Risiken und Nebenwirkungen von Sexting, http://www.klicksafe.de/themen/problematische-inhalte/sexting/was-kann-schief-gehen-risiken-und-nebenwirkungen-von-sexting/

Wie kann man mit Sexting umgehen? Haltung einnehmen, https://www.klicksafe.de/themen/problematische-inhalte/sexting/wie-kann-man-mit-sexting-umgehen-haltung-einnehmen/

Kliemannel, *Kristin*, Sodomie, 2017

Kingreen, *Thorsten*; *Poscher*, *Ralf*, Grundrechte. Staatsrecht II, 2017, 33. Auflage

Klug, Ulrich, Sozialkongruenz und Sozialadäquanz im Strafrechtssystem, in Festschrift für Eberhard Schmidt zum 70. Geburtstag, Bockelmann, Paul; Gallas, Wilhelm (Hrsg), 1961, S. 255

Knauer, Florian, Der Schutz der Menschenwürde im Strafrecht, ZStW 126 (2014), 305

Zur Wiederkehr der Sozialadäquanz im Strafrecht – Renaissance einer überholten Rechtsfigur oder dogmatische Kategorie der Zukunft?, ZStW 126 (2014), 844

Knauer, Christoph; *Kudlich, Hans*; *Schneider, Hartmut (Hrsg)*, Münchener Kommentar zur StPO, 2014

Köhne, Michael, Immer noch „unzüchtige Schriften"?, JR 2012, 325

Jugendmedienschutz durch Alterskontrollen im Internet, NJW 2005, 794

Krack, Ralf, Die Rehabilitierung des Beschuldigten im Strafverfahren, 2002

Krause, Benjamin, Kinderpornographie im Internet Alte und neue Rechtsprechung nach der „Edathy-Affäre", MMR 2016, 665

Krings, Günter, Neuer Maßstab gegen Kinder- und Jugendpornografie, ZRP 2014, 69

Kudlich Hans, Anmerkung zu BGH Urteil v. 27.6.2001 – 1 StR 66/01, JZ 2002, 310

Straftaten und Strafverfolgung im Internet, StV 2012, 560

Sexting und andere Probleme des Verbots jugendpornographischer Schriften in § 184c StGB, in Jugendmedienschutz im Informationszeitalter, Bosch, Nikolaus; Leible, Stefan (Hrsg), 2012, S. 85

Kühling, Jürgen; *Schall, Tobias*, WhatsApp, Skype & Co. – OTT-Kommunikationsdienste im Spiegel des geltenden Telekommunikationsrechts, CR 2015, 641

Kuhlen, Lothar, Der Handlungserfolg der strafbaren Gewässerverunreinigung (§ 324 StGB), GA 1986, 389

Kuhnen, Korinna, Kinderpornographie und Internet, 2007

Kunczik, Michael, Aggression und Gewalt, in Medienpsychologie – Ein Handbuch in Schlüsselbegriffen, Kagelmann, Jürgen; Wenninger, Gerd (Hrsg), 1982

Kunz, Karl-Ludwig, Zur Symbolik des Strafrechts, in Festschrift für Heinz Schöch zum 70. Geburtstag am 20. August 2010 Verbrechen – Strafe – Resozialisierung, Dölling, Dieter; Götting, Bert; Meier, Bernd-Dieter; Verrel, Torsten (Hrsg), 2010, S. 355

Kühl, Kristian; *Heger, Martin*, Lackner/Kühl StGB Kommentar, 29. Auflage, 2018

Kühl, Kristian, Zum Missbilligungscharakter der Strafe, in Menschengerechtes Strafrecht: Festschrift für Albin Eser zum 70. Geburtstag, Arnold, Jörg;

Burkhardt, Björn; Gropp, Walter; Heine, Günter; Koch, Hans-Georg; Lagodny, Otto; Perron, Walter; Walther, Susanne (Hrsg), 2005, S. 149

Lampe, Ernst-Joachim, Strafphilosophie: Studien zur Strafgerechtigkeit, 1999

Lagodny, Otto, Strafrecht vor den Schranken der Grundrechte: die Ermächtigung zum strafrechtlichen Vorwurf im Lichte der Grundrechtsdogmatik; dargestellt am Beispiel der Vorfeldkriminalisierung, 1996

Landau, Herbert, Die Pflicht des Staates zum Erhalt einer funktionstüchtigen Strafrechtspflege, NStZ 2007, 121

Landesmedienzentrale Baden-Württemberg (Hrsg), Was ist Sexting?, https://www.lmz-bw.de/sexting.html, zuletzt abgerufen am 02. August 2018

Laschet, Reiner, Kinderpornographie – Entstehung Vertrieb und Bekämpfungsstrategien. Eine aktuelle Bestandsaufnahme aus kriminalpolizeilicher Sicht, in Kinderpornographie. Entwicklung von Gegenstrategien zur Verbesserung der Situation betroffener Kinder, Gallwitz, Adolf; Manske-Herlyn, Bernhild (Hrsg), 1999, S. 64

Laubenthal, Klaus, Handbuch Sexualstraftaten: die Delikte gegen die sexuelle Selbstbestimmung, 2012

Sexualstraftaten. Die Delikte gegen die sexuelle Selbstbestimmung, 2000

Laufhütte, Heinrich, Viertes Gesetz zur Reform des Strafrechts, JZ 1974, 46

Laufhütte, Heinrich et al (Hrsg), Leipziger Kommentar zum StGB Band 1, 12. Auflage, 2007

Leipziger Kommentar zum StGB Band 2, 12. Auflage, 2006

Leipziger Kommentar zum StGB Band 6, 12. Auflage, 2009

Leipold, Klaus; Zöller, Mark; Tsambikakis, Michael (Hrsg), AnwaltKommentar StGB, 2. Auflage, 2015

Lenckner, Theodor, Zur „Verletzung der Vertraulichkeit des Wortes": § 201 StGB nach dem 25. Strafrechtsänderungsgesetz, in Festschrift für Jürgen Baumann zum 70. Geburtstag, Arzt, Gunther; Fezer, Gerhard; Weber, Ulrich; Schlüchter, Ellen; Rössner, Dieter (Hrsg), 1992, S. 135

Lenz, Hannah, Die Jugendschutztatbestände im Sexualstrafrecht, 2017

Lewandowski, Sven, Die Pornographie der Gesellschaft, 2012

Liesching, Marc, Anmerkung zu BverfG MMR 2009, 178, MMR 2009, 179

Straf- und jugendschutzrechtliche Auswirkungen des 49. Strafrechtsänderungsgesetzes, BPJM-Aktuell 02/2015, 3

Von Liszt, Franz, Lehrbuch des deutschen Strafrechts, 1905, 5. Auflage

Lüderssen, Klaus, Die strafrechtsgestaltende Kraft des Beweisrechts, ZStW 85 (1973), 288

Luhmann, Niklas, Legitimation durch Verfahren, 1969

Manske-Haustein, Berthold, Europarechtliche Bezüge des Kinder- und Jugendpornographiestrafrechts Zum unionsrechtlichen Hintergrund aktueller Auslegungsfragen der §§ 184b, 184c StGB, ZIS 2014, 348

Mattgey, Rupert, Snapchat: Sexting-App löscht Videos nicht; Chip 06. 08. 2013, http://www.chip.de/news/Snapchat-Sexting-App-loescht-Videos-nicht-63702600.html, zuletzt abgerufen am 02. August 2018

Mahrenholz, Ernst Gottfried, Brauchen wir einen neuen Pornographie-Begriff?, ZUM 1998, 525

Matt, Holger; *Renzikowski, Joachim* (Hrsg), Strafgesetzbuch StGB Kommentar, 2013

Maunz, Theodor; *Dürig, Günter* (Hrsg), Grundgesetz Kommentar, 81. Ergänzungslieferung, 2017

Maurach, Reinhart; *Schroeder, Friedrich-Christian*; *Maiwald, Manfred*, Strafrecht Besonderer Teil Teilband 1, 10. Auflage, 2009

McKechnie, Alex, Majority of Minors Engage in Sexting, Unaware of Harsh Legal Consequences, http://drexel.edu/now/archive/2014/June/Sexting-Study/, zuletzt abgerufen am 02. August 2018

Medienpädagogischer Forschungsverbund Südwest (Hrsg), JIM-Studie 2015 Jugend, Information, (Multi-) Media, 2015

Meier, Bernd-Dieter, Prävention von Kinderpornografie – eine unlösbare Aufgabe?, in Kriminologie ist Gesellschaftswissenschaft Festschrift für Christian Pfeiffer zum 70. Geburtstag, Baier, Dirk; Mößle, Thomas (Hrsg), 2014, S. 467

Kinderpornographie im Internet Ergebnisse eines Forschungsprojekts, in Täter Taten Opfer Grundlagenfragen und aktuelle Probleme der Kriminalität und ihrer Kontrolle, Dölling, Dieter; Jehle, Jörg-Martin (Hrsg), 2013, S. 374

Meyer, Frank, Strafbarkeit und Strafwürdigkeit von „Stalking“ im deutschen Recht, ZStW 115 (2003), 249

Miehe, Olaf, Die Schutzfunktion der Strafdrohungen gegen Begünstigung und Hehlerei, in Festschrift für Richard M. Honig zum 80. Geburtstag, Barth, Eberhard (Hrsg), 1970, S. 91

Mitsch, Wolfgang, Die mutmaßliche Einwilligung, ZJS 2012, 38

Fehlvorstellungen über das Alter der Darsteller bei Kinder- und Jugendpornographie, §§ 184b, c StGB, ZStW 124 (2012), 323

Medienstrafrecht, 2012

Strafprozessuale Beweisverbote im Spannungsfeld zwischen Jurisprudenz und realer Gefahr, NJW 2008, 2295

Morguet, Geraldine Louisa, Feindstrafrecht – Eine kritische Analyse, 2009

Naumann, Kolja, Jugendschutz im Internet – Verfassungsrechtlich bedenklich, rechtspolitisch ungenügend, ZRP 2009, 44

Neumann, Ulfrid, Die Strafbarkeit des „Marktteilnehmers" – zur Diffusion von Verantwortungsstrukturen im Präventionsstrafrecht, in Festschrift für Walter Kargl zum 70. Geburtstag, Albrecht, Peter-Alexis; Kirsch, Stefan; Neumann, Ulfrid; Sinner, Stefan (Hrsg) 2015, S. 347.

Noack, Karl-Adolf, Alkohol – Die Droge Nr. 1 in unserer Gesellschaft, in Alkohol und Erziehung, Kollehn, Karlheinz; Weber, Norbert (Hrsg), 1988, S. 30

Ostendorf, Heribert, Das Geringfügigkeitsprinzip als strafrechtliche Auslegungsregel (zugleich eine Anmerkung zu OLG Hamm NJW 1980, 2537), GA 1982, 333

Zur Forderung nach einem neuen Pornographie Begriff oder zum verantwortlichen Umgang mit Pornographie im Fernsehen, Mschkrim 2001, 372

Palm, Jasmin, Kinder- und Jugendpornographie im Internet – Eine materiellrechtliche Untersuchung der Rechtslage in Deutschland, 2012

Pastor Munoz, Nuria, Besitz und Statusdelikte: eine kriminalpolitische und dogmatische Annäherung, GA 2006, 793

Person, Christian, Der Staat lässt die (rechtlichen) Hüllen fallen, in Moralpolitik in Deutschland, Knill, Christoph; Heichel, Stephan; Preidel, Caroline; Nebel, Kerstin (Hrsg), 2015, S. 165

Pestalozza, Christian, Gesetzgebung im Rechtsstaat, NJW 1981, 2081

Peters, Karl, Sozialadäquanz und Legalitätsprinzip, in Festschrift für Hans Welzel zum 70. Geburtstag am 25. März 1974, Kaufmann, Armin (Hrsg u.a.), 1974, S. 415

Popp, Andreas, Strafbarer Bezug von Kinder- und Jugendpornographie, ZIS 2011, 200

Pro Familia (Hrsg), Sexting, https://www.profamilia.de/fuer-jugendliche/sex/sexting.html, zuletzt abgerufen am 02. August 2018

Projuventute (Hrsg) – https://www.projuventute.ch (zuletzt abgerufen am 02. August 2018)

Merkblatt für Jugendliche, https://www.projuventute.ch/fileadmin/kundendaten/angebote/medienprofis/downloads/de/Medienprofis_Merkblatt_Sexting_Kinder_und_Jugendliche_DT.pdf

Factsheet Aufklärungskampagne „Cyber-Risiko Sexting", https://www.projuventute.ch/fileadmin/fileablage/aktuelles/Kampagnen/Sexting_Kampagne/Factsheet_Sexting/Factsheet_Kampagne_Sexting.pdf

Püschel, David, Anmerkung zu AG Bocholt: Hohe Anforderungen an die Strafbarkeit wegen Besitzes jugend- oder kinderpornographischer Schriften, FD-StrafR 2017, 390509

Reinbacher, Tobias; *Wincierz, Andrej*, Kritische Würdigung des Gesetzesentwurfs zur Bekämpfung von Kinder- und Jugendpornographie, ZRP 2007, 195

Renzikowski, Joachim, Die böse Gesinnung macht die Tat Zur aktuellen Debatte über die Kinderpornographie in Ein menschengerechtes Strafrecht als Lebensaufgabe Festschrift für Werner Beulke zum 70. Geburtstag, Fahl, Christian; Müller, Eckhart; Satzger, Helmut; Swoboda, Sabine (Hrsg), 2015, S. 521

Rieß, Peter, Über die Aufgaben des Strafverfahrens, JR 2006, 269

Roeder, Hermann, Die Einhaltung des sozialadäquaten Risikos und ihr systematischer Standort im Verbrechensaufbau, 1969

Rosenau, Henning, Zur Europäisierung im Strafrecht, ZIS 2008, 9

Roxin, Claus, Strafrecht Allgemeiner Teil Band 1 Grundlagen. Der Aufbau der Verbrechenslehre, 4. Auflage, 2006,

Der gesetzgebungskritische Rechtsgutsbegriff auf dem Prüfstand, GA 2013, 433

Röttgerkamp, Anne, Internet Pornografie – Zahlen, Statistiken, Fakten, https://www.netzsieger.de/ratgeber/internet-pornografie-statistiken, zuletzt aufgerufen am 14. Mai 2018

Rüthers, Bernd; *Fischer, Christian*; *Birk, Axel*, Rechtstheorie: mit juristischer Methodenlehre, 10. Auflage, 2018

Säcker, Franz Jürgen; *Rixecker, Roland*; *Oetker, Hartmut*; *Limperg, Bettina* (Hrsg), Münchener Kommentar zum Bürgerlichen Gesetzbuch, 7. Auflage, 2017

Sadtler, Susanne, Stalking, Nachstellung – Entwicklung, Hintergründe und rechtliche Handlungsmöglichkeiten, 2009

Saferinternet.at (Hrsg) – http://www.saferinternet.at (zuletzt abgerufen am 14. Mai 2018, sofern nicht anders angegeben)

Elternratgeber Sexualität und Internet, https://www.saferinternet.at/fileadmin/files/Materialien_Relaunch/Elternratgeber_Sexualitaet_und_Internet.pdf, zuletzt abgerufen am 14. Mai 2018

Sexualität und Internet, https://www.saferinternet.at/sexualitaet-internet/, zuletzt abgerufen am 14. Mai 2018

Aktiv gegen Nacktaufnahmen, https://www.saferinternet.at/fileadmin/files/Leitfaeden_Soziale_Netzwerke/Leitfaden_Aktiv_gegen_Nacktaufnahmen.pdf, zuletzt abgerufen am 14. Mai 2018

Aktuelle Studie – Sexting in der Lebenswelt von Jugendlichen, https://www.saferinternet.at/news-detail/aktuelle-studie-versand-von-eigenen-nacktaufnahmen-unter-jugendlichen-nimmt-zu/, zuletzt abgerufen am 02. August 2018

Häufige Fragen und Antworten zu Sexting, https://www.saferinternet.at/fileadmin/redakteure/Footer/Presse/FAQ_Sexting.pdf, zuletzt abgerufen am 02. August 2018

Safer Sexting – Geht das überhaupt?, https://www.saferinternet.at/news/news-detail/article/safer-sexting-geht-das-ueberhaupt-452/, zuletzt abgerufen am 14. Mai 2018

Samson, *Erich*, Zum Pornographie Begriff sowie zum Verbot des Verbreitens von Pornographie durch Rundfunk (zitiert nach *Albrecht/Hotter* – Rundfunk und Pornographieverbot – Eine (auch rechtsvergleichende) Untersuchung zur Reichweite des Pornographieverbots im Rundfunk im weiteren Sinne, 2002)

Sänger, *Renate*, Kinderpornographie und Frühprostitution, KjuG 1994, 43

Satzger, *Helmut*; *Schluckebier*, *Wilhelm*; *Widmaier*, *Gunter* (Hrsg), StGB Kommentar zum Strafgesetzbuch, 3. Auflage, 2017

Schaffstein, *Friedrich*, Soziale Adäquanz und Tatbestandslehre, ZStW 72 (1960), 369 (377).

Scheffler, *Uwe*, Freund- und Feindstrafrecht, in Kriminalpolitik und ihre wissenschaftlichen Grundlagen Festschrift für Professor Dr. Hans-Dieter Schwind zum 70. Geburtstag, Feltes, Thomas; Pfeiffer, Christian; Steinhilper, Gernot (Hrsg), 2006, S. 123

Zur Strafbarkeit des Betrachtens kinderpornographischer Internet-Seiten, in Strafrecht zwischen System und Telos, Festschrift für Rolf Dietrich Herzberg zum siebzigsten Geburtstag, Putzke, Holm; Hardtung, Bernhard; Hörnle, Tatjana; Merkel, Reinhard; Scheinfeld, Jörg; Schlehofer, Horst; Seier, Jürgen (Hrsg), 2008, S. 627

Scheidegger, *Nora*, Ist das noch Kinderpornografie?, ZStR 2014, 318

Scheinfeld, *Jörg*, Schrifttum Eberhard Struensee, Grundlagenprobleme des Strafrechts; GA 2007, 721

Schetsche, *Michael*; *Schmidt*, *Renate-Berenike*, Sexuelle Verwahrlosung: Empirische Befunde – Gesellschaftliche Diskurse – Sozialethische Reflexionen, 2010

Schittenhelm, *Ulrike*, Alte und neue Probleme der Anschlußdelikte im Lichte der Geldwäsche, in Festschrift für Theodor Lenckner zum 70. Geburtstag, Eser, Albin; Schittenhelm, Ulrike; Schumann, Heribert (Hrsg), 1998, S. 519

Schmidhäuser, *Eberhard*, Zur Frage nach dem Ziel des Strafprozesses, in Festschrift für Eberhard Schmidt zum 70. Geburtstag, Bockelmann, Paul; Gallas, Wilhelm (Hrsg), 1961, S. 511

Schmidt, Gunter, Das große Der Die Das. Über das Sexuelle, 1988

Fantasien der Jungen, Phantasmen der Alten, in BzgA Forum 01/2009 S. 27

Sexuelle Verhältnisse, 1998

Schmitt, Almut, Jugendliche und Alkoholmißbrauch, 1988

Schneider, Peter, NS-Verbrechen und Verjährung, in Rechtsfindung: Beiträge zur juristischen Methodenlehre: Festschrift Oscar Adolf Germann zum 80. Geburtstag, Noll, Peter; Stratenwerth, Günter (Hrsg),1969, S. 199

Schnieders, Peter; Lenzen, Monika, Kinderpornographie in Deutschland, Der Kriminalist 1995, 322

Schreibauer, Marcus, Das Pornographieverbot des § 184 StGB: Grundlagen, Tatbestandsprobleme, Reformvorschläge, 1999

Schroeder, Friedrich-Christian, Anmerkung zu BayOblG JZ 2002, 410, JZ 2002, 412

Besitz als Straftat, ZIS 2007, 444

Das neue Sexualstrafrecht, 1975

Das 27. Strafrechtsänderungsgesetz – Kinderpornographie, NJW 1993, 2581

Die Revolution des Sexualstrafrechts 1992 – 1998, JZ 1999, 827

Die Straftaten gegen das Strafrecht, 1985

Die Straftaten gegen die sexuelle Selbstbestimmung nach dem Entwurf eines 4. StrRG, ZRP 1971, 14

Pornographieverbot als Darstellerschutz?, ZRP 1990, 299

Pornographie, Jugendschutz und Kunstfreiheit, 1992

Schumann, Heribert, Verbreitungsverbot für Nabokovs „Lolita"? Anmerkungen zu BGH, Urt. V. 11.2.2014 – 1 StR 485/13 und § 184b StGB nF., ZIS 2015, 234

Zum Begriff der Pornographie, in Festschrift für Theodor Lenckner zum 70. Geburtstag, Eser, Albin; Schittenhelm, Ulrike; Schumann, Heribert (Hrsg), 1998, S. 565

Schumann, Heribert; Schumann Antje, Sicherheitsdenken, Strafrechtsdogmatik und Verfassungsrecht im Jugendmedienschutz – Anmerkungen zu § 184c StGB und § 4 Abs. 2 S. 1 Nr. 1, S. 2 JMStV, in Festschrift für Manfred Seebode zum 70. Geburtstag am 15. September 2008, Schneider, Hendrik; Kahlo, Michael; Kleczewski, Diethelm; Schumann, Heribert (Hrsg), 2008, S. 351

Schulz, Wolfgang; Korte, Benjamin, Jugendschutz bei non-fiktionalen Fernsehformaten, ZUM 2002, 719

Schuster, Fabian, E-Mail-Dienste als Telekommunikationsdienste? CR 2016, 173

Schwartmann, Rolf, Praxishandbuch Medien, IT- und Urheberrecht, 4. Auflage, 2017

Schwarzer, Alice, Das Gesetz, EMMA 1987, Ausgabe 12, S. 20

Die Begründung, EMMA 1987, Ausgabe 12, S. 21

Schweitzer, Albert, Zwischen Wasser und Urwald, 1927

Selg, Herbert, Pornographie. Psychologische Beiträge zur Wirkungsforschung, 1986

Sick, Brigitte; *Renzikowski, Joachim*, Der Schutz der sexuellen Selbstbestimmung, in Festschrift für Friedrich-Christian Schroeder zum 70. Geburtstag, Hoyer, Andreas; Müller, Henning E., Pawlik, Michael; Wolter, Jürgen (Hrsg), 2006, S. 603

Sick, Brigitte, Sexuelles Selbstbestimmungsrecht und Vergewaltigungsbegriff, 1993

Sieber, Ulrich, Mindeststandards für ein globales Pornographiestrafrecht: eine rechtsvergleichende Analyse, ZUM 2000, 89

Sperrverpflichtungen gegen Kinderpornografie im Internet – Bewertung und Weiterentwicklung des Gesetzesentwurfs BT-Drucks. 16/12850 vom 5.5.2009, JZ 2009, 653

Strafrechtliche Verantwortlichkeit für den Datenverkehr in internationalen Computernetzen (2), JZ 1996, 494

Siebert, Wolfgang (Hrsg), Soergel Bürgerliches Gesetzbuch mit Einführungsgesetz und Nebengesetzen: BGB, 13. Auflage, 2000

Silva Sanchez, Jesus-Maria, Die Expansion des Strafrechts, Kriminalpolitik in postindustriellen Gesellschaften, 2003

Spannbrucker, Christian, Convention on Cybercrime (ETS 185) Ein Vergleich mit dem deutschen Computerstrafrecht in materiell- und verfahrensrechtlicher Hinsicht, 2004

Spindler, Gerald; *Schuster, Fabian* (Hrsg), Recht der elektronischen Medien, 3. Auflage, 2015

Starke, Kurt, Pornografie und Jugend – Jugend und Pornografie Expertise, 2010, http://www.lmz-bw.de/fileadmin/user_upload/Medienbildung_MCO/fileadmin/bibliothek/starke_pornografie/starke_pornografie.pdf, zuletzt abgerufen am 02. August 2018

Steiger, Lara, Gleiches Recht für alle – auch für Sexualstraftäter?, 2016

„*Stephanie*" (Autorenbezeichnung)

„Sexting: Jeder 3. Jugendliche bekommt Nacktbilder über WhatsApp", in der Jugendzeitschrift Bravo vom 16.02.2017 in der Rubrik Dr Sommer, http://www.bravo.de/dr-sommer/sexting-jeder-3-jugendliche-bekommt-nacktbilder-ueber-whatsapp-347751.html, zuletzt abgerufen am 02. August 2018

Stree, Walter, Begünstigung, Strafvereitelung und Hehlerei, JuS 1976, 137

Struensee, Eberhard, Besitzdelikte, in Festschrift für Gerald Grünwald zum 70. Geburtstag, Samson, Erich; Dencker, Friedrich; Frisch, Peter; Frister, Helmut; Reiß, Wolfram (Hrsg), 1999, S. 713

Stuckenberg, Carl-Friedrich, Grundrechtsdogmatik statt Rechtsgutslehre, GA 2011, 653

Strafklageverbrauch bei Besitzdelikten – zugleich ein Plädoyer für einen funktionalen Tatbegriff, in Festschrift für Bernd von Heintschel-Heinegg, Böckemühl, Jan; Gierhake, Katrin; Müller, Henning Ernst; Walter, Tonio; Knauer, Christoph (Hrsg), 2015, S. 435

Untersuchungen zur Unschuldsvermutung, 1998

Thiee, Philipp, Stellungnahme für die öffentliche Anhörung des Rechtsausschusses am 18.06.2007 zum Gesetzesentwurf „“ 184b StGB BT-Drs.: 16/3439

Keine Freiheit für Nabokov! – Zur routinemäßigen Strafverschärfung von Kinderpornographie und der Strafpolitik der EU, NK 2006, 131

UNICEF IRC (Hrsg), Handbuch zum Fakultativprotokoll betreffend den Verkauf von Kindern, die Kinderprostitution und die Kinderpornografie, 2010

Vogelsang, Verena, Sexuelle Viktimisierung, Pornografie und Sexting im Jugendalter, 2017

Vogler, Theo, Möglichkeiten und Wege einer Entkriminalisierung, ZStW 90 (1978), 132

Volk, Klaus, Prozeßvoraussetzungen im Strafrecht: Zum Verhältnis von materiellem Recht und Prozeßrecht, 1978

Vormbaum, Thomas; *Welp, Jürgen* (Hrsg), Das Strafgesetzbuch – Sammlung der Änderungsgesetze und Neubekanntmachungen Band 1: 1870 bis 1953, 1. Auflage, 1999

Wahle, Eberhard, Zur Reform des Sexualstrafrechts, 1969

WDR (Hrsg), „Die Wissenschaft der Pornografie“, Quarks&Caspers, Sendung vom 14. 03. 2017, http://www.ardmediathek.de/tv/Quarks/Die-Wissenschaft-der-Pornografie/WDR-Fernsehen/Video?bcastId=7450356&documentId=41426662, zuletzt abgerufen am 02. August 2018

Weber, Klaus (Hrsg), Betäubungsmittelgesetz Arzneimittelgesetz Anti-Doping-Gesetz Neue-psychoaktive-Stoffe-Gesetz Kommentar, 5. Auflage, 2017

Creifelds Rechtswörterbuch, 22. Auflage, 2017

Weigend, Thomas, Tatbestände zum Schutz der Sexualmoral, ZStW 129 (2017), 513

Weissenberger, Philippe, Strafwürdiger Besitz von Kinderpornographie?, AJP 1998, 311

Weller, Konrad, Wie nutzen Jugendliche Pornografie und was bewirkt sie?, pro familia Magazin 01/2009, 9

Welzel, Hans, Studien zum System des Strafrechts, ZStW (58) 1939, 491

Wandtke, Artur-Axel; *Bulliger, Winfried*, Praxiskommentar zum Urheberrecht, 4. Auflage, 2014

Wessels, Johannes; *Beulke, Werner*; *Satzger Helmut*, Strafrecht Allgemeiner Teil, 46. Auflage, 2016

Wieduwilt, Hendrik, Maßnahmen gegen den Konsum von Kinder- und Jugendpornografie, 2014

Wittig, Petra, Der rationale Verbrecher: der ökonomische Ansatz zur Erklärung kriminellen Verhaltens, 1993

Wolski, Sabine, Soziale Adäquanz, 1990

Wolter, Jürgen (Hrsg), Systematischer Kommentar zum StGB, 9. Auflage, 2017

Systematischer Kommentar zum StGB, 8. Auflage, Stand 2012, zitiert: SK^8-*Bearbeiter*

Würtenberger, Thomas, Vom Rechtsstaatsgedanken in der Lehre der strafrechtlichen Rechtswidrigkeit, in Festschrift für Theodor Rittler zum achtzigsten Geburtstag, Hohenleitner, Siegfried; Lindner, Ludwig; Nowakowski, Friedrich (Hrsg), 1957, S. 125

Wüstenberg, Dirk, Die Strafbarkeit wegen des Versendens und Empfangens pornografischer E-Mails am Arbeitsplatz, TKMR 2003, 4

Strafrechtliche Änderungen betreffend pornografische Schriften mit Kindern und Jugendlichen in Deutschland, UFITA 2009, 497

Zeising, Gert, Die Bekämpfung unzüchtiger Gedankenäußerungen seit der Aufklärung. Mit besonderer Berücksichtigung der Entwicklung in Deutschland, Frankreich, England und den USA, 1967

Ziemann, Sascha; *Ziethen, Jörg*, Die neue EU-Richtlinie zur Bekämpfung von Kindesmissbrauch und Kinderpornografie, ZRP 2012, 168

Was tun mit „verbotenen Gegenständen"?, JR 2011, 65

Zieschang, Frank, Die Gefährdungsdelikte, 1998

Zipf, Heinz, Rechtskonformes und sozialadäquates Verhalten im Strafrecht, ZStW 82 (1970), 633

www.ingramcontent.com/pod-product-compliance
Ingram Content Group UK Ltd.
Pitfield, Milton Keynes, MK11 3LW, UK
UKHW021930290926
8980IPUK00016B/1558